貧困の
基本形態

社 会 的 紐 帯 の 社 会 学

Serge Paugam
Les formes élémentaires de la pauvreté

セルジュ・ポーガム◉著
川野英二／中條健志◉訳

新泉社

Serge Paugam
"Les formes élémentaires de la pauvreté"

3e édition corrigée : mars 2013

This book is published in Japan by arrangement with
PRESSES UNIVERSITAIRES DE FRANCE,
through le Bureau des Copyrights Français, Tokyo.

エレーヌとレイモンに捧ぐ

本書の概要

貧困は、全体的に豊かで民主的となった社会では受け入れがたい不平等であるがゆえに、困惑させられるものである。貧困層は、近代社会がまぬがれることができると信じていた運命をあらわしているのではないだろうか。本書において、セルジュ・ポーガムは、この社会問題のあらゆる要因を包括的に考察している。彼は、社会の下層に置かれた人びとの生きられた経験としての貧困と、社会それ自体が生み出し立ち向かおうとしている意識の要因としての貧困を同時に探究している。ポーガムは、貧困にたいする社会の関わりについて考察しながらトクヴィルとマルクス、ジンメルといった三人の主要な論者を振り返り、自身のオリジナルな研究を展開している。彼の研究は、貧困をそれ自体としてではなく、扶助の関係、つまり貧困層が属している社会全体の組織と関係づけている。ヨーロッパの多くで実施された数多くの比較調査にもとづいて、ポーガムは、これまでになかったやり方で、この相互依存の関係がとるさまざまな基本形態、つまり〈統合された貧困〉、〈マージナルな貧困〉、〈降格する貧困〉を定義している。このように、ポーガムが提案する貧困の社会学とは、まずは、社会的紐帯の社会学なのである。

本書は、政治的な行動の前提として、いつか貧困へと陥るかもしれない運命にある人びとの苦難を取り除く、あるいは少なくとも和らげるための考察を促そうとするものである。

＊　この内容紹介文は、本書原書の表紙裏に掲載されているものである。

貧困の基本形態❖目次

I　基礎的考察

II　貧困のバリエーション

❖装幀——藤田美咲

凡例

一、本書は、Serge Paugam, *Les formes élémentaires de la pauvreté*, 3éme édition mise à jour et complétée, Paris, PUF, 2013 の全訳である。

二、原文の « » は「 」で、書名や外国語で示す場合以外のイタリックは傍点で示した。とくに必要な場合は訳文のうえにカタカナでルビをふった。

三、文中の［ ］は訳者による補足である。

四、引用部分の訳出は、おもに既訳のあるものを採用しているが、文脈上、訳者が部分的に改変をおこなった箇所もある。

序章 貧困の社会学的分析

「あらゆる社会は、自らがどのようなものなのか、そしてどうありたいと望んでいるのかについて、ある程度確かな考えを抱いていた。［しかし］科学的認識を自ら備えていると主張するのは、近代社会が最初である。社会学の使命は、距離をおいた観察と抑えがたい好奇心に身を捧げるために、かなり野心的あるいは無思慮な諸社会についての意識をもつことである」。

（レイモン・アロン「科学と社会の意識」一九六〇年）

Raymond Aron, « Science et conscience de la société », *Archives européennes de sociologie*, I, 1, 1960, p. 1.

フランスの貧困とデンマークやイタリアの貧困、フランスの都市の脆弱な郊外《バンリュー・サンシーブル》の貧困と地方の貧困、一九六〇年代の貧困と二〇〇〇年代の貧困のあいだで何を比較することができるだろうか。このことが本書の生まれるもとになった問題である。これは一見すると単純であるが、正確に説得力をもって答えねばならないときは、ずっと複雑なものとなる。貧困について論じるとき、実際には誰について、また何について語っているのだろうか。

この問題に関心を向けるときの自然な反応は、貧困層の数をかぞえ、かれらがどのように生活しているのかを研究し、かれらの状況が時とともにどのように変化したのかを分析するために、貧困層とは誰なのかを定義することである。経済学者と統計学者はつねに貧困を実体論的に定義しようとしてきた。［そこで、］この分野で研究者たちが対峙してきた方法論的な問題を簡単に振り返り、これらの困難を解決するのではなく、時間と空間のレベルで同時に比較しようとする分析枠組を粗描することによって、それらを克服しようと試みることは有益であろうと思う。

◉――測定問題

貧困者は何人いるのだろうか。私はこの問いを何十回も耳にしており、実際に貧困に関する会議では毎回そのように問いかけられている。この問いはあらゆる考察の前提条件として課せられており、貧困層を数量化しなければまるでこの問題について論じることはできないかのように思えることさえある。私は聴衆を安心させるために、たいていの場合、つぎのように述べることから始めている。現在では貧困の統計的測定については多くの資料があり(*1)、そのため数多くの数字が知られているが、とはいえ、これらの数字にはどのような価値があるのか、そして貧困現象からわれわれが何を学ぶことができるのかをよく考えねばならないのだ、と。

貧困の絶対的基準を明確に定義することが不可能ではないにしても困難だと知られているために、この分野の多くの研究は相対的貧困という考え方にもとづいている。貧困を統計的に測定するためには、少なくとも三つのアプローチ、つまり貨幣的アプローチと主観的アプローチ、生活状況によるアプローチを区別することができる。

第一の貨幣的アプローチは最も普及しているものである。このアプローチは、世帯収入の全体を考慮して最も適切な閾値を定義しようとする。この閾値は平均所得や中位所得から与えられた割合である。フランスや欧州で利用されている実際の基準は、中位所得の五〇％水準あるいは六〇％水準を設定し、可処分所得がこの値に満たない世帯を貧困と考えるというものである。可処分所得を計算するときは、世帯規模を考慮して等価水準を決定する。かなり長いあいだ、INSEE（フランス国立統計経済研究所）はいわゆるオックスフォード基準を設定し、世帯主には消費単位一を、他の成人には消費単位〇・七を、一四歳以下の子どもには〇・五単位を割り当てていた。多くの人びとはこの基準の定義方法が現実の消費構造にはもはやあてはまらないと考えている。食費や被服費の代わりに住居費が支出の大きな位置を占めるようになったために、この基準は世帯水準の経済《エコノミー》［家政］を過少評価しているといわれている。ところが住居費は世帯規模で考えると食費や被服費の支出ほど急激に増加することはない。こうしたことから、おそらく現在では世帯規模でのニーズはかつてほど急速に増加しているわけではない。そのため、統計学者はしだいに係数を成人にたいしては〇・七から〇・五へ、一四歳以下の子どもには〇・五から〇・三へと引き下げる必要があるという見解に同意するようになっている。この等価水準は現在では「修正OECD基準」という表現で呼ばれている。

客観的データにもとづいた方法論的考察によって正当化されたこの選択が、基準を定めるさいに一部に残る恣意性や両義性を完全に取り除いたわけではないことは明白である。ある基準から別の基準へ移行するさいに、貧困とみなされた世帯の数とその特徴に強く影響すること、したがってこの方法の定義をめぐって社会・政治的争点が存在しているだけではなく、［基準の］選択は実際にはつねに検証することの不可能な、そしてなによりも統計学者の予断［ア・プリオリ］を反映した仮説にもとづいていると強調しておいたほうがよいだろう。基準を定義するさいに不可欠なニーズやウェル・ビーイングといった観念は、相対的なものである。統計学者は世帯規模におうじた基準の経済《エコノミー》［家政］が場所によって特定されると仮定しなければならない、あるいは、そのさいかれらは十分なデータをもたずに巧みに分析を始めねばならないだろう。統計学者は、論理的には子どもの費用を計算するさいに家政経済の役割を考慮しなければならないであろう。というのも、そのような評価から基準をすぐに定義することのできる結果をえることは容易なことではないからである。さらにその基準は合理的個人のモデルにしたがってつくられたものである。［このモデルでは、］世帯それ自体はつねに均一の選好体系という特徴をもち、そこではすべての世帯員がみな同じウェル・ビーイングの水準にあるとみなされている。これは今でも無視できない仮説ではあるが、極端なところもあるといえる（＊2）。

貧困の主観的アプローチはこの種の問題を回避しようとしている。このアプローチは、専門家の判断ではなく、経済状況やウェル・ビーイングに関する調査対象となった人びとの意見を参考にしている。この場合、「収支を合わせることができますか［家計は帳尻が合っていますか］」や「あなたの世帯では、必要なものだけを買うために最低いくらの収入が必要ですか」といった質問は、いわゆる貧困の主観的水準を定義するために統計学者が参照する役に立つ。この方法は一九六〇年代に開発され(＊3)、過去数十年のあいだに多くの研究の対象となった(＊4)。この方法では世帯が子どもをもつことのポジティブな面を考慮することができる。しかしこの方法はいつも厳しい批判を浴びている。この方法に反対する人びとは、とくに異なった言語を使うときや国際比較をおこなおうとするとき、質問文の作成のしかたにあまりに影響《サンシーブル》を受けやすいと批判する。たとえば、「ゆとりがある」という表現は国によって同じ意味をもつとはかぎらない、といったものである。この方法はまた、「かれらのような世帯」とくらべて［自分の世帯を］位置づけることを求められたとき、回答者が参照する範囲をどのように決めるのかを明確にすることもできない。この場合、子どもの数が同じで、同じ地区に住み、同じ職業の世帯が対象なのだろうか。

最後に、何人かの研究者は、貧困を統計的に定義するために、生活状況に関するアプローチに基礎をおくことを好む。かれらは、貧困層を定義できるのはさまざまな基本財の欠如ではなく不利益の蓄積であるという考えを強調する。こうした考えにもとづいて、イギリスの社会学者ピーター・タウンゼントは、物質的ウェル・ビーイングや社会生活への参加の可能性の欠如のようなさまざまな指標から剝奪概念を精緻化した(＊5)。このアプローチの弱点は、完全に客観的にこれらの指標を定義することが困難なところにある。主観に偏る可能性をおさえるために、このアプローチの擁護者たちはマジョリティ層によるウェル・ビーイングや社会参加の定義と一致した基準を選ぶ傾向がある。こうしてタウンゼントは、一二種類――食事、衣服、暖房と電気、家財道具、居住環境、労働条件、健康、教育、環境、家族の活動、余暇、社会関係――の剥奪を定義した。このアプローチは現在でも、この種の指数を計算する方法に関する多くの研究や方法論的議論の対象となっている(*6)。

なかには貧困を測定するこうしたさまざまなタイプの方法を比較しようとする研究者もいる。たとえばステファン・ロリヴィエとダニエル・ヴェルジェは、貨幣と主観、生活状況の三つの側面によってフランス人世帯を分類するための三つの基準を作成した。[かれらは] 三つの基準それぞれから同じ割合(約一〇%)の「貧困」世帯だけを取り出し、すべての基準に関わる層は一部でしかないことを確認した。四分の一の人びとが貧困の三つの側面のうち少なくともひとつには属しているものの、二つの基準に同時に属している人びとは六%、三つの基準すべてに属している人びとは二%にすぎなかったのである(*7)。

◉――研究対象

貧困の貨幣的定義は何年も前から批判されている。一九七八年の時点ですでにジャン・ラバンは、このアプローチは恣意的なだけではなく単純化しすぎだと評価していた。「豊かさと貧困を語るとき、記号を現実とみなしてしまうことに注意しなければならない。貨幣と収入は記号である。これらはいつも偽りというわけではないが、偽りをもたらすものである。貨幣と収入は周期的・一時的な変動に左右されうるもので、その変動はある人物が占める地位やこの人物が社会で保持あるいは獲得している権力には影響を及ぼさない、あるいは及ぼしてもたいしたものではない」(＊8)。貨幣や財の欠如という考えから社会全体に及ぶ権力の欠如——あるいは権力を獲得する不可能性——という考えへの移行は、すでにそれ自体、考察するさいの重要なステップのひとつとなっている。実際に権力の欠如という考えは社会的劣等性の問題につうじるものである。過去数年のあいだ、消費や収入の水準からではなく、個人がそれらにアクセスする能力（ケイパビリティ）から貧困を理解すべきとするアマルティア・センの提案によって、この問題に関する論争が投げかけられてきた(＊9)。センによると、貧困は基本的ニーズの充足の欠如よりも「能力の欠乏」から、つまり個人がかれらにとって善いと思われるものを選択することができないということからのほうが把握しやすい。そこから言えることは、公正なやり方で優先的に分配しなければならないのは所得ではなく、各人が尊厳をもち良識をもった生活を送ることができるための自己実現（人間的機能）を開発する能力である。このようにセンは、経済学者にたいして、物質的財だけではなく、表現の自由や尊厳、自己の尊重、社会生活への参加一般、いいかえれば個人が統合され他者に承認された社会的存在となるために役立つものすべてを考慮するよう促している。

この革新的な定義は、貧困層の記述的アプローチを理論的に考察することによって、そのアプローチを豊かにし、考察を根拠づけている。この定義はまた、剝奪とみなされているものが社会によってはっきりと異なりうることを認める。とはいえこの定義は、それが依然として部分的にまぬがれることのない測定問題を解決していない。むしろ逆に、この定義はこの問題をさらにいっそう複雑なものにすらしている。したがって貧困層の記述的アプローチは、ほとんど不可避的に、採用された方法の相対的で、恣意的な部分をもつ特徴にぶつかることになる。

貧困の社会学は貧困層の記述的・計量的アプローチに還元されることはない。貧困の社会学は貧困の概念そのものを問いなおさねばならない。社会学者にとって、貧困層の特徴を社会のその他の層と対比させる二項対立的な推論は疑わしいものである(＊10)。貧困線の定義は、それが精緻で正確なものであったとしても、つねに恣意的である。ひとつ例にとろう。可処分所得中位数の五〇％水準(月約六〇〇ユーロ)では、二〇〇一年のフランスで貧困層は六％、つまり三六〇万人存在するが、可処分所得中位数の六〇％水準(月約七二〇ユーロ)では、貧困層は人口の約一二・四％、つまり二倍であり、合計すると七二〇万人となる(＊11)。したがって、該当する人口の割合を劇的に変えるためには、公的な貧困線を少し変えるだけで十分なのである。この結果が示しているのは、設定された貧困線のあたりに世帯が多く集中していること、また貧困線は現実にはおそらく同じような条件で生活している人びとのあいだに決定的な断絶を生み出していることである。

このことは、貧困の統計的指標を必要としないという意味ではない。それどころか、これらの指標は国や地域間で比較するさいに役立つといえるだろう。しかしこのアプローチにとどまらないことがきわめて重要なのである。貧困層の数量化は一般的な認識では考察の前提条件となっているが、他方で社会学者にとっては、それによって貧困の意味そのものへの問いかけが阻害され、またその問いかけが失われてしまうという意味で、まさに認識論的障害となるかもしれないのである。

社会学者が問わねばならない本質的な問題はシンプルなものである。つまり、いかにしてある所与の社会で、貧者はたんに貧しいだけでそれ以外の何ものでもないものとされるのか。いいかえれば、貧者の社会的地位を成り立たせるものは何か。いかなる本質的な基準から、ある人物がすべての人の眼に貧しいと映るのか。いかにしてその人物は、なによりもまずその貧しさによって定義されるのか。彼以前にすでに答えを見つけていた者がいたかもしれないが、この問題にたいして初めて明確にそして直接に答えたのは、二〇世紀初めのゲオルグ・ジンメルである（＊12）。ジンメルにとって、貧者の地位を決定するのは、ある人物が集合体《コレクティヴィテ》から公的に受けとる扶助である。扶助を受けることは、貧者の条件を識別する標識であり、特殊な階層へとかれらが社会的に帰属する基準である。貧者はかれらが他のすべての人びとに依存していることによって定義されるという理由で、必然的にその価値を貶められる階層である。この意味で、扶助を受けるということは、少なくとも短期的には他の人びととの補完性と互酬の関係に参加することができないまま、他の人びとからあらゆるものを受け入れる、ということである。特別に与えられる救護の受給者である貧者は、たとえ一時的なものであろうとも、社会がかれに与え、最終的にかれら自身が内面化するネガティブなイメージとともに生活することを受け入れ、もはや無用な者となること、しばしば「望まざる者たち」と呼ばれるものに属するということを受け入れざるをえないのである。本書の第1章で、私は貧者のこうした定義と分析の社会学的な射程のすべてを提示したい。

そのまえに、貧困の社会学的分析の第一の公準と私が考えるものに少しばかり立ちどまってみよう。つまり、それぞれの社会は、貧者に援助をおこなうことを選択するさい、貧者に異なった社会的地位を定義し与えている、ということである。したがってとりわけ社会学的な研究の対象は、実体論的な社会的現実としての貧困でも貧者そのものでもなく、かれらのあいだの扶助の――したがって相互依存の――関係、そしてかれらが属している社会なのである。この分析的視角は、異なった社会で貧困層が指し示されるメカニズムを比較という方法で研究し、そのメカニズムを生み出しまたそれを正当化する社会的表象を探究することになる。またそればかりでなく、この視角は、このように指し示された貧困層が、かれらが依存する援助制度とのあいだに確立する関係を分析すること、そしてより一般的には、そのさいに、また日常生活の他の状況でかれらが経験する試練を分析することである。

貧困の意味に関するこうした概念的な考察につづいて、この序章の初めに提起された問題を定式化しなおすことができる。フランスの貧困と他の欧州諸国の貧困、あるいは一九六〇年代の貧困と二〇〇〇年代の貧困に存在する比較可能なものを研究することは、以下を研究することである。つまり、①貧困層のカテゴリーが形成されるもととなる社会的表象が類似しているのか、②そのように指し示された貧困層のカテゴリーが、それぞれの社会でマージナルな社会集団となっているのか、あるいは反対に拡大し広まっているのか、③貧困の社会的処遇が類似した形態をとるのか、またその処遇は一貫して貧困層をスティグマ化することになっているのか、④各国の貧困層が多くの不利益を蓄積し行動の手段を奪われたままなのか、それとも反対に、かれらは困難に適応し社会生活に参加することによって自らの困難に抵抗できているのか、⑤貧困層の社会的地位の定義から生じる経済・社会・政治的条件は類似しているのか。

私はこれらの問題に答えるために数年間を必要とした。厳密に比較主義的なアプローチだけがそれを可能にした。ところがこの種の研究を実現することは、比較可能なデータを手に入れるだけではなく、そこから新たなデータをつくりだすこと、つまり多くのチームが関わる研究プログラムの枠組のなかでしか真に探究することのできないデータをつくりだすことを意味している。本書は、私が一九九〇年代の初めに公刊した最初の二冊、『社会的降格』(*13)と『フランス社会と貧困層』(*14)をさらに発展させたものである。刊行の当初は、これらの研究はフランスにしか目を向けておらず、国際比較に飛び込む必要を感じていた。そのときは、このプログラムを実現するためにこれほど多くの年月を必要とするとは思っていなかったことを告白しよう。一〇年以上つづいたこの比較研究はまさに段階を追って実施されてきた。この研究は、欧州でおこなわれた継続的な五つの研究プログラムに分けられる。本書はこのそれぞれのプログラムから生まれたものである。したがって、ここでこれらの研究プログラムを提示しておくことは有用であると思う。

◉——厳密に比較主義的なアプローチ

最初のプログラムは、RMI〔参入最低所得〕受給者の全国調査とフランスにおける不安定《プレカリテ》と排除のリスクに関する研究のあとを受けて、所得・価格研究センター(CERC)で一九九三年におこなわれた(＊15)。ここでは、欧州の社会的降格という視点で貧困を分析することを問題としていた。この研究は欧州共同体委員会の支援を受け、ユーロスタット〔欧州統計局〕向けに実施されたものである。この目的は、多様な特定の人びとが不就労と扶助の領域へと段階をへて追いやられるプロセスを比較するさいの仮説を定式化するために、欧州における不利益の蓄積について最初の研究をおこなおうとするものであった。社会的降格プロセスの国レベルの特殊性を研究するために、三つの次元が考慮された。つまり、労働市場の規制様式と社会的紐帯の強さ、福祉国家の介入の程度である。この研究は欧州の研究者グループによって実施された(＊16)。利用可能な統計データを批判的に精査したのちに(＊17)、各国で類似した指標を構築する作業がおこなわれた。

たしかに、精査されたデータが多様であるため、さまざまな国で正確に同じ指標を精緻化することは不可能であった。しかしさまざまなレベルの調査データを利用するさいには、国ごとに同じような問題がもち上がってくることはほとんどなかった。それぞれのデータには弱点があり、指標を定義するさいの精確さはいつも同じではなかった。ある場合にはなんらかの近似に頼らなければならないことがあった。しかしこういったむずかしさがあったにもかかわらず、集団で作業を実施したことにより一二の指標を精緻化することができた。

これらの指標はさまざまなレベルの調査で考慮された多くの領域をカバーしている。すなわち雇用、収入、居住環境と家財道具、健康、家族・婚姻生活、交際関係、青年期にかかえる問題である。選ばれた統計データのうち、これらのさまざまな領域に関する情報は、とくに南欧諸国のイタリアとスペインでは、同じ調査対象者にたいするデータではない。そのため、できるかぎり同じ個人が重なるように、研究者は最も完璧なデータ、つまり同時に最も多くの領域をカバーするデータを選ぶことになった。

指標を作成すると、最初の統計的分析をおこなった。国ごとに指標をクロスさせ、その表ごとに相関の検定をおこなった。探索の領域は就業者と失業者のみを含む労働人口に限定した。

これらの結果によって、国ごとにかなり顕著な収斂、さらに相違が明らかになった。観察された収斂のなかには、それほど意外ではなかったものもある。雇用の不安定と失業という意味での職業の不安定には、所得の低さや居住環境の貧しさと正の相関がみられた。非婚や離別で生活する傾向は、労働市場で不安定な状況にある人びとについては、すべての国でより高くなっていた。さらに雇用の不安定と失業は、社会［所得］移転への依存と健康問題を経験するリスクを高めていた。

欧州社会のあいだの最も明白な多様性は、社会的紐帯の強さに関することであった。就労状況の不安定と家族の付き合いやプライベートな援助ネットワークの弱さの相関がすべての国でみられたわけではなかった。スペインとオランダでは、失業者は仕事をもっている人よりも家族との関係が弱いというわけではなかった。イタリアではその傾向がさらに強かった。これらの国にさらにデンマークを加えると、そこでは、多くの困難をかかえた人びとも含めて、友人もしくはプライベートな援助ネットワークはより緊密なものだった。反対にフランスやイギリス、ドイツに関しては、仕事の不安定と失業経験は、関係的な特徴をもつ貧困をともなうことがよりはっきりしていた。そのため社会的降格のプロセスは、これらの国では他の欧州諸国よりもよりラディカルであるという仮説を提起することができたのである。

　社会的降格プロセスのナショナルな特性について最終的な結果をえるためには、この分析はかなり限定的であることは明らかであった（＊18）。たとえそれが強い相関をあらわしているときであっても、これらの結果は慎重に検討される必要があった。この研究を実施するさい、とくに私とユーロスタットのスポンサーが意図していたのは、将来の研究のための、とくにこの時期に開始された欧州世帯パネル調査を活用するための考察をおこなう手がかりを見つけだすことであった。

　比較研究の第二のプログラムは、欧州における貧困と排除の処遇のあり方の分析に関わっている。この研究はフランスの労働省から助成を受けることができた。この目的は、貧しく排除のおそれのある人びと向けの資産保証の仕組みと労働市場への参入政策を比較することであった。この研究は、欧州の主要国で恵まれない《デファヴォリゼ》人びとにたいする社会的介入様式が過去数年で大きく発展したことに関わるものであった。したがってここでは、これらの発展を社会学的に解釈し、その社会構造への影響を検討することが問題となっていた。この研究はいくつかのタイプのデータを利用することを前提としていた。つまり集合体によって支援されている人びとを分析するための量的データ（行政資料や縦断的データを含む調査データ）、質的データ（インタビュー）、たとえば議会討論のような特殊な資料である。これらのデータを利用することによって、労働市場から排除されたもしくは排除のおそれのある、不利益を蓄積した人びとに提供される制度《ストリュクチュール》とサービス――実施されたさまざまな政策とその効果の関連――を比較することができたのである（＊19）。

この比較研究では、まず国によって歴史と作動原理の異なるこれらのシステムを提示することが必要であった。しかし必要な記述をこえて、最低保障所得の経験を比較することは、異なった社会のなかで貧困問題がどのように提起されているのか、これらの社会が貧困問題にどのような重要性を与えているのか、貧困問題を食い止めるためにどのような手段が発展してきたのか、不測の困難に直面したさいにはどのような解決策が推奨されているのかを同時に分析することを意味していた。分析によって三つの識別要因が抽出された。第一の問題は貧困層のカテゴリー化の原理に帰着する。第二は福祉国家の分権化の程度、第三は社会保護制度のカバーの重要度である。それから、フランスとイギリスとの比較は、一九九五年一月にロンドン・スクール・オブ・エコノミクスに滞在したさいに進められ（＊20）、このプログラムの研究者全員との議論はこの研究から生まれた共著書の発行まで継続された（＊21）。

第三のプログラムはたしかに最も野心的なものである。このプログラムは、ユーロスタットと欧州共同体委員会にたいしてＣＥＲＣのなかで実施された、探索的特徴をもった研究をより深化させたものである。ここでは、一九九六年から私がダンカン・ゲイリーとコーディネイトし、複数の研究チームが参加した三年間にわたる研究が重要であった（＊22）。そのときにわれわれは新しいデータ――このときは欧州連合各国の代表的サンプルと比較するために、一九九四年に実施された共同体世帯パネル第一波調査のデータ――をもっていたために、より多くの国で比較研究をおこなう見通しをえていたのである。

この研究プログラムは、欧州の経済・社会的不安定の状況が多様であり、それがしだいに蓄積しうることを確認することから始まった。このプログラムは私の社会的降格に関する研究から仮説を引き継いでいた。このプログラムの目的のひとつは、一九八〇年代半ばから一九九〇年代半ばまでに進展したさまざまな不安定の状況と結びついた不利益の蓄積を分析することであり、もうひとつの目的は、縦断的データをもとに、就労状況と経済的貧困、文化的・関係的貧困、各国で実施されている社会政策とのあいだの因果関係を検討することであった。

このプログラムの結果は論集として刊行された(＊23)。この論集はチームがおこなった比較研究をたんに羅列したものではなく、失業の規制様式の解釈を含んでいた。まず、欧州における失業経験はまったく同質的なものではなく、逆にそれぞれの国民文化のなかで失業経験に異なった意味を与えうる、特定の経済的・社会的・政治的構造に関わる現象であるとわれわれには思えた。これらの違いは、部分的には各国で実施されている失業補償のレジームによって説明される。われわれは失業と社会的孤立のあいだには単純な関係が存在しないことを確認した。反対に、不利益を蓄積する可能性は、各国あるいは各種の社会に普及している失業の社会的規制モデルに依存していることが示された。われわれは、これらの失業の社会的規制モデルを、一方では福祉国家が介入する公的空間に付与された責任と、他方では家族の介入領域に属する責任との関係から定義した。本書では、この共同比較研究からえられた結果をいくつか提示することになるだろう。

最後の研究は他の三つのプログラムとはやや異なっている。それは欧州委員会の求めにおうじて実施された貧困と社会的排除に関する調査であり、全体的な構想と同様、その結果を利用するさいも、ダンカン・ゲイリーと私が組んでおこなったものである(＊24)。この調査は、欧州連合のすべての国で二〇〇一年九月と一〇月に(各国約一〇〇〇人の代表的サンプルにたいして)実査がおこなわれた。データの利用は二〇〇二年にLASMAS〔旧二次分析・社会学応用法実験室、現モーリス・アルブヴァクス・センター〕でマリオン・セルツと共同で開始することができた。ここではとくに社会的表象と体験、社会と福祉国家にたいする態度に関するデータを利用した。それまではこれらの側面から比較研究が実施されることはほとんどなかった。この欧州調査は、貧困への社会的な関係の比較分析に関する貴重なデータを提供したのである。

本書はこれらすべての研究プログラムにもとづいているが、それらを要約するものではない。これらのプログラムはいずれも本書の理論的スキームをそのまま踏襲しているわけではない。本書は、私が第I部で提示する特殊な分析枠組、とくに貧困の基本形態の類型を精緻化させるにいたった知的手続きの結果である。第II部はさらに経験的である。第II部は、この類型の妥当性を検証するために、この類型と調査のおもな結果を関連づけることを目的としている。

＊

すでに述べたように、本書は数年にわたる研究の結果である。この長期にわたる計画のなかで私の考察に貢献し、また私を助けてくれたすべての人びとにたいして感謝を述べることは、いつどのようにしても不可能であるように思う。私はそれらの人びと全員に謝辞を捧げることしかできない。まず初めに私は、先に引用した比較研究のさまざまなプログラムで私と一緒であったすべての教授と研究者、技官の人びとから恩恵を受けている。かれらに深い感謝を述べておきたい。

欧州の失業経験に関する［研究］プログラムを私とともに率いて欧州の貧困・社会的排除に関する最新の調査をおこなったダンカン・ゲイリーに感謝したい。この学問的で友情に満ちた共同作業は私にとってとても実り豊かなものであった。長いあいだドイツ社会学と国際比較の諸問題を議論したフランツ・シュルタイスにも感謝する。

本書はおもに欧州に関するデータを提示している。なぜならその大部分は私が参加した欧州プログラムにもとづいているからである。ヒラリー・シルバーは貧困と排除に関するアメリカの現実をよく知る手助けをしてくれた。本当に感謝している。また私を何度もサンパウロの彼女の大学に招いてくれたマウラ・ヴェラスにも感謝したい。この滞在は彼女のチームや学生たちと一緒にファベーラの世界を研究する機会を私に与えてくれた。

調査の統計作業と草稿を何度も事細かに読み返してくれるほど丁寧な手助けをしてくれたマリオン・セルツにはとくに感謝しなければならない。二〇〇一年から不平等と社会的断絶の社会学に関する私のセミナーに出席し、私が提示した研究にたいして、寛容さと敏感さをもって、批判的な意味で反応してくれたＥＨＥＳＳ［社会科学高等研究院］の私の学生たちのことも忘れてはいない。かれらは本書のなかでわれわれの議論の成果を見てとることができるだろう。マリー・ガフェの支援と励ましにも感謝したい。

いつものようにドミニク・シュナペール――彼女が私の博士論文を指導した時期から大きな知的援助を受けている――とフランソワ＝グザヴィエ・シュヴァイヤーからのアドバイスと批判を受け

た。われわれが三年ごとに定期的に組織している「小セミナー」を支配するやりとりの質とたがいの信頼、友情は、本書を洗練させるさまざまな段階で私を助けてくれた。

I 基礎的考察

「どのような状態をひどい困窮と見るかは、もちろん社会におうじてさまざまである。しかし社会学者の観点からは、これらの違いこそが客観的な研究対象である。われわれはもちろん、社会の違いを考慮した規範的判断が具体的にどうあるべきかについて議論することもできるが、困窮状態を診断するうえでの中心的作業は、異なる形態の苦難が当該社会でどうみられているかを無視してはならない。両者のつながりを否定することは、記述をすぐれて客観的にするどころか、極度に鈍いものにしてしまう」。

（アマルティア・セン『不平等の再検討——潜在能力と自由』池本ほか訳、岩波書店、一九九九年、一七〇—一七一頁）

◆ イントロダクション

こんにちにおいて貧困は、それ自体としては社会学の一領域とはなっていないということを認めなければならない。たしかにこの問題に関わる多くの研究が存在してはいるが、その研究の多くは、より限定的なものであれ、逆により広いものであれ、他の社会学的対象から派生したものである。ある特定の社会集団を研究すれば、その集団の数多くある特徴のひとつとして貧困について語ることもできよう。社会階層の専門家は貧困が社会的なヒエラルキーの一部を明らかにする点にかぎってはそれに関心をもつものの、そのことがかならずしもかれらの仕事の独自性であるというわけではない。社会的不平等に関する多くの研究は、貧困層をより豊かな層と対立させるが、この区別が最終的にいわゆる貧困研究をその最終目的とすることはまれである。福祉国家の形成や社会的規制を研究する研究者は一般に貧困に関心を寄せるが、かれらの意図はまず、社会問題の視角で貧困をとらえることである。このことは、貧困に関する明らかなるパラドクスであり、つまり貧困は、しばしば経験的・理論的研究においてとりあげられることはあっても、最終的に研究対象として練り上げられることはほとんどない。こうした関心においては、貧困は結局のところ一つの要素でしかなく、その推論のなかに貧困を取り入れようと研究者が努力しているにすぎないのではないのだろうか。

本書で採用したアプローチは、これまで通念にもとづいておこなわれてきた貧困問題への取り組みを乗り越えて、それをより広い分析枠組のもとに位置づけなおすものである。社会学的に適切なもの、それは貧困それ自体ではなく、社会的に貧困と指し示された人びととかれらがその一部である社会との相互依存関係である。貧者の社会的地位はこの相互依存関係にもとづいており、私は現代社会ではこの関係にはさまざまなタイプが存在するという仮説を立てている。この第I部は、貧困の複数の基本形態を定義するための理論的枠組を精緻化することを目的としている。まずは社会学の古典的なテクストに立ち戻ることから始める。

第1章は、複数の論者、とくにトクヴィルとマルクスが一九世紀の前半に取り組んだような大衆的貧困《ポペリスム》の問題から始める。これら二人の論者は、大衆的貧困の現象について同じ種類の解釈を発展させたわけではない。彼らの分析は、トクヴィルの場合は民主主義と条件の平等の問題が、またマルクスの場合は階級闘争と大衆的貧困の問題が主題となっている著作のなかにある。トクヴィルもマルクスも同じく、貧困は社会学的対象というよりも社会問題であると考えていた。彼らはともに、この貧困問題を社会の発展に置き換え、社会的な作動のメカニズムをその全体のなかで解釈することができる分析枠組を構築しようとしてはいたが、社会の他の成員とくらべて貧者を社会学的に特徴づけるものを明確に定義したわけではなく、また貧者のカテゴリーの構築様式とそれを社会に関係づけるつながりを完璧なかたちで説明したわけでもない。この章では、序章で触れたジンメルの有名なテクスト『貧者』を詳細に検討することによって、それをさらに発展させていく。私の考えるところ、このジンメルのテクストは貧困の社会学により重要な貢献をもたらしている。

第2章の目的は、まずフランスで分析がおこなわれた被扶助層の条件に関するバリエーションを振り返り、そこから基礎的な結論を引きだすことである。また「貧者」と社会のその他の層との相互依存関係の社会歴史的バリエーションを説明できる分析枠組を精緻化することによって、ジンメルの考察と彼の構築主義的方法をさらに発展させることも第2章の目的である。そして［第2章の］最後では貧困の三つの基本形態を定義する。

第1章 貧困の社会学の誕生

貧困層の記述的・実体論的アプローチとは異なり、貧困の社会学は、この社会的カテゴリーの構築様式の分析を優先し、貧困層と社会の残りの層の相互依存関係を特徴づけようとする。この分析的パースペクティブは、一九世紀の前半に大衆的貧困についての考察の枠組のなかで生まれた。この時代の社会思想家や慈善《フィランソロピスト》家たちには、厳密な調査にもとづいてこの問題に関心を寄せる者たちが多かったが、彼らのほかに、伝統的に社会学的思考の創設者とみなされている二人の有名な論者、すなわちトクヴィルとマルクスもまた、大衆的貧困について特別な関心を寄せていた。大衆的貧困をより完全に理解するためには、同じくビュレ(＊1)やヴィレルメ(＊2)、エンゲルス(＊3)の著作――最も有名な著者しか挙げていないが――にも立ち返る必要があるけれども、トクヴィルとマルクスの分析は、貧困の社会学の重要な第一段階なのである。

しかしながら、貧困の分析的社会学が本当に形成されるためには、二〇世紀の初め、とくにジンメルの著作『貧者』の出版を待たなければならなかった。この生誕期の社会学にたいするトクヴィル、マルクス、ジンメルの貢献について検討することを選択したことによって、特別な関心を払うべきであった著者たちを無視することになったことを私は十分に自覚している。〔とはいえ、〕この第1章で意図しているのは、貧困について社会学的におこなわれた研究の歴史を網羅的に描くことではない。本章の目的は、古典的な論者の思想をつうじて、貧困についての考察のさいに重要だと思われる諸段階をとりあげることである。

〔1〕大衆的貧困にたいするトクヴィルとマルクスの立場

トクヴィル、マルクスとつづけて検討することはほとんど凡庸なやり方のように見える。というのも、これら二人の論者は対立していたし、現在もなお、多かれ少なかれ敵対した思想の潮流とみなされているからである。〔にもかかわらず、〕彼らの思想がどのような点で補完的であり、また根本的な違いがありながらもどのような点で社会現象をともに明らかにできるのかについて研究しようとした論者はほとんどいない。レイモン・アロンはこうした例外の一人である。彼は著書『自由に関する試論』〔邦題は『自由の論理』〕のなかで一章を割き、形式的自由と実質的自由との基本的な区別を取り入れて、実質的自由――それはマルクス主義による〔形式的自由の概念の〕批判にもとづくものだが――は、形式的自由とたがいに対立するよりも、それを補うものであると指摘した(*4)。自由〔についての分析〕にならって貧困というテーマについても、こうした種類の研究の刷新を試みることは心惹かれるものである。私も、これら二人の論者をとりあげるが、ただし儀礼的にそうするのではなく、貧困の社会学にたいして彼らがもたらした、最も顕著な貢献について探っていきたい。おもに、トクヴィルの『大衆的貧困についての覚書』とマルクスの『資本論』、とくに資本制蓄積様式の一般法則にあてられた第一三章に依拠しよう。

◉――トクヴィルの相対主義

大衆的貧困についてのトクヴィルの覚書は、オリジナルの原稿が見あたらないものの、現在ではよく知られたものである(＊5)。この覚書は一八三五年、つまり『アメリカのデモクラシー』第一巻の出版と同じ年に、シェルブールの学術協会の前で著者が読み上げた原稿である。注目しておきたいのは、一八三五年はトクヴィルがイギリスに二度目の旅行にでた年でもあり、旅行のあいだトクヴィルは一八三四年八月一四日の救貧法改革とその結果にとくに関心をもっていたことである(＊6)。同じ年、この協会の紀要に公表されたそれは、発表原稿に近いものであり、完成した著作といえるようなものではない。それはあくまで覚書であって、トクヴィルは続編を約しており、そのなかでは、「大衆的貧困にたいして予防的に対処することが期待できる救済措置」が公表されるはずであった。この約束は守られなかったが、その本当の理由はわかっていない。社会政策の専門家たちはいつもそれを嘆いている。しかしながら、トクヴィルはこのテクストのなかですでに、困窮者《アンディジャン》にたいする公的扶助の包括的制度、すなわち彼が私的慈善と対比して法的慈善と呼ぶものが引き起こしうるリスクにたいする立場を明らかにしており、またこの問題についての彼の思想についても、それが自由主義思想家によって何度もとりあげられているように、彼が望ましいと考えている全般的な方向性については、誤解の余地はいささかもない。『大衆的貧困についての覚書』は、貧困層にもたらされるべき救済に関するこうした判断に集約されるわけではない。これはなによりも、貧困が提起する社会問題や、数世紀のあいだのその展開を定式化する最初の試みとなっている。たとえトクヴィルがこの現象を研究した唯一の人物であったわけではないにしても、彼のアプローチは啓発的なものであり、また一九世紀の慈善家たちのうち、一定の人びととははっきりと区別されるものであるのは、かれらが、人道主義的倫理の名の下で、裕福な者たちに共感と慈善のおこないを勧めると同時に、貧者に自身を「立ちなおらせる」ことのできる価値を教えこむことによってかれらを道徳化しようとしていたからである(＊7)。慈善家たちとは対照的に、トクヴィルは、貧者が衛生環境の悪い悲惨な住居に詰め込まれて生活しているとき、かれらの不運、良識のなさ、子どもの放棄、アルコール中毒、道徳性の欠如を非難しようとはしなかった(＊8)。彼はその試論を、貧困を定義することのむずかしさをひとことで示す、つぎのようなパラドクスを提示することから始める。

「ヨーロッパのさまざまな国々をわたり歩くと、とても異常で、説明することのできないようにみえる光景に驚く。最も貧窮しているようにみえる国は、実際には困窮している人が最も少ない国である。その豊かさを羨むような国民の下で、一部の人びとは他人の施しに頼って生活せざるをえない」(＊9)。

このパラドクスは、「たがいに」似ているようだが完全には切り分けられない二つの観念にもとづいている。困窮《アンディジャンス》は、剝奪と他者への依存状態の特徴によって、他の残りの人びととはっきりと区別される諸個人に適用される。その一方、トクヴィルがこの文章で理解しているような貧窮《ミゼール》は、ある地域もしくはある国の全体に一般化することができる。ところが、最も貧窮した国には、「社会」全体とはっきり異なった社会的条件の下にある個人なるものは存在しないという意味で、困窮者というものはほとんど存在しないのだ。このように、トクヴィルは、この時代のイギリスとスペイン、そしてとりわけポルトガルを対比させている。イギリスは前世紀から産業革命を達成しているが、スペインとポルトガルは、とくに経済発展の弱さを特徴とする農村社会の伝統に依然として結びついていた。

「イギリスの田舎をとおると、近代文明のエデンの園に来たかのように思えるだろう。すばらしい手入れのされた道、新しく清潔な住まい、肥沃な草原のなかを漂うたくさんの動物たちの群れ、力がみなぎり、健康的な農民たち、世界中のいかなる国にもみられない目もくらむほどの豊かさ、他の国にはないほど必要とされ、設備の整った最も簡素な快適さ。それは、あらゆるところでみられる気遣いと安寧、娯楽である。雰囲気そのもののなかで息をしていると信じ、一歩あるくごとに心を震わせる普遍的な繁栄の空気。こうしたものが、旅行者の最初の眼に映ったものである。さあ、村々のなかに入ってみよう。教区簿冊を調べてみなさい。そうすると、この繁栄した王国では住民の六分の一が公的慈善の世話を受けて生活していることに気づき、言葉を失うほど驚くことであろう」。

以下のような、スペインとポルトガルとの対比は印象的である。トクヴィルは以下のように警告する。

「諸君らがそこに足を踏み入れれば、栄養状態が悪く、着ているものも粗末、無知で太っており、半分荒れはてた田舎の環境で、みすぼらしい住まいに暮らす人びとに出会うだろう。しかしポルトガルでは困窮者の数はほとんど取るに足らないほどである。M・ド・ヴィルヌーヴは、イギリスでは二五人に一人の住民が貧困にあると見積もっている。有名な地理学者のバルビは、九〇人に一人の住民が困窮者であるという数を示している」(＊10)。

こうした観察によって、彼はこの現象の一般的な原因を検討するにいたる。トクヴィルによれば、そのためにはニーズの概念を掘り下げ、それが年齢を重ねるにつれてどのように進展するのかを検討しなければならない。北米滞在時に出会った「野蛮な未開人」の例をとりあげて、彼は客観的な貧困とかれらが自分の条件にたいして抱いている感情とのずれを強調する。トクヴィルは言う。「私はかれらの運命を嘆いた。しかし、かれらはそれを厳しいものだとは思っていない。掘立小屋の煙のなかに横たわり、手製かもしくは獲物の皮でつくられた粗悪な服で身を包みながら、インディアンは、哀れみのこもったまなざしをわれわれの技術(工芸)に投げかけ、われわれの文明が求めているものをうんざりする恥ずべき束縛であると考えている。インディアンがわれわれに求めるものといえば、その武器でしかない」(＊11)。外部の観察者の視線がそこに住む人びとの視線と一致しないとすれば、それは観察者の視線が他の文化によって形成されたものであるためである。ここでは、インディアンの貧困は、それが異なるニーズの体系に結びつけられたときにしか存在しない。しかもその体系は絶えず変わりゆくものであり、それゆえに絶対的な参照基準とはならないのだ。

『アメリカのデモクラシー』でトクヴィルはすでに、他の例をたよりに、この富者の持続的な不安と不満と、貧者の平穏さの対立を強調していた。

「旧世界の辺鄙な地域には、いまだに時として、周囲の世界の喧騒からとり残され、周りのすべてが動いているときにびくとも動じない少数の住民に出会うことがある。こうした人びとの大半は無知で貧しいことはなはだしい。かれらは統治の義務にまったく関わらず、しばしば政府はかれらを抑圧する。にもかかわらず、かれらの顔つきは通常穏やかで、しばしば気質は陽気に見える。

私はアメリカでこの上なく自由で最高に開明され、世界でいちばん幸福な境遇にある人たちを見た。ところが、かれらの表情にはいつもある種の影がさしているように見えた。娯楽に耽っているときでさえ、かれらは深刻でほとんど悲しげに見えた」(*12)。

こうした観察によって、トクヴィルは、文化的相対主義を示しただけではなく、ここで一気に貧困の定義の問題に達したのである。つまり彼はこの定義によって、客観的アプローチと主観的アプローチを区別し、それを比較するにいたったのである(*13)。現代では多くの研究がこの区別をもとにおこなわれている。この点については後で振り返ることにしよう。

トクヴィルは、彼の時代の社会、とくにイギリス、つまり当時、最も工業の発達した国で貧困に与えられた意味のなかに、貨幣と富に与えられた意味を反転させたものを見いだした。イギリスへの二回目の旅行ノートのなかで、彼は貨幣崇拝があらゆる社会的領域に広まり、人間の豊かさだけではなく、とりわけ権力、評価、栄光を定める基準となっていることを観察している。「精神、いや徳ですらも、貨幣がなければほとんど何ものでもないようだ。貨幣はあらゆる価値《メリット》に関わり、ほとんど溶け込んでしまっている。貨幣は人間のあいだに見いだされうるあらゆる空隙を埋めるが、それに代わるものは何もないであろう」(＊14)。そこからトクヴィルは、貧者がまさしく不平等な境遇におかれていると結ぶ。彼はこう言う。「イギリス人は、貧者に二つの権利しか与えない。富裕者と同じ法律にしたがう権利と、合法的に富を獲得することによって富裕者と肩を並べる権利である。［だが、］これら二つの権利は実質的というよりも見せかけのものである。というのも、法律を制定し、自らとその子どもの利益のために、富を獲得する主要な手段をつくりあげたのは、富裕者たちなのだから」(＊15)。

大衆的貧困についての覚書の第一部をとおして、トクヴィルは、意図的に単純化して、人間のニーズの歴史的説明にとりかかる。その分析をざっとまとめてみよう。もともと人間のニーズは季節的な悪天候を避ける場所や、十分な食糧などの生存手段にかぎられていた。人間は耕作者となったときから土地を所有するにいたり、定住し、飢餓と生活上の不慮の出来事にたいするより大きな保証を手に入れた。かれらはしだいに他に喜びの源を発見した。しかし、このより多く保有するという欲望には人間同士の不平等の誕生も対応している。人間が狩猟に甘んじているかぎりは、ある人間が他の人間に、あるいはある家族が他の家族に優越するという外的な徴しはほとんど存在しなかった。「しかし、土地所有が知られ、人間が広大な森を豊かな畑に転換すると、そのときから、自らを養うために必要となる以上の土地を自らの手に集め、自分の子孫の手にその富を残す個人があらわれる。そこから余剰物の存在があらわれる。余剰物とともに、最も原始的な物質的ニーズの充足とは異なる享楽趣味が生まれる。ほとんどすべての貴族制の起源をおかなければならないのは、この時代の社会である」(*16)。寄せ集められた土地所有、少数の人びとに掌握された統治、制限のない征服の精神、これらがこうした不平等にもとづく社会のおもな要因であり、中世はまさにそこで生まれたのである。

歴史的な全体像を簡潔に描いたのちに、トクヴィルは封建時代へと向かう。一二世紀には、人びとは耕作者と土地所有者という二つのカテゴリーに分割されていたと彼は言う。とはいえ、主人にしたがっていれば、耕作者にはほとんどいつも保証された生存手段があった。「それぞれの欲望、そして同様にその［かぎられた］権力のなかに閉じ込められ、さしあたって苦しみもなく、まだ見ぬ将来にも安心するかれらは、そうした植物的な幸福を享受している。非常に文明化した人間にとって、そうしたものがあることを否定することもむずかしいが、その魅力を理解することも同じくらい困難である」(*17)。土地所有者は、奢侈と余剰のなかに生きる恵まれた階級となるが、とはいえ、快適さとゆとりを知らない。「土地所有者の存在は輝かしく豪奢であるが、快適というわけではない。彫琢された金銀の皿に盛られた料理を手で食べる。衣服はアーミン模様と金［の刺繍］で飾られているが、下着は知られていない。宮殿に住んではいても、湿気がその壁を覆っている。そして、豪華な彫刻をほどこされた木製の椅子に座り、木が丸ごと燃やされるほど大きな暖炉の脇にいたとしても、熱はそこから広がることはない」(*18)。トクヴィルはそこから、封建社会の数世紀のあいだに、大部分の人びとはほとんど欲求をもたずに生活し、残りの人びとがほんの少しの欲求を抱いていたと結ぶ。「言ってみれば土地はすべての人に足りていた。ゆとりはどこにもなく、いたるところに生活があった」(*19)。いわば、この根本的な社会的不平等にもかかわらず、貧困はほとんどこにでも存在しており、その意味はいかなる場合でもわれわれが現代社会で貧困に与える意味と比較できるものではない。ここで問題となっている貧困は剝奪と同義ではない。なぜならニーズはかぎられたものであり、より良い将来もまたかぎられたものであったからである。

　しかしながらトクヴィルは、新たな趣味がしだいに生まれ、ニーズが洗練されていくという点を、説明のないままに指摘している。その才覚と勤勉《アンデュストリー》によって生きていく、多数から成る階級が形成される一方、中世の貴族の後裔たちがその快楽の幅を広げ、新たな豊かさを発明する。「貧者と金持ちは、それぞれの世界のなかで、祖先が体験することのなかった新たな楽しみを考え出す」（＊20）。より良い生活への希望をもった多くの耕作者たちは、都市部の好況な工場で仕事をえるため田舎を離れ、大規模な人口移動が起こる。トクヴィルによれば、こうしたことが万古不易な経済成長と発展につながり、あとでみるように、それはマルクスが別な角度から分析することになる点である。

　トクヴィルにとって、一九世紀はゆとりと困窮が同時に展開する時代である。「こんにち、大多数の者がより幸福となっているが、公の支援が失われるようなことがあれば、欠乏によって死にいたる少数の者たちがつねにいる」（＊21）。貧困状態《ポペリスム》にいる当時の労働者たちには、耕作者が絶えず守ろうとしてきた、生きていくための保証がない。かれらは浮き沈みのある生産活動に身を委ねており、仕事や基本収入をすぐに失う可能性がある。資産がなければ、いやおうなく貧窮と死に向かって滑り落ちていくしかない。「つまり、他の階級の安寧《ビアン・エートル》のために熱心に仕える産業者階級は、他の階級よりも突然かつ取り返しのつかないような不幸にさらされている」（＊22）。

　貧困の概念を相対化したトクヴィルに感謝しなければならない。社会や時代によってニーズが多様であることを強調することによって、彼は貧困をいわば実体論的に分析しようとする誘惑にたいして警戒した。この覚書のなかで、トクヴィルは社会学者として、貧困がそれ自体として存在するのではなく、全体として把握された社会の状態との関係で存在することを明らかにした。個人の主観性と、個人が自らの体験に与える意味を研究することに関心をもっていた彼だが、そのことによって、最も貧しい人びとの生活様式について、悲惨な生活を好んであげつらうことも、大衆迎合的《ポピュリスト》にみることもなかった。こうして、モラリストや貧困者の庇護者たちに非常に頻繁にみられる、階級のエスノセントリズム［自民族中心主義］に彼が陥ることはなかった。覚書の第一部は、こんにちでもなお、その的確さに驚かされる予言的な展望で締めくくられている。

「現在の文明化の動きがつづくにつれ、多くの者たちの楽しみが増大するのを目の当たりにすることになるだろう。社会はより改善され、より知識にあふれたものになるだろう。生活はより裕福に、快適に、贅沢に、長くつづくものとなるだろう。しかし同時に、つぎのことはあらかじめ心得ておこう。そうしたあらゆる幸福からわずかな分け前をえるために、同胞からの支援に頼る必要がある人びとの数。そうした人びとの数は、絶えず増大していくことになるだろう。この二重の動きを抑制することもできるようになるだろう。さまざまな人びとがおかれた個別の状況は、そうした動きを加速させることもあれば、あるいは中断させることもあるだろう。だが、それを止めることは誰にもできない。したがって、すでに容易に予測のできる不可避の困難を緩和する手段を早急に探そう」（＊23）。

この覚書のなかに、社会的地位としての貧困に関する明確な定義はみられないが、法的慈善が発展することの危険性を非常に案じていたトクヴィルは、あきらかに貧窮者《ポペール》を被扶助者《アシステ》と同一視している。つまり、先の一節で明確にしているように、同胞の支援に頼る必要のある者や、苦しい状況下で生活している者と同じにみているのである。彼は数年後にマルクスが指摘するように、こうした現象を資本主義という経済法則から説明しようとはしていないが、それでも、貧困の社会学への道しるべを残している。そこでは、社会における貧困層とそれ以外の者を区別するのは、集合体への依存度であり、二〇世紀の初めにジンメルが明らかにするように、「貧しいだけでそれ以外の《ポーヴル・ク・リャン・》何ものでもない《ク・ポーヴル》」ことだけだということが、間接的に指摘されている。

覚書の第二部で、トクヴィルは貧困層への扶助の論理をより批判的なかたちで検討している。ここはまた、最も貧しい人びとへの国家による援助を削減したいと考える人びとが頻繁にとりあげる部分である。

「つまり、不変的な原理として法的慈善をつくり、行政的な基盤をそこに与えようとするあらゆる措置は、才覚を有し《アンデュストリエル》、また勤勉な《トラヴァイアン》［産業者・労働者］階級を犠牲にして生きる、有閑で怠惰な階級を生み出す。すぐにではなくとも、そうした結果になるのは避けられないだろう。それは、そこでしばしばみられる道徳性や宗教心といった高尚な考えを除いて、あらゆる修道者的な思想の欠陥を再生産する。そうした法律が、法のなかに持ち込まれれば、有毒な病原となる。つまり、アメリカのように、環境がその病原の急速な発展を妨げることはあっても、それを破壊することはできない。そして、現在の世代が、その影響をまぬがれたとして、後の世代の幸福はそれに貪り尽くされるだろう」（＊24）。

この分析では、政治的判断、イデオロギー的警告、社会学的考察が同時に混ざり合っている。法的慈善へのラディカルな批判は、私的慈善にたいするやや意外な、ある種の理想化によってなされている。「個人による施しは、富者と貧者とのあいだの貴重なつながりを築く。富者は、貧窮から救済しようとした貧者の境遇に、まさにその善行によってさえ関心をもつことになる。貧者は、要求する権利もなく、またおそらくは望んでもいなかった救済に支えられ、二つの階級のあいだに築かれた道徳的なつながりを認識する。両者のあいだでは、かくも多くの関心と情熱が合わさって、たがいを切り離し、さらには財産もこの二つの階級を隔てていたにもかかわらず、それぞれの意志がたがいを近づけるのだ」(*25)。こうした言葉は間違いなく、私的慈善が道徳的な要求とみなされていた当時の精神をあらわしていたといえるのではないだろうか。貧困層にたいする公的救済の制度は非常にかぎられており、こんにちの社会政策とは何も比較することができない。それにもかかわらず、当時の保守思想家の一部はトクヴィルの視点を共有しており、それはこんにちもつづいている(*26)。しかしながら、最も貧しい人びとにとって、通りや地下鉄で物ごいをすることは、生活手段をえるために公的社会福祉に頼ることと少なくとも同じくらい、あるいはそれ以上に屈辱的であることが、社会学的分析によって明らかになっている。また現代では、私的慈善の寄付者と受益者とをむすぶ道徳的紐帯の強さはより疑わしいものとなっているため、そうした関係は人目を憚るものであることがほとんどである。しかし、法的慈善を批判するトクヴィルは、それでも私には正当と思われる、あるいは、少なくとも注目に値するいくつかの社会学的考察をおこなっている。とくに彼は、扶助への権利の意味について、つぎのように検討している。

「権利という考えには何か大きく力強いものがある。それは要求から懇願という性質を取り除き、要求する者と、それを認める者とを同一平面におく。しかし、社会から貧者が援助を受ける権利は、その権利を行使する者の心を高めるのではなく、辱めるという特殊な一面がある。［……］自身の教区の貧民台帳に登録されると、困窮者はたしかに援助を要求することができる。しかし、この権利をえること、いいかえれば、権利を与えられた困窮者の貧窮、脆弱さ《フェブレス》、不品行が確かなものであることが表明されることとは一体何だろうか？　通常の権利は、自分と同種の人間たちから、既得の個人的な特権として付与されるが、ここでの権利は劣等性《アンフェリオリテ》が認められた場合に与えられる。通常の権利はそうした特権を強調し、それを認めるが、ここでの権利は劣位の状態に光を当て、それを法律で認めるのだ」（＊27）。

トクヴィルはここで、被扶助層の社会的地位を問い、それが劣ったものでしかありえないと結論づけている。アイデンティティが生産活動への直接的ないしは間接的な貢献ではなく、貧窮者の場合がそうであったように、集合体にたいする顕著な依存によって与えられるとき、それは信用の失墜という逃れられない負担によって顕著となり、否定的なものとなる。トクヴィルの言葉は直截に過ぎ、またそれぞれの体験が多様であることも考慮していない。たとえば、被扶助層がそうした信用の失墜に反応し、信用を取り戻すために抵抗しようとすることができる点を彼は指摘していない。たしかに彼は、被扶助層に援助を提示する社会福祉サービス《セルヴィス・ソシオ》にたいする戦略をかれらが準備できることには自覚的であったにせよ、そこから、彼自身が敏感に察知していた劣等性というものが、アイデンティティ交渉やパーソナリティの変容の原因になりうるという結論を引きだしてはいないのである。

ともかく、現在のわれわれが直近の社会学的調査にもとづいてできるこれらの留保にもかかわらず、トクヴィルが明らかにしようとしたことの方向性はいまも正しいといえる。彼は貧者への扶助というものが不完全な対応であることに気づいており、そのことを論じている。扶助を受ける貧者はつねに、こうした依存関係によって公的に指し示され、社会的に定義される。この依存関係の下で、かれらは扶助を受けることが認められる権利によって社会に帰属する。しかし同時にかれらには自らの劣等性を受け入れること、つまりスティグマ化され、あらゆる悪業や堕落の温床になるとしばしば疑われる最底辺の社会階層にしかなりえないという不幸に満ちた統合をも受け入れざるをえないのである。イギリス旅行のさいの覚書で、彼は一八三四年の貧困層に関する法律の改正を解説し、つぎのように指摘している。「貧者に関する古い法律を修正するさいに、立法者が、これ見よがしにそう述べたわけではないが、実質的に目標としていたのは、困窮者が公的な施しを不快に感じるようにし、かれらがそれに頼らないようにすることである」(*28)。つまりトクヴィルは、貧困層への扶助がもっていた現実の目標を見逃してはいなかったのである。受益者は怠惰ではないのかという疑念は、公的扶助制度がもたらした結果というだけでない。それは［すでに］、援助の提供という発想それ自体にも存在している。ここから、援助を受ける者は、ほぼ逃れることのできない社会的降格へと陥ることになる。とりわけ、労働への不適応を証明するものが何もない場合はそうである。いいかえれば、私的慈善という善行のなかに唯一の答えを見つけられると信じていたという点で、トクヴィルは間違っていたとしても、法的慈善の避けられない限界と、その根本的な曖昧さを彼は正しく強調してはいるのだ。

考察のこの段階では、トクヴィルはイギリスにおけるエンクロージャーという政策用語については触れていない。必要な労働力を低賃金で供給するために、イギリスは破産した中小企業の経営者階級と農村部の人びとを、都市部の新興産業に従事するように強制した。彼によれば、田舎から都会への人口移動は、なによりもニーズの増加と多様化、そして、農業を離れてより大きな豊かさをえたいという、農村部の人びとの希望によって説明される。ニーズを理由とするこうした議論は不十分なものであろう。分析はマニュファクチュアへの移動という個人的な動機に集約され、そのことによって、産業革命の経済的論理と、社会を特徴づける社会的な関係を解明している。

トクヴィルの分析の主要な成果は、貧困状態《ポペリスム》のなかに、田舎の貧しい人びとや、文明から離れた人びとの状況よりも、精神的に深刻かつ屈辱的な、貧困の新しい形態だけでなく、仕事や所得、また身のまわりの人びとからの援助を受ける手段をもたない困窮者に特有の社会的地位の形成をみていることである。そうした固有の地位とは、ジンメルが二〇世紀により詳細に分析することになる、被扶助層の地位である。

◉——マルクスと余剰人員の問題

マルクスが一八六七年に『資本論』の第一巻を刊行したさい、彼は四九歳であった。これ以前にも初期の著作が複数あるが、なかでも『フランスにおける階級闘争』、『ルイ・ボナパルトのブリュメール一八日』、『経済学批判』、さらにはエンゲルスとの共著で有名な『共産党宣言』といった重要なテクストがある。『資本論』はマルクスの最も有名な作品であり、彼の知的構想を最も反映している。すなわち、社会構造にしたがって資本主義体制の作動様式を説明すると同時に、生産様式とその組織にしたがってその体制の歴史と未来を決定するというものである。そこでは、大衆的貧困の問題が重要なもののひとつとして扱われている。マルクスは、イギリスの労働者階級に関するエンゲルスの調査を当然知っていた。また、エンゲルスの著作が刊行される年に、彼とイギリスで調査旅行をおこなっている。エンゲルス同様マルクスも、生産手段の保有者による労働者階級の搾取だけでなく、相対的過剰人口がますます大量に生み出されつつあることも敏感に察知していた(*29)。それはつまりエンゲルスや一九世紀前半の他の思想家たちに倣って、彼が産業予備軍と呼んだものである。しかし彼は、一部の労働力が一時的に［生産から］遠ざけられるという事実を確認するだけでは満足せず、その原因を資本主義経済の働きのなかに求めたのである。

「したがって労働者人口は、自分たち自身が生み出した資本の蓄積によって、自分たち自身の相対的過剰化のための手段をより大規模に生産するにいたる。実際、あらゆる特定の歴史的生産様式には、歴史的に妥当する特定の人口法則があるが、これと同様に、これこそが資本制生産に固有な人口法則なのである。人類が歴史的に介入しないかぎり、抽象的な人口法則が存在するのは、植物と動物の場合にかぎられる。しかし、過剰労働者人口が資本制を基盤とした蓄積ないし富の発展の必然的生産物であるとすれば、この過剰人口はまた逆に、資本制的蓄積の梃子、いやそれどころか資本制生産様式の存立条件のひとつとなる。過剰人口は、あたかも資本が自分の費用で育てあげたかのように、資本に全面的かつ絶対的に帰属する、いつでも使える産業予備軍となる。過剰人口は、時々に変化する資本の価値増殖欲求のために、現実の人口増の制約とは無関係に、つねに利用可能で搾取可能な人間材料をつくりだす」（＊30）。

周知のように彼は、資本が不変資本あるいは生産手段の価値と、可変資本あるいは賃金の総額である労働力の価値との比率によって決定されると述べている。というのも、彼によると「資本家は誰でも、一定の労働量をより少数の労働者から搾り出すことに絶対的な利害関心をもっており、たとえ同じ安さであっても、あるいはもっと安くても、それをより多くの労働者数から搾り出そうとはしない。労働者の数が多い場合、不変資本にたいする支出は、引きだされる労働の量に比例して増加するが、労働者の数が少ない場合には、この増加ははるかに緩慢である。生産の規模が大きければ大きいほど、この動機はそれだけ決定的な意味をもつ。その重要性は資本の蓄積とともに増していく」からである。資本主義の生産様式と、労働の生産力の発達にともなって、資本家は、労働力のより強い搾取によって、可変資本にたいする支出を増やすことなく、より多くの労働を引きだせるようになる。またさらに、資本家は「無資格労働者を、若年・幼年労働者によって成人労働者によって熟練労働者を、女性労働者によって男性労働者を、非熟練労働者によって有資格労働者を徐々に追い出し、それによって同じ資本価値でより多くの労働力」を買う。マルクスは以下のように結論づける。

「相対的過剰人口の生産、あるいは労働者の放出は、ただでさえ蓄積の進展とともに加速される生産過程の技術革新よりも、またそれにおうじた不変資本部分にたいする可変資本部分の相対的減少よりも、なおいっそう急速に進む。［……］労働者階級のうちの就業者部分がおこなっている過剰労働は、かれらの予備軍の隊列を膨張させる。他方、逆に、その予備軍はかれらのあいだの競争によって就業者部分により強い圧力を与え、それによって就業者部分を過剰労働に駆りたて、資本の命令に屈服するように強いる。労働者階級の一部が、他の一部の過剰労働によって強制的に無為を課せられ、またその逆もおこなわれているということは、個々の資本家を富裕化させる手段となる。そして同時に、社会的蓄積の進展に見合った規模の産業予備軍の生産を加速させる」(*31)。

産業予備軍が就業労働者軍に与える圧力は、停滞期にとくに強い。そこでは、失業不安によって、最悪な労働条件が受け入れられるようになる。しかも、過剰生産期にも、こうした予備軍の存在は、就業労働者の要求を抑えることにもなる。資本家はそれを完全に享受する。「すなわち相対的過剰人口は、労働の需給法則が作用するさいのバックグラウンドをなしている。それはこの法則の作用範囲を、資本の搾取欲と支配欲に絶対的に好都合な限度内に閉じ込める」(*32)。エンゲルスは『イギリスにおける労働者階級の状態』のなかで、繊維業経営者の労働者への言葉を引用している。「諸君がわたしのフライパンで焼かれたくないならば、諸君は火のなかへ散歩に行ってもいいのだ」(*33)。実際には、マルクスの分析は、エンゲルスがその素晴らしいモノグラフ〔特定地域の実態調査〕のなかですでに展開させていたものの影響を受けている。実際に、予備軍の存在が、ブルジョアジーに直接利益をもたらすことになる、労働者間の競争の要因となることを、エンゲルスははっきりと述べている。

「プロレタリアたちのあいだの競争とはこれである。すべてのプロレタリアたちが、ブルジョアジーのために働くよりもむしろ、飢えで死にたいという意志をはっきり示しているだけならば、ブルジョアジーたちは独占を放棄せざるをえないだろう。しかしそうではない。それはほぼ起こりえないことであり、そこにブルジョアジーたちが上機嫌でいつづけられる理由がある。そこには、労働者間のそうした競争への唯一の限界があるだけである。かれらのなかの誰であれ、生活のために必要な額よりも低い賃金のために働きはしないだろう。はじめから飢え死にすることを知っているのであれば、かれらは働くよりも何もしないほうを選ぶ。もちろん、こうした限界は非常に相対的なものではある。つまり、ある者たちには他の者たちより多くのニーズがあり、またある者たちは他の者たちよりも快適な生活に慣れているからである。わずかに文明化したイングランド人たちは、ぼろをまとって浮浪し、じゃがいもを食べ、豚小屋で眠るアイルランド人よりも多くのことを要求する。しかし、だからといって、アイルランド人がイングランド人の競争相手にならないわけではなく、イングランド人労働者の賃金（ここでいう文明化の程度）がアイルランド人の水準にまで下がるわけでもない」（＊34）。

この点から、マルクスは以下のように結論づけている。「全体としていえば、労働賃金の一般的な運動は、もっぱら産業循環の局面変転におうじた産業予備軍の膨張と収縮によって規定されている。すなわちそれは労働者人口の絶対数の動きによって決まるのではなく、労働者階級を現役軍と予備軍に分割する比率の変動によって決まる。つまり過剰人口の相対的規模の増加と減少によって、すなわちあるときは吸収され、あるときは放出されるその程度によって決まるのである」（＊35）。こうしてマルクスは、産業発展を線的なプロセスとしてみるかわりに、一部の労働者を失業にいたらしめることになる技術的面での前進局面と反対により多くの労働力を必要とする拡大的な発展局面とが交互に循環することを強調する。つまり、余剰人員は生産のシステムの異常ではなく、まさしく資本蓄積というプロセスに不可欠な条件なのである。マルクスにとって、「その賭けはいかさま《レ・デ・ソン・ピペ》」である（この表現は、ドイツ語版でもフランス語で表記されている）。というのも、資本は裏にも表にも同時に賭けているからだ。「資本の蓄積が一方では労働需要を増しても、それはもう一方で労働者を「解放する」ことによってその供給を増やしている。また同時に非就業者の圧力は、就業者にさらに多くの労働をなすように強いる。つまりその圧力によって、ある程度まで労働の供給が労働者の供給から切り離されるのである。この基盤のうえで労働の需給法則がたどる運動が資本の専制を完成する」（＊36）。こうした相対的過剰人口の圧力がもたらす労働者間の競争の激しさを緩和するものは、就業者と非就業者のあいだの労働組合という形式をとった、協調のみであるが、就業者の利益が非就業者の利益と少なくとも短期的には対立するようにみられるため、そうした組合という形式による協調が形成されるにはかなりの時間がかかる場合が多い。

困窮者が予備軍を形成するということは、マルクスにとって、経済学的および社会学的な解釈の両方に属する問題である。彼にとっては、そうした人びとは経済的必然であるだけでなく、同時に社会的に可視化され、その客観的状況によって労働者とは区別されるものである。かれらは資本制生産様式のまさに周縁部に位置しているが、いかなる場合であっても、資本制生産様式の外側にはおかれることはない。それは資本の一部なのだ。言い方を変えれば、貧窮者はいわば生産システムの不定期労働者《アンテルミッタン》であって、その生計を保証するのは、賃金［と労働と］の交換関係ではなく、集合体によって給付される多種多様な資源である。この給付は、労働力の法的特性によって決定されるわけではない。それは賃労働関係を規制する規準《ノルム》からは切り離されている。とはいえそれでも全体としてみれば、剰余価値から引きだされるということは変わらない。困窮者にたいする給付はこうして資本主義システムの働き全体を維持するのである。

　ここでの産業予備軍にはいくつもの形態がありうるが、マルクスはそれを三つに区別している。第一に、労働者をあるときは引きつけ、あるときは拒否する近代産業のある大都市にみられる流動的形態《フォルム・フロッタント》がある。そこでは、余剰労働者は産業のリズムとともに増加する。いくつかの産業部門は若い労働者を募集し、年をとるとかれらを解雇する。かれらの一部は資本を追いかけながら、他の雇用主を探して移住する。第二に、とりわけ農村社会を特徴づける潜在的形態《フォルム・ラタント》があり、それは、技術と資本蓄積の進展がそうした社会を凌駕するときにみられる。そこでは、農業に従事する労働者人口の需要は減少し、その結果、農村人口の一部が過剰となる。都市や工場のプロレタリアートの世界に飛び込むまえに、かれらはいわばすぐ使える労働力のストックとなる。第三に、非合法の労働者たちからなる停滞的形態《フォルム・スタグナント》がある。かれらの生活水準は労働者階級の標準的な水準よりもはるかに低い。かれらの多くは家内労働として非常に乏しい賃金の下で働き、また非常にしばしば、不振に陥っている産業部門で雇用される。これら三つの産業予備軍の形態は、それぞれが独自の世界をつくりだすわけではない。なぜならそれらの構成員は、現役労働者軍とともに、少なくとも一時的には混ざり合うからである。

　マルクスは、こうした備蓄された労働者よりも下のところに、さらに劣位におかれた、貧困状態《ポペリスム》にある特定の人びとの存在を指摘している。彼によると、それは浮浪者、犯罪者、売春婦である。

つまり、ルンペンプロレタリアートを形成する、社会の諸領域の全体である。マルクスによれば、この社会層には三つのカテゴリーがある。第一に、経済危機のたびに増加する、労働適格者。第二に、産業予備軍の候補者であり、来たるべきときにマニュファクチュアに編入される、孤児や貧窮者の児童、扶助を受ける貧者。第三に、落伍者、物ごい、労働不能者、労働災害の犠牲者、病人、寡婦などである。貧困状態《ポペリスム》にある人びとは、「現役労働者軍の傷病兵収容所であり、産業予備軍の死重［全体のバランスをとるための無駄荷］である」（＊37）。

産業予備軍に関する理論的・記述的な分析から、マルクスは社会学的に重要な結論を引きだしている。すなわち、貧困層の大半は一定不変のものでもなければ、トクヴィルが強調しているように、一定の割合で増加するわけでもない。なによりもまず産業循環にもとづく周期的な変化を反映しているのだ。実際、彼が言う「公的な施し」に訴える貧困者数に関する正確なデータをもとに、マルクスが実証したのは、たとえば一八六六年のロンドンのような（＊38）、ある特定の都市や、あるいはある地域の全体で、人口の大部分の雇用を保証していた産業部門の衰退につづいて起きる［過剰］生産恐慌が猖獗《しょうけつ》をきわめるたびに、貧窮者が増大するというものである。ただしマルクスは、ワークハウスに収容された貧困者をもとにした公式統計については、疑ってかからねばならないとも述べている。こうした「窮乏民の処罰施設」は、エンゲルス同様、マルクスにとっても、奴隷制度と見まがうばかりの野蛮な解決策にうつっていた。

このように、マルクスの余剰人員の分析には、産業循環という基盤となる概念がみられる。すなわち、生産手段が急速に蓄積し、それが大規模に集積するあいだに、労働者の生活水準は悲惨なものとなる（粗末な食事、荒廃した住居での密集、病気や伝染病のリスクなど）一方で、生産不振や低下が起こると、非人間的な状態となりうるかを基準として、失業者や公権力による扶助の対象となる貧困者の数が急増するのである。

さまざまな議論を引き起こしてきた窮乏化の理論は、少なくとも部分的には、こうした産業予備軍の存在から導き出されている。実際、予備軍に関するマルクスの分析は、そうした理論を立証するための主要な材料を提供している。賃金の上昇を妨げるのはまさしく、労働市場を圧迫し、賃金労働者同士の競争をもたらす、失業中の労働者のこうした常態化した余剰である。『資本論』でこの理論が実際に立証されているのは、この点以外にはみられない。レイモン・アロンが指摘したように、生産力が上がると労働者の収入が必然的に下がる点について、マルクスは説得的に証明できなかった(*39)。反対に彼は、賃金が労働者とその家族の生活に必要な財産の量に等しいという点を立証した。この場合、社会的評価によってつくられた基準におうじて、最低限の生計を維持する賃金は社会によって異なる。つまり、マルクス自身はこの点から、最低限度の生計とみなされた生活水準は、生産の発展におうじてのみ上昇する、という結論を下すことができたはずだったし、一九世紀以降こうしたことは実際に起こっている。他方でマルクスは、搾取率［剰余価値率］が、さまざまな期間をこえて一定であることを強調している。つまり、生産性の向上と労働時間の削減は、搾取率が同時に上昇する場合にのみ、必要な生活水準の低下をもたらすのである。

つまり、窮乏化の理論が、労働者の生活水準の向上という歴史的事実に反していたにせよ、マルクスは、機械化をつねに必要とする資本制生産様式が、産業循環によってその割合が変化する、一部の雇用されている労働者を失業に追いやる傾向があることを明らかにするにいたったということである。したがって、解雇された賃金労働者は、文字どおり、窮乏化のプロセスに身を委ねることになり、それは賃金労働者全体ではないにしても、少なくとも解雇された当人には妥当することにはなるのだ。

要するに、こうした大衆的貧困《ポペリスム》の期間をつうじて困窮者階級が出現し増加することに、トクヴィルとマルクスがたがいに敏感であったとしても、彼らの分析が合致するのはほんの一部分でしかない。たとえばトクヴィルは、集合体にこうした階級が依存することへの社会的・政治的影響を強調する一方で、マルクスはこうした現象の経済学的意味や原因を、産業革命によって生まれた支配関係から探った。彼らはたがいに、特定の人びとが長期的に脆弱かつ価値の低い状況に追いやられていくプロセスの重要性を把握してはいたが、それを同じ方法で理解しなかった。トクヴィルにとって、進行する貧窮は、一部の人びとに下層的かつ従属的な地位を押しつけ、やがては、民主主義という考えそのものを見なおさせる危険性をもつ、文明化のプロセスと避けがたく結びついている。これにたいしマルクスは、貧窮がなによりも、生産手段を保持する階級による労働者階級の際限のない所有と搾取という、根本的な不平等にもとづく、資本の蓄積の結果であるとする。

実際にはこの二つの解釈は表面的にしか対立しておらず、それは少なくとも部分的には同じであり補いあうものだといえる。トクヴィルに欠けているのが経済学的基盤や資本主義の発展による生産関係に関する分析だとしても、マルクスにも欠けているものがある。それは、貧者がますます公権力に依存していき、公権力が民主主義と市民権の名の下に貧者の支援という責務を自ら引き受けるならば、それが長期的にどのような結果をもたらすのかということについての包括的な展望である。不平等の再生産という経済学的論理を過小評価することでトクヴィルが労働者の搾取という問題にほとんど触れなかったのにたいし、マルクスは、法的慈善には剰余価値全体から抜き取られたものだという問題しか見ておらず、近代社会の政治的基盤にはたいした影響をもたらさないものだと考えていた。いいかえれば、両者はそれぞれに大衆的貧困の問題に取り組んではいたものの、賃金労働者の搾取という経済的・社会的問題と近代福祉国家が発展する前提としての貧困層への扶助という政治的問題とを統合するにはいたらなかったのである。

誕生しつつある貧困の社会学は、一九世紀にトクヴィルとマルクス二人のまなざしによって光が当てられたということは記憶にとどめておくべきだろう。たとえ両者がどれほど重要な役割を果たしていたにせよ、ここで分析した二人にすべてを帰すことはできないことはもちろんである。だが二人のまなざしには、貧困を貧困それ自体として分析しようという意図にとどまらず、当時の社会問題、つまりは近代社会の未来を包括的に解釈しようとする意思があらわれていたのである。

［2］ジンメルの決定的貢献

ゲオルク・ジンメルが貧困の社会学について論じたテクストは一九〇七年に刊行され、一九〇八年には『社会学』という大著として再版された(＊40)。このテクストはいくつもの点に関心を寄せている。まずそれは、貧困の定義という問題を明らかにし、貧者というカテゴリーがどのように成り立っているのか、そして全体性として把握された社会にこのカテゴリーを結びつける紐帯を理解することを可能にしている(＊41)。ジンメルの構築主義的アプローチは厳密なもので、豊かな成果をもたらすものだ。それは、こんにちの科学的・政治的論争であいかわらず広まっている、自生的［非反省的］《ソシオロジ・スポンタネ》社会学にいまも根強い、あらゆる自然主義的・実体論的な考え方を断ち切っているのである。

マルクスとトクヴィルが貧困の社会学の先駆者だとすると、ジンメルはおそらくその創始者だといえる。彼のテクストは、社会的規制の様式に関する社会歴史的理論という展望を切り開いている。ジンメルはそこで扶助の問題に取り組み、そうした問題を欧州社会の変化に対応させて分析している。こうしたことから、この著作によって、貧困の社会学は社会学のある特定領域に限定されず、反対に、社会的紐帯に関する根本的な諸問題へと立ち返り、そうして一般的な射程をもつ理論的命題を引きだすことを目的とするようになる。さらにジンメルは、多様かつ一見すると周辺的にみえる経験的対象の分析をつうじて、社会に関する一般理論に今なお貢献しているのである。

このテクストはアメリカの社会学に多大な影響を与えた。実際に彼の業績は、ロバート・パークの研究のような、周縁性《マルジナリテ》の研究に着想を与えている。また、そののちにストーンクィストがふたたびとりあげる(＊42)「マージナル・マン」という理論的概念は、貧困という問題をこえて、犯罪行為や外国人の地位、さらには売春といった、一見すると直接関係のないようにみえる現象を検討するために、ジンメルが提示した分析枠組に非常に近い。同様に、ロバート・K・マートンの理論に近い、アメリカにおける貧困の機能に関するハーバート・J・ガンズの研究も(＊43)、ジンメルの分析の延長線上にあるということがわかるだろう。

◉——特有の（*sui generis*）社会学的対象としての貧困

読者が一九世紀の社会の観察者たちの精神のなかに、恵まれない人びとの生活水準に関する分析を期待していたのなら、ジンメルのテクストの冒頭の数ページに目を通したとき、かれらはやや困惑したであろう。ジンメルのテクストは、なによりも理論的なのである。

「誰かが貧しいということのみによっては、まだ「貧者」というカテゴリーには属してはいない。かれはまさに貧しい商人、貧しい芸術家、貧しい勤め人かもしれないが、特定の活動あるいは身分として定義されるカテゴリーに位置づけられていることには変わりない」。

ジンメルはつづける。

「たとえ［実際に］授けられてはいなくとも、かれらが扶助の対象となるとき、そしておそらくは通常であれば扶助への権利が与えられてもよいような境遇に置かれてさえいれば、おそらくひとは貧困という特徴を有する、ある集団の一員となるのだ。この集団が統一されるのは、成員間の相互作用をつうじてではなく、全体性としての社会が貧者にたいしてとる、集団としての態度をつうじてなのである」（＊44）。

おそらくより明確なかたちで、彼は以下のように指摘している。

「社会学的にみれば、貧困がまず最初にあり、そこに扶助が付随するのではなく――これはむしろかれの個人的形式においては運命である――、扶助を受ける者、あるいは、たまたま扶助を受けなかったにせよ、その社会学的な状況からみると扶助を受けるべきとされる者、それが貧者とされるのだ。

　現代のプロレタリアは決定的に貧しいが、だからといって貧しい人間ではないという社会民主主義的主張は、こうした解釈と一致している。社会的カテゴリーとしての貧者は、特定の欠乏や剝奪に苦しむ人びとではなく、扶助を受けているか、社会規範にしたがえば扶助を受けるべきであろう人びとである。したがって、こうした意味では貧困は、それ自体で量的な状態としてではなく、特定の状況から生じる社会的反応からのみ定義される」（＊45）。

　ジンメルはトクヴィルの直感を引き継いでいるが、貧困へのこうしたアプローチは不十分にみえるかもしれない。実際、ここでいう制度的貧困は、貧困の一次元でしかないと指摘する者もいる。というのも、それは届け出られない貧窮、扶助を担当する部局から離れたところにひそかに存在する貧窮を考慮にいれていないからである。なぜなら多くの場合、社会的不名誉を受けるおそれがあり、またときには最も貧しい人びとが要求できる権利が理解されていないためである。一八世紀にすでにウージェンヌ・ビュレは、扶助による貧困へのアプローチが不完全なものである可能性を指摘している。「文明化された国民それぞれに、公認された貧窮というものがある。すなわち公的慈善が［その苦しみの］軽減を図るものであり、われわれも、それを知ることが容易なものである。われわれは、およそどれくらいの人びとが援助を要求し、どれくらいの人びとがそれを手に入れ、どれくらいの病院や救済院《ホスピス》が貧しい人びとを受け入れたのかを知ることができる。たしかに、その数字が実際の困窮の程度や規模をわれわれに伝えることはほぼないだろうが、それは各国の、現実のおよび潜在的な貧窮を測るための指標となるだろう」。この分析は、つぎのような不確かな総括さえも導き出している。「貧困は暑さに似ている。感覚的なかたちで表せないものは、そうでないものよりもあきらかにすぐれており、つまりはわれわれのもつさまざまな手段や統計がその存在をはっきりと示すものなのだ」(＊46)。

しかし、ジンメルが理解するところの貧困は相対的なものだけでなく、社会的に構築されるものでもある。つまり、貧困の意味は社会によって付与されるのである。こうした定義は、トクヴィルやマルクスの議論のなかにも見え隠れしていた。自身のテクストの最後で、ジンメルはこの定義にあらゆる理論的射程を与えている。彼の分析は本質主義的な理解をめぐって構成されており、すなわちそれは、貧者は社会の外部ではなく、内部で定義される、というものである。たしかに貧者たちは、かれらの存在を認め、援助する集合体に依存する状況にいるという、特殊な立場におかれている。しかし、ジンメルが強調しているように、かれらは集合体の目的と密接に結びついており、全体に有機的に属するひとつの要素である。そうした特殊な状況を説明するために、ジンメルはここで外国人の事例をとりあげている。また、ほぼ同時期に刊行された別の試論でもこの点について再検討をおこなっている。実際、貧者としての外国人は、物理的にかれらのいる集団の外側にいる。こうした形態の排除はたんに相対的であるばかりでなく、とりわけそれ自体が、大きな社会構造を構成する諸要素のなかでの、相互依存的な関係をあらわしている。それは、貧者としての外国人を、より大きな実体のなかにある集団と結びつける、特殊な相互行為的形式である。「貧者を扶助する共同体にかれらが支配されるという独特なかたちでの排除は、特殊な状況におかれた社会の構成員として、かれらがそのなかで果たす役割によって特徴づけられる」。

貧者は集合体に依存するために、かれらはしばしば、こんにちでもなお、「余分な人間」や「世のなかに無用な者」とみなされる。そして、かれらが存在しなければ、社会はより良くなるだろうと囁かれる。というのも、社会はそうした扶助の負担からいわば解放され、よりいっそうの手段によって、他者の幸福のために貢献するからである。もちろん、こうしたイメージは単純なものである。このように考えるということは、扶助が社会システム全体にとっての調節器の役割を果たしていることを無視することである。貧者は、扶助を受けているという事実によって、かれらを降格させるような恵まれない社会的地位にしかおかれえない。その結果、この全体に個人が帰属するときからすぐさま、かれらは活動の外側ではなく、終着点に位置づけられる。

「貧者がかれを扶助する共同体から受ける独特の排除は、特別な地位を与えられた部分としてかれが社会の内部において果たす役割を特徴づけるものなのである。貧者は、技術的には社会のたんなる客体であることによって、より広い社会学的な意味においては主体であり、この主体は一方においてはすべての他者と同じように社会の現実を構成するが、他方では他のすべての人と同じように社会という超個人的な抽象的統一体を超える」(＊47)。

ジンメルは、外国人と貧者の状況に類似性をみている。彼にとって、集合体と貧者あるいは外国人との関係は、集合体とその他すべての社会層との関係と同様、形式的な意味で、社会を形成するものである。貧者としての外国人は、完全に孤立した存在とはならない。他の社会諸集団にたいして、貧者の存在が固定され、あるいは維持されうるとしても、両者はぶつかり合うことになる。それは、集合体全体がなすものよりも広い集団との対立でもある。

「とはいえこの対立には、集団生活のなかに異郷人を要素として引き入れるまったく特定の関係が含まれる。こうして貧者は、集合体による処置のたんなる対象でしかないから、たしかに集団の外部に立つが、しかしこの外部というのは、要するにたんに内部の特殊な形式にすぎない」（＊48）。

いいかえれば、扶助とは、所有者やその他の社会層と同様に、貧者もその一部である全体という組織の一部分である。ジンメルはここから以下のように結論づける。「貧者をそのうちに含む集合体は、かれらと対立しそれを対象として扱うことで、関係を築く」（＊49）。なによりも彼は、その発展のある特定の一時期には、国民全体《ナシオン》となりうる広い布置関係《コンフィギュラシオン》のなかにある、貧者とそれ以外の社会層との相互依存のネットワークという、社会歴史的形態を理解しようとしている。ジンメルにとって社会学的に妥当なことは、貧困でもなければ、貧者としてのかれらの社会的実体でもなく、その歴史のなかで特殊な時期が訪れた、ある社会のなかでつくられる制度的な社会形態である。

こうした貧困の社会学は、実際のところ、社会的紐帯の社会学である。このテクストのなかでジンメルはある理論的枠組を提示しており、それはノルベルト・エリアスの社会的布置《コンフィギュラシオン・ソシアル》理論に近い。実際、ジンメルが定義する意味での貧困は、社会的布置理論がほぼ完全に適用可能である。扶助の原則をつうじた、貧者への関係のなかに、緊張や潜在的不均衡、さらには社会システム全体に影響を与え脅かす断絶が生じているのをみることができる。しかし同時に、そこには、たとえ不平等でしばしば敵対的な関係にもとづいていたとしても、断絶の影響を軽減し、諸個人と集団の相互依存を促進する規制様式も存在しているのである。

そのうえ、ジンメルがこのテクストのなかで、貧困の体験を直接扱ってはいないにせよ、彼の分析は、その論理にもとづいて、扶助関係に規定された貧者の状況に関する重要な側面を提示するにいたる。貧困が攻撃され、集合体全体にとって容認しがたいものと判断されたとき、貧困の社会的地位は下がり、烙印を押されることになる。その結果、貧者は程度の差はあれ、孤立状況のなかで生きることを余儀なくされる。かれらは身近な人びとのなかで自らの地位の劣等性を隠そうとし、生活水準の近い人びとから離れた関係を維持する。そして、屈辱によってなんらかの社会階級への帰属感をもいっさいもてなくなる。かれらが帰属する社会的カテゴリーは異質な人びとからなりたっており、つまり、その構成員から孤立する可能性はさらに高い。ジンメルによると、貧者という集合体は、近代社会において「独特の社会学的な総合」である。

「社会体における意味と位置に関して、貧困は大きな異質性をもっている。しかし、その諸要素の性質を個別にみると、貧困は同質性を完全に欠いている。それは、非常に多様な運命に共通するひとつの結末であり、非常に多様な社会階層から派生したさまざまな生活が同時に漂うひとつの大海である。貧しい階級のなかに、取り残された残留物を放置することなしに、社会生活のいかなる変化、発展、分極化あるいは断絶も起こりえない。貧困においてより恐ろしいことは、ただその社会的地位という点で、たんに貧しいだけでそれ以外の何ものでもない人物が存在するということである」(＊50)。

貧者の異質性に関するこの分析は、こんにちでもなお的を射ている。実際、参入最低所得の受給者を対象にフランスでおこなわれた研究、さらには、被扶助層を対象に他の欧州諸国でおこなわれた研究でも(＊51)、同様の結論が導き出されている。労働市場が激しく悪化している経済状況と社会的紐帯が脆弱化しているなかで扶助に頼ることは、貧者の多様性が増大することを意味する。というのも、さまざまな社会的カテゴリー出身であるかれらの多くは、社会的降格のプロセスを経験している。それは、貧者を労働の世界の外へ、不就労と依存の領域に押し込むものであり、そこでは、かれらは異なる道程を歩んできた他の貧者たちと同じものとされるのである。

◉——扶助関係の社会的機能

このジンメルのテクストは、近代社会における貧困の問題を社会学的に考えるための分析枠組を構築することに関心を寄せているが、それ以外にも、扶助関係とその社会的機能について考察するためのいくつもの要素が含まれている。ジンメルはイギリスとフランスの事例をとりあげているが、とりわけドイツにおける扶助の状況に重点をおいており、一八四二年のプロイセン救貧法と、一八七一年のドイツの法律を引用している。彼が参照するのは、扶助への権利がまだほとんど確立していなかった一九世紀である。

ジンメルの分析が貧困の処遇という点を問題にしていたそのとき、大部分の欧州諸国では、扶助に関する原則が国家的に制度化され、さらに並行して、義務化された社会保険のための法的枠組の制定が初めて試みられていた。産業化が著しく進み、社会的リスクの補償の改善がおこなわれたこの時期をつうじて、扶助は徐々に残余のものとなっていく。扶助は賃労働社会の縁でおこなわれるだけのものとなるが、それでもやはり、賃労働社会を規制するために不可欠な要素ではあったのだ。

他の欧州諸国とくらべると、ドイツはより進んでいた。実際、ビスマルクの先駆的な社会法（一八八三―一八八九年）をつうじて（＊52）、ドイツは労働災害、病気、老化のリスクにたいする義務化された社会保険を導入した。このことは、社会的扶助に依存する人びとというカテゴリーから、社会保険によって援助の対象となる「リスク」カテゴリーへの、重大な転換を示していた。とはいえ、扶助を受ける人口はあいかわらず大量に存在していた。一九世紀の終わりに、その割合はドイツの人口の三・四％を占めていた。扶助を受けるこうした人びとの多くは、賃金労働者という地位身分をめぐって計画された社会保険の恩恵から排除された層の出身者であった。とりわけ女性や子ども、またとくに大家族やシングル・ペアレントがそうである。扶助を受ける人びとは、援助への権利を手続き上は要求することができた。とはいえ、これらの人びとは、そうした権利を行使するための法的権利を保障されていたのとは対照的であった。さらに、扶助に依存する人びとのスティグマ化は、かれらが公民権（投票権）を失っているだけにより著しく、そのため、かれらは二流市民という地位に追いやられることになる（＊53）。

ジンメルが、私的・公的な善行や慈善に投げかけるまなざしは失望に彩られていた。というのも、こうした慈善や善行は、それ自体が目的ではなく、社会的凝集や社会的紐帯の保証を達成するための手段だからである。彼が、それ以来何度も繰り返して、無私無欲《デザンテレスマン》の重要性という点を問題にするようになったのは、こうした観点からである。さらに、社会政策とその明確かつ暗黙の機能、明白かつ隠された機能への、こうした社会学的なまなざしは、当時のドイツの経験をあらわしているという意味で非常に特徴的であり、ドイツにおける社会国家の誕生という社会歴史的特性でさえあるようにみえる(＊54)。

ジンメルは扶助の原則を、自ら吟味した諸要素からなる基礎的な社会学的関係として分析している。そこから彼は、主として三つの点を引きだす。第一に、扶助は個人的なものであり、個別のニーズしかカバーしない。つまり、社会福祉《ビアンエートル・ソシアル》を支える他の制度や、諸個人からなる全体の安全《セキュリテ》とは異なるのである。したがって、たとえば、賃金労働者やその家族がこうむるさまざまなリスクの全体をカバーする、義務化された社会保険とは反対に、それははじめから、孤立した個人からなる特定の人びとのみを対象としている。

第二に、扶助は受給者よりも給付者をいっそう満足させることとなる。私的慈善の古い形態にも、現代的な形態のなかにも容易に見いだすことができる、利他主義の信託者というこうした性格は(＊55)、扶助が、社会の構成員の一部にたいする社会全体の介入にもとづいておこなわれる場合、やはり同様に扶助関係にも適用することができる。扶助は、実際は、なによりも集合体の利益にもとづいて付与される。この点を説明するために、ジンメルは家族と組合を例に挙げている。

「家族の内部でさえ無数の扶助は、たんに被扶助者のためにのみおこなわれるのではなく、むしろそれによって被扶助者は家族の恥辱とならず、したがって家族は、成員の貧困というたんなる事実によっては家族の名声を失いはしない。イギリスの労働組合によってその成員にたいして失業のさいに与えられる扶助は、個人的な困窮の軽減を引き起こすよりは、むしろ労働者が困窮からあまりにも安い賃金で働き、こうして組合全体の賃金基準を押し下げることを阻止するためである」(＊56)。

貧者を扶助する国家の利益は多様である。この場合、扶助の機能は、かれらの経済活動を再興するだけでなく、同時に、かれらをより生産的にし、かれらの身体的活力を保護し、その子孫たちが変質するリスクを軽減し、最終的に、金を手に入れるために暴力的な手段に訴えようとする衝動を防ぐことである。こうして、ジンメルはわれわれに言う。「社会的集合体は間接的に贈与の成果を取り戻す」(*57)。

第三に、扶助は定義上保守的であり、社会の安定と凝集の要因のひとつである。したがって、ニーチェ的思想の後継者であるジンメルは、扶助という事象を、慈善的あるいは「人道的」側面だけに限定していない。反対に、彼のマクロ社会学的アプローチは、社会の最初の功利主義的側面を強調している。というのも、貧者への扶助は、社会にとって、自己保護と自己防御を保証する手段だからである。

「扶助のこの意味から明らかとなるのは、それが富者からとりあげて貧者に与えることによっても、なおけっしてこの個人的な境遇の平等化を目指してはいないということであり、その方向性自体が富者と貧者とのあいだの社会的差別をなくすことを目指していないのは明らかであろう。むしろその基礎にあるのは、実際に存在するがままの社会の構造であり、これはまさにこの構造そのものを廃止しようとする社会主義的および共産主義的なすべての努力とはきわめて鋭く対立する。まさしく扶助の意味するところは、社会分化の一定の極端な現象を、社会構造がさらにこの社会分化のうえに存在しつづけることができる範囲にまで緩和することにある」。

この推論は、悲劇的かつ現実的な以下の結論に達する。

「扶助が貧者の利益にかなうものでなければならなかったとしたら、おそらく、貧者のために財産を譲渡することにいかなる制限もなかったはずであろう。それは、すべての者を平等にするはずの譲渡である。しかし、その目的が社会全体《トゥ・ソシアル》——政治的、家族的、あるいは社会学的に特定された領域——であるために、社会の現状を維持することを要求する以上に、貧者を援助するいかなる理由もない」(＊58)。

体系的と呼ぶことができるであろう、扶助のこうした機能主義的アプローチは、扶助への権利の批判的な理解にもとづいている。ジンメルは、貧者を扶助する義務をもつという原則に国家がしたがうと指摘しているが(＊59)、彼によると、貧者が、扶助を拒否されたさいにいかなる手段にも頼れないのであれば、この義務はかれらにとっての真の権利ではない。かれらは扶助を受けることができるが、それを要求することはできない。しかしながら、こうした批判は、現在では、世紀の初めのときほどには当てはまらない。審査請求の手続きは、欧州で施行されている社会立法［労働及び福祉関連法律］の大部分ですでに考案されており、また、扶助への権利の解釈が、社会福祉を担当する部局の現場職員の主観的な評価に委ねられている国々においては、とりわけこの手続きは活用されてもいる。権利へのアクセスが、すべての人にとって同一の行政的な原理にもとづいている国々では、社会福祉の専門家の裁量の幅はより小さく、審査請求の事例もより少ない。それでもなお、法に規定されたそうした手続きについては、よく考える必要があろう。というのも、それは貧者自身にしばしば不足している法知識や異議申し立ての能力を必要とするからである。かれらの多くが、援助を訴えることに非常な屈辱を感じるために、扶助が拒否された場合、かれらはあらゆる訴えを放棄することを選ぶ。

さらに、扶助への権利は不変的で無条件のものではない。人権の一部であるこの原則を基準として、社会と国家は行動することを義務づけられているが、その権利が必要となるさいには、経済的な可能性や他の政策方針と両立しうる範囲内で、この義務を自由に設定することができる。政府は、貧者のための法律の全部あるいは一部を再検討することになる法案を可決する可能性が十分にある。そこでは、たとえば、その法律があまりに高くつき、そのため、経済に不利益をもたらさないかどうか、あるいは、家族の連帯の代わりとなるこの法律が悪影響をもたらさないかどうかが検討される。被扶助層がかなり増加する時期には、貧者と、危機に瀕した社会のそれ以外の人びととの均衡が危機にさらされる。つまり、扶助への権利は量的により制限され、権利へのアクセスはより規制されうるのである。一例を挙げれば、ジンメルは国家が扶助の義務を制限しようとすると指摘している。そこで国家は、個人の道徳的観点からすれば、要求されるはずの限度をこえてしまう危険を冒してでも、たとえば民法典で規定された扶養義務の原則に訴えるだろう。不安定な収入の両親でさえも、子どもたちが困難な状況にあれば、かれらを扶養する義務があるし、またそれは双務的である。集合体が介入しなければならないのは、絶対的に貧しい場合のみなのである。

さらに、貧困対策の分野における民法と社会法とのこうした競合は、偶然のものでも恣意的なものでもなく、体系的かつ本質的なものである。フランスの民法典がその範例となっているのだが、近代的な民法典の編纂が着手されて以来、扶養義務は近代的家族という構築物にとっての要石の役割を果たし、家族の紐帯を、「良きにつけ悪しきにつけ」断ちがたいものにし、まさにそれによって、産業化した社会における社会的連帯の基礎をなす。しかしながら、前世紀に、大衆的貧困という形態でそれが表面化したように、社会問題は、連帯をもっぱら私的領域にもとづかせるこうした発想の限界を明らかにした。実際、貧しい人びとの物質的貧困には、ほとんどの場合、極度に不安定な家族状況がともない、近親者からの支援を困難に、さらには不可能にする。社会的リスクに直面した、貧しい状況にある家族の保護の不備を埋め合わせるために、近代国家は社会国家に向かって少しずつ進んでいった。したがって、貧困への社会的な関係は、「家族の問題」であると同時に「国家の問題」でもある。近代社会法の精神によれば、国民の連帯は、家族の連帯への関係とくらべて副次的なものとなり、それが弱体化するときにしか介入されないはずである。しかし、実際には、これら二つの原則の関係はほとんど明らかにはならない。社会法のさまざまな法典には、法的であると同時に社会政治的でもある、補完性原則に違反する数多くの事例が含まれている。この原則を柔軟かついささか恣意的に使用することで、政府は経済情勢におうじた貧困対策をとることができる。予算削減をおこなうさいに、政府が補完性原則を再発見し再評価すること、また、「家族に責任を負わせる」あるいは「人びとを自立させる《トゥー・エンパワー・ピープル》」といったスローガンによって、家族の連帯という道徳的原則の名の下で、社会プラン「企業による従業員の大量の整理解雇の影響を抑制するための雇用保護プラン」の削減を正当化しようとするのは偶然ではない。ジンメルに関していえば、貧困を集合的に管理するさいの扶養義務の原則というきわめて重要な論点を非常にうまく明確にし、根本的な理念を推し進めようとさえしている。それによれば、この［扶養義務という］原則のいわゆる歴史的な存在理由は、政府が公的負担を限定しようとする意志のなかに見いだすことができるのである。

扶助にたいするジンメルの批判的な分析は、トクヴィルとはかなり異なっている。私的扶助の問題を検討したさい、それが寛大なものでありうることを彼も認めてはいたが、トクヴィルのように、公的扶助よりもすぐれている点を論証しようとはしていない。概して、慈善事業の寄付者は、身のまわりの人びとに自身の行為の寛大さを見せつけようとする。たしかに、貧者に与えることは個人的なおこないではあるが、それを特徴づけ、動機づけする社会的相互作用と結びついた場合にしか理解されえない。寄付者は一人では行動しない。かれらの活動は他の人びとや、他の寄付者との関係のなかでおこなわれる。ある共同体で行動する場合、たとえ間接的であっても、寄付者は他者からの同意や承認をえようとするのである。このことは、分配と連帯の精神で行動しつづけるために重要である(＊60)。無私無欲が相対的なものであるのは、それがつねに、少なくとも部分的には打算的な行動に呼応しているものだからである。ジンメルは述べる。「現在ひとつになっている共同体は、好んで、気前のよい寛大さの高揚にしたがうのである。このような場合、つまり個々人が個別に表明した意志が、十分な直接性をもって出現せず、委任を受けたある存在をつうじて、その個別意志が想定されねばならない場合においてさえ、想定してよいのはつぎのようなものだけである。人はみな、できるだけ少ないものしか与えたがらない」。しかしながら、私的扶助は、最も貧しい人びとのニーズに容易にかなうものではない。一八世紀の終わりに、公的慈善の支持者たちは私的扶助の脆弱さを非難し、救済を担当する組織をより厳格なものにするよう推奨していた。ジンメルにとって、「私的扶助の不十分さはたんに過小にあるのみではなく、また過多にもあり、この過多は貧者を怠惰へと育て、存在する手段を経済的には非生産的に費やし、ある者を気まぐれにも他者の費用で庇護する」(＊61)ものであった。

ジンメルの分析は、私的扶助と公的扶助とを対比させてはいない。彼は、その補完的な社会的機能を強調することで、両者の断絶を乗り越えようとしている。「国家は――他の国とくらべてとくにイギリスでより顕著である――、外から目につくニーズを充足させ、私的扶助は個々の原因に対処する。しかし、集合体だけが、個々の原因の条件となる経済的・文化的状況を変えることができる」(＊62)。彼によると、私的扶助もまた「ひとつの社会学的事実であり、貧者にたいしてやはり躊躇することなく――ただし、一目見ただけで明らかな場合だけは別だが――集団生活の有機的な成員としての地位を割り当てる社会学的な形式である」(＊63)。ジンメルは、イギリスの公的扶助が、ある者が扶助を受けるに値するかどうかを知るのを放棄していると述べている。ワークハウスがあまりに不快な場所であるために、本当に貧窮状態にある人びとだけが、こうした扶助の極端な形態を受けることになる。それを補完するものが私的扶助である。「国家は貧困を扶助し、私的扶助は貧者を扶助する」(＊64)のである。

結局、ジンメルは扶助関係の基本要素を定義するだけで満足はしない。彼はその変遷を分析することにも取り組んでいる。彼がとくに注目したのは、貧困の援助にあたっての、市町村《コミューン》から国家への移行である。近代福祉国家の発展以前は、貧者が特定の市町村に統合されていたため、扶助はローカルなレベルでおこなわれるのが当然であった。貧しくなり、被扶助者になるまえに、かれらは自分なりのやり方で、自分たちの街の発展に寄与することができ、代わりにそこで承認と保護を受けていた。急速な経済成長と労働力移動の必要性が高まることで、そうした均衡が少しずつ崩されていく。それ以降、ジンメルは「総体的な国家団体のみがすべての給付の〈出発点〉と〈到達点〉とみなされる」(*65)と結論づけることになる。「自身が選んだ共同体に住むことを、法がすべての者に許すとしたら、共同体は住民とのつながりを失う。望まざる者が住むことを妨げる権利がなければ、公平かつ連帯的な関係を、共同体と個人とのあいだで確立することはもはや望めないだろう」。こうした歴史を経て、これ以降、貧者はより大きな統一体《アンテイテ》のなかにいる統一体となる。その結果、社会構造における貧者の立場は、ある部分、国家とかれらが社会法をつうじて維持される関係だけでなく、国家がかれらを援助するために規定する介入様式にも左右されるようになる。近代国家の誕生とともに、貧者と社会のそれ以外の人びととの相互依存関係はより複雑なものとなった。それはローカルな社会構造をこえ、国民的なレベルで展開される。ジンメルは、扶助の「国家への」集権化によって、貧者が直接的なかたちではなく、貧困という一般的かつ抽象的な概念を経由して、可視化される結果をもたらすと述べている。

こうしたわけで、貧困への社会的な関係の長期にわたる歴史的変化は、とりわけノルベルト・エリアス――その社会学的著作は、ジンメルと多くの共通点をもっている――が明らかにした、西洋社会の発展の論理を反映しているのである。すでにみたように、こうした変化は、ゆっくりとしてはいるが継続的なプロセスを歩む。そこでは、一連のあらゆる社会的規制の機能や様式が集権化していき、人びとを官僚主義的に管理するための合法化された暴力の独占からはじまり、個人の保護や社会的凝集を保証するために制度化された社会国家が出現するにいたる。こうした歴史的過程には、一般的には社会関係という形態、また特殊具体的には扶助と連帯という形態の形式化をともなったが、だからといってそれがすべて一様のものではなかった点は強調すべきだろう。それは、それぞれの特徴がすぐに見つかるほど、国ごとに特有の文脈をもっている。たとえば、政治や行政の集権化の程度、さらにいえば、国家管理の機構と、慈善団体や組合といったそれ以外の公的アクターとの力関係などが挙げられる。

つまり、ジンメルの貧困の社会学をつうじて彼の思考をたどることは、彼がその地ならしをおこなった、社会的紐帯の基礎に関する理論的考察を深めることになる。ジンメルがおこなった考察の含意は、全体として、貧者および貧困対策についての記述的社会学をはるかに凌駕している。このような理由で、彼のテクストはこんにちもなお、貧困という問題をこえて、現代社会の規制様式を問うすべての人びとが参照するものといえるだろう。

第2章 貧困と社会的関係

貧困のなかでもさらにひどいもの、それはたんに貧しいだけでそれ以外の何ものでもないこと、つまり貧困が社会によって定義されるのは、たんに貧しいという事実からのみであるとジンメルは言う。貧者が自らの生存と日常生活を維持するために集合体によって扶養されるときから、かれはもはや被扶助者という地位以外の社会的地位を求めることはできない。そのため扶助には、この被扶助者という呼称をほとんど必然的なものとする決定的な社会的機能がある。ジンメルが提案する貧困の社会学的定義はいわゆる理念型に対応している。扶助されるという事実そのものが「貧者」に特殊な経歴を割り当て、かれらのそれまでのアイデンティティを変容させ、他者とかれらとのあらゆる関係を特徴づけるスティグマとなる。貧困が集合体によって全面的に抑制され、耐えがたいものとみなされると、その社会的地位は貶められることにしかなりえない。けれども「貧者」が、扶助されているという事実によって、かれらを降格させる社会的地位しかえられないとしても、それでもかれらは、いわば最下層におかれつつも社会の成員としてとどまりつづけるのである。しかし、現代の貧困の理念型を定義すること自体が目的ではない。その関心は方法論的なものである。理念型はなによりもまず認識の手段である。この種の精緻化の作業が実り豊かなものかどうかをあらかじめ知ることはできない。精緻化した理念型の一覧を現実に関連づけたあとでしか、その論証的な有効性を判断できない。実際に研究とは、［理念型からの］偏差があるのかを検証し、偏差そのものを検討することなのである。

本章では、フランスの調査にもとづいた扶助関係に関する研究の概略を提示したのちに、現代社会における貧困への社会的な関係の原理を精緻化し、その説明要因を定義する。本章の最後では貧困の基本形態の類型を提示し、類型の経験的な検証は本書の第Ⅱ部で扱う。

［1］ 扶助された貧困とその偏差

数年の間隔をあけておこなった二つの調査——第一の調査は地域を限定したモノグラフの性質をもつもの、第二の調査は全国レベルで実施したより代表的な調査——によって、ジンメルの理念型を検証することが可能になった。これら二つの補完的な調査から以下の結論を導き出すことができる（＊1）。

◉——社会的降格の経験

一九八六年から一九八七年にかけてサン＝ブリュ［ブルターニュ地方の小都市］でおこなった最初

の調査のときは――ちょうど、ジンメルのテクストが公刊されてから八〇年後であった――、ニーズを充足させるための社会福祉サービスに頼る人びとの数が激増していた。したがって、扶助の関係から社会学的に貧困を定義することは、研究対象を構成するために索出的に実り豊かであると同時に、二〇世紀末の社会状況《コンテクスト》の分析にふさわしいものだと思われた。

この調査によって、社会福祉サービスを頻繁に利用する「貧者」の体験の意味は介入のタイプと関係していることを検証できた。そこで、私は三タイプの扶助関係、全体で七タイプの体験を区別した(*2)。三タイプの扶助関係のうち、「従属《デパンダンス》」に対応するものと「被扶助《アシステ》」に起因するものは、ジンメルの定義に完璧に適合している。実際に「被扶助」は、社会福祉サービスととりむすぶ契約との規則的な関係によって定義される。そのさいかれらは、自立困難とみなされているがゆえに、「重度のケース」と呼ばれる。しかし調査によって検証されたことは、社会福祉サービスとの関係には、こうした扶助を受ける境遇の中核をなすもののまわりに、少なくとも他に二つのタイプが存在することである。ひとつは、「脆弱層《フラジール》」と定義される、より上位のタイプである。そこでは、とりわけ脆弱な状況にある人びとにたいする一時的介入がおこなわれる。もうひとつは、「周縁層《マルジノー》」と定義される、より下位のタイプである。そこでは、より周縁化した人びと、おもに社会的断絶、とくに家族や制度との関係が断ち切られた状況にある人びとにたいする基礎的なレベル《インフラ》の介入がおこなわれる。

このように、扶助に頼る「貧者」というカテゴリーは雑多で漠然としたもののようであった。集合体にとって、「貧者」は適切に特定されたカテゴリーとなっている。なぜならこのカテゴリーは、貧者を手助けするために設けられたあらゆる組織によって制度化されているからである。だからといってこのカテゴリーは、それを構成する諸個人の観点からみると、均質な社会的まとまりをなしているわけではない。労働市場が激しく悪化している経済状況のなかで扶助に頼るということは、実際には貧者の多様化が増大していることをあらわしていた。というのも、多様な社会的出自をもつかれらの多くは、不就労と依存の領域へと追いやられるプロセスを経験しており、そこでは異なる道程をたどった他の貧者たちと同じ扱いを受けていたからである。

この多様性はまた、扶助関係の各タイプを、複数のタイプの体験、つまり内面化された脆弱性(fragilité intériorisée)、交渉された脆弱性(fragilité négociée)、延期された扶助(assistance différée)、定着した扶助(assistance installée)、要求された扶助(assistance revendiquée)、企てられた周縁性(marginalité conjurée)、組織された周縁性(marginalité organisée)という全体で七つのタイプに区別するときにより強くあらわれる。調査のあとで精緻化されたこの類型は、さまざまな扶助サービスによっておこなわれている対象者の「ターゲット化」——それぞれの組織は、貧者と認定された人びとをひとつもしくは複数のカテゴリーに分類し、それにおうじて介入方法をある程度定めていた——によって、部分的に制度化された「貧者」の階層化と、福祉サービスに頼る必要性に直面した個人が自らの経験に与えていた意味を同時に考慮したものであった。とりわけ調査によって確認できたことは、「貧者」は集合体に依存しているときでさえも反発の可能性を失っていないことである。かれらは、スティグマを与えられているときですらも、かれらを打ちひしがせる信用喪失への抵抗手段を維持している。かれらは社会的に降格した住居に集められているときですら、かれらの文化的正統性、そしてまさにそのことによる社会的包摂を維持もしくは修復しようと試みることによって、社会的な非難にたいして集団的に——あるいはしばしば個人的に——抵抗することができるのである。
このフィールド調査の結果から、現在では貧困は状態よりもプロセスに対応していることを強調するにいたった。貧困に関するあらゆる静態的な定義は、多様な状況にある人びとをひとまとめにして、多少なりとも長期的な影響を及ぼすことになる個人や世帯、その出自による困難がしだいに蓄積していくプロセスという本質的な問題を覆い隠してしまうことになる。社会的降格（disqualification sociale）の概念が精緻化されたのは、この現象を説明するためなのである。実際に社会的降格は、しだいに増加していく特定の人びとを労働市場の外へと追いやるプロセスと、そのプロセスのさまざまな局面にともなう、扶助関係の体験を特徴づける。したがって社会的降格とは、貧困の多次元的・動態的・発展的な特徴を強調するものである。

『社会的降格』の初版は一九九一年の出版である。もしこのテクストを書きなおさねばならないとすれば、社会福祉サービスとの関係についての三タイプは、このプロセスの異なった三つの段階に対応しているとより確信をもって示さねばならないだろう(＊3)。したがって、このプロセスという考えをさらに強調し、残念なことに多くの読者が経験的カテゴリーから区別していない類型に関していまだに残っている誤解を取り除くためには、脆弱層（fragiles）ではなく脆弱性（fragilité）、被扶助層（assistés）ではなくソーシャル・ワーカーにたいする依存（dépendance）、周縁層（marginaux）ではなく社会的紐帯《リヤン・ソシアル》の断絶（rupture）について論じるほうがよいだろう。たしかに精緻化された類型は、固定化された層に適した統計的カテゴリー化といったものではなかった。この類型には、その原理そのもののなかに、時間とともに発展する可能性、つまりさまざまな段階を経て継起的に移行していく可能性が含まれていた。この著作で分析された七つの体験の分析は、生活状況と社会的アイデンティティの転換を説明していた。しかしサン＝ブリュ調査の特徴はモノグラフであったため、執筆のさいにはある慎重さが必要であった。あるタイプから別のタイプへの移行の問題については、詳細な《イン・デプス》インタビューをおこなった相対的にかぎられた数［の対象者］から述べることしかできなかった。このインタビューでは対象者に過去の経験を聞き、［対象者に自分の］道のりを自分で分析してもらった。この回顧的な分析で求められたのは、自分と扶助との関係がどのように変化したのかを対象者が意識することであった――つねにそれがうまくいったわけではなかったが。完全に満足のいく論証をおこなうためには、データはあまりにかぎられたものであった。そのうえ、この町で研究した貧困の諸形態がフランス全体に一般化できると証明することはできなかったのである。このアプローチを補強しさらに社会的降格の概念を豊かにすることができたのは、これ以降の研究である。

◉――労働市場における価値と社会的紐帯の強さ

所得・価格研究センターで一九九〇年と一九九一年のあいだに実施したＲＭＩ［参入最低所得］の受給者にたいする縦断調査によって、サン＝ブリュで精緻化した類型を大規模なレベルで検証し、しかもこの対象者たちの変化を縦断的に分析することができた。この調査では、九つの県のＲＭＩ受給者二〇〇〇人にたいして、継続的に三波にわたって質問紙調査がおこなわれた。

第一波の調査からは、労働市場との関係と社会的紐帯の強さにおうじて、三つのタイプのＲＭＩ受給者が区別された。タイプ１に近い受給者は、経済・社会生活への参加が安定していない。かれらの困難の理由は、職業資格が労働市場に不十分もしくは適合していないことであった。しかし、かれらはなおも安定雇用を見つける、もしくは安定雇用に近づく希望をまったく失ってしまったわけではなかった。かれらがＡＮＰＥ（職業紹介所）や職業参入《アンセルシオン》支援機関と保っている関係は、かれらに一定の社会的紐帯を維持することを可能にしていた。しかし、かれらには人づきあいが少なく、内に引きこもる傾向があることが認められた。タイプ2に近い受給者は、年齢や健康状態、職業経験の不足のために、少なくとも競争的な経済セクターでは安定雇用を望むことができなかった。しかしかれらは完全に社会から切り離された状況《デソシアリザシオン》にいるわけではなかった。なぜならかれらは、自分たちの身のまわりにある資源（地下経済、社会福祉サービスの合理的利用など）を動員することによって、社会的落層《デクラスマン・ソシアル》という試練に抵抗しているからである。たいていは社会や家族との関係は狭いものの、こうした場合でもなお、それらの関係は日常生活をおこなううえで無視できない役割を果たしていた。最後のタイプ3に近い受給者は、少なくとも短期的には雇用にアクセスできないだけではなく、家族や社会とのつながりさえもすっかり失っていた。放浪者や不定住者《サン・ドミシル・フィックス》はこのタイプに近い。

　各タイプの受給者は社会福祉サービスと固有の関係を結んでいる。第一のタイプは扶助にたいして距離をおく態度がみられた。第二のタイプはソーシャル・ワーカーによって規則的な支援を受けており、そのため他のタイプよりもすぐに参入契約にサインをすることが可能であった。最後の第三のタイプは、制度からより遠ざけられている場合が多く、ソーシャル・ワーカーにたいしてより疑い深くなっており、たいていは社会福祉制度の周縁にとどまっていた。調査ではこれら三つのタイプの受給者が三つのタイプの扶助関係に対応していることを確認した。これらのタイプは私がサン＝ブリュで実施したモノグラフ調査で研究したことと同じではなかったものの、それに近いものであった。したがって社会的降格のプロセスは、その割合は異なっているにしても、農村地域でも都市圏でも、また大都市や地方の中規模都市でもみられるタイプの人びとと関連していると結論づけることができたのである。

しかし、『社会的降格』の類型を精緻化するためにもちいた方法と、RMI調査をもとにもちいた方法には違いがある。実際に『社会的降格』では社会福祉サービスを利用する「貧者」の体験の意味は、福祉サービスが対象とする介入のタイプによって説明されていた。RMI調査の目的は、この結果をより大規模に検証することであったが、同様に、扶助関係の生きられた意味《サンス・ヴェキュ》だけではなく、この関係の構造的要因を説明することでもあった。その要因は、労働市場における価値と社会的紐帯の強さであったのだが、『社会的降格』調査の類型ではそれらは構造的要因として問題とされたわけではなかった。これらは記述されてはいたものの、RMI調査とは反対に類型を精緻化する原理となっていたわけではなかった。［まず］これら二つの要因の論理的な結びつきから、最初の仮説として、RMI受給者を類型化した。その後、この類型は計量的なデータ処理、とくに多重対応分析によって経験的に検証された(＊4)。これら二つの［調査の］類型が合致するのは、推論と現実それぞれで一貫性が観察できるためである。それはいわば、以下のような説明要因を重ね合わせることにある。

(1)　「貧者」を対象とする社会的介入のタイプによって、かれらが社会福祉サービスと取り結ぶ関係と、かれらが自らの体験に与える意味（求職活動とソーシャル・ワーカーとの関係）を説明することができる（第一の類型）。

(2)「労働市場における価値」と「社会的紐帯の強さ」という二つの要因の組み合わせによって、「貧者」を対象とする介入のタイプ、転じて、かれらが社会福祉サービスと取り結ぶ関係、つまりかれらが自らの体験に与える意味を説明し、さらには、RMIの施策のなかでのかれらの道のりを分析することができる（第二の類型）。

同様に、RMI受給者にたいする調査は縦断調査であったために、社会的降格プロセスの認識を深めることも可能にした。そして、さらに議論を進めて、とりわけ扶助関係のタイプに関する分析から、このプロセスのなかである局面から別の局面へと移行するさいの条件の分析に移ることができた。こうした理由もあって、先に言及したように、現在では脆弱層ではなく脆弱性、被扶助層ではなくソーシャル・ワーカーにたいする依存、周縁層ではなく社会的紐帯の断絶について論じるほうがよいだろう。

脆弱性は社会的降格の入門段階に対応している。職業上の挫折を経て落層したり、雇用にアクセスすることのできない人びとは、しだいに大多数の人びととかれらを分かつ距離を意識するようになる。かれらは、自分が挫折に苦しめられている様子をあらゆる人びとにみられているという感覚をもつ。かれらは自分のふだんのおこないのすべてが自分の地位の劣等性、さらには社会的ハンディキャップの徴候と受けとめられていると考える。失業者が人前で自分がかかえる問題の原因を説明しなければならないとき、自分が「ペスト患者」とみなされているという印象を抱く。かれらが評判の良くない団地《シテ》に住んでいるときは、自分の地区名を偽ろうとする。なぜならかれらは、悪い評判のある人びとと自分が同一視させられることに深い屈辱感を抱いているからである。社会的扶助に援助を求めざるをえないとき、この状況がかれらに与える劣等性は耐えがたいものである。かれらはソーシャル・ワーカーにたいして距離を保とうとする。扶助のネットワークに入ることは、ソーシャル・ワーカーをつうじて「本当の」社会的地位を断念し、しだいに尊厳を喪失していくことになると感じられるのである。これらの人びとは、自分が仕事をふたたび見つけるチャンスをすっかり失ってしまったわけではないと考えている。かれらは定期的にＡＮＰＥに通って求人案内を見る。ＲＭＩを受給しているときには、かれらはできるだけ早くこの制度から抜け出そうとする。かれらにとってＲＭＩは一種の失業補償のような一時的な援助である。かれらは、社会統合とは職業活動を基盤とするものと考え、ＲＭＩというものは扶助に自分を閉じ込めてしまう危険があるものとみなしている。かれらは不就労にしだいに慣れていくことの危険性を十分に自覚しており、職業によってえられるアイデンティティを完全に捨ててしまう落とし穴にはまるのを恐れている。調査では、こうしたＲＭＩ受給者が、扶助の「甘い汁を吸っている者《プロフィトゥール》」にたいして向けられる道徳的な評価を内面化していることが確認された。そのためかれらの眼には、参入契約にサインすることは無用であり、それはソーシャル・ワーカーの世界とのつながりとかれらにたいする依存を認めることにしかならないと映る。かれらがしたいことは、もっぱら仕事を探すことだけである。さらに興味深いことは、かれらはひとつ仕事を見つければ、たいていは同時に家族との関係を強めていることである。

　脆弱性からはソーシャル・ワーカーにたいする依存の局面へと進むことがある。なぜなら職業の不安定は、とくにそれが長くつづくときには、所得の低下と生活条件の悪化をもたらし、それが部分的に扶助の助けによって補填されることがあるからである。実際、依存は社会福祉サービスによって困難を規則的に支援される局面である。依存と関係する人びとの多くは働くことをあきらめてしまっている。扶助が身体的・精神的ハンディキャップや傷病を理由に正当化されている場合を除くと、落層を経験した人びとが社会的扶助へ向かうのは、つねにある程度の長い失意と意気阻喪の時期を経た後のことである。かれらは所得とさまざまな援助の保証をえるために、依存者であることと、社会福祉サービスと規則的な関係を取り結ぶという考えを受け入れる。それ以外、ほかにできることはないからである。仕事をふたたび見つけようとしているあいだ、かれらは自分の援助を担当するエージェントにたいして距離をおく態度をとる。かれらは、自分の事情を話して多くの手続きをおこなおうとしても無駄に終わり、職業研修を何度受けても職が見つからないため、労働の世界に安定した地位を築こうとする望みはほとんど叶えられないことがわかっている。脆弱性の状況にあり、先述した調査の当初は求職中であったＲＭＩ受給者の多くは、一年後には働くことができないほどの健康問題をかかえていると述べていた。多くの困難を正当化するものとしても解釈することのできるこうした健康の悪化は、それ自体が依存の局面に入ったことをあらわしている。実際に同様の変化を経験した人びとは、しばしば自分でソーシャル・ワーカーとコンタクトをとり、参入契約にサインしていることが確認された。かれらにはもはや被扶助者という地位による制約を受け入れることしか残されていないのである。そのときかれらにとっての別のキャリアが始まり、その過程で自身のパーソナリティが急激に変化していく。かれらはソーシャル・ワーカーから求められる特定の期待に応えるための社会的役割を学習する。かれらが自らの受給する扶助を正当化し合理化し始めるのはまさにこのときである。子どもをもつ親のなかには、自分たちのためではなく子どもたちのためだけに扶助を受けているのだと説明する人もいる。この場合、被扶助者という地位を受け入れることは、子どもたちのことを想う母親の全面的な献身によるものだ。ほかには、実際には複数の扶助を一時的にいくつもの条件つきで受給している場合であっても、経済危機を理由として、恒常的な社会的権利として扶助を解釈しなおす人びともいる。

この統合様式は社会的紐帯の維持を可能にする。依存を経験する人びとは、親としてのアイデンティティや、家事や近隣のさまざまな活動（相互扶助、ちょっとした助け合いの作業など）をおこなう能力を強調することで、自らの挫折を埋め合わせようとする。かれらがソーシャル・ワーカーと取り結ぶ関係は、かれらがワーカーたちと協同しようとするかぎりでは非常に誠実なものである。ある場合には社会的扶助は適切な解決策を理解し探そうとする相談相手になりうる。しかし被扶助者という地位はしばしば不満を発生させる。扶助からえられる収入は、家賃を払い、子どもの扶養や就学、さまざまな活動に必要な費用にたいしてはつねに不十分である。それに、扶助を受けている世帯はしばしば負債をかかえてもいる(*5)。

この依存の局面には別の局面、つまり社会的紐帯を断絶させる局面がつづくこともある。とくに援助がつづき、それを受ける人びとがハンディキャップの蓄積に直面するときにはそうである。かれらは社会的保護の最後の網から抜け出て、それから困窮が社会から切り離されることと同義であるような、ますますマージナルな境遇を経験しうる。実際、断絶を経験する人びとはさまざまな問題をかかえる。たとえば労働市場から遠ざかること、健康問題、住居の喪失、家族とのつきあいを失うこと、などである。それは、プロセスの最終局面、つまり極度の周縁化へと導くことになった、挫折が蓄積した結果なのである。こうした人びとは、もはや実際にこの状況から抜け出す希望をすっかり失っているために、自分は社会にとって無用であるという感情を抱く。かれらは自分の人生の意味を失ってしまったのである。そのときかれらはしばしば自分の不幸や挫折への埋め合わせを酩酊のなかに探し求める。かれらをふたたび参入させようとするソーシャル・ワーカーは、かれらがかかえる深刻な問題はアルコールやドラッグだと強調する。

　こうした人びとのなかには、職業生活のなかで深刻な社会的断絶に襲われ、そのために激しく厳しい「転落」を経験した者がいる。そればかりでなく、身体や精神面で困難をかかえる若者たちもいる。かれらのなかには、しばしば社会福祉サービスにたいする依存を経験することさえないまま、脆弱性の局面から社会的降格プロセスの最終局面へときわめて急速に移行する人びともいる。こうした周縁化が早期に起こるおもな理由は、家族との安定した関係の欠如にある。実際、職業生活に参入するさいに大きな困難に直面する人びとにとって、家族からの援助を受けられないということは、連帯の基本形態のひとつが奪われることである。たとえかれらの状況を急速に改善させる条件をつねに満たすわけではないにしても、ＲＭＩがかれらにたいして経済・社会生活により良く参加する可能性をまったく提供しないと考えるのは早計であろう。

　たとえば調査では、この援助のおかげで多くの人びとがある種の尊厳を見いだすことができたことが確認された。たとえわずかなものであったとしても、毎月収入をえるという事実は、かれらにとっては望外の解決策である。このことはかれらが「復帰する」ことを可能にする。まず、それまでもつことのできなかったモノを購入することができる。以前は慈善団体から提供されていた衣服を「自分で」購入できた人たちもいる。かれらは自分の身なりにもっと気をつかうことができるようになった。日常生活のこうした些細なことが再社会化の過程では重要なものとなる。また長いあいだ家族と離れていた人たちのなかには、ＲＭＩを受給してから自分の子どもや親との紐帯をふたたび取り戻した人びとがいることも確認できた。こうした労働市場から最も遠ざけられた受給者層のなかで、雇用や職業研修、援助契約《コントラ・エデ》［公共機関の補助金などで就労支援を受けた短期雇用］に就くことのできた人びとの割合は一年でおよそ二五％であり、それは無視できるほどの数ではない。公益活動は再社会化の一機能である。この活動をつうじて［自分が］集合体に役立つという感覚をもち、自信を取り戻す人びともいるのである。

ＲＭＩ受給者が自らの尊厳のすべてあるいはその一部でも取り戻すことができるということは、事態があらかじめ完全に決められているわけではないということである。いいかえれば、社会的降格プロセスの諸局面が非情な結果をもたらすこともあるが、その一方で、労働の世界との紐帯を結びなおし、「転落」のショックを和らげ、労働市場から撤退したことへの埋め合わせを見つける、またある場合にはスティグマに抵抗することも可能なのだ。

したがって、これまで述べた二つの調査は補完的なものである。しかしこれらいずれの調査でもおこなった社会的降格プロセスの分析は、実施した場所に依存していることに変わりない。他の国で実施した場合、これらの調査から同様の結果がえられるのかは定かではない。これらの調査の実施時期も考慮する必要がある。最初の調査は一九八六年から一九八七年、第二の調査は一九九〇年から一九九一年にかけて実施されており、とくにフランスで「新しい貧困」と呼ばれたものが登場した、特殊な経済・社会・政治状況のなかでおこなわれたものでもあったのだ。「新しい貧困」とは、労働市場の悪化や給付期間が終了した長期失業者数の増加と密接に関係する現象である。同じくこの時期はまだ、一九八八年一二月一日にＲＭＩ法［参入最低所得法］の投票が実施された直後であった。

すべての調査が国内レベルのものであったことに内在するこれらの限界こそがまさに、本書のもとになる比較社会学的な研究を私がおこなうことになった理由である。「貧者」とそれ以外の人びととの相互依存関係の社会歴史的バリエーションを分析するためには、さらに別の分析枠組を精緻化する必要がある。

[2] 貧困への社会的な関係の基盤

貧困問題についての理解のしかたは国ごとに多様であるため、その国固有の制度を想定して、たとえばフランスのようなある国にしかつうじない固有の定義を出発点とし、他の国の制度と何が近く何が遠いのかを検討する比較の方法は、すぐさま方法論的な袋小路に陥るおそれがある。実際にこの方法は、正当な参照基準とみなされた単一の思考体系――それは文化的もしくはナショナルなエスノセントリズムに特有のものだ――から差異を分析するという意味で、不適切なものである。この思考体系は、それぞれの国の制度――ここから貧困というカテゴリーが思考され定義される――の社会歴史的基盤を理解しようとしない。いいかえれば、比較研究は、社会的論争の原因となり、特定のカテゴリーとそれに関与する行動の背景にある哲学と実践的な方向性から生じる社会的論理を説明しうる分析枠組を構築するために、それぞれの国のそうした論争から生まれた諸問題を克服する努力をすべきなのである。したがって、欧州諸国で実施されている政策の違いを理解するためには、それぞれの国の貧困の表象に関する社会歴史的分析にもとづく必要がある。とくに貧困の表象は、いわゆる国家機関と準公的機関、民間組織のあいだにみられる対照的な考え方と結びついている（＊6）。

貧困への社会的な関係を定義し、その社会歴史的バリエーションを検討するためには、つぎの二つの点を考えることができる。第一の点は、この現象の表象と「貧者」とみなされたカテゴリーの社会的な精緻化と結びついている。これは、少なくとも部分的には、こうした人びとにたいする社会的介入のさまざまな制度形態の分析から理解できる。なぜならこれらの制度形態は、「貧困」の社会的知覚と、社会がこれらの問題に与える重要度、社会がこれらの問題をどのように扱おうとしているのかを同時にあらわしたものだからである。第二の点は、このように［貧者と］定義された人びとが自らの体験に与える意味だけではなく、かれらをそう［貧者と］呼ぶ人びとにたいしてかれらがとる態度、そしてかれらが直面するさまざまな状況への適応様式とも関わっている。

◉――変わりうる社会的表象

経済学者と統計学者は貧困を測定しそのための最も適切な方法を定義しようとするために数多くの研究を費やしてきたが、逆に貧困の社会的表象、つまり個人が自分の体験や社会生活を特徴づける交換と相互作用をつうじてこの現象に与える意味に焦点を当てた研究はわずかしかない。マックス・ウェーバーにしたがって、社会的表象を諸個人の行為の方向づけと考えることができるならば、「現実の人間の頭に浮かぶ」（＊7）ものをより詳細に研究することが重要である（＊8）。とりわけ、それぞれの社会が貧者にたいする政策を採用し、その政策が貧困に特定の意味と特殊な機能を与えているのであるから、かれらが貧困現象を見て説明しようとするとき、そうした研究は重要なものとなるだろう。

歴史学者は貧困への社会的な関係が数世紀のあいだにどのように変化したのかを説明しようとし(*9)、社会学者は貧者への扶助制度に割り当てられた顕在的・潜在的機能が二〇世紀のあいだ、とくに産業社会の発展と経済成長の時期によって大きく異なっていることを示すのに成功した。たとえば、フランシス・フォックス・ピヴェンとリチャード・A・クロワードは、米国の事例から、扶助の主要な機能は、景気後退と大量失業の時期には、市民の無秩序状態の一時的爆発を規制することであると明らかにした。その後、この機能は経済成長と政治的安定の時期に失われ、貧者がそれまでえていた扶助をしばしば急激に低下させることによって、かれらがふたたび労働市場に参加することを促進する、まったく別の機能に場所を譲る(*10)。第一の段階では、貧者は犠牲者だとみなされ、かれらが既成の社会制度にたいして反乱を起こすのを避けることが争点となる。第二の段階では、かれらは潜在的に怠け者とみなされ、「道徳化」の政策のみがかれらの態度を変えることができるのだと判断される。これらの分析は、景気循環とそれが扶助組織の形態に及ぼす影響を強調している。ただし、これらの分析は必然的に複数の側面をひとまとめにしており、直接に貧困の知覚に注目しているわけではない。しかしながら、これら扶助政策の変化以前に、貧困表象の転換があるという仮説を提起することができる。政治は、世論に影響を与え人びとの知覚を変える出来事が起こったあとで介入をおこなうのである。

「貧困の表象」をどのように理解したらいいのだろうか。社会心理学者の研究が進むなかで、集合表象と社会的表象を区別することがふつうになった(*11)。デュルケムの考えにもとづくと、集合表象は個人表象と対立しており、その伝達と再生産の強い安定性を前提とする(*12)。集合表象は世代をこえて持続し個人に拘束を課す。反対に社会的表象は、個人でも集団でも、じつに大きな多様性と、社会生活の多様な相互作用の過程にある再生産と獲得のメカニズムに付随する影響の下で変化する可能性を含んでいる。貧困の知覚は不変のものではなく——歴史研究はこのことを十分に証明した——、したがってたとえ二つの表象が部分的に一致しているとしても、集合表象よりもむしろ貧困の社会的表象について論じることが適切だと思われる。したがって私は、貧困の社会的表象の意味は、同じ社会のなかでの社会的表象の多元性と、経済・社会・政治状況によってそれが変化する可能性を強調することだと理解している。

欧州における貧困の社会的表象を検討するために、一九七〇年代半ばから実施された多くの調査を比較検討した。このことによって、一方では欧州連合諸国のあいだの大きな差異と、他方で過去二五年のあいだの主要な変化を説明することが可能となった(＊13)。この研究は、貧困の社会的表象が年齢と性別、階級の効果とは独立に、ナショナルな特性に関わる効果(国の効果もしくは構造効果)と、労働市場の変化に関わる効果(経済情勢の効果)によって説明されるという仮説から出発した。国の効果とは、デュルケムが「社会の精神的な基盤《アシエット》」と呼ぶものを構成する、安定性の一部を意味し、経済情勢の効果とは、あらゆる社会に影響を及ぼす経済変動にたいする感度を意味する。第一回の調査が実施された一九七六年には失業率は多くの欧州諸国で五％以下であったが、第三回の調査が実施された一九九三年には多くの国で失業率が二倍になっていた。こうした変化については各国の人口を無視することはできないし、この変化は少なくとも部分的には世帯消費を規定している。

調査の質問モジュールのなかには、一九七六年の第一回調査からはとくに貧困の原因に関する質問がある。この質問によって、貧困に関して伝統的で根本的に対立する二つの説明を区別することができる。つまり、貧者の怠惰ややる気のなさを主張する説明と、反対に社会に存在する不公正を強調する説明である。怠惰による説明は、労働の義務と倫理を根拠とした道徳的な発想にもとづいている。この見方では、貧者はいわば十分な自己管理ができていないと非難され、したがって公権力がかれらを優先的に援助する必要はない。この見方によれば、責任があるのは各個人であり、かれのやる気だけが貧困の経験を回避することができる。反対に不公正による貧困の説明は、社会についてのより包括的な考え方にもとづく。貧者はなによりもかれらを非難するシステムの犠牲者なのである。この考えでは、公権力はより偉大な社会的公正という意味で貧者を救済する義務を負う。このように、怠惰による説明と不公正による説明は、いかなる人もそのイデオロギー的・政治的意味を避けることのできない対立した見解と結びついているのである。中世以来、諸社会は貧困の処遇に関して、歴史学者ゲレメクの著書のタイトルをもちいれば「絞首台か憐みか」に分かれていた。つまり社会は、怠惰で無責任であるために好ましくないとみなされた貧者を除去しようとする誘惑と、チャンスに恵まれずいつも困窮のなかに生きているあらゆる人びとの世界を憐れむ誘惑とに分かれていた。それゆえこの二つの責任は、それ自体が歴史をもっているのである。

本研究では、貧困の社会的表象は国つまり政治的・文化的知覚の図式にしたがって、また経済・社会情勢、とりわけ失業のサイクルにしたがって変化すると結論づけることができた（結果の詳細な提示は、本書補論「欧州人は貧困をどのように見ているのか」を参照）。実際、統計的な分析では、他の変数とりわけ失業状況に関する変数の効果をいったん統制したうえでも、国の主効果が明らかになった。なかには、怠惰による貧困という説明が他の国よりもより顕著に広がっている国がある。しかし国［の効果］とは独立した失業の主効果も存在している。失業率が増加すると、他の条件を一定にしても、回答者が貧困の原因を怠惰によるものと説明する確率は顕著に低下する。失業率が低下するとこうした説明をする確率は大きく増加する。雇用危機と就職難の時期になると、貧者が仕事を見つけられないとしても、それはかれらの過ちではないと人びとが気づくかのように、すべてが展開するのである。

貧困の原因とされるものが国によって異なるとしても、制度や構造の効果をそこで考える必要がある。制度や構造は、その慣性と権威をつうじて、ある程度は持続的に各国のなかで「社会の精神的基盤」の維持に貢献する。各国は独自の問題にも共通の問題にも直面するが、各国固有の方法によってその問題に対応しようとするのである。ある国は、その住民の多くが貧困を各個人の責任に属する問題と考えているために、積極的に社会政策を発展させることはいっそうないであろう。反対にある国は、住民たちが最も貧しい層に共通の運命を負わせる不公正なシステムの影響をこの問題に見いだしているために、貧困対策のための方法を導入することにいっそう力を入れるであろう。したがって、この点に関する各国の違いのなかに、歴史のなかに書き込まれた価値体系の効果と福祉国家の介入効果を見ることができる。実際に各国は独自のやり方で、そしてさまざまな方法で「貧者」にたいして介入しつづけている。たとえば数十年前から最も恵まれない層にたいして最低保障所得を採用している国があり（デンマーク一九三三年、イギリス一九四八年、西ドイツ一九六一年、オランダ一九六三年、ベルギー一九七四年、アイルランド一九七七年）、他方でこの制度を導入し始めたばかりの国があること（ルクセンブルグ一九八六年、フランス一九八八年、ポルトガル一九九六年）を思い起こしてみよう。そして、地域レベルの実験しか実施していない国（スペイン）やまだ同様の政策が考えられていない国（イタリア、ギリシャ）があるということも。したがって、これらのさまざまな制度や社会的介入の様式を詳細に分析するとき、国レベルの違いがあることを強調せざるをえないのである(*14)。

しかし、貧困の原因とされるものが国［の効果］とは独立に経済情勢ととりわけ失業率の増加によっても変化するのであれば、そこから貧困の表象がいつまでも確固としたものではないと結論づけられる。あらゆる社会的表象と同様に、貧困の表象も固定されているわけではないのである。

したがって、貧困の構造的な次元と経済変動の次元を同時に精緻化していくことについて議論することができる。この精緻化は各国そして各時代で貧者とみなされた人びとの社会的地位を包括的に定義する役に立つ。なぜなら貧者をつくりだす指し示しの方法とそれが対象とする社会的介入の形態は、かれらにたいする社会的期待をあらわしているからである。同様に、これらの人びとが自分の社会環境でどのような経験をし、その環境にどのように適応しているのかは、かれらの生きるさまざまな社会と、とりわけかれらを援助する社会福祉制度が貧者にたいしてとる態度に影響を与えうる。たとえばある国では、貧者が自らの受ける扶助によって受動的となり、その結果としてかれらの受給額が減らされることが、さまざまな観察からは予想することができよう。他の国では、最も貧しい人びとが生存のためにずっと以前から実行することを身につけてきた、近接性《プロクシミテ》による連帯や抵抗と組織化の形態が維持されているがゆえに、かれらを援助するのはいっそう無駄だとされる。また別の国では反対に、扶助制度のおもな機能が貧者にたいする社会的負債の少なくとも一部を吸収する可能性をもつと国全体に信じさせることができるかぎりは、扶助制度を維持しさらには強化することが必要だと判断されるだろう。

より一般的には、ある社会で貧者と認定された人びとの集団は、扶助制度によってある程度はうまく支援されており、大部分が制度的な遺産に由来する構造的要因によってある程度のスティグマを受けている。しかし先にみたように、この構造的要因は経済変動による要因の効果を妨げるわけではない。つまりこのことからも、貧困の知覚は変化するのだと結論づけることができるのである。

◉――体験の対照性

フランスで実施された調査では、被扶助者という境遇を経験することの多様性が確認できた。それは、社会的降格のプロセスとそのさまざまな局面から説明しようとしたものである。しかしまた大きな社会歴史的な変化もある。これらの体験は、社会的表象とまったく同様に、経済情勢や国に起因する要因にも関連している。

労働市場が激しく悪化した時代、とりわけ長期失業が激増し、特定の人びとの多くがますます長期にわたって影響を受けるようになったときには、かれらは社会福祉サービスに頼り、ときには生まれて初めて貧困と被扶助という境遇を経験せざるをえなくなる。一九三〇年代の大恐慌時代には、［それまで］貧困を経験したことのなかった大多数の人びとが工業生産の崩壊による直接的な影響と失業に襲われた。危機の絶頂には、完全失業率はセーヌ県の労働人口の約一八％にまで達し、この地方ではこの期間に失業を経験した人の五八％が少なくとも二度の失業を経験したと推計されている（＊15）。こうした状況のなかで、労働者の購買力は著しく後退し、夜間避難所や廉価なレストランと同様に、すべての扶助事務所が非常に激しいペースで「顧客」を増やすことになった。歴史家のアンドレ・ゲランは、危機の時代のあいだに依存状況に陥ったこの「新しい貧困層」は、そうした扶助制度のなかで「本当の貧者」、つまり長期にわたり援助を受け、たいてい社会不適応者《カ・ソシアル》や排除された者たちと同一視された、伝統的な貧者と交わることに恥を感じていた(*16)。「新しい貧困層」にとって著しく屈辱的なこうした扶助の関係は、雇用危機という観点から比較することのできる時代に実施された先述の調査で、一九八〇、九〇年代に観察された関係と完全に一致している。高度経済成長と完全雇用の時代では、貧困の体験は、扶助のネットワークに大量の人びとが参入するという現象が際立つことはさほどない。これらの経験はむしろ、「構造的貧困」と呼ばれることのあるもの、つまり経済情勢とは関係なく、世代間で再生産され、またごく少数の一部の人びとを極端なかたちで失墜させる貧困に行き着く。

国の効果も同様に非常に強い。欧州では「貧しい」人びとが一様に定義され考慮されるわけではないために、［貧困の］体験は国ごとに大きく異なる。失業者が少なく逸脱行動にたいする共同体の圧力が強いとき、また反対に失業が構造的で平行経済［地下経済］が発達した社会に生きていると き、同等の生活水準であったとしても稼働年齢で扶助を受けるということは当該の個人にとって同じ意味をもつわけではないし、同じ態度として理解されるわけでもない。

前者のケースでは、周囲の人びとがかれにたいして抱く、集団に共通の期待水準に達していないために、個人はマイノリティであり、強いスティグマを受けるリスクがある。後者のケースでは、個人はそれほど周縁化されず、地下経済が容易にかれらに与えることのできる物質的・象徴的資源があるために、自身の社会的地位の意味を反転することのできる機会をより多くもっている。社会保護制度がシチズンシップの原理にもとづいており、そのことで人口の全体に重要な保護を提供できる国にいるか、あるいは反対に社会的保護がそもそも残余的なものでしかない国にいるかによって、貧しいということもまた同じ意味をもつわけではない。前者のケースでは扶助は人口のほんの一部の人びと、しばしば権利の開放を期待する人びとにかぎられる。後者のケースでは扶助はそもそも拡大的であり、より多くのより多様な人びとに関係する可能性がある。

［3］ 説明要因

三つの異なった要因が社会的表象と体験のバリエーションを説明する。すなわち経済発展と労働市場の程度、社会的紐帯の形態と強さ、社会的保護と社会福祉制度の性質である。

◉――経済発展と労働市場

経済発展の水準は決定的な役割を果たしている。一八三五年にすでにトクヴィルが強調していたように、この時代のポルトガルのような、国そのものが非常に貧しいところで貧者であることは、貧困を経験する人びとにとっては、とくに産業革命のすぐ後のイギリスのような、より繁栄した国で貧者であることと同じ意味をもたない(＊17)。現在でも国家間やある国の地域間の生産水準と経済発展のリズムは恒常的に不平等であるがゆえに、欧州連合のなかですらこの差異を考慮にいれる必要がある。

発展という観念は採用する基準によって異なって理解されうる。国民総生産のような中心的と判断された指標から限定的に発展を定義することができる。ふつうは、最も発展した国（や地域）から始めて、直線上に国（や地域）を並べる。この操作によって今もなお欧州連合のなかで驚くほどの対照性が存在することが確認できる。二〇一一年には、欧州連合（二七か国）平均――それを指数一〇〇とする――にたいしてあらわされた購買力基準で計算された住民一人あたりの国内総生産額では、指数一二五のデンマークが第一位であるが、ポルトガルは七七にすぎない。欧州連合に新たに加盟した国では、たとえば指数が四九でしかないルーマニアのように、多くの国がなおもより低い指数値でしかない(＊18)。住民一人あたりの国民総生産を地域別に計算すると、多くの国の内部でかなりの格差が確認できる。最も知られているケースはイタリアである。イタリア北部は最も豊かで、経済生産の観点から最もダイナミックな地域のひとつである。その一方で、メッツォジョルノ［南イタリアの一部］は最も貧しい地域のひとつである。こうした対照性は少なくとも再統一以降のドイツにも存在する。旧西ドイツはイタリア北部に類似しており、旧東ドイツの多くは依然として貧しい。

　開発経済学者は発展に単一的・量的な表象を与えるこの指標の算出だけにとどまるわけではない。伝統社会から近代社会、発展途上経済から発展した経済へと移行するためには、レイモン・アロンが指摘したように、産業化の過程では、一人あたりの所得が増加するだけではなく、初等・職業教育の拡充と、生産効率に不可欠な、労働者の合理的態度への転換がともなわなければならない(＊19)。この移行がすんなりとおこなわれることはまれである。多くの場合、この移行には不平等がともない、社会的・心理的トラブルの原因にもなりうる。アルジェリアの調査でピエール・ブルデューは、資本主義経済への適応過程、つまりはホモ・エコノミクス［経済人］が出現する条件を研究した(＊20)。彼は一九六〇年代の初めに、カビリア［アルジェリア北部のベルベル人居住区］では宗教的モラルが経済計算を禁じていることを指摘した。この計算はずっと隠されなければならないものであった。時間は農耕サイクルとも結びつき、先を見越すのは一年単位にかぎられていた。カビリアの農民にとって貨幣は価値あるものではなかった。一般に広まっていたのは、生産的であるか否かにかかわらず、労働だったのである。部族を基礎に組織されたこの社会では、家族の連帯がつねに窮乏から身を守るものであった。そこでは、誰がいちばん稼いでいる者かを、誰も知ろうとはしなかった。貨幣の導入は非生産的労働の価値を貶め、それによって社会システム全体を不安定化させることになった。そして、労働は少しずつ収益活動として不可欠なものになった。教育の発展も世代間の関係を一変させた。若者たちがより高い教育を受けるようになったために、年長者とくに父親の権威が弱まった。

最後に、資本主義の発展とともに下層プロレタリアート、つまり周期的に仕事を失い、低い報酬で、貧困に直面し、自らの運命をコントロールすることのできない労働者たちが出現した。「不安定な生活に陥り、古くからの伝統が最下層の小作人《カメス》(khammès)に保証していたはずの保護を奪われ、かれらが一番望んでいる保証を唯一与えることのできるはずの資格と教育を奪われ、その日暮らしでいつも明日の不安をかかえたままの生活に閉じ込められた、下層プロレタリアートや失業者、臨時の日雇い、小商人、小企業と小商店の従業員、工員は、予測と計算、経済行動の合理化を必要とする経済システムのなかで、経済計算と経済行動の合理化を計算し予想することが絶対に不可能な状態におかれつづけている」(＊21)。こんにち発展途上と考えられる社会では、とりわけ大都市では一般に下層プロレタリアートが大量に存在する。そこではかれらは拡大する可能性のあるスラムに暮らしている。この下層プロレタリアートは、地方から絶えず入れかわり立ちかわりやって来るが、世代間で再生産されることも非常に多い。下層プロレタリアートは、社会的不平等が顕著なこれらの国の日常的な光景の一部となっているのである。

発展［開発］という概念は、ある社会とそこでみられる貧困の諸形態を分析するために重要である。しかしながら、ロストウ（＊22）の発展段階のような単純化されたモデル［経済発展段階説、テイク・オフ理論］に向けられた多くの批判の後では、あらゆる国がかならずしも同じ道をたどるわけではないこと、また複数のモデルが存在することをすぐさま認めたほうがよかろう。私は一方では産業社会《ソシエテ・アンデュストリエル》の、そして他方では賃労働社会《ソシエテ・サラリアル》の定義から出発し、これらの定義と対象とする社会の現実とのあいだの偏差を可能なかぎり測定する試みを提案する。近代社会はなによりも労働の組織化によって、そして科学技術の利用と生産の合理化がもたらす経済・社会的影響によって定義される。レイモン・アロンは産業社会を以下の五つの次元から定義していた。①勤務場所や企業と家族の分離。たとえこうした分離が一般的なものではなく、経済と家族の二つの機能が一体となり、しばしば同じ場所に集まった職人からなる企業がつねにかなりの割合を占めている社会であっても、それは起こる。②産業部門間の分業。これは技術的な必要性によって企業の内部でも生じる。③資本の蓄積。④最も低い原価を獲得し、そうすることで資本を再生産させ増大させるための合理的計算。⑤勤務場所への労働者の集中。この定義にしたがうと、欧州連合の各国間、そして地域間で大きな格差が存在するのは明らかである。ある国々では、他の国々よりも産業社会の特徴がより目立つことがある。国の内部でも、依然として他の地域よりも農村的で、手工業と小企業が経済活動の基盤となっている地域も存在する。したがって、産業社会について理念型的な定義により近い地域で研究されるか、逆にそれから隔たった地域で研究されるかによって、貧困は異なった意味をもつという仮説を立てることができる。

　賃労働社会の概念は産業社会の概念と補完関係にあるように思われる。ロベール・カステルによれば、賃労働関係《ラポール・サラリアル》には三つの要素が含まれる。「労働力にたいする一定の形式での賃金、そして労働者とその家族の消費および生活スタイルの相当部分を支配するものとしての賃金、さらには生産のリズムを制御しているなんらかの形式での労働規律、最後に労働関係をかたちづくる法的な枠組、すなわち労働契約およびそれに付随する諸条項」(＊23)である。カステルは、工業化の初期、つまり大衆的貧困の時代に支配的であった賃労働関係と、レギュラシオン経済学者が「フォード型」と呼ぶ近代的な賃労働関係を区別する(＊24)。彼によれば、前者から後者への移行を確実にするためには、五つの条件が満たされねばならない(＊25)。つまり、①「実際に正規労働者として働いている者と非労働人口(inactifs)あるいは半労働力(semi-actifs)——労働市場から排除されているか、またはなんらかの規制された形式で市場に組み込まれている必要がある——が明確に区別されること」。②「労働者のポストを固定すること、および細分化され統制された正確な時間管理の下で労働過程を合理化すること」。③「賃金をつうじて、新たな労働者の新たな消費規範に手が届くようになること、およびこの規範をつうじて、労働者自身が大量生産品の利用者となること」。④「社会的所有と公共サービスへのアクセス。労働者はある側面では、市場で取引されるわけではないにせよ、しかし社会的に有用な共通財産のストックに関与することのできる社会的主体でもある」。⑤「労働法の対象となることで、労働者は労働契約のもっぱら個人主義的な次元をこえて、ひとつの社会的身分《スタチュ》を備えたある集団の成員として承認される」。こんにちにおける大量失業と職業の不安定さは、「栄光の三〇年」[高度経済成長期]のあいだに近代的な形態で形成された、こうした賃労働社会の深刻な危機の前兆である。この危機は現在では産業化した国すべてに多少なりとも影響しているものである。しかし、この賃労働社会がすべての国で同じように発展したわけではないことは強調すべきである。ある国ではその発展は部分的なものでしかなく、経済は自営もしくはインフォーマルな労働と農村社会に由来する伝統によって依然として支配されつづけている。それはとりわけ南欧の多くの地域に当てはまる。さらにロベール・カステルは、賃労働社会のモデルは欧州諸国全体に一般化できないことを認めている。「南側の国では、「賃労働関係」は北側の国のような堅牢さと規模をもたず、したがって南側の社会は北側の社会ほど「賃労働社会」ではないといえる」(*26)と彼は述べる。したがって賃労働社会の危機について論じることは、完全な賃労働社会に言及するか、それが部分的でしかない社会に言及するかによって、異なった意味をもつ。このことだけで、これら二つのタイプの社会では失業と貧困が同じように経験されるわけではないという仮説を立てることができるのである。

◉——社会的紐帯の形態と強さ

しかしながら、貧困の表象と体験が経済発展の条件に完全にしたがうわけではない。これらは同じく社会的紐帯の形態と強さにも結びついている。フランスで実施された貧困に関する調査では、社会的紐帯の弱体化、さらにはその断絶の傾向が明らかになった。欧州の多くの研究者と共同で実施した初期の比較研究以来、この現象がすべての国で確認されるわけではないことが明らかになった。したがって貧困層は、かれらがどのような国で生活しているとしても、他のカテゴリーの人びと以上に社会的に孤立しているというわけではない。ある場合にはそれは逆ですらある。つまり貧困にたいする集団的な抵抗は、家族内や家族間の密な交流や、近隣との数多くの連帯によっておこなわれうるだけに、貧困者たちは社会的な織物《ティスュ・ソシアル》に完全に統合されているとみなされることがある。

このように、ある社会での貧困の意味は、社会的紐帯を参照せずに理解することはできないのである。

しかし、さまざまな社会的紐帯の交差と同時にあるいは段階的に起こる、それぞれの紐帯の断絶のリスクをともに検討するためには、これら社会的紐帯の定義について詳述する必要がある。社会的紐帯は四つの大きなタイプに区別することができる。つまり親族の紐帯（lien de filiation）、選択的参加の紐帯（lien de participation élective）、有機的参加の紐帯（lien de participation organique）、シチズンシップの紐帯（lien de citoyenneté）である。

(1) 親族の紐帯について論じることは、各個人が家族のなかで生まれ、原則として生誕のさいに父母、そして個人が選択なしに帰属する拡大家族と出会うことを認めることであるが、それはまた家族による社会化機能を強調することでもある。親族の紐帯はそれが安定とともに保護を保証するがゆえに、生誕以降の個人の情緒的なバランスに貢献する。心理学者が指摘したところによると、子どもは愛着《アタシュマン》の衝動を抱くもので、それが満たされる必要がある。

(2) 選択的参加の紐帯には家族外［での］社会化が含まれる。その社会化の過程で、個人は多様な集団や制度のなかで知り合うことになる他の個人と接触する。家族の範囲をこえて社会生活に参加するためには、個人はかれのまえにすでに存在する規範と規則を尊重することを学びながらそこに加わらねばならない。この社会化の場所は、近所、仲間、友人のグループ、地域コミュニティ、宗教やスポーツ、文化団体など数多くある(＊27)。個人は社会的学習の過程でこの紐帯に加わる必要性に縛られるが、同時に他者のまなざしの下で自身の人格を肯定することのできる所属ネットワークを自ら構築できるという意味で、部分的には自律している。カップルの形成は選択的参加の紐帯と考えることができる。個人はこの行為をつうじて自分の家族とは別の家族ネットワークに加わる。このようにして個人は自分が所属する範囲を拡大する。同様に、親族の紐帯では個人にはいかなる選択の自由もないが、選択的参加の紐帯では、個人は他人と結びつきあったり、対立しあったりすることを可能にする自律性の空間を有している。つまり、同時に区別、さらには対立であるような連携は存在しないことがわかる。いわば、この家族外社会化の過程で、個人は自らを他者と区別したり、さらには対立するのと同様に、他人とたがいに結びつくことを学ぶのである。

(3) 有機的参加の紐帯もまた家族外での社会化に属するが、労働組織で定められた機能［役割］の学習と行使によって特徴づけられるという点で、選択的参加の紐帯とは区別される。デュルケムによれば、近代社会で社会的紐帯を形成するもの――彼が有機的連帯と呼ぶもの――は、なによりもまず機能の補完性であり、その機能がそれぞれ異なっているあらゆる個人にたいして、基本的な保護と有用感を各人にもたらすことのできる適切な社会的地位を与える。したがってこの有機的参加の紐帯は学校のなかで形成され、労働の世界へと拡張されるのである。

(4) 最後に、シチズンシップの紐帯はネイションへの帰属の原理にもとづく。理論的にはネイションはその成員に権利と義務、そして実際には完全な市民の存在を認める。民主的社会では市民は法の下で平等であり、このことは経済的・社会的不平等がなくなることではなく、あらゆる市民が同等に処遇され、ひとつのアイデンティティや共通の価値をもつまとまりをともに形成するための努力がネイションのなかで実行されることを意味する(*28)。いわばシチズンシップの紐帯は他の紐帯に優越するのである。なぜならそれはあらゆる亀裂と対立、敵対性を乗り越え、超越すると考えられるからである。民主的社会では、市民はたんなる商品とは別物である経済的・社会的権利も有する。この「脱商品化」の過程をつうじて、シチズンシップの紐帯は、個人が生活上の不慮の出来事に直面したさいに、より大きな保護を保証するために、いわば拡大してきたのである。

本来はこれら四つのタイプの紐帯は異なったものであるが、二つの共通する基盤をもっている（＊29）。これらの紐帯はすべて、個人にたいして社会的存在として必要な保護と承認をともに与えるのである。保護は、生活上の不慮の出来事に直面したさいに利用できるあらゆるサポート（家族や共同体、職業、社会関係などからえられる資源）からえられ、承認は、他者のまなざしによってその存在と高い価値を証明することによって個人を刺激する社会的相互作用からえられる。

これら四つのタイプの紐帯は補完的で交差している。いわばこれらの紐帯は、その交差によって、個人を包み込む社会的織物をつくりあげる。個人が初めて出会う人たちに自分が何者かを名乗るとき、かれは国籍（シチズンシップの紐帯）や職業（有機的参加の紐帯）、所属集団（選択的参加の紐帯）、出身家庭（親族の紐帯）にも言及することができる。社会化の特性は、各個人にたいして、社会制度がかれに与える横糸から始まり、かれに保護による安らぎと社会的承認による安心を保証する多元的な帰属の糸を織り合わせることである。しかし、その糸の織りなしかたは個人で異なる。ある場合には、その糸がすべて弱く、社会的な網の目が非常に脆いことがある。別の場合には、ある糸は他よりも堅いがその織り目には多くの傷がつき、少しずつ穴が空くこともある。実際には、糸が交差する布地のなかでは、ある糸が断ち切れて綻びを生み、ちょうど弱くなったところにしだいに圧迫が加えられ、他の糸も断ち切れてしまうリスクがつねにある。

これら四つのタイプの紐帯はそれぞれの社会によって相対的に異なりうる。しかしながら、それぞれの社会でこれらの紐帯は個人より先に存在する社会的横糸をなしている。そこでは、この横糸から、社会化の過程をつうじて社会体への紐帯の帰属を織り上げることが求められる。これらの社会的紐帯の強さは社会化の特殊な条件によって個人で異なるが、その強さもまた、社会がそれらの紐帯に与える相対的な重要性によって変わる。たとえば家族の連帯とそれにたいする集合的期待が果たす役割は社会によって異なる。選択的参加の紐帯と有機的参加の紐帯に由来する社交性の形態の大部分は生活様式に依存しており、したがって多元的である。社会的保護の基盤としてのシチズンシップの原理に与えられる重要性は国によって異なるのである。

先に言及したように、欧州でおこなわれた失業経験に関する研究では、一方では福祉国家の介入という公的領域に与えられた責任と、他方で家族の介入という領域に与えられた責任とのあいだの関係を考慮することによって、複数の規制様式が経験的に定義され検証された(*30)。貧困経験と失業経験には非常に強い関連があるために、少なくとも仮説として、以下のモデルを参照することができる。ここでは三つのタイプを区別している。すなわち個人主義的公共モデル、家族主義モデル、責任分担モデルである。

(1) 個人主義的公共モデルは、社会が全体として貧困問題に、したがって貧困層の福祉に責任をもつという仮説にもとづく。貧困層は自らの個人的な境遇の責任を引き受けるべきではないので、福祉国家制度の目的はかれらの生活水準を保証することを優先する。このことは高水準の社会保護制度の発展を意味しており、労働市場や家族に関する個人の境遇とは別に、社会生活への参加を保証するための資源がこの制度をつうじて平等に提供される。公的援助が高い水準にあるために、失業や貧困にあるときに家族はその成員の世話をすべきだという義務感は弱い。貧困の責任は個人よりも社会に帰せられるために、貧困層がスティグマを受けるリスクは小さいままである。

(2) 反対に家族主義モデルは貧困にたいする集合的な社会責任にもとづいた原理を拒絶するが、その成員の面倒を見ることについて、世帯と拡大した血縁ネットワークという二重の意味で、家族の義務が強く求められつづける。公共政策の役割は、まずは家族の保護的な機能が問いなおされるあらゆるリスクにたいして、家族のまとまりを維持することである。またそこに内在する仮説は、個人は貧困という状況にあるという理由で責められるべきではなく、したがって個人には困難に直面した時期に家族の資源を分かち合う権利があるというものである。この場合、貧困層あるいは失業者にたいする責任は、自立していない子どもにたいする責任と類似している。そこでは、家庭生活や家族との普段のつながりから日々影響を受けているために、貧困が共同体のなかで社会関係を縮小させるものだと理解されることは少ない。

(3) 最後に、責任分担モデルには、貧困層にたいする公的機関による支援と家族による支援のバランスを追求するという特徴がある。両者の責任の境目を定めるにはいくつかの方法がありうる。それぞれの責任は同時に求められることがあり、とくに基本的ニーズを保証するためには公的介入が、生活水準についてより広範な保護を保証するためには家族の介入がとりあげられる。失業の場合には別の方法で、とくに失業の最初の段階では公的資源によって、そのあとの段階では家族の資源によって失業者を段階的に支援できるように、［公的介入と家族介入の］関係が一時的に定義されることがある。このようなシステムに内在する仮説は、少なくとも部分的には、個人には自らの境遇に責任がありうるということである。公権力の介入の制限は、それ自体が、雇用よりも失業を選好する傾向をもちうる人びとにたいする一種の疑いをあらわしている。こうしたことから、かつては、かれらの生活水準の実質的な保護が、場合によっては、時間が経つにつれて意欲を喪失させる効果をもっていたのではないのかという点が強調される。さらに、家族に与えられた残余的な役割とは、それがふつうならば家族が引き受けるべき責任でもないという意味である。こうした状況では、家族の支援には、個人を労働市場に参加させよう――あるいは復帰させよう――とする強いプレッシャーをともなうことがある。そのとき家族の支援は貧者と失業者にたいする社会統制のシステムというかたちをとる。公的援助の条件が制限され、潜在的には個人に責任があるという考えに重要性が与えられていることを考えると、貧困と失業が自己のアイデンティティに深刻な影響を及ぼし、しだいに社会生活からの撤退をまねく可能性が大きい。

［これまでの］研究では、家族主義モデルは地中海世界でより顕著に発展したことが確認された。個人主義公共モデルは北欧社会の特徴で、責任分担モデルはフランスとイギリス、ドイツのような国を強く反映している。したがって社会的降格のリスクは国によって異なる。社会的降格のリスクは責任分担モデルに近い国で最も高い。福祉国家の介入領域では、貧困層と失業者の一部にたいし

て不信感が抱かれているために、かれらは平等な市民として扱われなくなってしまう。家族の介入領域では、貧困者と失業者は親族ネットワークの成員とみなされないことがあり、それゆえ他の者たちよりも非難されることがある。この不信感にもとづいたモデルは、個人間の関係のなかで防衛的で敵対的な反応を引き起こさざるをえないのである。

この研究結果によって、さまざまなタイプの社会的紐帯のあいだのバランスが各社会の規範構造と結びついていることを確認できた。ところがこのバランスの大部分は、社会のなかでの貧困者の地位、つまり社会的交換へのかれらの参加の形態と強さに依存しているのである。

◉——社会保護制度と社会福祉制度

経済発展の水準やさまざまなタイプの社会的紐帯に与えられたそれぞれの重要性に加えて、貧困の体験も、社会保護制度や扶助による社会的な介入がどのようにおこなわれるのかによって、国ごとに異なりうる。たとえば福祉国家という形態は、支援を受けている貧困者を、扶助を受ける者としてカテゴリー化する効果をもつ。実際に福祉国家レジームでは、［こうした］人びとは社会的保護の網の目からはみだし、場所と時代によって変わるように、被扶助者というカテゴリーが拡大するようになっている。「栄光の三〇年」の時代に社会保護制度がしだいに一般化したことによって、伝統的な扶助の領域は縮小することになったが、それは完全になくなったわけではなかった。したがって、扶助の対象となる貧困者の数は、福祉国家レジームが社会的保護の全般的な網のなかで最も脆弱な周縁層を支える能力と大きく関係しているのである。

このことを理解するためには、失業補償の例をとりあげさえすればよい。欧州諸国の多くでは社会的最低所得の受給者数が同じように増加した。一九八〇年代前半には、一九八五年をピークとして非常に高くなり、その後は一九八八年からいくつかの国でその数は安定し減少した。一九九〇年代の初めにはいたるところで受給者数が新たに増加した。実際に、一九八〇年代と一九九〇年代の受給者数の大幅な増加は、その大部分が労働市場の悪化と関係している。たしかに、失業とりわけ長期失業のカーブと社会的最低所得のカーブには強い類似性がみられる。しかし変化のこうした一致は、社会的保護の拠出制度による失業者補償が弱い国でより顕著であることに注意すべきである。ロベール・サレとニコラ・バヴェレ、ベネディクト・レイノーは、これは一九三〇年代の危機のさいにすでに生じていたことだと指摘した(＊31)。フランスの失業補償制度は二つの実践にもとづいている。つまり、組合をその起源とする任意の失業保険と扶助である。失業保険はしだいに労働者全体に拡大したが、その発展は危機の時代まではかなりかぎられたものであった。したがって失業がもたらした深刻な社会的影響に直面して、政府は第一次世界大戦の初めから存在していた公的救済基金の発展を促進した。一九三〇年代におけるその発展は驚くほどであった。［その受給者は、］一九三一年末には二四四名、一九三二年末には五九三名、一九三三年末には六一〇名、一九三四年末には七〇二名、一九三五年末には八五二名を数えた(＊32)。この増加は、一方では職業保険金庫を、他方では慈善事務所もしくは慈善組織をしだいに排除することによって、失業の管理を国と地方公共団体の直接的な介入に置き換えたことによる。この介入の結果、扶助される失業者という新たな層の可視性がより高まったのである。

扶助に頼る人びとの数の多さと、そこから生じる貧困の体験は、各国における福祉国家についてのあらゆる構想によって部分的には説明される。欧州における扶助関係の国ごとの特性を理解するためには、以下のような分化の四つの要因を区別することができる。つまり、国と他の行為者との責任分担と、支援されるべき人びとの行政的な定義、援助の定義をつかさどる論理、社会的介入の様式である。

(1)　扶助の領域における国家と他のアクターのあいだの、とくに市町村《コミューン》や団体《アソシアシオン》間での責任の分担は、各国の国家レベルでの介入の歴史的伝統と結びついている。社会全体のレベルで規定され、居住地がどこであれ適用可能な社会的権利の総体という意味で、それぞれの福祉国家が国民全体にたいする社会保護制度を体現しているが、多くの国では扶助の領域は、扶助の管理やしばしばその定義の点からみても、市町村の管轄に属していた。実際に、非常にしばしば、保険原理にもとづく社会保護制度の一般化は、伝統的扶助を廃れたものに、かつ残余的なものにした。そのため、とくに地方機関が扶助領域で力を発揮していた国では、少なくとも部分的には国が地方機関に責任を委ねることを選ぶほどであった。歴史的な理由のため、扶助を担当する行政組織は欧州内で際立った違いをみせている。ある場合には、国家はあらゆるイニシアティブを一致させる主要なアクターであるが、他の場合では反対に市町村が依然として主要なアクターのままである(*33)。その結果として状況は非常に多様であり、このことからだけでも被扶助層の社会的地位は国が責任を市町村に委ねるか否かによって、国ごとに——そしてしばしば同じ国の内部でも——異なるだろうという仮説を立てることができる。さらに被扶助層の可視性も国によって異なることに注意すべきである。このことは、部分的には、この現象をめぐる社会的論争の出現と方向性のなかに観察できる国レベルの違いを説明することができる。

最後に、責任の分担は国家と非営利団体のあいだでの活動の分担とも関わる。非営利団体の役割も同様に国によって異なるようである(*34)。

(2)

扶助を受ける権利を定義することは、それを要求できる人びとを事務的に定義することである。二つの対照的な考え方を区別することができる。第一の考え方は一元的な定義にもとづく。つまり貧困層は制度と社会全体によって正当と判断された基準から包括的に定義されるのである。最も古典的な基準は貨幣的なレベルのものである。このアプローチは、一定の所得水準から定義される世帯の貧困について入念な検討を必要とする。欧州のなかで、最も恵まれない人びとにたいする最低保障所得の権利を認めた最初の国々は、一般にこの一元的原理にもとづいており、したがって貧困と判断された人びとにたいしてただひとつの法律を定めた。第二の考え方は反対に、ある周縁的な人びとが遭遇するリスクの評価にもとづく。その場合、貧困はまったく同質的なものと語られるだけでなく、最低所得というかたちで扶助を与えることが正当だと思われるような、貧困状態にある社会的カテゴリー全体としても語られる。この第二のアプローチは、こうして定義された人びとを、かれらの困難の重大さ、あるいはかれらが経験した試練の深刻さにもとづいておこなわれた評価にしたがって、階層化するあらゆる可能性を残している。こうしたカテゴリー化［し階層化］する考え方は、周縁にいる人びとを権利の外に置き去りにするという欠点をもっている。なぜならその権利にアクセスするためには、つくられたカテゴリーのいずれかに一致した状況でなければならないからである。困難をかかえる個人の状況に適したものが何もない場合、その個人は、任意でのあるいは超法規的なかたちでなければ、援助されることはありえない。これらの状況は、たとえば参入最低所得法が成立する以前のフランスでは非常に頻繁に生じていた。その後、参入最低所得法は他のカテゴリー別の社会的最低所得からは援助されえない人びとにたいする最後のセーフティネットとなっている。一元的な考え方ではこの困難を回避することはできるものの、結局、それもまた個別のケースではしばしば不適切なものとなる。したがってこの原則を採用した国々は、しばしば同時期に、扶助を受ける個人と世帯の個々のニーズに適した解決策を見つけだすために、それを適用する制度に大きな自由を残した。貧困層に関する一元的な考え方とカテゴリー別の考え方は、実際には扶助の定義に関する異なった二つの哲学と結びついているのである。

(3)　貧困の体験を分析するためにはもちろん、貧困であると判断された人びとが求めることのできる援助についても定義しなければならない。この領域でも二つの異なったアプローチを区別できる。第一のアプローチは、最も貧しい人びとにたいして基本的ニーズ（とくに食糧と住居）を充足させる手段を与えることによって、かれらの生存を保証する目的をもつという意味で、ニーズ［必要］の論理に属する。その大義は、少なくとも部分的には、貧困にある人びとの生活条件に関する研究に由来する。反対に第二の考え方は、その目的が貧窮者にたいする社会的公正と集合体の義務の名の下で最貧層を援助することにあるという意味で、地位の論理に属する。しかしそれは既存の社会構造を実質的に修正することになるわけではない。いいかえれば、扶助はそれを受給する人びとに社会的地位を与えるが、その地位はヒエラルキー内の他の社会的地位との関連から定義されねばならず、とくに最低賃金の労働者よりも明らかに低い地位にとどまる。こうした見方にはもちろんニーズという考えが含まれているが、たとえばそれが基準となって想定される援助額が決められるわけではない。援助額を定めるためには、まずは、必要とされる社会的区別と、階層化された社会的地位にしたがって、個人を他の人びととくらべて分類しなければならない。実際に、社会的地位のこうした不平等を正当化するために必要なのは、社会秩序について最も正当とされる考え方である。その場合、扶助は、すでに二〇世紀の初めにジンメルが述べたように、貧者の利益のためではなく、むしろ迂回したやり方で社会の現状を維持するための手段である。最低保障所得を実施した欧州諸国はある程度これら二つの論理のいずれかの影響を受けたが、現在でもなおこの論理は、国レベルで貧困への社会的な関係が異なる重要な側面となっている。

(4) 最後に、［扶助関係の国ごとの特性の］分化の最後の要因は、自身が予想した援助を手に入れさせるための、貧困と判断された人びとにたいする介入様式と関わっている。扶助関係は、担当する被扶助者の要求に応えねばならないという既成の規範的枠組にたいして、社会的介入の制度や社会的介入の専門家たちがどれだけ自主的に決定できるかによって、根本的に異なりうる。実際にこうしたソーシャル・ワークの特殊領域には、二つの応答形態がある(＊35)。第一の形態は官僚主義的介入である。この場合、社会的介入者はそれが制度であれ個人であれ、個別のケースを考慮せずに法律が推奨することを誠実に実行するのみである。応答はつねに形式的で即時的である。つまり、個人は社会法が想定する状況に一致すれば援助を受けるかもしれないし、受けないかもしれない。そして後者の場合、かれらはたとえばよりインフォーマルな非営利セクターの組織に頼らざるをえなくなる。第二の応答は、個別のケースを解釈し、正当な要求かを判断することによって最適な解決策を探し求めることから始まる。この第二の応答は個人主義的介入である。この場合、社会的介入者の役割は状況の評価に実質的に関わることにあり、それはまた、厳格に官僚主義的な介入のケース以上に大きな職業能力を必要とする。このタイプの介入は、現行の社会法が特殊なケースにたいする非常に多様な応答を想定しているときには、より容易なものとなる。そのさい介入者にとっては、多くの解決策のなかから、個人に最もふさわしいと思えるものを探すことが重要となる。どのような介入が個人の尊厳を最もよく尊重するのかを問うことができる。官僚主義的介入は、個人の状況を非人格的に扱うために、個人の強いスティグマ化をあらかじめ《ア・プリオリに》回避している。そこでは、社会的介入者は判断せず、たいていの場合しばしば個人が自分で作成した行政文書にしたがって、権利へのアクセスの条件を確認するだけで事足りる。反対に個人主義的介入では、社会的介入者がほぼかならず個人の生活に干渉する。そして、最貧層の社会的義務―存在についての自分の考え方と照らし合わせて、無責任や逸脱と判断できる振る舞いにたいして介入者が道徳的な態度をとるおそれがある。

このように、扶助関係に関する地域や国レベルの特性は政治的選択に対応している。それぞれの社会はその社会のやり方で貧困問題と貧者の地位を扱っている。したがって、貧者の地位に対応した体験も、そのことに大きく依存しているのである。

要するに、本研究でとりあげた説明要因のなかで、第一の要因は経済秩序（発展と労働市場）、第二の要因は社会秩序（社会的紐帯の形態と強さ）、第三の要因は政治秩序（社会保護制度と社会福祉制度）である。これら三つのタイプの要因は、分析のさいに必要があって区別されたものだが、実際にはこれらの要因はほとんどの場合が複合的なものである。これらの要因は、貧困の基本形態の類型を精緻化するさいに考慮にいれることになる。

［4］類　型――〈統合された貧困〉〈マージナルな貧困〉〈降格する貧困〉

貧困の基本形態は――社会福祉への依存の程度にしたがって――貧者と指し示された人びととそれ以外の人びととの相互依存関係の一形式に対応している。ジンメルに影響を受けたこの定義は、貧者の実体論的な定義とは切り離されている。この定義は、社会構造における貧困の位置にしたがい、とりわけ扶助や社会福祉制度を媒介としながら、――ひとつの全体とみなされた――社会の全体を規制する道具として、貧困を考えることを提案する。そこでは、貧困の基本形態は、一方では扶助の対象とすべきと考えられた周縁的な人びとにたいする社会の関係と、他方で相互的なものとして、扶助対象と指し示された周縁的な人びととそれ以外の人びととの関係を特徴づける。「貧者」と呼ばれる人びとの境遇とかれらの体験は、この相互依存関係に大きく依存している。しかしそれは歴史や社会文化的伝統によって異なるのである。

貧困の三つの基本形態は、統合された貧困（pauvreté intégrée）、マージナルな貧困（pauvreté marginale）、降格する貧困（pauvreté disqualifiante）に区別することができる（表2－1・2－2）。

統合された貧困は、社会的排除の問題というよりもむしろ、伝統的な意味での貧困という社会問題にもとづく。「貧者」と呼ばれる人びとは、このタイプの社会関係では、非常に数が多く、他の層の人びととそれほど区別されるわけではない。かれらの状況は非常に一般的であるため、特定の社会集団というよりも、つねに貧しかった一定の地域や地域性《ロカリテ》の問題として語られる。社会的論争は一般的な意味での経済的・社会的・文化的発展の問題をめぐっておこなわれ、そのため、とりわ

表2-1　貧困の一般的特徴

理念型	社会的表象	体　験
統合された貧困	大部分の人びとの社会的条件として貧困が定義される	貧困層はアンダークラスではなく，拡大した社会集団を形成する
	経済・社会・文化的発展の問題をめぐって社会的論争が生じる	スティグマ化が弱い
マージナルな貧困	克服された貧困．不平等と利益分配の問題をめぐって社会的論争が生じる	（ジンメルの言う）「貧者」としての社会的地位をもつ人びとの数は多くないが，スティグマ化が強い
	周縁化された社会集団の可視性が高い（第四世界）	貧困が「社会的不適応者」として語られる
降格する貧困	「新しい貧困」あるいは「排除」現象の集合意識化	ますます多くの人びとが「貧困者」あるいは「排除された者」として認められる可能性があるが，かれらの状況と社会的地位には大きな異質性がある
	排除のリスクに直面した集合的不安が生まれる	アンダークラスの概念は，状況のこうした多様性と不安定性があるために実用的ではないが，しばしば社会的論争で用いられる

表2-2　理念型の維持に寄与する要因

理念型	発展と労働市場	社会的紐帯	社会保護制度
統合された貧困	低い経済発展，平行経済［インフォーマル経済］，隠れた貧困	家族の強い連帯，近親者による保護	低い社会的補償，最低所得保障なし
マージナルな貧困	準完全雇用，失業の低下	家族の連帯への依存の維持あるいはその漸次的低下	社会保護制度，最貧層にたいする最低所得保障（限定された最終手段）の一般化
降格する貧困	失業の急増，職業状況の不安定，参入の困難	とくに失業者と恵まれない人びとの社会的紐帯の弱さ	最低所得保障の受給者数の急増，貧困層にたいする扶助の発展

け地域に関連した社会的不平等と関わっている。人びとの貧困は、集合意識においては、地域や社会システム全体の貧困と結びついている。「貧者」は、アングロサクソン圏の意味での「アンダークラス」ではなく、拡大された社会集団を形成しているために、強くスティグマ化されることもない。かれらの生活水準は低いが、家族や地域、村落の周囲で編成された社会結合《ソシアビリテ》のなかに強く参入されつづけている。さらに、たとえ失業したとしても、失業それ自体がかれらの地位を貶めることはない。実際にたいていの場合、かれらはインフォーマル経済からえられた資源によって保障を受けている。これらの活動はまた、そこに身を委ねた人びとすべてを統合する役割を果たす。貧困にたいする社会の関係のこうしたタイプは、近代社会よりも、「発展していない」あるいは「産業化の程度が低い」と判断されるような、伝統的な社会で発展することが多い。実際に、洗練され多様化した生産機構とともに、主要なリスクにたいしてより多くの人びとに福祉と社会的保護を保証する手段をもつ国々とくらべると、このタイプの関係は前産業諸国の特徴である経済的遅滞と関係している。しかしそれは、経済発展の計画が採用され、社会保護制度が存在する地域を含む、欧州のいくつかの地域でもなお特徴的であることがわかるだろう。

　マージナルな貧困は、少なくとも社会的論争においては、排除の問題と同様に、言葉の伝統的な意味での貧困の問題にもとづいている。統合された貧困とは反対に、「貧者」あるいは「排除された者」と呼ばれる人びととは、ごくわずかな周縁的な人びとにすぎない。それはいわば、集合意識においては、近代文明への不適応者、成長のリズムについていけず、産業の発展によって課される規範に適応できなかった人びとであった。マージナルな貧困は、集合意識が「システムからの脱落」を強調し、「進歩の幻想」を強めているために、たとえ一部にすぎないにしても、かれらの状況は混乱するものである(*36)。そのため社会福祉制度は、外からの支援がなければ社会的にも職業的にも参入できないとみなされたこれらの人びとにたいして、枠をはめようと努める。この社会関係は、社会全体の周縁に追いやられたこの少数者たちが、経済・社会システムの作動を全面的に問いなおすことはありえないという考えにもとづいている。少数者たちを減らすことは必要だが、それが経済や政治、労働組合の責任者の注意を過度に引きつける必要はない。さらに社会的論争は、なによりこの一部の周縁的な人びとではなく、とりわけ社会職業集団間の「利益分配《アンテレスマン》」をめぐっておこなわれる。当然ながら、不適応と判断された人びとの社会的地位は大きく悪化する。かれらを対象とする社会的介入は、社会の「片隅に」いるというかれらの感情を強める。しかしスティグマ化された人びとは、社会的なもの《ル・ソシアル》の専門家［ソーシャル・ワーカーや医師など］がかれらに行使する保護監督を真にまぬがれることはできない。貧困と排除にたいするこのような社会関係は、先進産業社会あるいは産業化途上の社会でより発展する機会が大きい。そのため、このような社会では失業がそれほど重要なものではなくなると同時に——ほとんどは労働組合が獲得したもののおかげだが——強固な社会的保護をすべての人に保証するのに十分な処方箋が引きだされることもある。そしてやがて、広範囲の保護の役割を保証する福祉国家が長期的にはそれに取って代わるが、そこで近接性（たとえば家族）の連帯が機械的になくなることはない。というのも、伝統的な経済とは逆に、社会全体が豊かになるにつれて、近接性の連帯が社会的均衡を維持するさいの基盤ではなくなっていくからである。

降格する貧困は、いわゆる貧困というよりもむしろ排除という社会問題を反映しているが、社会的行為者はこの二つの表現を使いつづける。そこでは、「貧困者」あるいは「排除された者」と呼ばれる人びとの数はますます増加する。かれらは生産領域から追い出され、しだいに増えていく困難を経験しながら、社会福祉制度に依存することになる。そして多くの場合、年々一定のペースで再生産されるような安定化した困窮状態ではなく、反対に日常生活のなかで突然の変化をもたらしうるプロセスが問題となる。このように、ますます多くの人びとが、いくつものハンディキャップ――所得が低い、住宅および健康状態が劣悪、家族とのつきあいやプライベートな助け合いの社会結合が弱い、制度化した社会生活のあらゆることに参加しにくい――を蓄積する可能性のある、雇用の不安定さに直面する。程度の差はあれ物質面で生活が落ち込み、社会移転――そしてとくに扶助制度――に依存せざるをえなくなるために、これらの状況を経験する人びとは袋小路に陥り、自分が社会にとって無用なのではという感情を抱くことになる。さらに、こうした個人の多くが困窮した子ども時代を経験したわけではないだけに（たいていはマージナルな貧困の社会関係のなかで不適応と判断された人びとのケース）、かれらの社会的価値の低下はいっそう強い。マージナルな貧困と反対に、この現象の広がりは社会全体に影響を及ぼし、社会秩序と諸個人の凝集性を脅かす、「新しい社会問題」と呼ばれるものをつくりだす。降格する貧困は、集合的不安を生み出す「貧困層」への社会関係のひとつである。なぜなら、ますます多くの人びとがそこに属すと考えられ、状況が不安定な多くの人びとは将来自分もそうなるかもしれないと怖れるからである。貧困と排除にたいするこの特殊な社会関係は、「ポスト産業」と呼ばれるであろう社会では、とりわけ失業や、労働市場における不安定な地位の急増（部分的には生産機構の再転換や国際的な経済関係の変動と関連する現象）に直面する社会で発展する可能性がより高い。これが、ロベール・カステルが賃労働社会の危機と呼ぶものである（＊37）。

一般的にこのタイプの社会では、家族的連帯の役割は喪失するわけではなかったものの、弱まっている。つまり、経済的・社会的不平等は修正されるどころか、実際には増加したのだった。さらに平行経済［インフォーマル経済］は、それが実際に最貧層にたいして安定した経済活動のシステムを提供するには、公権力によって統制されすぎている。われわれが統合された貧困と呼んだ社会関係のなかで失業の効果を緩和できるものは、降格する貧困のなかでは、実際的にも社会的にもそれほど組織化されていないことがわかる。そのため、多くの周縁的な人びとにとっては、社会福祉制度に依存するのは明々白々なことなのである。

本章の目的は、貧困への社会的な関係、より正確には「貧者」とそれ以外の人びととの相互依存関係の社会―歴史的バリエーションを比較主義的なパースペクティブで説明することのできる分析枠組を提示することであった。これまでの論述によって、貧困の社会的表象と体験を強調し、そこから時間的にも空間的にも観察することのできる違いを強調し、最後にその説明要因を探求することができた。この貧困の比較社会学は、貧困の基本形態の類型学的分析に行き着いたのである。

理念型にもとづいたあらゆる類型と同様に、この類型は社会学的な考察と分析をおこなうさいの媒介的な段階となる。この類型は、フランスで実施した調査につづいて、複数の比較調査をおこなうなかで精緻化された。これらの調査によって、貧困の三つの基本形態を経験的に検討し、「その妥当性を」検証するための多くの結果がえられた。その結果は本書の第Ⅱ部で引用されている。

II 貧困のバリエーション

「比較社会学は社会学の一分野ではなく、社会学そのものである」。

（エミール・デュルケム『社会学的方法の規準』一八九五年）


「つまり、言うなれば、社会を対象としない学問は存在せず、それはこうした相互行為や形態、社会化の諸形式以外のものを分析しようとはしないだろう」。

（ゲオルグ・ジンメル『社会学――社会化の諸形式についての研究』ドイツ語版初版、一九〇八年）

◆イントロダクション

第Ⅱ部は、近年おこなわれた比較研究にもとづいている（本書の序章でそれらを紹介している）。それらは欧州でおこなわれた三種類のプログラムをもとにしている。欧州の研究チームが企画・実施し、欧州連合の加盟国を対象としたもの、そして大半は、欧州委員会の財政支援によっておこなわれたプログラムである。私がこれらの研究をもとにした経験的データを優先的に利用するのは、それらが貧困のバリエーションの研究に非常に適したものであったからである。

欧州は社会学者たちにとっての実験室と呼ぶのがふさわしい。欧州は、人口の大部分が教育と福祉を共有する、全体として裕福な国々から成り立っている。そこには、人びとが自らのアイデンティティを獲得するための共通の歴史と文明もある。しかし欧州は対照的な地域でもある。たとえば、欧州諸国のなかに、イエスタ・エスピン゠アンデルセンが定義した福祉資本主義の三つの類型を見ることができるのは驚くべきことである（＊1）。第一の類型には、とりわけ社会的権利の普遍性を目指す社会保護制度を特徴とするスカンジナビア諸国、すなわち社会民主主義モデルに近い国々が含まれる。第二の類型には、利益と既得権を保護するコーポラティズムモデルに近いと一般的にみなされている、ドイツやフランス、ベルギーのような国々が含まれる。第三の類型には、国家が社会的保護の領域への介入を最小限のものにとどめようとする、自由主義モデルに近いイギリスやアイルランドが含まれる。最後に、エスピン＝アンデルセンのもともとの類型には含まれていなかったが、こんにちではそれらを補完するものとみなされている第四の類型があり(＊2)、そこには社会保護制度が残余的なものとなっている地中海諸国が含まれる。

また、欧州は経済成長と発展という意味での多様性が大きい。つねに産業活動とサービスの集中がより高まっている地域がある一方で、大部分が農村から成るいくつかの地域は非常に貧しい。つまり、比較データが意味をもつほど十分に隣接していると同時に、比較の試みを正当化するのに十分対照的な国々が集まっているという意味で、欧州は国際比較のほぼ理想的な見本であると言ってよい。そしてこんにち欧州の研究者たちには、ほんの一〇年前にはもたなかった手段があると指摘しておこう。欧州世帯パネル調査（ＥＣＨＰ）――第一波は一九九四年に欧州連合の全加盟国でおこなわれた――はこの点で［研究を］著しく前進させている。

第Ⅱ部で利用する経験的素材の大部分は欧州での調査にもとづいているが、比較が可能であるかぎり、アメリカでのケースも考慮した（とくに第4章、第5章のなかで）。他の国々のデータを利用しながら貧困の基本形態の類型を経験的に検証することも考えられたかもしれない。［しかし］たとえそうしなかったとしても、基本形態の類型を考察したことも、これらのデータの一部を集めることができなかったことも、過ちではない。本書を必要以上に膨らませず、さしあたっては、すでに豊かなものとなっている、欧州でえられたこれらのデータをもとに経験的研究をおこなうにとどめるのは、たんに当然のことだと思ったのである。

第3章 統合された貧困

欧州拡大以前は、貨幣的貧困の状態にある人びとの割合が最も高かったのはポルトガルであった。現在でも最も貧困に直面した国のひとつであり、約二〇%の貧困世帯をかかえていることが明らかになっている（補論・表A－1参照）。しかしながら、イタリアやスペインと同様、国内の地域差が激しい（*1）。実際、農村部を最も多くかかえる地域が、それ以外の地域とくらべてより貧困である。たとえば、ポルトガルのマデイラ島は、観光事業を除いて経済発展が進まず、国全体からみると、住民の大部分が貧困であり、ポルトガルの中位所得の六〇%を貧困線とした場合、四〇%以上の人びとがそれに該当する（*2）。リスボン都市圏では貧困者の割合は明らかに低いが、驚くべきことに、マデイラ島では自らを貧しいと思ういわゆる主観的貧困の割合は、ポルトガルの全県のなかで最も低い。つまり、貧困の規模が大きく、貧困者のなかで生活する機会の多い地域とでは、貧困の意味が異なるのである。貧困は社会システムに統合されており、貧困はまさにそれをつうじて制約という重荷を多かれ少なかれ背負わされた生き方や運命となるのだ。こうした地域では、貧困はあたりまえのこととみなされ、物議を醸すことはない。中流階級や上流階級の者たちは、貧困者を自分たちの世界の外側にいるものとみなし、貧困者たちはといえば、自らとは異なる運命があることを想像することがない。こうした社会では、多くの場合、格差は最も大きなものとなる。そこでは、貧困層にとってのウェル・ビーイングの規準《ノルム》が低いために、かれらのニーズも限定されている。こうした現象を表現するために、経済学者たちは選好の逓減について論じている。

欧州で経済発展が最も遅れた国々のこうした特殊状況に関する事例をとりあげながら、本章では統合された貧困という社会学的命題を論証する。その目的は、比較調査にもとづいた多くのデータと、前章で論じた統合された貧困という理念型を突き合わせることである。とりわけ、南欧諸国や、著しく貧困な状態にあるいくつかの地域で社会的に知覚され、経験されている貧困が、この［統合された貧困という］理念型に近いものであること、そしてそこでは特定の、持続的で再生産される可能性のある貧困形態が形成されていることを検証する。はじめに、欧州で最も経済的に貧しい国々では、貧困状態にある人びとの割合が最大であるだけでなく、経験においても集合表象においても、貧困が他の国々よりも常態化され、再生産される可能性があることを明らかにする。つぎに、南欧諸国で貧困がより統合されているとすれば、その理由は家族の連帯が役割を果たしつづけていることにあると指摘する。最後に、イタリア南部で最も貧しい地域であるメッツォジョルノの事例をとりあげながら、インフォーマル経済や社会福祉制度との関係から、貧困経験や失業経験に関する分析を試みる。

［1］常態的・再生産的な状態

貧困研究のなかでしばしば分析されているにもかかわらず、実際のところ答えが出ていない問題がある。それは、二つの特徴的な貧困形態、すなわち、運命のように世代から世代へ再生産される貧困と、それとは無関係と思われていた人びとに突然訪れる貧困との関係である。第一の形態は、逃れられない宿命のように個人にのしかかり、心のなかに、自分は何もできないという確信となってあらわれる。というのも、自分たちやその帰属集団にとってはいかなる解決策も想定できないからである。反対に、第二の形態は貧困経験をもたない人びとを襲い、新たな状況によって強いられる物質的制約や日頃の屈辱的扱いに直面してかれらは途方に暮れてしまう。いいかえれば、「伝統的（あるいは構造的）貧困」と「新しい貧困」という、社会的論争のなかでしばしばみられる対立である。この二つの形態のどちらが最も現実にかなっているのだろうか。世代がかわってもずっと貧しいままの人びとの割合と、より一時的に貧困を経験する人の割合が各国にあるとすると、経済的に最も貧しい国々、とりわけ南欧諸国では貧困が常態化し再生産される可能性のある状態だといえる。この点を明らかにするために、貧困についての集合表象を把握できるデータと、一定期間の貧困の強度を評価できるデータの両方にもとづいて分析していく。

◉――遺産としての貧困

貧困の知覚というテーマで実施した五回のユーロバロメーター調査で使用したいくつかの質問項

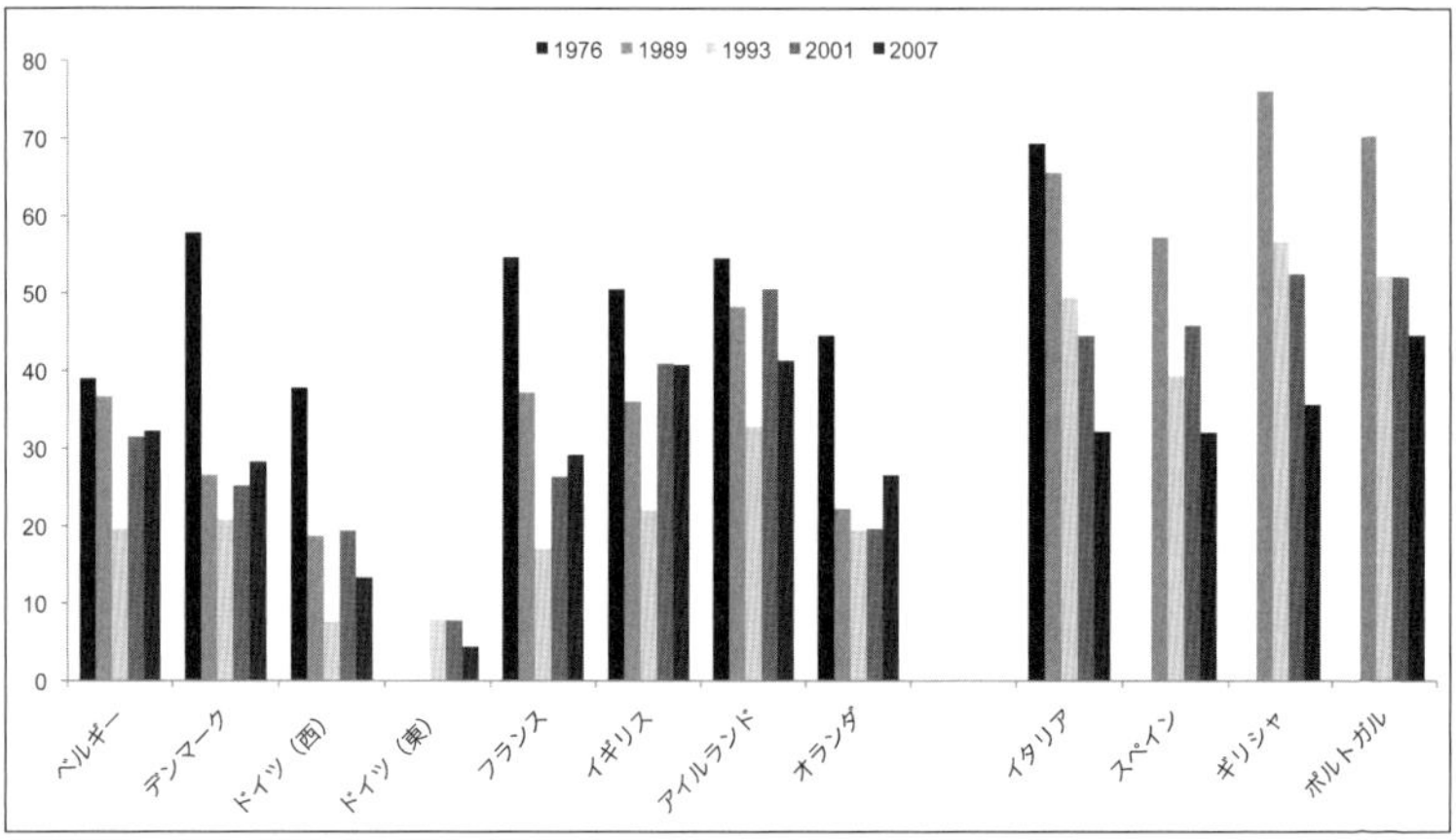

図3–1　居住する地区／集落の貧困者の状況が変化していない（継承された貧困）と考える人びとの割合

目を参照すると、この仮説を立証することができる。調査は一九七六年、一九八九年、一九九三年、二〇〇一年、二〇〇七年におこなわれている。質問は、自分たちが住む地区や集落で、極貧、貧困、あるいは貧困となるおそれがある状況にいる人びとを見たと回答した者を対象としている。つぎにこの質問は、かれらが以前からそうした状況にあったかどうか、すなわち、「継承された」貧困と呼ばれる状況だったのか、あるいは、何かを契機にそうした状況に陥ったのかどうか（「転落」後の貧困）をたずねている。図3－1では、南欧諸国の回答者の割合が非常に高い点から、一九八九年では貧困が常態化し再生産されうる状態にあったことがわかる（その割合は、西ドイツが一八・七％だったのにたいし、ギリシャは七六％、ポルトガルは七〇％であった）。

　再生産される現象としての貧困の知覚は、調査時期によっても変化している。すべての国で雇用の悪化が背景にあるとみられる一九七六年から一九九三年にかけて、そうした知覚は低下した。反対に、複数の国では、一九九三年から二〇〇一年にかけて大幅に増加した。二〇〇一年から二〇〇七年にかけては、変化はより対照的なものとなっている。フランス、デンマーク、オランダでの増加がみられる一方で、南欧諸国での低下が著しい。二〇〇七年は国のあいだの差異は相対的に低いが、貧困を遺産と知覚する人びとの割合は、ドイツではマージナルなままであり（西ドイツが一三・三％、東ドイツが四・四％）、オランダ（二六・五％）とデンマーク（二八・三％）では低い状態がつづいている（この点を補足するより詳細な分析については、巻末の補論「欧州人は貧困をどのように見ているか」を参照されたい）。

◉──常態化した貧困

一定期間の貧困の強度を把握するためには、集合表象を根拠にするだけでは不十分であり、客観的なデータをもとに検証しなければならない。とりわけそこでは、突然貧困に直面した人びとについて、それが短期的に終わったのか、あるいは長期的につづいたのかが解明される必要がある。社会学者と経済学者が縦断的な調査──つまり同じサンプルにたいして時間をおいて繰り返しおこなう調査──をおこなってきたことで、貧困の時間的な持続性を分析することが可能である。何人かの研究者たちは、現代社会における貧困は、なによりもまず一時的な現象であるという点を指摘している。いいかえれば、個人や世帯は一時的に貧困に直面していて、貧困が常態化しているのは一部だけだということである（＊3）。とはいえ、国内における違いを考慮にいれると、南欧諸国では貧困が常態化した現象となっている点は強調しなければならない。

欧州世帯パネル調査にもとづくデータは、一九九四年から一九九八年までの五年間のなかで、貧困経験が一度もない者、一回以上の貧困を経験した者（一時的貧困）、一年以上の貧困を経験した者（反復的貧困）という、三つのカテゴリーを設けている。表3－1は、各国を福祉資本主義の類型との関連から四つのグループに分類したものである（＊4）。

一定期間の持続性からみた貧困の強度と国別の分類とのあいだには、強い統計的な関係がある。第一グループでは、繰り返し貧困になる人びとの割合が最も低い（デンマークが九・五％、オランダが一二・五％）。第二グループではこの割合が上昇し、平均一八・三％となっており、一五・五％（ドイツ）と二二・七％（ベルギー）とのあいだで変動している。第三グループではこの割合がさらに上昇し、二五・二％の平均値をこえている。そして、第四グループでは平均値が二六・一％にまで達し、最高値はギリシャとポルトガルの二七・六％である。つまり、この時期は、発展の乏しい農村地域をかかえた国々や、社会保護制度が非常にかぎられた国々で貧困がより持続的であることがわかる。一九九四年から一九九八年までの貧困の持続性に関する調査結果を、二〇〇五年から二〇一〇年までの貨幣的貧困に関するデータと比較することができる。繰り返し貧困になる人びとの割合が一九九〇年代に高かった国々では、二〇〇五年と二〇一〇年においても、貧困率が全体的に最も高い。一方で、アイルランドの貧困率が二〇〇五年から二〇一〇年にかけて急上昇している点を指摘することができる。二〇一〇年には三〇％近くにまで達し、第四グループの数値を上まわっているのである。

一定期間の貧困の強度を分析するためには、経済的困難の体験を根拠にすることもできる。貧困と社会的排除に関する、ユーロバロメーターの二〇〇一年調査5・1では、「あなたの世帯収入でどのようにやりくりしていますか」という質問が設けられていた。これにたいし、回答者は「とて

表3-1　一定期間（1994年から1998年）の持続性からみた貨幣的貧困の強度と，2005年と2010年における貧困率（%）

	貨幣的貧困の強度（1994-1998年）				貧困率（2005年・2010年）	
	貧困経験なし	一時的貧困(*1)	反復的貧困(*2)	全体	2005年	2010年
第1グループ	77.7	10.6	10.7	100		
デンマーク	77.4	13.2	9.5	100	17.2	18.3
オランダ	77.9	9.6	12.5	100	16.7	15.1
第2グループ	70.7	11.0	18.3	100		
ドイツ	73.4	11.1	15.5	100	18.4	19.7
フランス	68.4	10.4	21.2	100	18.9	19.2
ベルギー	63.9	13.4	22.7	100	22.6	20.8
第3グループ	61.7	13.2	25.2	100		
イギリス	61.4	13.4	25.2	100	24.8	23.1
アイルランド	63.8	10.7	25.5	100	25.0	29.9
第4グループ	60.8	13.1	26.1	100		
イタリア	62.1	12.6	25.5	100	25.0	24.5
スペイン	60.0	13.5	26.5	100	23.4	25.5
ギリシャ	58.5	13.9	27.6	100	29.4	27.7
ポルトガル	58.8	13.7	27.6	100	26.1	25.3
欧州15か国	66.2	12.0	21.8	100	21.5	21.7

注：この表での貧困線の基準値は，各国の中位所得の60%とする.
使用した等価水準は修正OECD水準（最初の成人にたいしては1，その他の成人には0.5，14歳以下の子どもにたいしては0.3）.

＊1：5年間に1度だけの貧困.
＊2：5年間に2回以上の貧困.

出所：欧州世帯パネル調査（1994年から1998年），ユーロスタット（2005年および2010年）

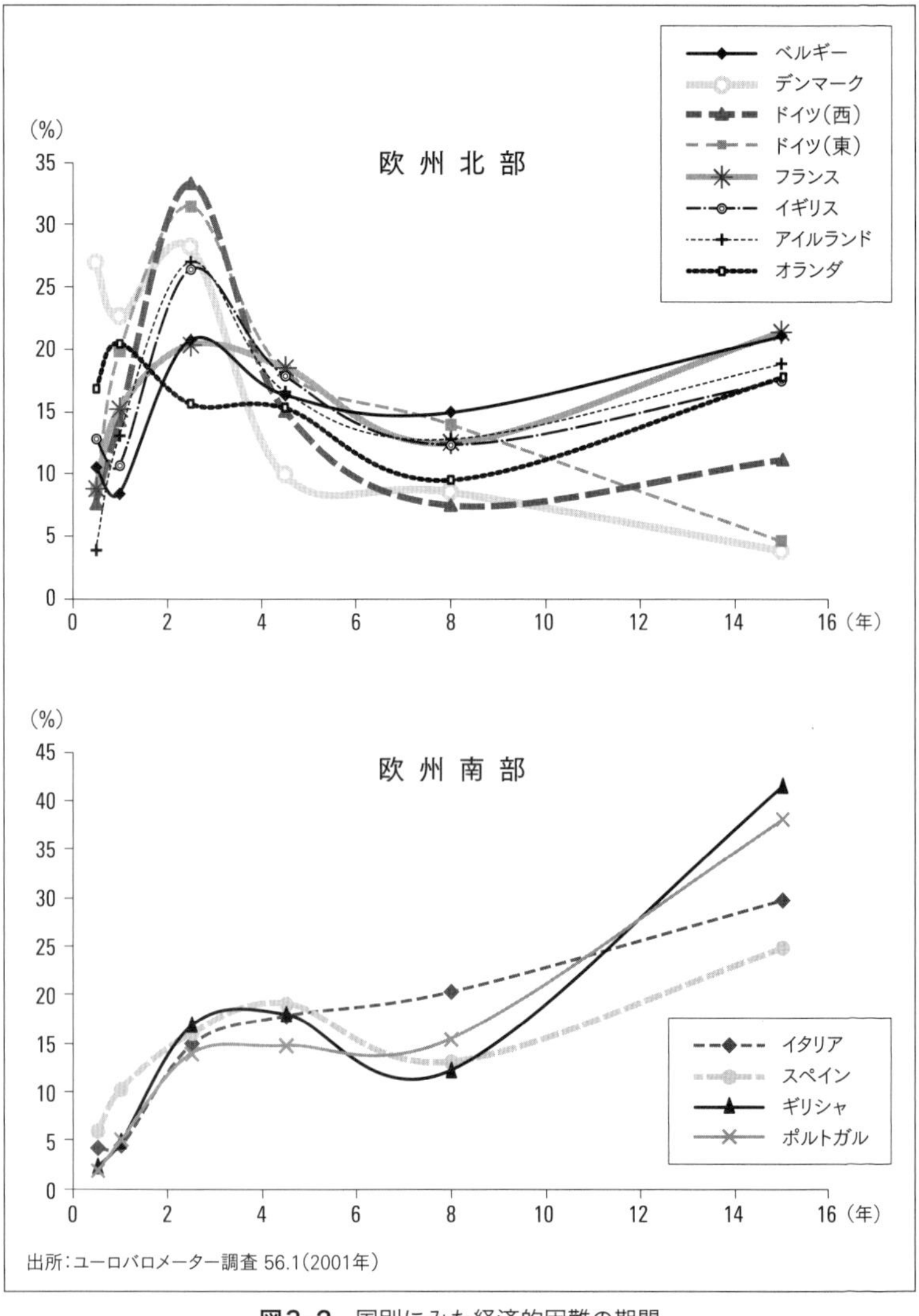

図3-2 国別にみた経済的困難の期間

も苦しい」、「苦しい」、「ゆとりがある」、「とてもゆとりがある」の四つの項目から選択する。つぎに、そうした経済状態をどれくらいの期間経験しているかを答える。つまり、最初の二つの項目を回答した人びとについて、経済的困難の期間を知ることができる。図3－2は国ごとの違いを分析し、とりわけ欧州北部と南欧の違いを明らかにしている。

欧州北部では、経済的困難に直面した人の大部分が、二年から三年間にわたってそれを経験している。一方で、南欧では、困難の期間は全体的にみてより長期的である。たとえば、各国の割合が最も高いのは、およそ一四年から一五年の期間である。したがって、貧困は欧州北部の国々では経済情勢による現象であるが、南欧では構造的な現象であるといえる。

そして、一定期間の貧困の強度に関する、縦断データにもとづいた分析と、経済的困難の期間に関する質問にもとづいた分析から、類似した結果がえられた。貧困は南欧でより常態的で反復的であるとみられる。というのも、これまでにみたのと同様に、まさしくそうした国々では、たいていの場合、貧困は継承されるものとみなされているからである。したがって、集合表象は観察された現実と一致しているのである。

貧困が南欧諸国でより常態化していることから、世代が変わるにつれて、それがさらに再生産されているという仮説を立てることができる。実際に、つねに恵まれない状態にある環境で子どもが社会化すれば、かれらが成人したさい、自分の両親たちと同様の困難を経験する可能性が高い。貧困の説明変数を分析するならば、もともとの家庭環境を無視することはできない。一九六〇年代、メキシコやニューヨーク、サン・ファン［プエルト・リコ北東部の市］における、非常に貧しい家族に関する研究をもとに、人類学者オスカー・ルイスは、子どもへの影響という観点から、貧困の文化が世代をわたって継承されていく傾向があることを指摘した。彼は、「スラムの子どもたちは六、七歳になると、自分たちの下位文化の基本的価値と習慣になじんでしまい、かれらの人生で起こりうる発展や進歩を十分に活かすための心理的な柔軟さを欠いている」(*5)と述べている。そこでは、個人のレベルでみた、彼が貧困の文化と呼ぶものの特徴は、マージナルであり、無力であり、従属的であるという強い感覚、さらには強い劣等感であることが強調されている。また、つぎのような指摘もある。「貧しい人びとが効果的に社会の主要な制度に参加したり入り込んだりできないことが、貧困の文化の決定的な特徴のひとつである。これは複雑な問題であり、数多くの要因があるが、そのなかでも、経済力の欠如、セグリゲーション〔分離・隔離〕、差別、怖れ、不信感または無気力、問題にたいして個別的な解決が進展することなどを挙げることはできる」(*6)。

われわれが欧州の社会学的調査から利用しているデータと、オスカー・ルイスが数年間にわたってフィールドで収集したデータを比較することはできない。〔ルイスとは〕反対に、われわれのデータは統計的により代表的なものであり、大規模な比較検討が可能である。貧困と社会的排除について二〇〇一年におこなわれたユーロバロメーター調査56・1は、回答者の幼年期についての質問、とりわけ子どもを扶養しかれらに教育を受けさせるために負担となる、両親の経済的困難についての質問がなされた。

表3－2によって、幼年期の経済的困難が、成人後の経済的困難に与える効果を検討することができる。予想どおり、これら二つの変数のあいだには強い相関がある。つまり、成人したさいに経済的困難をかかえる可能性は、経済的に恵まれない環境のなかで幼年期を過ごした場合により高くなる(*7)。しかし、この相関の強さは国ごとに異なり、性別や年齢（モデル1）だけでなく、世帯

表3-2 各国別の幼年期における両親の経済的困難が
成人したときの経済的困難に与えうる効果

交互作用： 国／両親の金銭的困難(困難)	モデル1 (性別, 年齢, 国で統制)		モデル2 (性別, 年齢, 国, 所得で統制)	
欧州北部				
ベルギー * 困難	.69	***	.57	*
デンマーク * 困難	.38	n.s.	.46	*
ドイツ西部 * 困難	.90	***	.79	*
ドイツ東部 * 困難	.31	n.s.	.38	n.s.
フランス * 困難	.32	n.s.	.48	*
イギリス * 困難	.28	n.s.	.21	n.s.
アイルランド * 困難	.85	***	.88	***
ルクセンブルク * 困難	.76	**	.73	**
オランダ * 困難	.34	n.s.	.27	n.s.
フィンランド * 困難	.14	n.s.	.16	n.s.
スウェーデン * 困難	.75	***	–	
オーストリア * 困難	.46	*	.39	n.s.
欧州南部				
イタリア * 困難	.85	***	.76	***
スペイン * 困難	1.00	***	.95	***
ギリシャ * 困難	1.01	***	.83	***
ポルトガル * 困難	1.14	***	.96	***
所得				
第 1 分位			1.63	***
第 2 分位			.54	***
第 3 分位			-.15	**
第 4 分位			*Réf.*	

* : P < 0.05, ** : P < 0.01, *** : P < 0.001, n.s. : 有意差なし
出所：ユーロバロメーター 56.1（2001年）

収入の効果（モデル2）にも依存する。南欧諸国では、ロジスティック回帰分析の係数はつねに非常に高く、統計的に有意である。このことは、幼年期からの経済的困難の再生産がとりわけ強いことを意味している。欧州北部の国々では、係数の値は全体的に低く、つねに有意であるわけではない。いずれのモデルの場合も、係数が有意でなかったのは、とくに東ドイツ、イギリス、オランダ、フィンランドのケースである。いいかえれば、幼年期から経済的困難が再生産される傾向は、欧州北部では南欧ほどはっきりしているわけではない。

なによりも、こうした現象は、所得の不平等が南欧諸国でより顕著であることに起因する。所得が最も高い（第5五分位階級）人口の二〇％が所得全体に占める割合と、所得が最も低い（第1五分位階級）人口の二〇％が所得全体に占める割合との比率は、ポルトガルが六・五、ギリシャが五・七、スペインが五・五だが、デンマークでは三、スウェーデンでは三・四、ドイツでは三・六である（＊8）。所得の不平等が高いと、一部の人びとのより良い将来が奪われ、そうした意味で、貧困の再生産のリスクが高まる。また、この現象は経済発展と雇用の見通しという点からも理解することができる。「栄光の三〇年」に代表される大きな経済・社会発展を経験した国々では、移民送出国であった南欧のような発展途上の国々よりも、社会的上昇の機会が多い。失業や不完全雇用の割合が高く、社会的保護の整備が遅れている、経済的に貧しい国や地域では、貧困はつねに社会的運命と関連している。つまり、リチャード・ホガートがイギリスの庶民階級の文化に関していみじくも述べたように、この現象を検討する必要があるだろう。ホガートは言う。「自身の境遇が改善される可能性はほとんどないと感じ、そうした意識に絶望もルサンチマンも混ざっていないとき、人は否応なしに、禁じられた可能性を過剰に意識することを避け、日々の変わらぬ生活を「我慢できる」ものにしようとする態度を身につけるようになる。つまり、社会的拘束が自然の法則であるかのように思えるということである。これは「生活」に関する第一の、普遍的なデータである」(＊9)。南欧の農村地域では、他の地域よりも貧困に慣れているために、それが長続きする可能性が非常に高い。そこでは、貧困が常態化され再生産される可能性のある状態となる。

しかしながら、欧州北部と南欧を区別する、経済情勢による貧困と構造的貧困というこうした違いから、南欧諸国には構造的貧困しかなく、経済情勢による貧困は欧州北部の国々にしかみられない、と理解すべきではない。経済・社会情勢を問わず、欧州北部の国々にも、世代をわたって貧困が継承されつづけ、生きていくうえでの困難が持続している人びともいる(＊10)。調査はたんに、欧州北部のほうがそうした割合が明らかに低く、逆に、経済情勢による貧困は南欧のほうが少ないことを示しているにすぎない。

欧州北部の国々よりも大規模で常態化されているために、南欧諸国では、類型論的にみて、貧困が統合される可能性が高い。貧困はそれが構成要素である社会システム全体に統合される。しかし、それがより統合されるには、貧困それ自体で社会組織という形態をとらねばならない。したがって、貧困に直面した社会環境のなかで家族が果たす役割をつぎに検討する必要があるだろう。

［2］家族——生存という問題

統合された貧困は、家族という存在によって貧困の影響が部分的に軽減されるというかたちをとる。それは、前章［第2章第3節「社会的紐帯の形態と強さ」］で提示した、失業を規制する家族主義モデルに起因する現象である。このモデルは、構成員全員にたいする家族の連帯義務が社会的に承認されている点に依拠している。貧困あるいは失業状態となった者は、非難されるのではなく、当人が困難をかかえているあいだは、家族の資産を共有する権利がある。こうした社会保護制度への国家や公権力の介入が弱くなるほど、それだけ家族的連帯のシステムが不可欠になりやすい。統計学者がいう世帯、および人類学者がいうイエ《メゾネ》という概念を参照しながら、ここでは、ひとつ屋根の下で生活する人びとだけでなく、とりわけ子どもだけでなく子どもの配偶者や孫を含み、親族や姻戚という概念にも対応する、拡大された血縁ネットワークを含んだ、家族の広い定義が必要である。

この広い定義をもとに、南欧諸国では、時として恒常的に直面している困難を乗り越えるために、最も貧しい人びとが、家族にたいして資源を見いだせることを示すべきであろう。資源は世帯内だけでなく、世帯外にいる家族の構成員からももたらされうる。こうした連帯は、宗教的影響の強い家族にみられる伝統的な考え方である。いいかえれば、南欧諸国では多くの場合、社会システムへの貧困の統合は、貧困層が共有する家族的・宗教的価値に依存するのである。

◉——家族同居という原則

ひとりで生活するという可能性それ自体は、社会的ネットワークの脆弱性の指標とはならない。というのも、家族や身のまわりの人間からの選択的な自律性の徴候もみられるからである。自律性は、親や友人との密接な紐帯を妨げるものではなく、濃密で多様な社会結合《ソシアビリテ》とも相反しない。一方で、ひとりで生活する人びとの社会生活への参加が非常に低いと、孤立する、さらには内向的になるリスクが高まり、排除をもたらしうるハンディキャップの蓄積が懸念されるようになる。ここでは、これを社会的降格プロセスの最終段階として定義する。

実際に欧州ではひとりで生活するという可能性は国ごとの差が非常に大きい。一九九〇年代半ばにおこなわれた欧州世帯パネル調査をもとに比較すると、そうした状況にいる人びとの割合は、スペインの四%からデンマークの二二%まで幅広く(*11)、欧州北部では多くの場合、南欧よりも貧困線(*12)以下にいる人びとはひとりで生活している。貧困となった失業者のなかで、ひとりで生活している者の割合は、デンマークで四一%、ドイツで三七%だったのにたいし、スペインでは二・二%、イタリアでは一・四%であった。また、いくつかの国では雇用状況が悪化すればするほどひとりで生活する可能性が高くなっている点も指摘することができる(*13)。デンマークでは、一年以上失業している者が三〇・二%を占め、そうした状況にある一方で、安定雇用にいる者の割合は一五・二%であり、一五ポイントの差がある。ひとりで生活している一年以上の失業者の割合は、オランダ(二三・五%)やドイツ(一七・二%)、イギリス(一五・七%)でも高く、一年以上の失業者と安定雇用にいる者との差は、オランダでは約一〇ポイント、イギリスでは約八ポイントである(表3-3)。この点は、ひとりで生活している一年以上の失業者の割合がきわめて低い南欧諸国とは対照的で、スペインとポルトガルでは二%以下、イタリアとギリシャでは四%以下であった。二〇一〇年には、比較可能な分析がおこなわれた。利用可能なデータからは、以前とまったく同一のカテゴリー分けができないため、いくつかの不足データまたは重要性がきわめて低いデータを考慮したうえで、多少異なるグループ分けをおこなう必要も生じた。しかし、こうした方法論的限界があるなかでも、南欧諸国が、一五年経過したあとも依然として欧州のなかで特殊な位置にいることが明らかとなった。ひとりで生活する者の割合は、一九九四年から増加しているにもかかわらず、

表3-3　独居生活者の割合（就労状況・国別）（%）

1994年

	安定雇用	脅かされた雇用	不安定雇用	1年未満の失業	1年以上の失業
第1グループ					
デンマーク	15.2	12.7	19.0	29.9	30.2
オランダ	13.2	17.9	22.3	19.3	23.5
第2グループ					
ドイツ	15.1	15.0	13.1	21.1	17.2
フランス	10.6	8.7	8.6	13.0	10.3
ベルギー	09.3	10.2	9.8	10.0	7.9
第3グループ					
イギリス	7.9	9.1	10.2	15.0	15.7
アイルランド	8.2	8.1	3.5	5.0	7.1
第4グループ					
イタリア	6.3	6.6	1.5	2.5	2.4
スペイン	3.7	3.3	1.8	1.7	1.5
ギリシャ	5.8	4.8	6.4	4.5	3.7
ポルトガル	2.4	2.6	1.6	1.4	1.1

対象：18〜85歳
出所：欧州世帯パネル調査（1994年，第1波）

2010年

	無期雇用	有期雇用	1年未満の失業	1年以上の失業
第1グループ				
スウェーデン	42.2	39.6	30.1	22.8
ノルウェー	32.8	41.6	48.4	25.8
フィンランド	35.1	40.6	20.8	34.8
第2グループ				
オーストリア	16.1	17.3	16.3	21.5
フランス	15.4	18.2	17.9	20.6
ベルギー	15.4	22.5	23.4	24.0
イギリス	11.8	11.4	16.5	19.0
第3グループ				
イタリア	12.0	9.4	10.1	7.6
スペイン	6.9	5.7	7.3	4.9
ギリシャ	6.2	5.6	3.7	5.1
ポルトガル	4.1	3.9	3.4	3.0

対象：18〜65歳
出所：SILC（2010年）

表3-4　独居の可能性にたいする雇用の不安定と失業の効果（ロジスティック回帰分析）

基準カテゴリー：安定雇用

	脅かされた雇用		不安定雇用		1年未満の失業		1年以上の失業	
	B.	Sig.	B.	Sig.	B.	Sig.	B.	Sig.
第1グループ								
デンマーク	-.36	*	.05	n.s.	.60	***	.75	***
オランダ	.53	***	.58	**	.65	**	.81	***
第2グループ								
ドイツ	.07	n.s.	-.14	n.s.	.46	*	.26	n.s.
フランス	-.04	n.s.	-.12	n.s.	.23	*	.21	n.s.
ベルギー	.04	n.s.	.31	n.s.	.39	n.s.	-.08	n.s.
第3グループ								
イギリス	.15	n.s.	.51	*	.84	***	.85	***
アイルランド	.32	(*)	-.21	n.s.	.02	n.s.	.64	*
第4グループ								
イタリア	.35	**	-.77	n.s.	-.30	n.s.	-.52	(*)
スペイン	.22	n.s.	-.01	n.s.	-.08	n.s.	-.37	n.s.
ギリシャ	-.17	n.s.	-.11	n.s.	-.45	*	-.95	**
ポルトガル	.09	n.s.	.53	n.s.	-.01	n.s.	-1.33	n.s.

対象：18〜65歳
(*)：P<.1，*：P<.0.5，**：P<.0.1，***：P<.001
注：年齢，性別，教育水準の効果を統制したモデル．
出所：欧州世帯パネル調査（1994年，第1波）

就業者、失業者を問わず、スカンジナビア諸国やイギリス、欧州大陸の国々よりも著しく低い。しかし同じく驚くべき点は、南欧諸国では、ひとりで生活する者の割合は、有期雇用者よりも一年以上の失業者のほうが統計的に低いことである。こうした国々では、家族を支えることができない期間も、失業者は家庭にとどまる可能性が非常に高い。このようなケースでは、長期間にわたる家族同居モデル、すなわち、社会的結合《アタシュマン・ソシアル》の家族主義レジームについて論じることができる。

こうした国ごとの違いは、年齢、性別、教育水準という複数の変数の効果を統制した、ロジスティック回帰分析の結果から確認される（表3－4）。安定雇用（モデルの基準カテゴリー）はひとりで生活する可能性がより高いが

（統計的に有意な差がある）、イギリス、オランダ、デンマークでは、一年未満の失業者や一年以上の失業者についても高い。反対に、同じカテゴリーのなかでも、イタリア、スペイン、ポルトガル、ギリシャでは負の差がみられる（ギリシャについては統計的に有意な差がみられる）。

これらの国々では、とくにイタリアでは地域的な差も顕著にみられる。経済発展の水準は失業構造だけでなく、家族構造にも強い影響を与える。そのことを説明するためには、親と同居する一八歳から三〇歳の子どもの割合を、家族モデルの伝統的特徴の指標とするだけでよい。実際、就業人口全体をみても、失業人口をみても、イタリア中部や北部よりも、その割合は南部で顕著に高い（*14）。一九九四年から二〇一〇年までに、この割合はイタリア全地域で著しく低下したが、このことは、若者が家族から段階的に自立していることをあらわしているとみられる。もっとも、北部と南部の差は開いたままであるが（表3－5）。

つまり、イタリアの事例からは、家族からの自立は経済発展の水準とともに増加することがわかる。雇用される可能性が低いと貧困となるリスクが高まり、生活上の困難に直面するため、家族の構成員との関係を保持することが重要となる。しかしながら、社会的制約の重要性を強調するこの説明だけでは不十分である。それでは、欧州の失業した若者たちがみな、親と同居しているわけではないことを、どのように説明できるだろうか。

二つの補完的な要因を考慮する必要があるだろう。第一に、南欧では他の国々よりも家族の連帯という伝統が広まっている。これは、先に述べた家族主義モデルに当てはまる。とくに親たちに課せられるこうした連帯は、強固な分業制度によって世帯内で強化される。多くの場合、家長は男性で、そのおもな役割は、とりわけ職業活動からの収入によって、世帯の経済的自立を保証することである。その一方で、女性は家庭生活を切り盛りし、子育てに身をささげ、かれらが成人した後もそれはつづく。同居が延長されるやむをえない理由は、親だけでなく子どもにもある。実際のところ、雇用や安定した職業活動による保証をえないかぎり、かれらは別居したり、夫婦生活を送ったりすることができない。かれらにとっては親と同居することは普通であり、かれらは家族との生活には完全に参加している。セシル・ヴァン＝ド＝ヴェルドがおこなった、フランス、イギリス、デンマーク、スペインの若者に関する調査では、スペインの若者が他の国の若者と非常に異なっていたことが明らかにされている。そのなかで、かれらが親との同居を正当化するためのレトリックは、家族への帰属という論理にもとづいている(＊15)。同居の延長は正常なものとされ、非難されることはない。かれらの多くは、親の家にいることの安心感を表明している。一見すると正当ではあるが、理由なく時期尚早に独立することは、「情緒的裏切り」とみなされるようである。スペインの若者たちは、「両親を傷つけるな」、「一家の名誉を裏切るな」と家庭内で耳にしているのである。

　こうした状況下では、とくに失業中の若者の社会的孤立の危険性はより低くなる。家族の専門家たちは、南欧とくにイタリアでは、家族的価値と親子関係が重要な役割を果たしていることをたびたび強調してきた(＊16)。イタリアはなにより「家族の集合体であり、ひとつの国家ではない」と、しばしば、おそらくはつねに

表3–5　イタリアにおける親と同居する18歳から30歳の割合（%）

地域	全体		失業者	
	1994年	2010年	1994年	2010年
北部	19.0	14.0	48.5	24.7
中部	21.2	15.9	53.4	29.2
南部	27.2	20.0	59.0	35.6
イタリア全土	23.1	16.5	56.2	31.1

対象：18〜65歳
出所：欧州世帯パネル調査（1994年），SILC（2010年）

表3-6　非同居の親と会う頻度（%）

	毎日会う			一度も会わない		
	貧困者*	非貧困者	全 体	貧困者*	非貧困者	全 体
第1グループ						
デンマーク	5.5	5.6	5.6	4.9	2.5	2.8
スウェーデン	9.3	9.1	9.1	3.4	1.7	1.9
オランダ	(6.2)	(5.3)	(5.4)	(3.6)	(2.1)	(2.2)
第2グループ						
ドイツ	13.6	16.6	16.2	6.2	2.1	2.6
フランス	17.3	13.3	13.8	3.5	1.5	1.8
ベルギー	23.1	18.0	18.8	6.2	2.0	2.6
オーストリア	14.4	10.5	11.0	7.2	2.9	3.4
第3グループ						
イギリス	23.0	16.1	17.3	5.0	2.2	2.7
アイルランド	(18.7)	(13.5)	14.5	(4.3)	(1.8)	(2.3)
第4グループ						
イタリア	28.0	24.6	25.2	3.1	2.0	2.2
スペイン	28.3	20.1	21.7	3.8	1.8	2.2
ポルトガル	38.7	38.5	38.5	1.6	0.9	1.0
ギリシャ	48.2	41.5	42.8	1.0	0.8	0.8

＊：貧困リスクを国の等価可処分所得60%に満たない場合のみとする欧州基準にしたがっている．
注：括弧内の数値は，無回答率が高いためデータの信頼性が十分ではない．
出所：SILC「社会参加」ユニット（2006年）

いわれてきた。いずれにしても、家族が社会統合にとっての重要な基盤となる国では、失業や貧困を、家族の紐帯の脆弱性からは理解できないという点を指摘する必要があるだろう。

また、南欧諸国では欧州北部の国々とくらべて社会保護制度がそれほど発達していないという点も、これを説明する要因である。たとえば、失業支援をみると、「保護の下位レジーム」と呼ぶことのできるシステムが特徴的である（＊17）。そこでは、失業者、とくに就業経験のない者にはごくわずかな手当しか支給されないため、家族への依存度が高まる結果しかもたらしえない。したがって、若い失業者たちには、仕事に就くことで独立することを待ちながら、親たちと同居する以外の解決策がないのである。

若者たちは家族同居の延長を強いられていると感じているようだが、貧困者が同じ世帯で生活しない親たちと維持している関係、すなわち広い意味での家族関係もまた、南欧諸国でより頻繁にみられることは興味深いといえる（表3－6）。同居していない親と毎日会っている、貧困線以下で生活する者の割合はデンマークでは五・五％だが、イタリアとスペインでは二八％、ポルトガルでは三八％、ギリシャでは四八・二％である。予想していたように、家族のつながりの断絶という事例は、他の欧州諸国にくらべ、南欧で非常に少ない。ギリシャでは、同居していない家族と一度も会っていない貧困者は一％であるが、ドイツとベルギーでは六・二％、オーストリアでは七・二％であった。

とりわけ南欧諸国では、家族同居の延長はおそらく若者の職業的統合の困難にたいする家族の連帯の一形態とみなされている。しかし、なによりも家族を根拠とした規範的な結合レジームがあるだけに、同居の延長はいっそう避けられないものとなっている。そこでは、家族のつながりはかならずしも質的に強いわけではないが、より頻繁に起こるものであり、まさにこの点で、社会的孤立にたいする貧困者の抵抗の一形態とすらなっている。

◉――家族の連帯の強さ

南欧諸国における家族の連帯の強さをはかるためには、同居していない家族あるいは周りの人間から援助を受けられる可能性も考慮にいれることができる（表3－7）。そこでは、イエという概念だけでなく、親族というより広い概念にも向けられた連帯が問題となる。利用可能なデータは、もっぱら、世帯外で生活する者から受けた経済援助に関するものである。このような援助をえる必要

表3-7　非同居の親，友人，その他の者から経済支援や手当を受ける可能性にたいする雇用の不安定と失業の効果（ロジスティック回帰分析）

基準カテゴリー：安定雇用

	脅かされた雇用		不安定雇用		1年未満の失業		1年以上の失業	
	B.	Sig.	B.	Sig.	B.	Sig.	B.	Sig.
欧州北部								
デンマーク	-.03	n.s.	.25	n.s.	.17	n.s.	.04	n.s.
フランス	.03	n.s.	.50	*	.52	*	-.00	n.s.
ドイツ	-.06	n.s.	.13	n.s.	-.54	(*)	.35	(*)
イギリス	-.27	n.s.	.54	**	-.10	n.s.	.17	n.s.
ベルギー	.10	n.s.	.50	(*)	.02	n.s.	.69	**
アイルランド	.02	n.s.	.84	n.s.	1.43	*	.48	n.s.
オランダ	-.33	n.s.	1.23	**	-.28	n.s.	1.60	**
欧州南部								
スペイン	.28	n.s.	.64	**	.72	**	1.20	***
ポルトガル	.45	n.s.	.53	n.s.	1.38	**	1.34	**
ギリシャ	.19	n.s.	.94	***	.68	*	1.59	***
イタリア	.23	(*)	.94	***	1.09	***	1.40	***
イタリア各地域								
北部	.14	n.s.	.62	n.s.	-.06	n.s.	.86	*
中部	.24	***	1.24	***	.35	***	1.66	***
南部	.38	***	1.27	***	1.87	***	1.84	***

対象：18〜65歳
(*)：P<.1，*：P<.0.5，**：P<.0.1，***：P<.001
注：年齢と性別，世帯構成，教育水準，世帯収入の効果を統制したモデル．
出所：欧州世帯パネル調査（1994年，第1波）

性は、長期間にわたって失業している者にとってより高いと考えることができる。なぜなら、失業手当の総額は失業期間の長さにおうじて下がるため、かれらは労働人口のなかで最も貧しいからである。

このモデルにおける基準カテゴリー、すなわち安定雇用の人びとと比較すると、長期失業者の係数は、南欧諸国（イタリア、スペイン、ポルトガル、ギリシャ）では正で高く、高度に有意であった。一方で、係数が低いのはベルギー、有意でないのはフランス、デンマーク、イギリス、アイルランドである。したがって、南欧の長期失業者のほうが、周りの人間からの援助をより受けていると結論づけることができる（＊18）。なお、性別、年齢、世帯構成、教育水準、世帯収入といった複数の変数の効果を統制した場合も、結果は同じであった。ユーロスタット向けに実施した以前の研究で(＊19)、南欧と欧州北部は対照的であったが、ここではそれがさらに顕著である。

オランダの事例には注目する必要があるだろう。長期失業者の係数が南欧諸国とほぼ同じなのは驚くべきことである。福祉国家であるこの国の社会移転は非常に高いからである。実際に、オランダの社会保護制度の総合的な有効性を考慮すれば、失業者がプライベートな援助に頼る必要性が低いこと、あるいは、より正確には、生存するための基本的なニーズが比較的小さいことに当然気づくであろう。オランダの社会学者が検証したこの結果からは、事実上、失業者は家族のすぐ近くで生活しつづけており、他の労働人口にくらべて地理的な移動が少ないことがわかる。しかしながら、総合的にみると、家族や周りの人間からの援助を受けている長期失業者の割合は全体的に低いことが指摘できるだろう(一%以下)。つまり、オランダにおける長期失業者の家族の連帯と、南欧諸国におけるそれとが近似しているのは、もっぱら相対的な意味においてである。また、南欧では、一年未満の失業者は明らかに、安定雇用にいる人びとよりも周りの人間からの援助をはるかに多く受けていることも指摘しておこう。この点は、オランダの事例にはみられない。

イタリアでは地域間の差異が激しい。北部では、雇用の不安定化(脅かされた雇用、不安定雇用)や一年以上の失業状態が家族や周りの人間からの援助に与える効果は、安定雇用とくらべて有意な差はない。反対に中部と南部では、脅かされた雇用から長期的な失業まで、四つの就労状況のいずれでも強い有意な効果がある。そして係数はつねにイタリア南部で高い(＊20)。のちほどくわしく検討することになるが、この結果はこの地域の経済発展の低さと、貧困家庭のローカルな組織から説明できるだろう。

　ここでの問題は、世帯外から受ける援助についてであったが、世帯内での連帯もあわせて検討しうることを強調する必要があるだろう。なぜなら、これまでみたように、失業者たちの多くが両親と同居しているからである。かれらがひとりで生活すると、そうした連帯は維持されるのだろうか。この問いに答えるために、家族や周りの人間からの援助を受けながら、ひとりで生活する失業者の割合と、ひとりで生活しているが失業中ではない者の割合を算出した。結果は、繰り返しになるが、ギリシャ、スペイン、イタリアでは、ひとりで生活する失業者たちが援助を受ける割合がはるかに高い。ギリシャでは、ひとりで生活する失業者の二人に一人以上が、このタイプの援助を受けている。

　二〇〇三年の「欧州クオリティ・オブ・ライフ調査」（ＥＱＬＳ）から補完的なデータが収集された。そこでは、援助を受けたかどうかだけでなく、緊急の場合に援助が受けられるのかについても検討されており、困難という特殊な状況におかれたとき、家族に援助を頼むことが可能かどうかについての質問項目がある（表3－8）。四つの質問にたいし、肯定的な回答が三つ以上あることが、家族から受けることのできる支援の指標とされている。ここでもまた、南欧とそれ以外の国々とのあいだに、大きな隔たりがあることが明らかとなった。イタリア、スペイン、ギリシャ、ポルトガルでは、緊急時に家族の支援を受けられる貧困層の割合が、他の国々とくらべて著しく高い。フランスでは三一・六％であるのにたいし、イタリアでは九〇・六％である。しかし、さらに最も驚くべきことは、南欧諸国では、この割合が高収入の者（第4四分位階級）よりも貧困層ではるかに高いことである。全体的にみると、他の国々の傾向はこれと反対である。つまり、こうした緊急時の支援を要請できると最も多く回答しているのは最富裕層である。欧州北部では不平等を広げる要因となっている家族の支援が、南欧では社会的保護や貧困に抵抗する手段の代わりとなっているといえるのではないだろうか。

南欧では、家族の連帯が失業による貧困のリスクを軽減するために重要な役割を果たしているからといって、欧州北部の国々で国民的な連帯として給付される援助の機能が、家族からの支援を失わせる効果をもっているわけではない。まずは社会制度の影響をみる必要があるだろう。人口の大部分が同じ恵まれない社会環境でいる場合、家族の連帯はなによりも貧困にたいする集団闘争の論理のなかにある。そこでは、交換における互酬性が機能する。各人はたがいに贈り物を交換する。試練に立ち向かうためにたがいに贈りあい、たがいに返しあうからである。集団的に抵抗する

表3-8　緊急時の家族からの支援（%）(*)

	高所得（最高分位）	低所得（最低分位）	貧困(**)
第1グループ			
スウェーデン	65.5	48.1	n.s.
デンマーク	53.5	46.9	40.7
フィンランド	47.6	39.2	36.2
オランダ	54.2	51.8	n.s.
第2グループ			
ドイツ	60.1	65.8	n.s.
オーストリア	63.4	58.3	50.0
フランス	41.6	49.7	31.4
ベルギー	55.8	51.5	38.5
第3グループ			
イギリス	59.3	55.9	43.2
アイルランド	56.6	56.1	53.5
第4グループ			
イタリア	55.2	74.7	90.6
スペイン	65.6	65.1	75.9
ギリシャ	52.3	74.3	76.1
ポルトガル	67.5	72.2	73.2

(*)：4つのうち少なくとも3つの緊急事態（病気時の家庭への援助，個人や家族の深刻な問題にたいする助言，抑うつのさいの支援，大量の金額を必要とする緊急援助）に当てはまるために，家族への援助を優先的に求めている対象者の割合．

(**)：アングロサクソン諸国における「剝奪」概念を意味する（基本財の日常的な消費から計算された非貨幣的な貧困指標）．

出所：EQLS（2003年），次の記事のデータをもとに再構成した．« Are the poor socially integrated ? The link between poverty and social support in different welfare regimes », *Journal of European Social Policy*, 18(2), mai 2008, p. 145.

必要性に強いられた互酬性にもとづく長期の家族的連帯が、失業と貧困が顕著な地域でより多くみられる理由はここにある(＊21)。

家族の連帯は、経済が発展した地域からなくなったわけではないが、死活に関わる働きをしているわけでもない。全体的にみて、個人の独立心や家族の同質性の低さが、家族の連帯をより柔軟で、インフォーマルで、かつ脆弱なものにしている。家族内での交換が根本的に不平等なものになると、受益者同士の贈与関係が妨げられるおそれがあり、結果として、受益者の地位を降格させることにしかならないのである。

◉――家族的価値と宗教実践

庶民階級では家族は重要な役割をもっている。リチャード・ホガートは、最も貧しい人びとが手もとに残されたものを失うとき、かれらが切り盛りすることのできる最後の空間が家族であることを指摘している。家族圏《セルクル・ファミリアル》には、近所で同じ文化的圏域を共有する人びととの関係もある程度含まれるため、その点で、外部からの無理解や侮辱から身をまもる働きがある。彼によると、最も貧しい人びとの社会的世界では、「やつら」と「おれたち」が分裂する(＊22)。実際、そこでは、閉鎖的な内輪の親密な圏域にいるか、あるいは他者の世界との関係の圏域にいるかにおうじて、参照と行為の体系が二つに分断されるという特徴をもつ。こうした家族圏は、生活保障をもたらすと同時に、アイデンティティと社会への固定化の証となるために、心情的に価値づけられる。したがって、この圏域をつくりあげ、再生産するための条件は、父親であること、あるいは母親であること、そして可能であれば、子どもをもつ親であることである。

表3-9　子どもをもつことが必要不可欠と考える者の割合（所得水準・国別）（%）

	第1分位（最も貧しい）	第2分位	第3分位	第4分位（最も豊か）	全 体	第1分位と第4分位の比
第1グループ						
デンマーク	40.2	56.3	59.6	62.1	59.0	0.65
スウェーデン	51.3	61.6	55.0	59.4	56.4	0.86
オランダ	29.5	25.3	35.5	35.8	30.7	0.82
第2グループ						
ドイツ西部	56.3	50.2	53.1	62.1	53.4	0.92
ドイツ東部	54.5	59.3	68.0	67.8	61.8	0.80
フランス	66.4	66.7	71.6	74.3	69.5	0.89
ベルギー	47.9	48.7	53.1	60.1	51.0	0.80
第3グループ						
イギリス	52.9	41.4	30.8	46.7	51.3	1.13
アイルランド	42.6	56.5	53.1	62.1	53.4	0.69
第4グループ						
イタリア	61.1	66.4	57.1	54.9	57.5	1.11
スペイン	68.8	51.6	40.7	39.8	48.8	1.73
ポルトガル	77.8	77.8	72.4	57.6	74.6	1.35
ギリシャ	90.3	86.2	89.0	86.4	87.3	1.05

出所：ユーロバロメーター 56.1（2001年）

子どもをもつことが人生で必要不可欠だと考えるかどうかが、おそらく、家族的価値をみるための良い指標となるだろう。**表3－9**からは、所得および国別の大きな違いを確認することができる。予想どおり、子どもをもつことが必要不可欠だと考える者の割合が最も高いのは、ギリシャやポルトガルといった、欧州のなかで最も経済が発展していない国々である（ギリシャが八七%、ポルトガルが約七五%であるのにたいし、オランダではわずか三〇%である）。しかし、とくに際立っているのは、南欧諸国ではすべて、最も貧しい所得第1四分位階級の人びとについても、この割合が高い点である。実際に、第1四分位と第4四分位との比は、ギリシャとポルトガルだけでなく、イタリアとスペインでも1をこえている。一方で、他のすべての国々では、イギリスを除いてこの比は低い。このことが意味するのは、そうした国々の最貧層は、最富裕層にくらべて子どもをもつことが必要不可欠だとはほとんど考えていないということである。つまり、欧州の北部と南部とでは非常に対照的な結果となっているのである。

南欧では、最貧層が家族的価値と強く結びついていることが明らかである。この現象をどのように説明できるだろうか。恵まれない環境に多くの子どもがいることについて、そうした国々のソーシャル・ワーカーやエデュケーター［(生活）指導員］たちは、「人びとにとっての唯一の豊かさは、子どもをもつことである」と説明することがある。経済的な意味で豊かさをとらえないのであれば、こうした言いまわしはおそらく正しい。たしかに、世界でも最も貧しい地域ではいまだに子どもが収入源とみなされることがあるが——一〇歳からの労働が現在でもみられる——(＊23)、子どもの保護が必要で、これまでにみたように、若者の職業参入が困難であることが家族にとっての二重の負担となる国々では、そうした説明はなされない。そのうえ、貧しい環境に多くの子どもがいることは、出産と親としてのアイデンティティとを同時に価値づける、支配的な社会モデルへの服従という観点から理解することができる。というのも、こうした家族主義モデルは他の国々よりも南欧で広くみられるからである。

また、一般的に言って、家族的価値と宗教実践には強い相関がある。欧州連合内では、規則的な宗教実践をおこなっている者の六七・二％が、子どもをもつことが人生で必要不可欠だと考えている一方で、それ以外の者における割合は五三・五％にすぎなかった。したがって、家族的価値と宗教的価値はたがいに強化しあっているのだといえる。

南欧諸国とアイルランドでは、規則的な宗教実践が他の国々よりも明らかに多くおこなわれてい

表3-10 規則的な宗教実践をおこなっている者の割合（所得水準・国別）(%)

	第1分位（最も貧しい）	第2分位	第3分位	第4分位（最も豊か）	全 体	第1分位と第4分位の比
第1グループ						
デンマーク	10.3	14.2	15.3	11.8	12.9	0.87
スウェーデン	10.3	8.6	6.1	13.5	9.0	0.76
オランダ	19.3	29.4	34.7	20.4	24.3	0.95
第2グループ						
ドイツ西部	27.2	25.8	20.1	23.1	23.5	1.18
ドイツ東部	15.8	9.9	9.3	9.1	10.7	1.74
フランス	7.9	11.6	9.0	12.6	10.8	0.63
ベルギー	16.0	19.3	14.3	20.3	16.1	0.79
第3グループ						
イギリス	14.7	14.3	10.8	12.7	15.7	1.16
アイルランド	76.5	63.8	69.9	65.8	60.2	1.16
第4グループ						
イタリア	45.5	37.9	31.6	41.0	36.6	1.11
スペイン	29.2	25.9	12.9	14.8	20.0	1.97
ポルトガル	61.7	52.7	38.6	31.8	47.2	1.94
ギリシャ	79.2	52.4	42.4	33.7	47.5	2.35

出所：ユーロバロメーター 56.1（2001年）

ることがわかる（表3－10）。ポルトガルとギリシャでは約五〇％、アイルランドでは六〇％だが、フランスでは一一％、スウェーデンでは九％でしかない。南欧とアイルランドでは、宗教実践の割合が高いのは、所得が最も低い第1四分位に位置づけられる人びとであるが、それだけでなく、所得がそれ以外の四分位、とりわけ第4四分位に位置づけられる人びとにおける割合よりもはるかに高い。第1四分位と第4四分位との比は、ギリシャでは二・三五、スペインでは一・九七、ポルトガルでは一・九四である。反対に、第一グループの国々（デンマーク、スウェーデン、オランダ）とフランス、ベルギーでは比率が一以下である。このことは、これらの国々の最貧層が、収入が最も高い層にくらべて、規則的な宗教実践をおこなっていないことを意味している。

表3–11　教会や宗教団体の活動への参加（%）

	貧困層*	非貧困層	全 体
イタリア	21.4	18.5	19.1
スペイン	24.1	16.0	17.6
ギリシャ	31.6	28.5	29.1
ポルトガル	45.9	42.4	43.1

＊：貧困リスクを，国の等価可処分所得60%に満たない場合のみとする欧州基準にしたがっている.
出所：SILC「社会参加」ユニット（2006年）

南欧のこうした特異性は、二〇〇六年に欧州でおこなわれた、社会参加に関する調査でえられたデータから確認されている。南欧四か国では、いずれの国でも、教会や宗教団体の活動に参加する貧困層の割合が、貧困線以上の状況で生活している者の割合よりも高い（表3－11）。

したがって、経済的観点からみてそれほど発展していない、農村的伝統の残る国や地域では、貧困は宗教的な足場をもっている。最も収入の低い人びとの規則的な宗教実践の割合はイタリア全土で高いが、南部は北部よりもさらに高い（南部が五一・二%であるのにたいし、北部では四〇%である）。この現象を、福音的使命それ自体から説明することができる。「貧者に幸あれ」という表現によって伝えられる、マタイとルカによる福音書における貧困という至福《ベアティチュード》は（＊24）、最も貧しい人びとにとって救済と償いの力となる。聖書には数多くの事例がある。福音書のなかで、ルカが神の正義に呼びかけるとき、最も貧しい者たちにも同じ言葉を語りかける。「力ある方が、わたしに偉大なことをなさいましたから。その御名は尊く！　その憐れみは代々にかぎりなく、主を畏れる者に及びます。主はその腕で力を振るい、思い上がる者を打ち散らし、権力ある者をその座から引き降ろし、身分の低い者を高く上げ、飢えた人を良い物で満たし、富める者を空腹のまま追い返されます」（＊25）。しかしながら、福音書のメッセージは、南欧諸国における貧困層の宗教実践の割合の高さを説明する唯一の要因とはならない。この説明が十分なものだとしたら、キリスト教的伝統のあるすべての国々の貧困層が、最も裕福な人びとよりも宗教実践をおこなっていることになる。しかし実際はそうではない。したがって、宗教社会学で教えられるように、直接テクストからではなくその文化的受容から、いいかえれば、つぎのような次元の総体からその原因を探求しなければならない。それは、最も貧しい人びとの生活様式を構成するさまざまな次元と、それと不可分な宗教的次元との総体である。欧州北部と比較した南欧諸国の特徴は、同じ生活環境を恒常的に共有する最貧層が圧倒的に多いことである。貧困はそういった場所でより広がるが、個人の意識のなかにはさほど浸透せず、とりわけ宗教実践がおこなわれることによって、集団のなかで軽減されやすくなる。貧しい地域では、そうした宗教実践が、地域共同体への貧困層の帰属形態をいわば聖別するのである。また、発展途上にあるそれらの農村地域にはまだ、欧州の他のいかなる場所でもみられないような、人びとの信仰心がみられることを指摘しておこう。そこでは、とくに聖母信仰が普及しており、人里離れた場所にある多くの礼拝所や巡礼地が、最貧層が住む地域にこの非常に熱烈な信仰があることを物語っている。キリスト教は間違いなく、貧困への抵抗手段のひとつとなっており、富裕層による慈善や分配活動がおこなわれれば、貧困層を安心させ、かれらに希望を与えることにもなる。これらの地域では、このように強固に定着した信仰という土台に支えられているために、貧困はますます普通の社会的条件として［社会に］統合されているのである(＊26)。

しかし、キリスト教は家族にも価値をおくため、貧困層はまた、自身の親としての存在や、子どもを恒常的に、かれらが成人してからも扶養する日々の努力を合理化する。要するに、こうした地域の貧困層のなかで貧困でいることは、家族のなかで貧困でいることであり、同じ信仰心の下でひとつになることである。そうした意味で、貧困が社会的・宗教的に統合されているということができるだろう。

［3］ インフォーマル経済と恩顧主義

これまでにみたように、経済的に最も貧しい国や地域では、貧困はより常態化している。雇用や社会的上昇の見通しが全体的に低いため、貧困は世代から世代へと再生産される。そこでは、日々の困難を和らげるために、家族がきわめて重要な役割を果たしているが、それだけでは不十分である。ここでの問いは、家族が共有できる資源はどこからくるのかである。別の言い方をすれば、そうした家族のなかで、貧困者はどのように生計を立てるのか。答えは労働市場の働きと、社会的介入のシステムのなかにある。ここでは、とりわけメッツォジョルノ［イタリア南部］の事例をもとに、南欧の貧困地域における貧困経験が、インフォーマル経済と、公的扶助を構造化する恩顧主義《クリヤンテリスト》システムの重要性と強く結びついていることを明らかにする。

◉――メッツォジョルノで貧困であること

数年前から研究者たちは、とくに経済がそれほど発展していないこうした地域におけるインフォーマル経済に関心を寄せてきた。このような地域では、インフォーマル経済は拡散し、経済の規制《レギュラシオン》全体に統合される傾向をもつものとしてあらわれる。その定義からして、インフォーマル経済は国民会計の完全に、あるいはほぼ外側にある。したがって、正確な統計データを使って検討することはむずかしい。イタリアの社会学者カルロ・トリジリアは、インフォーマル経済が実際には非常に異なる現象を含んでいることを指摘している。彼が定義しているのは、法を犯さず、合法的な財やサービスの生産が、家族やより広い社会集団の自家消費に向けられている家内経済《エコノミー・ドメスティック》あるいは共同体的経済《エコノミー・コミュノテール》、完全にまたは部分的に法を犯し、合法的な財やサービスの生産が、租税回避という確固たる意図によって、税務申告のない労働でおこなわれる隠れた経済《エコノミー・カシェ》あるいは地下経済《エコノミー・スーテレンヌ》、そして、明らかに法を犯し、ドラッグ密売のように、生産された財やサービスそれ自体が非合法な犯罪的経済《エコノミー・クリミネル》である(*27)。それでもやはり、フォーマル経済とインフォーマル経済との境界は、とりわけ経済活動が厳格な法規定の対象とならない国や地域では、しばしば非常に曖昧としたものである。したがって、この二つの領域の区別はむずかしいものとなる。そのうえ、フォーマル経済とインフォーマル経済は関係しあっているとみられる。市場のためにまったく合法的に生産活動をする民間会社の従業員は、同時に、かつ合法的に、インフォーマル・セクターのためにも仕事をしているかもしれない。こうした関係性はまた、インフォーマル経済の主要な構成要素のなかに存在しうるものである。たとえば、隠れた経済活動をおこなう者が、家内あるいは共同体的な生産によって資源を補うことはよくある。工業化の程度が最も低い国々の貧困層は、インフォーマル経済が全体的な経済活動のなかで無視できない要素となっているだけに、このセクターから資源を獲得することがよりたやすくなっている。

メッツォジョルノでは、経済がそれほど発展していないために、インフォーマルな労働に頼るケースがしばしばみられる(*28)。それは、貧困世帯の家族にとって不可欠なものとなりうる。イタリア南部でおこなわれた調査では、失業者たちが多くの場合、不十分あるいは支給されない失業手当を補おうとしていることが明らかにされている。エミリオ・レイネリは、こうした地域における慢性的な失業を、とりわけ中部・北部への地理的移動が困難であるという点から説明している。「メッツォジョルノでは、地下経済が公的補助金の助けを借りて、所得水準は低いままだが、生計を立てるのに十分な家族収入を提供している。中部・北部での求職活動は、費用の問題や移動にかかる社会心理学的理由から魅力を失っている」(＊29)。インフォーマル経済の重要性を確実に見積もることができない代わりに、統計学者たちは大まかな予測を立てている。その結果、メッツォジョルノでは雇用の二八％がインフォーマル労働であったが、国内の他の地域では八％以下であるとみられる(＊30)。同時に、一八歳から六五歳の人口のなかで安定雇用にいる者の割合を参照し、その割合が高いほどインフォーマル労働に頼る機会が減り、割合が低いほど、仕事に就いている者や求職中の者がある程度組織化されたインフォーマルな経済活動をおこなうことになるだろうと予測した。この場合の安定雇用は、二つの指標から定義される。すなわち、定期的な仕事をもっていること、そして、そこからえられるものに満足していることである。この定義にしたがうと、北部における労働人口の四三％が安定雇用にあり、中部では三九％がそうであるが、南部では二七％でしかない(＊31)。この差異から、イタリア南部では、安定した賃金形態が最も普及していないことがわかる。一方、北部では職住近接地域がよりダイナミックで工業化している。

インフォーマル経済に頼ることについては、労働市場全体の働きを考慮しなければ理解できない。メッツォジョルノは経済的に非常に貧しい地域であり(＊32)、そこで生活する貧困層は失業が長期化し、国内の他の地域の失業者よりも貧窮する可能性が非常に高い。一九九六年に公表された国立統計研究所（ＩＳＴＡＴ）のデータによると、失業率は北部で六・六％、中部で一〇・三％、南部では二一・七％であった（イタリア全体で一二・一％）。一九九〇年代の中盤には、南部ではおよそ二人に一人の失業者が初職を探していた。一方で、この割合は北部では三分の一以下である。このことが意味するのは、慢性的な雇用不足のために、南部の若者はより恵まれない状態にいたということである(＊33)。反対に、職を失った失業者の割合は、南部では三二・四%、北部では四五・四%であった。これは、北部では産業活動がより集中しているため、とくにトリノやジェノバ、ミラノといった職住近接地域における生産機構の再転換が古くからの問題となっているためである。そして、中部はつねに中間的な状況にある。こうした地域間の不平等は、雇用にたいする失業者の行動の差異にあらわれる。というのも、仕事を見つける可能性が、経済・産業活動のレベルによって異なるからである。イタリアでは、欧州の他の多くの国々と同様に、金融危機の影響で、二〇〇七年から二〇一一年にかけて、失業率は急上昇した。北部でも南部でも、若者たちがその影響を最も受けたが、地域間の格差はあいかわらず非常に開いたままである。二〇一一年、南部では一五歳から二四歳の若者の三九・二%が失業していたが、北東部では一九・七%であった(表3―12)。

表3–12　イタリアにおける15歳から24歳の失業率（%）

地域	2007年	2011年
北東部	9.6	19.7
北西部	13.9	22.2
中部	17.9	28.9
南部	30.6	39.2
イタリア全土	20.3	29.1

出所：ユーロスタット

こうした状況下で、貧困の割合が就労状況と同時に地域によっても変化するのは驚くべきことではない(＊34)。両極を対比すると、それが対照的であることがわかる。一九九〇年代の中盤は、安定雇用にいる者の貧困率は、北部が三%、南部が一九%であった。また、一年以上の失業者では、北部が一一・六%、南部が六五・二%であった(表3―13)。結果として、一年未満の失業者の場合も、一年以上の失業者の場合も、北部で貧困となるリスクは低いままであるが、

表3-13　イタリアの貧困率（就労状況・地域別）（%）

1994年

	安定雇用	脅かされた雇用	不安定雇用	1年未満の失業	1年以上の失業	全 体
北 部	3.0	3.9	10.0	7.3	11.6	5.2
中 部	4.8	6.1	14.4	17.9	31.6	9.3
南 部	19.0	37.0	50.7	51.7	65.2	37.0
南部／北部の比	6.3	9.5	5.1	7.1	5.6	7.1

対象：18〜65歳
出所：欧州世帯パネル調査（1994年，第1波）

2010年

	無期雇用	有期雇用	1年未満の失業	1年以上の失業	全 体
北 部	6.6	17.5	18.0	40.5	9.9
中 部	8.7	25.4	27.9	42.8	14.3
南 部	19.5	44.0	48.6	57.0	32.7
南部／北部の比	3.0	2.5	2.7	1.4	3.3

対象：18〜65歳
*：本表で参照した貧困線は1994年と2010年のいずれもイタリアの平均所得の50%と定めている．使用した等価水準は修正OECD水準である（最初の成人にたいしては1，その他の成人には0.5，14歳以下の子どもにたいしては0.3）．
出所：SILC（2010年）

この二つのカテゴリーの割合は、デンマークのケースと非常に近似している。もっとも、これまでにみたように、デンマークはまったく異なる文化的伝統をもっているため、両国の失業者の社会保護制度を比較することはできない。一見すると、この結果はある意味で、いくつかの産業部門で雇用された人びとをより保護するという、伝統的な失業補償制度から理解することができるのかもしれない。しかし実際は、イタリア南部では失業から脱する可能性が低く、補償制度がほぼ存在しないため、長期的な失業者はより恵まれない状況にいる。二〇一〇年のSILC調査からえられたデータは、この分析に関する別の要因を提示している。イタリア北部では、有期雇用者と失業者の貧困率が著しく上昇した。そこでは、工場の全面的な閉鎖の影響があったため、その後、北部地域では一年以上の失業者の四〇・五%が貧困線以下の状況で生活している。ここでも、その割合は五七%だった南部よりは低いが、両者の差は縮まっている。

失業はなによりイタリア北部が工業中心であることと関係している。二〇一〇年末の［欧州債務］危機では、失業が大規模なものとなり、貧困と強い相関をもつようになった。イタリア南部では、失業は構造的で、伝統的に貧困と結びついている。結果として、経済情勢との関係が比較的希薄だといえるだろう。ニコラ・ネグリによると、メッツォジョルノで働くことは、かならずしも貧困のリスクを下げることにならない。なぜなら、多くの場合、就業できる職は報酬が低く不安定であり、失業者はそれ以外の展望をもてないために、結局そうした仕事を受け入れているからである（＊35）。実際に、一九九〇年代の中盤には、南部で不安定雇用にいる者の二人に一人が貧困線以下の状況で生活しており、それは同じ地域の一年未満の失業者とほぼ同じ割合であった。脅かされた雇用にたいする長期失業者の比は、北部では三・〇、中部では五・二、南部では一・七である。貧困は南部でより広がっているとみられる。つまり貧困は、特定の人びとにとっては当然の状況となっており、インフォーマル経済がそれ以外の経済活動の埋め合わせとして、重要な役割を果たしていると考えられる。

より主観的に貧困をとらえると、この地域の失業者は、客観的にみるとはるかに貧しいにもかかわらず、北部の失業者よりも自分たちが貧しいとは感じていない。表3－14は貧困の三つのモデルを比較している。ここでは、貨幣的貧困に関するイタリア南部の失業者の貧困のリスクが、北部の

表3–14　イタリアの失業者が貧困に直面する可能性に関するロジスティック回帰分析（貧困定義・地域別）

地域	貨幣的貧困(1)		物質的貧困(2)		金銭的不満(3)	
	B.	Sig.	B.	Sig.	B.	Sig.
北部	*Réf.*		*Réf.*		*Réf.*	
中部	.56	**	.87	***	.37	**
南部	2.42	****	1.50	****	-.08	n.s.

対象：18〜65歳
*：P<.1，**：P<.0.5，***：P<.0.1，****：P<.001
(1)：貧困線（50%平均）以下で生活する可能性．修正OECD基準
(2)：生活環境に関する貧困指標
(3)：金銭的に満たされない可能性
注：年齢と性別，家族状況，世帯構成，教育水準，世帯収入の効果を統制したモデル．
出所：欧州世帯パネル調査（1994年，第1波）

失業者よりも高いだけでなく（係数は二・四二）、物質的貧困に関しても同じく高いことがわかる（係数は一・五〇）。反対に、金銭的不満に関する指標では、両地域の失業者のあいだに有意な差はない。

この重要な結果をより詳細に検証するため、とくに失業状況と居住地域の交互作用項を投入して、イタリアにおける金銭的満足についてロジスティック回帰分析をおこなった。**表3－15**は、性別、年齢、世帯構成、教育水準、世帯収入、就労状況の効果を統制したうえでの、これらの交互作用の主効果を示している。

これらの要因すべてを統制しても、地域の効果はふたたび非常にはっきりとあらわれる。モデルのなかで「失業」〔ダミー〕変数は「交互作用項の基準カテゴリーである」中部地域の失業者を示しており、かれらは仕事をもつ人びとにくらべ、金銭的満足がより有意に低い傾向がある。北部の失業者には有意な差はみられないが、一方で、南部に住んでいる人びとにたいして失業が与える効果は、それ以外の地域の人びとにたいするほど深刻ではない。というのも、交互作用項の係数が正で有意だからである（〇・四六）。

一見すると、この結果は少し奇妙である。実際、金銭的不満が貧困の程度と経済発展の問題とと

もに増えるのは当然のように思える。そうでないのであれば、最も恵まれない人びとの期待水準は、かれらのニーズを充足するために居住地域がもつポテンシャルによって異なる点を考慮しなければならない。つまり、イタリア南部の失業者が自らの状況に満足していると考えるのではなく、ウェル・ビーイングの規準が経済発展の程度に左右されることがあり、豊かさのなかで剝奪が起こるとフラストレーションが高まりやすいという点を指摘する必要があるだろう(＊36)。したがって、地域の経済発展の一般的な水準によって、失業者の貧困が異なった意味をもつという仮説がここで検証されている。雇用と有形財産の剝奪は、雇用や経済発展の機会を奪われた地域で表面化するときには大きな影響をもたらさないが、それが豊かで活発な地域の場合、失業者たちはよりいっそう、自分たちと他の層とを切り離す格差を意識し、つらさやより強いフラストレーションを感じることになるだろう。失業者にとってのいわゆる剝奪の証しとなるのは、客観的状況と、一般的なウェル・ビーイングの水準の制約を受けたアスピレーションの水準とのギャップである。

表3–15 イタリアにおける金銭的満足にたいする職業と居住地域の主効果
(順序ロジスティック回帰分析)

	B.	Sig.
地域		
中 部	*Réf.*	
北 部	.17	***
南 部	-.27	****
就労状況		
失 業	-2.21	****
交互作用		
失業＊北部	.11	n.s.
失業＊南部	.46	**

対象：18〜65歳
*：P < .1, **：P < .0.5, ***：P < .0.1, ****：P < .001
注：性別，年齢，世帯構成，教育水準，就労状況の効果を統制したモデル.
出所：欧州世帯パネル調査(1994年，第1波)

雇用の見通しが非常に低く、「失業の堅い地盤《ソークル・デュール》」(＊37)が存在する場合、そうした状況に適応しようとすること、またそこにいかなる侮辱も見いださないことが非合理的とはいえない。メッツォジョルノの専門家たちは、そこでの雇用市場の働きが三つの活動分野にもとづいていることを指摘している。すなわち、社会的に最も価値の高い公共セクター、賃金が低くキャリア・アップの可能性がまったくない、とりわけ不安定な企業に代表される民間セクター、そして、最後がインフォーマル・セクターである。すべての求職中の労働者にとっての理想は、公共セクターの職に就くことである。なぜなら、この保証された仕事は、インフォーマル・セクターでの補完的な活動と両立できるからである。しかし、需要にたいしてポストが十分にないため、仕事をえるためには待たなければならず、さらに、恩顧主義が就職を阻んでいる（障がい年金の割当のさいにも同様の問題がある）。雇用を担当する部局で運用されている制度が、そこに長期間登録している人びとに追加ポイントを付与していることや、長期失業者が将来的に公共セクターの仕事に就くことは不可能ではないことを知りながらも、多くの人びとは、インフォーマル・セクターで資源の不足分を補おうとするために民間セクターで働こうとしない（＊38）。したがって、仕事のない人びとの大部分は不法労働で生活している。こうしたことから、かれらの貧困は関係的なものでなく、かれらは社会システム全体に統合されたままになっているのだといえる。

◉――社会福祉の恩顧主義システム

貧困者は扶助制度からも資源の一部をえることができる。南欧諸国では、貧困にたいするローカル化した規制と呼ばれるものがある。最も貧しい人びとにたいする援助は、なによりもローカルなレベル、すなわち市町村にそのおもな責任がある。援助が必要だと判断された人びとのニーズの充足を判断するのは市町村である。というのも、社会的保護の総水準が非常に低く、国家がイニシアティブを取ってこなかった、あるいは十分な介入ができないために、市町村に主導権がおかれているからである。その結果、同じ国のなかに多種多様な経験と、地域レベルで著しい格差が存在している。こうした規制様式では、保護対象者の定義がより特定のカテゴリーにかぎられたものとなる。なぜなら市町村の財力が貧困問題を包括的にカバーすることはほぼできないからである。援助を受ける可能性のある人口が非常に多く、充足するニーズが差し迫ったものであるため、一元的なアプローチはほぼ不可能である。つまり、市町村は公正とみなされた優先的な事柄におうじて援助を選択するための足かせとなっている。前章〔第2章第4節〕で定義したように、特定のカテゴリーに偏った定義も、社会的地位の論理による定義も結果的に課せられるものである。それは、人びとが援助を受けられないままに貧困を経験する可能性があることを意味する。

そのために、こうした規制様式は恩顧主義となってあらわれる。社会福祉が市町村レベルで定められた基準に適合していれば、最も貧しい人びとの要求に応えることができるという介入様式は、官僚主義的なものになるのかもしれない。しかし実際には、国家のいかなる管理にも依存しないという、市町村によってのみ運営される給付制度では、個別のケースに対応する余地が考慮されず、わずかな人びとを優遇するためにそれ以外の者を犠牲にする、曖昧かつ恣意的な基準が導入されることになるのは避けられないだろう。こうしたことから、ローカル化した規制様式はお役所的で個別の要求には応じないという、一見すると官僚主義的な介入であるかのようにみられるが、現実には、少なくとも部分的には、そこからはかけ離れた介入様式である。

最後に、これらの地域で観察された貧困への社会的な関係が、多くの場合、現行のものとは異なる社会政策をつくるための障害となっている点を指摘しておこう。貧困は社会システム全体の構成要素であるばかりか、それを規制することさえある。援助制度を管理する制度的・政治的責任者たちは、正規の雇用市場の縮小を補うもの、また、貧困にたいする集団的な組織化という社会的・文化的な論理をしばしばもちいてきた。かれらはまた、家族の連帯を認識しているため、別の方法を導入するのは無駄なことだと考えがちである。イタリアでは、そうした態度を社会学者たちが公然と非難している。かれらはそれを、行動しないための（あるいはむしろ、現行の制度による規定を無視して行動しつづけるための）口実だと考えている。恩顧主義システムがそれほど根を張っていないように思われるスペインでも、状況は非常に近いといえる。最低所得政策をつくりだした自治体は、社会的・文化的文脈に最もかなっているとみなされた貧困管理の様式によって、いずれも異なった原則を採用した(＊39)。その大半は、家族の連帯を解消しないことに留意していた。より一般的にいうと、南欧諸国の貧困問題は、欧州北部にくらべて、さまざまな方法で公権力を動かしている。そこでは、貧困が制度的にあらわれる――扶助という名目で援助がおこなわれる――ことが少ない。一九九〇年代のスペインでは、二五歳から六四歳の人口の〇・四％が、社会賃金《サラリオ・ソシアル》［スペインの社会的最低所得］を受給していたが、これは、フランスのＲＭＩ［参入最低所得］や、他の欧州北部の国々の最低所得受給者の割合とくらべると少ないものであった。また、社会福祉の地方分権化が非常に進むと、貧困問題を包括的に認識することがむずかしくなり、さらには、それが経済的・社会的発展の地域格差というより一般的な問題と混同されやすくなる。したがって南欧諸国は、統合されていない貧困と強く結びついているのである。

第4章 マージナルな貧困

「西欧人は昔からの宿命であった貧困から一時脱却した」。これは経済学者のジョン・ケネス・ガルブレイスの言葉で、『ゆたかな社会』(*1)というタイトルで一九五八年に出版された彼のエッセイから抜粋したものである。アルフレッド・マーシャルを引用しながら彼は、二〇世紀の初めには都市でも地方でも貧窮は専門性をもたずに働くすべての人びとの運命であったことをマーシャルとともに認めていた。こうした人びとは教育が不十分で、過労で、疲労こんぱいしていて、安息も余暇もない。しかしガルブレイスは以下のように強調した。「一般的な悩みとしての貧困は、生産の増大によって解消した。増大した生産の分配がどれほど不完全であったにせよ、生きるために働く人びとはかなりその恩恵に浴したのである。その結果、貧困は大多数の人びととの問題から少数者の問題となった。貧困は一般的なものではなく特殊ケースになった。こうした事情によって、貧困の問題は特殊近代的な様相を帯びるにいたったのである」(*2)。

これらの観察は現在ではかなり楽観的であるように見える。前章で提示した分析は、実際にはこうした観察にたいしては慎重な態度をとっており、むしろ対立さえしている。これまでみてきたように、西洋のいくつかの国、とくに南欧諸国では、統合された貧困は今もなおありふれ、広まった貧困形態である。貧困地域のなかには、このタイプの構造的貧困がいまでも多くの人びとに及んでいるところもある。ガルブレイスが暗黙に言及した残余的な貧困は、西洋社会全体に一般化できるものではまったくない。他方で、次章で考察するように、降格する貧困は、労働市場の激しい悪化に直面した西洋社会の特定の人びとに及んでおり、この特殊近代的な局面では、貧困がつねに少数者の問題であるとはもはや確信をもって言えないほどにまでなっている。

しかし、ガルブレイスの見方には特別な注意を払う必要がある。実際にこの見方は、経済的繁栄の時期にとりわけ広まったあらゆる思想の潮流の前兆だといえる(＊3)。この時期には欧州の多くの国は、進歩にたいする共通した熱狂、貧困を決定的に根絶する能力にたいする共通した信仰を共有していたのである。また、完全雇用と経済成長率の高いこの時代には、貧困がたとえなくなったわけではないにしても、集合表象や日常生活の経験のなかではそれが顕著に変化したことも確かである。いわば貧困は眼に見えなくなったのである。この形態の貧困は、第2章で提示したマージナルな貧困という理念型に対応している。多くの西洋諸国、とりわけ最も経済発展を遂げた国々は、高度成長の時代にはこのタイプに近い貧困への関係を維持していた。いくつかの欧州諸国、とりわけスカンジナビア諸国は、社会的保護を重要視することで今もなお貧困の規模を制限することに成功している。したがってこの意味で、これらの国はこの「マージナルな貧困の」タイプに近いのである。

本章の目的は、比較調査にもとづく多くのデータからこの形態の貧困の社会学的条件を掘り下げることである。前章と同様に、その妥当性を検証しそれを概念的に確かめるために、これらのデータを理念型と関連づけることが重要となるだろう。複数の事例から、貧困がなくなったわけではないにしても、それがどのようにして社会的にほとんど眼に見えなくなったのかを示すことになる。こうした貧困の可視性が縮小するなかでの社会移転の重要性を評価するばかりでなく、繁栄し保護の充実した社会で貧者にたいして強いスティグマを生み出す諸要因も検討すべきだろう。そのさい、貧者たちを指し示すために使われた言葉にとりわけ注意が払われることになるだろう。

[1] ほとんど眼に見えなくなった貧困

マージナルな貧困の説明要因のなかでも、経済成長とその労働市場への影響だけではなく、最も恵まれない人びとにたいする社会移転の役割もとりあげるべきである。「栄光の三〇年」の時代に多くの産業化した国で貧困はほとんど眼に見えなくなったが、実際にはそこに福祉国家の転換と、とりわけそれまで最貧層にたいする社会的介入の主要形態となっていた扶助領域の縮小を見なければならない。

◉——残余的なものとなった扶助領域

「脱商業化」（脱商品化）の原理を適用することによって、近代社会は、諸個人にたいして、生活上の不慮の出来事や貧困リスクにたいする最大限の生活保障を与えることが可能になった。諸個人を交換可能な商品とは別のものとみなすことは、福祉国家の大きな挑戦であった。しかしこの「脱商業化」の過程は、イエスタ・エスピン＝アンデルセンが福祉レジームの三つのモデルを区別しながら指摘したように、西洋世界のあらゆる国で同じように展開したわけではなかった（＊4）。北欧あるいは社会民主主義モデルはこの意味で最も成功したものである。いわばこのモデルは社会的シチズンシップと諸権利の普遍性の先達となっている。大陸あるいはコーポラティストモデルは、利害と既得権を守るために組織された義務保険のシステムを根拠としている。このモデルでは社会的地位の差異が維持され、家族の役割という伝統的な考え方が基礎にあるため、扶助が重要な位置を占めることがありうる。最後に自由主義モデルは、資産状況にもとづいた扶助手当、普遍的な特徴をもつわずかな社会移転、限定された社会保険制度を特徴とする。国家は市場を奨励し、最低限の社会的保護を保証するための最小限の介入をするにとどまり、しばしば民間保険の発展を促そうとさえする（＊5）。

この分類によって、社会的保護全般に関する西洋社会の組織化様式と、それに由来する社会階層の特殊形態が理解できる。実際に福祉国家という形態は、被扶助者として支援を受ける貧困層の形成と、そこから生じる貧困の体験に影響を及ぼす。福祉国家の各レジームでは、人びとは社会的保護の網の目からはみ出し、場所と時期によって異なったかたちで被扶助層が増大する。「栄光の三〇年」の時期に社会保護制度がしだいに一般化するにつれて、伝統的な扶助領域が縮小することになったが、それは完全になくなったわけではなかった。つまり、扶助を受ける貧困層の数は、多くの場合、福祉国家レジームが社会的保護という広い網によって最も脆弱な人びとを捕捉する能力と結びついているのである。

二〇世紀には社会移転の効果に関する経験的研究はほとんどなかった。イギリスの経済学者、

B・シーボーム・ロウントリーの研究はそのなかでとりわけ重要である。二〇世紀の初めから、彼はこうした方法で貧困研究を大きく発展させた。彼が一九〇〇年にヨーク市で実施し、一九三六年に再調査をおこない、一九五〇年により簡潔な方法で実施した貧困世帯の家計消費に関する詳細な研究には、生存費用についての理論的な考察が含まれており、少なくとも部分的には所得保障に関する社会政策を精緻にする基盤を提供した。

一九三六年にB・S・ロウントリーがヨーク市内でおこなった調査は、世帯主の所得が年二五〇ポンド以下の労働者世帯全体を対象とした。彼がG・R・レイヴァースと共同で一九五〇年におこなった調査では、［一九三六年の調査と］比較可能なサンプルを対象としていた。複数の専門家の意見を収集したのちに、かれらは一九三六年当時の水準にたいしては年間所得五五〇ポンドという水準が対応すると考えた。こうして、かれらは二時点間の貧困の変化を推計し、この変化にたいする社会移転の主効果を検討することができた。とりあげた二時点には一四年の隔たりがあり、経済・社会活動の長期的な趨勢に関する通常の分析とくらべると推定は比較的慎重にならざるをえないが、［それでもなお］それら二時点をとりあげることには非常に意義がある。福祉国家は一九三六年と一九五〇年のあいだに明らかに転換した。一九四二年一一月にイギリスで公表されたウィリアム・ベヴァリッジ(＊6)のよく知られた報告書は、社会保障計画の実施の基礎を築いた。その目的は保険と家族手当をつうじた所得再分配によって人びとをニーズから解放することであり、その適用はまさしく革命とみなすことができる。この報告書の勧告は、一九四五年から一九四八年まで議会多数派であった労働党によってイギリスの立法計画のなかで実現されたものである。そこでは、二種類の措置が採用された。［第一に］公共サービスの枠内での保護制度の全面的な普及と、［第二に］無償ケ

表4-1　イギリスの所得階級の等価性の定義（1936年と1950年）

男性1人と女性1人，子ども3人からなる世帯の可処分所得，構成の異なる世帯の場合は等価所得

階級	1936年	1950年
A	33£未満	77£未満
B	33£以上43£未満	77£以上100£未満
C	43£以上53£未満	100£以上123£未満
D	53£以上63£未満	123£以上146£未満
E	63£以上	146£以上

出所：表は以下の著作のデータから作成．
Rowntree and Lavers, *Poverty and the Welfare State*, London, New York, Toronto, Longmans, Green and Co., 1951.

表4-2　英ヨーク市の貧困線以下および労働者階級に属する個人への社会移転の効果(*)

階級	1936年	1950年の状況		社会移転が1936年と同じだった場合の1950年の状況	
	%	人数	%	人数	%
A	14.2	234	0.4	2,970	4.7
B	16.9	1,512	2.4	10,971	17.5
C	18.9	12,096	19.2	9,378	14.9
D	13.9	12,429	19.8	10,692	17.0
E	36.1	36,585	58.2	28,845	45.9

＊：使用人および施設で生活する人を除く．
出所：ヨーク市民に実施した調査．表は以下の著作から作成．
Rowntree and Lavers, *Poverty and the Welfare State, op. cit.*

アへの権利に開かれた国民保健サービスの創設、これらがすべて国家の直接責任の下で設置されたのである(*7)。

一九三六年と一九五〇年の貧困を比較することによって、実際にロウントリーとレイヴァースはこれらの改革の最も明白な効果を評価しようと試みた。そのためにかれらは、以下のように二時点の値を推定することによって、「貧困」と判断される人びとのあいだで五つの所得階級を区別した（表4−1）。

この所得五分位階級という同等化の操作によって、二時点間の貧困構造の変化を比較し、一九五〇年の社会移転が一九三六年と同等である場合、それがどのように変化したはずだったのかを正確に評価できるようになった。この綿密な研究は非常に意義のある結果を提供した（表4−2）。第一に、二時点のあいだに貧困が著しく減少したことがわかった。最も貧困と考えられる階級Aは一九

三六年には対象者の一四・二%であったが、一九五〇年には〇・四%のみとなった。階級Bは一六・九%から二・四%に変化した。いわば一九三六年に労働人口の大部分であった極貧［層］は、一四年後には実質的になくなったのである。第二に、この表によれば、社会移転が二時点間で変化しなかったとしても、階級Aはそれでも対象者の四・七%であり、階級Bは一七・五%、つまり全体で二二・二%であったであろう。したがってこの結果から、二時点間で貧困が後退したが、それはたんに経済情勢が一九三六年よりも一九五〇年のほうが良好であったためというだけではなく、とりわけ二時点間で社会移転が増加したためであると結論づけることができる。

したがってこの変化は、ベヴァリッジが構想した社会保障計画の直接の結果と考えることができる。この計画は、現実のニーズにしたがって人びとに完全な保障を提供するという重要な機能を社会保険に与えた。彼はまた、国民扶助が補完的ではあるが限定的な、また可能であれば残余的な役割を果たすことを想定していた。そして、それは予想どおりとなった。社会保険は国民全体に、とりわけ労働者階級のあいだで少しずつ広まり、その結果として扶助への依存を減らすことができた。この変化は、貧困を後退させると同時に社会的に眼に見えないものにさせたのである。

◉——成長から忘れられた人びと

とはいうものの、栄光の三〇年のあいだに貧困がなくなったというのは言いすぎであろう。フランスでは戦争直後には貧困は大量に存在しており、経済的資源にかぎりがあったために公権力は配給制を敷かざるをえなかった。爆撃のあとで避難する場所を失った多くの家族は、急ごしらえのたいていは木材を組み立てた仮小屋に移り住んだ。そこでは、あらゆるものが足りなかった。一九五〇年代の半ばでもなお、状況はとくに住宅の分野で非常に懸念されるものだった（＊8）。老人は年金制度の不備のため過酷な貧困にさらされていた。かれらの多くは、最低限の生計という名目で補足的に支払われた社会的援助に強く依存しつづけていた（＊9）。高齢者の状況が改善するまでには数年間待たなければならなかった。一九七〇年でもなお、貧困世帯のうち勤労者世帯は三・九％にすぎなかったのにたいし、退職世帯は二七％であった（＊10）。しかしながら、こうした老人の貧困という胸の痛む問題があるにもかかわらず、貧困の新たな集合表象が一九六〇年代に登場した。この経済的に幸運な時代のなかで貧困の可視性が弱まり、それが多くの人びとにとっては失われつつある二次的な問題となったのであった。まさに高度経済成長期における貧困へのこうした特殊な関係こそが、マージナルな貧困という理念型に近いものといえるのである。この貧困への関係はフランスに特有のものではない。ドイツのような、その時代の経済復興がよりゆっくりとしていた他の国でも、欧州の産業化した国はすべて同様の変化を経験したのである。

　ガルブレイスが豊かさに関するエッセイを書いた時代に、彼は現代の貧困を「個人的貧困（*case poverty*）」と「島の貧困（*insular* poverty）」という二つの大きなカテゴリーに分類した（＊11）。個人的貧困は、街がいかに繁栄しようとも、またその時代がいつであろうとも、都市であろうと田舎であろうと、どの町や村にもみられる。ガルブレイスはこう説明する。「個人的貧困の例を示すと、がらくたでいっぱいになった庭で汚い子供たちが泥まみれになって遊んでいるような貧しい農家、鉄道沿線の色あせた小屋、あるいはまた裏町の地下室ずまいなどである」。「個人的貧困」について語ることは、これらの人びととそれ以外の人びととの差異を強調することになる。かれらが目にすることのある環境のなかにいながら、ほとんどすべての人びとは貧困から脱出している。したがってかれらのたどる道のりは他の人びとの道のりとははっきりと異なっており、それはなぜかを知ることが問題となる。ガルブレイスにとって、原因は環境ではなく、個人や家族の性質のなかに探し求めねばならないものである。彼は精神薄弱や不健康、産業［社会］の生活規律に適応できないこと、多産、アルコール、不十分な教育、あるいはこれら複数の要因がまじりあった結果を挙げている。いいかえれば、ガルブレイスにとって「個人的貧困」は個人や家族の欠陥によって説明されるのであろう。

「島の貧困」では状況が異なっている。なぜなら島の貧困では、すべての人、あるいはほとんどすべての人が貧しいからである。この場合、個人の欠陥によっては説明できない。これらの島はほとんど開発されていない農村地域、とくにアパラチア山脈［カナダおよびアメリカ合衆国東北部に位置する山脈］の南部に残存する。ガルブレイスによれば、この局地化された貧困は資源不足あるいは不毛な地域という理由だけでは説明できない。この貧困は土着本能に、つまり生まれた場所の近くで生活することを人びとが欲することに起因している。「かれらがそこに長くとどまるかぎり、かれらは非生産的で不規則、あるいはまったく別の理由で、ほとんど報酬のえられない、農業や鉱山、産業やその他の労働に関わる」(＊12)。

しかしながら、問題となっているのが「個人的貧困」にせよ「島の貧困」にせよ、ガルブレイスによれば、貧困は都市の中心部よりも田舎でみられるようなマージナルな現象のままである。こうした貧困表象は、数年後にマイケル・ハリントンの著作『もうひとつのアメリカ』で再検討されることになるが、好況期になるとこうした表象は必然的に変化する。それは、福祉にアクセスできる人びとのなかから、周縁で暮らし、最終的には生活が崩壊してしまうような少数者を把握しようとするものである。

フランスの状況も同様であった。解決の遅れた老人問題以外に、一九六〇年代の中心的な社会問題だったのは貧困問題ではなく、不平等と「利益分配」(＊13)の問題であった。フランス社会は前例のないほどの生活水準の向上をこの時代に経験し、はるか昔からつづく例外的な状態から解放された(＊14)。この前例のない経済成長にもやはり社会的保護の発展がともなっていた。その結果、大部分の人びとにたいする福祉が増大し、それは自明のものとみなされた。当時の、「ゆたかさの時代」や「ゆたかな社会」といった言葉や、イギリスの社会学者［ジョン・ゴールドソープ］が書いた『ゆたかな労働者』のような著作のタイトルがそれを見事にあらわしている。何人かのボランティアやソーシャル・ワーカーだけが、世論が忘れ始めていた最貧層にたいする行動を指揮しつづけていた。たとえば下層プロレタリアートたちの主張を支持し、世代をこえて貧困層を保護することを目的とするATD第四世界運動［第四世界は先進国のなかでの貧困を意味する］が生まれたのは一九五〇年代の終わりである。さらに一九六〇年代半ばには、排除という観念がこの成長から忘れられた人びとに言及することで登場したのである。この言葉が最初にもちいられたのは、当時の計画庁長官であったピエール・マッセの『進歩の分け前』というエッセイや、とりわけ同時期に、ジョゼフ・ヴレザンスキー神父の支持者たちによってATD第四世界運動の影響下で出版された、『社会的排除』という著作であった(＊15)。

当時の排除という観念は、労働市場の悪化や社会的紐帯の脆弱化という現象ではなく、むしろ経済的進歩の外側に固定された人びとが目立つかたちで、恥ずべきものとして残存していることを意味していた。人びとの増大する福祉とこれら「見捨てられた人びと」との乖離は、運動家や現場のソーシャル・ワーカーたちには衝撃的なものと思われた。緊急仮設住宅団地《シテ・デュルジャンス》に住むこの第四世界の人びとにたいしてはいくつかの研究がおこなわれ(*16)、かれら向けの複数の社会プログラムが実施された。しかし、豊かな社会と進歩という文明が、苦い「幻滅」を生み出していながらも、このなかなか根強い困窮の再生産メカニズムに歯止めをかけられないことは明らかなようだった(*17)。

一九六〇年代にジャン・ラバンは、パリ地域の経由住宅団地《シテ・ド・トランジット》［バラック街を取り壊したのち低廉家賃住宅（HLM）に移転するまでに住民が一時的に入居するための住宅団地］で実施した多くの調査にもとづいて、ガルブレイスの分析に異議を唱えた。彼によれば、福祉が広く行きわたるなかで失われる「特殊ケース」という仮説にもとづいてこれら下層プロレタリアートの状況を説明することはできない。「ケース」が問題になるならば、これらの団地には、アクシデントや深刻な断絶、特殊な事情のせいで転落した経験のある、困窮ではないがあまり裕福ではない階級出身の人びとがかなりの割合で存在しているはずだ。ところが調査結果では、これらの経由住宅団地には状況が突然悪化した家族はごくわずかしか存在しないことが確認された。この［転落という］タイプのケースは、ラバンのサンプルのうちの約一三％であった。「したがって、それ以外の人びと、つまりほぼ全員のフランス人の運命もしくは性向について述べることができる。つまり、困窮者や浮浪者、また大部分の貧困層にとっての運命である。なぜならある構造的要因が介入してかれらを貧困のなかに押しとどめそれを強化するからである。あるいは、救貧院の出身者たち、特定の貧困者たち、より下層の配偶者と結ばれた何人かの人びとの性向である。個人ではなく世帯を考慮すると、運命や性向はなお、より顕著である。なぜなら配偶者の一方がより良い生活を切望できたとしても、他方がすでに困窮のほうへ向かっていたからである。要するに現在の状況は遺産なのである。この遺産はたんに当事者が引き継いでいるだけではない。ごくわずかな例外を除けば、かれらの兄弟姉妹もそれを引き継いでいるのである。この遺産は疑いえなかったもののようだ。したがって「緊急の」収容所と団地はフランス人を住まわせるために存在する。かれらは一度も貧困や困窮に陥ったことはないが、つねにそこで生きてきたのだ」(*18)。

団地で経験されたこの貧困がなによりも遺産であったことを示すために、ラバンは学校の役割を強調した。彼はとくに団地の子どもたちの学校環境のなかでの社交性と、統制サンプルの子どもたちの社交性を比較するために、一連のソシオメトリー・テストを利用した。分析結果から、こうした恵まれない環境出身の子どもたちは他の子どもたちよりもずっと周縁にとどまっていたことが結論づけられた。かれらはしばしば拒絶されており、そのために学校でなすべきことは何もないという考えを内面化していた。ラバンはこう強調する。「そのうえ学校でマージナルな子どもは、今すでにかかえている、自分の将来に必要な知識を獲得するための困難がさらに増大するのを経験する。またそれだけでなく、集団のなかでどのように自身の役割を務めるのかを学ばないか、うまく学ばない。したがって教育の欠如と社交性の弱さによって、かれは大人の責務にたいして二重に準備ができないのである」(*19)。その一方で、教育を十分に受けていない親をもつこうした子どもたちもまたいつかは「自分も」困難をかかえる親となり、拭いがたい劣等感と無力感を振り払うために必要な心構えを自分の子どもたちに伝えるようになる。下層プロレタリアートについておこなった他の研究も同様に、子どもたちの自我が脆いこと、自信をもつことがきわめてむずかしいこと、家庭環境の影響、とくに家庭環境がつねに不安定であることを強調した(*20)。

そして、ラバンやATD第四世界運動に参加した他の研究者の分析につづいて、この高度成長の時代に貧困の再生産説が展開された。ガルブレイスのように個人や家族の欠陥とみるのではなく、世代間のハンディキャップの伝達という構造的要因を強調する説である。そこでは、社会全体に福祉が行きわたるようになってからもこのメカニズムが持続していることが説明される。このことは、ラバンが分析した経済的繁栄が広がるなかで継承された貧困と、前章でわれわれが分析したような貧しい国や地域で継承された貧困との重要な違いである。ここでわれわれの関心を引くのは、結局のところ一部の周縁層だけが非難されていることである。

この下層プロレタリアートは数が少なく、かれらにあてがわれた団地に住む他の住民からは比較的孤立しているために目立たないものの、しばしば偏見の犠牲者となる。コレット・ペトネは、「世間はかれらをマージナルな人びと、非社会的な者、不適応者、社会的ハンディキャップと呼ぶ」と指摘している。彼女によれば、「これらの言葉は生活様式を描写したものではないが、危険や欠陥、異常さをイメージさせる。つまりそれは社会の一部をあらわし、あらゆる異常な行動がそこで引き起こされるのではないかとみなすものである。そして、おそらくそれは、目に見えない社会的恐怖をあらわしてもいる」(＊21)。これらの表現は下層プロレタリアートとその家族の信用を貶め、かれらを追い詰めることになりうる。しかし、この時代の他の社会学者と同じく、コレット・ペトネは、これらの人びとにはとくにいかなる欠陥の徴候もないと述べる。かれらはなによりも居住環境が悪く、とりわけ経済的困難に直面した社会の最下層に属している。したがって、社会がこれら「下層の人びと」に定める運命は不公正なのである。

たしかにまったく不公正ではあるが、それでもなおこの現象はしばしば証明されてきた人類学的現実である。実際に各々の社会には、望まれざる者たち、人間性を疑われ、なんらかの方法で厄介払いされてしまう人びとがいる(＊22)。あるときには、敵意や不潔さ、あるいは消せないほどの重大な欠陥を疑われるような、しばしば遠い場所に出自をもつ集団に排斥感情が襲いかかる。たとえばスイスでは無国籍者たちは数世紀ものあいだ組織的な敵意の対象であった。遍歴者や物ごい、流浪の民の子孫たちは、牢獄から火刑台に送られ、漕役刑や車刑を受けながら、さまざまな刑罰を宣告されてきた。かれらは決まった場所に腰を落ちつけることができなかった。というのも、かれらにたいして自然発生的に向けられた敵意は、それ以上に悲劇的な運命をまぬがれるためのものだったにすぎないが、かれらに追放を強いるほどのものであったからである。スイスでおこなわれた研究では、この「かまども場所もない者たち」にたいする軽蔑がいまだにいくつかの州で残っているため、たとえ貧困がほとんど眼に見えないにしても、この非常に豊かな国にはなおも無国籍者たちが存在していることが明らかにされている(＊23)。差別がけっしてなくならない日本の部落民のケースにも言及することができる。この排斥の犠牲者たちは、「非人（non-humains）」と「えた（êtres souillés）」の二つのカテゴリーの血をひいている。非人はおそらくは中世日本社会の「無宿人（peuple flottant）」に由来している。定住農耕社会で土地をもたないかれらは、生存するためには物ごいをせざるをえなかった。そこには、転落し共同体から排除された者、私生児ばかりでなく心身に障がいをもつ人も含まれていた。えたは皮革労働を専門職としていた。なめし皮製造者や食肉解体業者たちは、死や血、肉、病と接触していた。かれらは不浄の者とみなされ、「ふつうの」日本人と婚姻することを禁じられていた。日本で部落民が今もなお集合表象にあらわれ、経済的・社会的に最も恵まれない人びとのなかにいまだに存在しつづけていることは驚くべきことである(＊24)。かれらを標的とする差別は、漠然とした理由で陰険なやり方でつづいている。かれらの正確な数はかなり不確かである。一九九六年に公表された政府統計によると、一五〇万人を数え、そのうちの半数はいわゆる「特殊」地区に居住している(*25)。したがって、歴史的にある地域から他の地域へと追いやられ、あるいは、村落や都市圏(*26)から隔てられた場所にとどめられたカテゴリーにたいするこうした差別は、進歩と福祉の一般化を獲得した近代社会において今なお存在しつづけることがあることがわかる。

さらに、一九六〇年代から一九七〇年代のあいだにフランスの緊急仮設住宅団地に住みつづけていた下層プロレタリアートは、多くの人びとにとっての社会的余剰となるほどにまで、いっそう周縁化されていた。実際のところ緊急仮設住宅団地には、大戦後の住宅危機の犠牲者である劣悪な居住環境におかれた人びとが、一九五〇年代半ばから驚異的にその数を増やしたより近代的かつ適切な住居へ移転するまでの仮住まいを保証する役割があった。この段階的な再移転政策はフィルターの役割を果たした。労働者階級のなかでも最も貧困の程度が低い一部の人びと——かれらは安定雇用と定期的な賃金を求めることができた——は、よりたやすくこれらの新しい住居にアクセスすることができた。そもそも経済的理由のためにかれらと同じことができなかった家族は緊急仮設住宅団地にとどまり、悲惨な境遇のなかで生活していた。これらの団地は少しずつ遠い過去の遺物となり、数年前に危機の犠牲者であった住民たちは、貧困の残存物としてますますスティグマ化され、「要援助者《カ・ソシオ》」というレッテルを貼られ、しばしば近代社会の動きにあった振る舞いができないとみなされた。

この下層プロレタリアートがたとえ厄介な存在であったとしても、かれらだけで社会問題を生み出すことはありえなかった。この時代の社会的排除という言葉が限定つきながらも成功したのは、この言葉が指し示す現象が依然としてマージナルなものであったという事実にもとづいている。それはやむをえない残余としてあらわれていたのである。それはそもそも社会体全体に影響を及ぼすほどのものではなく、当時の大多数の民衆階級がまぬがれることができると思っていた過去の遺物でしかありえなかったのである。とりわけこの時代の社会福祉制度は、社会的不適応について語っていた。とくに自由主義と保守主義の環境のなかで、こうした常態化した貧困は個人的欠陥、さらには貧困者自身の無責任と思慮の足りなさによって説明されることがふつうだったのである。

少なくとも集合表象においては、貧困とはこの残余的な周縁層をあらわすものであったために、社会問題は、とりわけ企業内で賃上げや労働条件の改善、賃労働者の社会的保護の基盤の拡大を求める社会闘争という領域に移行しえた。社会的なものは、労働世界ばかりでなく教育と文化における恒常的な不平等に集中していた。第四世界は残存的なものでしかなく、それはたしかに不名誉なものではあったが、豊かな社会では、少なくとも部分的にはその存在やそうした社会が引き起こしていた政治問題が隠蔽されるほど非常にマージナルなものであった。

状況はアメリカと多くの点で類似していた。先ほどみたように、ほとんど同じ時期にガルブレイスは豊かさが一般化した時代に到達したと考えていた。大多数のアメリカ人は貧困について考えるのを拒絶していたために、貧困はほとんど眼に見えないものになっていた。ロベール・カステルが強調しているように、この幸運な時代では、貧困は「豊かさの裏面、陰り、抑圧されたもの」(＊27)でしかありえなかったのである。このテーマについての論争が開始されるまでには、マイケル・ハリントンの著作『もうひとつのアメリカ』(＊28)が一九六四年に出版されるのを待たねばならなかった。貧困と福祉国家の専門家によく知られている本書は、アメリカで非常に大きな反響を呼び起こした。本書の出版とそれによるメディアへの影響のなかに、一九六〇年代における［当時のジョンソン大統領が宣言した］貧困との戦争（War on Poverty）の引き金となる主要な要因のひとつを見いだした人びともいたほどである。いずれにせよ、本書は豊かな社会という一般のイメージに亀裂を生じさせた。実際にこのエッセイのなかでハリントンは、アメリカでは数えきれないほど多くの貧困層が見えない存在となっていたことを指摘しようとした。そこでは知的な努力と、かれらを可視化させたいという意志が必要であった。ガルブレイスとは反対に、ハリントンはセグリゲーション［居住分離］と黒人問題を強調した。プチブルジョアとなった中産階級は現在では住宅地区で生活し、少なくとも貧困はなくなったものだと信じさせられていた。しばしば自分の身の上を恥じている貧困層は劣等感を内面化し、それを運命として受け入れるようになったとハリントンは強調した。現実にはもうひとつのアメリカ、舞台装置の裏側のアメリカが問題となっていたのである。

したがって、利用可能なデータをもちいれば、貧困が完全になくなったわけではないこと、そしてたしかにアメリカでは、貧困はガルブレイスが認識していた以上に数多く、ずっと構造的なものであったことを詳細に確かめることができる(＊29)。しかしアメリカでは、同時代のフランスと同様に、貧者に与えられる社会的地位は価値の低いものでしかなく、このことがそうしたレッテルを貼られた人びとの信用失墜を強化していたことを強調しなければならない。したがって、これらの国で生活する貧者の社会的地位は、貧しい国や地域で生活する貧困層のものとはもはや比較にならないほど低かったのである。

何人かのアメリカ人研究者は、経済情勢におうじてさまざまに変化する貧困層への扶助政策を分析した。たとえばフランシス・フォックス・ピヴェンとリチャード・A・クロワードは、アメリカの事例から、景気後退と大量失業の段階では、扶助の主要な機能は市民たちの無秩序状態が一時的に噴出するのを規制することであると述べた。そして、経済成長と政治的安定の段階にはこの機能は失われる。というのも、貧困層がそれまでに獲得していた援助がしばしば抜本的に削減されることによって、この機能がかれらの労働市場への参加を促進するというまったく別の機能に変わるからである(＊30)。

第一の段階では貧困層は犠牲者とみなされ、かれらが現行の社会システムにたいして反乱するのを回避することが争点となる。第二の段階ではかれらは潜在的に怠惰とみなされ、「道徳化」の政治のみがかれらの態度を変化させることができると考えられる。景気循環とそれによる扶助の組織化形態への影響を強調することによって、この分析は以下の点を確認している。すなわち、経済成長の著しい時期には貧困層がいっそうスティグマ化されるために、提示された新しい仕事の賃金と労働条件がたとえ魅力的なものではなくとも、かれらがそうした仕事を受け入れ、扶助を断念して生産的な存在になることが期待される。別の言い方をすると、こうした好況期においてすらずっと貧しいままである理由は、集合表象においては、意欲の欠如や怠惰、個人的欠陥によってしか説明されえず、いかなる人格的な特徴であっても道徳的観点から非難を受けることになる。

西洋の経済が大きく成長したこの時期には、貧困の地位はマージナルな貧困と私が呼ぶものに近づくが、だからといって、このタイプの貧困を過去のものでしかないと考えるべきではないだろう。それは、こんにちでは完全に過ぎ去ってしまったものとは誰も思ってはいない。ここ数年のあいだに、欧州諸国のなかでも、雇用危機に直面したにもかかわらず、同じくマージナルな貧困に近い貧困への関係がつづいている国があるのだ。

［2］ 表象の安定

欧州諸国には今もなおマージナルな貧困と非常に近い国がある。それは経済・社会状況が過去数年で変化しなかったからというわけではなく、とりわけ集合表象の安定と、これらの国々で「貧者」と定義される人びとにたいする介入様式のゆえである。以下ではスイスとドイツ、スカンジナビア諸国のケースを分析しよう。

◉――「貧困層は結局どこにいるのか？」

スイスと同じくらい豊かな国で貧困について論じることは、突拍子もないことのように見えるかもしれない。周知のように、そこは一人あたりの国内総生産が世界で最も高い国のひとつである。一九九〇年代の雇用危機がスイス経済に及ばなかったとはいえ、失業率は他の欧州諸国にくらべてあいかわらず低い(＊31)。欧州基準で測定した貧困率もそれほど高くなく、デンマークやオランダ、つまり貧困の広がりが最も少ない国に近い(＊32)。大規模な調査が貧困問題を対象とするようになって以来、現在では貧困について論じることがよりふつうになったが、長いあいだスイスはこの現象からまぬがれていると考えられていた。そして、多くのスイス人が今もなおそのことに同意していると思われる。ローザンヌ大学のジャン＝ピエール・フラニエールは、この国で提起されつづけている問いをとりあげて、こう言う。「しかし結局のところ、かれらはどこに隠れているのか。スイスでは浮浪者を受け入れるための地下鉄などない。スイスでは観光客が通りに差し出される両手にうんざりすることはない。そのかわりに、あちこちで手まわしオルガンがかれらを楽しませている。では結局のところ、どこに貧困層がいるというのか」。そして彼は答える。「かれらは目立たないのだ。かれらはみな沈黙を強いられていると言わねばならない。問題は苦しむ貧者なのではない。姿をあらわす貧者、あるいはより悪質なのは語り始める貧者なのだ」(＊33)。おそらく貧困層がこのように目立たないのは、かつて無国籍者を対象に迫害が繰り返されてきた結果だと考えねばならない。中世の宗教的信条と完全に対立して、ルターとツヴィングリ、カルヴァン(＊34)が貧困は徳と同義ではないと主張し、働かざる者は慈善に値しないと考えた国では、眼に見える貧困と物ごいが現在もなお比較的強い社会的指弾の対象となることはおそらく驚くようなことではない。

　貧困の存在を認めることが困難な理由のひとつは、この国では労働の文化が重視されているからである。ジャン＝ジャック・フリブレはこう説明する。「大多数の人びとにとって、労働は義務と使命《ヴォカシオン》でありつづけている。まず、それが義務なのは、多くの選挙結果が示しているように、富は分配されるまえに生産されなければならないと各々が深く信じているためである。そして、それが使命なのは、労働が人格の形成に有用であり、不可欠であるという理念をかれらが共有しているためである」(＊35)。しかし、この文化的方向性はたしかに雇用の領域では積極的な効果をもっているかもしれないが、裏の面もある。スイスでは失業はつねに強いスティグマを与えるものであり、貧困層は社会的指弾によって罪悪感を抱かされるという試練を回避するために、沈黙しながら自らの貧困を生きざるをえないのである。

　一九八〇年代の終わりにヌーシャテル州の国務院《コンセイユ・デタ》がヌーシャテル大学の研究者チームに委託した調査は、それ自体がこうした風潮をあらわしている。調査は「貧困層はいるのか」というタイトルで、ヌーシャテルの大評定院《グラン・コンセイユ》で受諾された発議のタイトルをそのまま採用したものであった。この問いは、この時期に他の欧州諸国でおこなわれた「新しい貧困」に関する論争とくらべるとずれがあるように見える。一九八〇年代の終わりには、貧困の存在にたいする疑いはフランスではもはや存在しなかった。複数の地域でおこなわれた実験を経て、ＲＭＩ法が一九八八年一二月一日に採決されたからである。スイスでは、貧困に関わる事実は、それがスイスのアイデンティティをかたちづくる繁栄と共有された福祉というイメージに反するものとみなされるくらい、異議申し立ての対象なのである。そこでは、この国の現行の社会モデルが確固としたものであるかのようである。

　しかし、ヌーシャテルでの調査によって、この州の貧困知覚が修正されることになる(*36)。調査者たちは税務申告から低所得者と社会福祉サービスの受給者を同時に調査した。かれらはこれらの人びとにたいして複数のインタビューを実施した。そしてすぐさま、貧困がほとんど眼に見えないように思えても、それがなくなったわけではないことを確認する。かれらはこう述べる。「われわれの社会が意図的に貧困を隠しているとは思わない。貧困は羞恥心とつつしみと、とりわけ「日常性《オルディナリテ》」によって自ら隠れようとしているのだ。そう、貧困が日常的で、平凡で、習慣的であるという意味で、貧困は「ありふれて《オルディネール》」いる。貧困はたんに周縁層やはみ出し者だけではなく、まさに人びとがつくりあげたイメージどおりのまったく「ふつうの《ノルマル》」人びとにも間違いなく関わっているのである！［……］われわれの社会が貧困を意図的につくりだしたのではないにしても、すぐには認識できず、われわれに直接関わらないものを見て解読し理解することを学びなおすことが急務になっていることに変わりはない。社会問題にたいする視野の狭さは、社会のメカニズムの誤認や不透明さ、その働きの不明瞭さにも由来する。したがって貧困対策の第一歩のひとつは、結局のところ、まず貧困が存在していると言うこと、そして貧困が何に類似しているのかを言うことである」(＊37)。したがって、これらの研究者の努力は見えないものを可視化することにあるのだということがわかる。というのも、スイスで貧困が眼に見えない理由のひとつは、それが他の人びととまったく違わない人びとに及んでいることにある。マイケル・ハリントンは一九六〇年代にアメリカでほとんど同じことを述べていた。「重要なことは、困窮を見ようとしないこんにちの態度のなかに新たなものがあるということ、つまりアメリカ社会の発展そのものが新たなかたちの精神的盲目をつくりだしているということを理解することである。貧困層は一般国民の意識と経験からすべり落ちつつある」(＊38)。豊かな社会、いわば豊かさによって盲目となった社会では、社会学者の仕事は、まずデータの収集と分析をおこない、そのあとで結果を提示することによって引き起こす社会的論争にほぼ必然的に関わらざるをえなくなるものとは何かを明らかにし、可視化することにある。したがって、ハリントンの二五年以上あとに、ヌーシャテルの社会学者たちは、スイスの不安定化と困窮化のメカニズムを、証拠を挙げて説明することに腐心した。かれらはとりわけこの隠された現実についての複数の次元――家族の支援の欠如、社会的不適応の諸形態、身体的・精神的ハンディキャップによる断絶、婚姻関係の破綻、親ひとりで子どもを育てるという問題、低所得、失業、借金、そして高齢者の貧困――を強調した。これらの要因は「古典的」と呼ぶことができるだろうし、スイスでは貧困の原因が他の欧州諸国とは違うはずだという考えを問いなおすことにもつながる(＊39)。

それでもやはり、スイスでは依然として、貧困の存在が社会的・政治的に疑われるような現象であることに変わりはない。すでにみたように、スイスの貧困率は相対的に低く、失業率もまったく同様である。研究者ばかりではなく、労働組合のメンバーや慈善団体のボランティアが貧困の存在とその再生産のメカニズムを明らかにしようと努力してきたが、貧困はつねに州によってあまりに対照的なかたちであらわれ、しばしば徹底的に隠されているために、このテーマに関する全国的な議論が実際に重要なものとなるのに時間がかかっている。このように、たとえば最低所得制度の実験がいくつかの州の主導でおこなわれているものの、少なくとも短期的には、所得保障制度がスイス全土に広がり、共通の法的根拠にもとづいて「生存最低保障」の権利がこの国で制度化されることはありそうにない(*40)。こうした条件の下では、貧困への社会・政治的な関係はなによりも局地化しており、いまだマージナルな貧困に近い状態にある。

◉――「克服された貧困」

ドイツでは再統一の前には貧困や排除に関する論争はほとんど存在しなかった。国は欧州のさまざまな貧困対策プログラムに参加するのを躊躇していた。社会事業省の一般的な主張は、貧困は「克服された」――とくにドイツ社会扶助制度と社会的権利の水準の高さのおかげで――、したがって貧困対策プログラムは無用で、それを社会的論争の中心的なテーマとすることは有害ですらあるというものであった。大学でこの現象を――しばしば慈善団体の支援を受けて――研究している複数の研究者、経済学者と社会学者たちは、そこでの研究をつうじて、最貧層の声を聞かせることに腐心している(*41)。しかしこれらの研究の数はかぎられている。たとえばフランスや他の欧州諸国でしばしば起こるような、これらの研究が社会の自己反省を作動させることができないのである。

貧困表象はこうした状況と一致しているように見える。一九七六年の調査によれば、西ドイツ人の五三％は、困窮状態の人を一度も見たことがないと答えている。また、生活環境全体が非常に悪いと思われる人びとが、自身の居住地区や村落に存在しているかという設問に「いいえ」と回答したのは、同時期の欧州共同体平均で一八％だったのにたいし、ドイツでは三〇％であった(＊42)。一九八九年の別の比較可能な調査では、該当する西ドイツ人の六三％は、極貧や貧困、あるいは貧困に陥るリスクのある状況におかれた人びとが自身の居住地区や村落にはいないと回答した(＊43)。二〇〇一年の最新の参照可能な調査ではこの割合は低下したが、欧州諸国全体で四三％であったのにたいして、西ドイツ人の約半数はあいかわらず、こうした状況におかれた人びとは自分の居住地区や村落にはいないと回答していた。また二三％が無回答であったことも指摘しておこう(＊44)。むろんこのことはドイツに貧困がないことを意味するわけではないが――そのうえ、再統一以後に貧困は増加した――、東ドイツ人も西ドイツ人も、それが世代間で再生産される古くからある現象であることに気づかないのである。たとえば、性別と年齢、所得の効果を統制すると、再生産される現象としての貧困の知覚は、他のすべての欧州諸国、とりわけ南欧諸国よりもドイツでは著しく低いことが確認できたのだった(＊45)。

これらの調査結果を、一九九三年に実施されたより質的な調査によって明らかにすることができる(＊46)。さまざまな社会環境の出身で、貧困層にたいするさまざまな施策に関わっている人びとにたいして、複数の詳細なインタビュー調査がおこなわれた。社会的な領域を専門とする大規模な非宗教団体であるパリテート福祉団体の担当者はつぎのように述べた。「ドイツに貧困は存在しない。最近まで貧困は政治的論争の対象ではなかった。ここでは貧困は否認されているのだ。われわれはまだ貧困線を定義することに政治的に成功していない。そのため準公式的な水準、すなわち社会的援助水準がある。この水準は異論を呼んでいるが、それは政治的な問題だ。そこでは、貧困層は金を受け取っており、おかげで貧困は克服され、もはや誰も貧者ではないといわれる。このようにドイツでは、政治家に貧困についてどう考えるかと問い詰めると、それが社会政策に欠点があることを言外に意味しているがゆえに、かれらは攻撃されていると感じるのだ。だから貧困は典型的な野党のテーマなのだ」(＊47)。このような言い方は例外的なものではない。ドイツ福音教会の執事職の担当者も同じ時期にこう語っている。「政治的言説としては、貧困層は存在しないといわれる。人びとは尊厳をもって生活することのできる最低所得の権利をもっているのだから、貧困は克服されたのだといわれる。しかし、実際にはこの話題に関する政治的論争など存在しないのだ」(＊48)。同じくこの担当者は、欧州の貧困対策プログラムにたいする当時の政府と議会の態度に失望していた。彼によれば、これらのプログラムは欧州委員会の活動を正当化するキャンペーンとして認識され、政治的アクターはそれにまったく関心をもたなかった。「連邦政府はドイツには貧困は存在しないと考えている」という公式なものとなった決まり文句を使って貧困の不在を正当化するかれらは、委員会がドイツでこのテーマについて組織した会合にさえも不満を抱いていた。たとえば、フランクフルト郊外に位置する住民一万二〇〇〇人の街の副市長は、とりわけ自分の自治体の貧困問題を以下のように相対化しようとした。「貧困については多くのことを語ることができる。しかしすべては何が貧困と呼ばれるのかによるのだ。ドイツでは餓死する人はいない。かなり発展した法体系もある。貧窮にあえぐ人たちは援助事務所によって援助されており、多くの分野で支援されている。私は毎週、不満ばかりを言う「ホットスポット」(Soziale Brennpunkte)［困難地区］の人たちを受け入れている。私はかれらのかかえる問題をよく知っている。しかし当然ながら、私たちの小さな町では、かれらはフランクフルトの貧困地区の人たちほど多いわけではない」(*49)。

このようにドイツの貧困には都市《シテ》の権利はほとんど存在しない。貧困は否認されるか意図的に過小評価されるのである。政治的責任者たちは、貧困が問題となるたびに自分たちの行為が裁かれていると感じ、このテーマについての議論を避けようとする。補完性原則が残るドイツの連邦制度では、各議員はなによりもまず、自身が責任を負う地域の住民の問題に関わっていると感じていることを認めなければならない。議員たちはあらゆる地域的な解決だけで疲弊してしまうため、自らの直面する問題を上のレベルにもっていくことができない。たとえばフランスのように集権化した国家では、より直接的に問題とされるために、国に責任を負わせるか、国に圧力をかけることがより容易である。しかしこのように国レベルで貧困が婉曲化される原因はより深いところにある。

これらの結果の意味を理解するためには歴史的な分析に進む必要がある。フランツ・シュルタイスは、こうした貧困への社会的な関係の特殊性が、一九五〇年代初めに起源をもつ社会文化的伝統と思想的潮流からきていると考えている。この時期には、「ドイツの奇跡」［高度経済成長］の影響下で、多くの政治家と政策担当者は、社会的不平等が終焉し、「階級」や「社会階層」という陳腐とみなされた概念が乗り越えられると信じていた(*50)。多くの政治的な集まりのなかで社会学者のヘルムート・シェルスキーが広めたこのイデオロギー的潮流が、貧困が消え去ったという考え方をも伝播させたようだ。それはいわば、戦争によって引き起こされたトラウマとおそらくは完全に無縁ではない集合的抑圧であろう。

貧困の存在に口をつぐむ、もしくは相対化しようとするこうした意思は、先にみたように、ドイツの社会扶助制度の性能が非常に良く、誰も困窮させることがないという自信のうちにもある。個人化された最低所得を保障するこの制度は、たしかに先駆的なものと考えることができる。なぜなら、他の多くの欧州諸国がそれを検討していなかった時期の一九六一年に、連邦社会扶助法という名の下でこの制度が採択されていたからである。この法は、市民の扶助への普遍的権利を規定した一九五四年六月二四日のドイツ憲法裁判所の評決を発展させたものであった。そのさい、すべての人に個別に最低所得を保障することには、あらゆる政治的グループと社会階層《カテゴリー・ソシアル》の人びとが賛成した。いわば一九六一年法は、「経済の奇跡」の社会的な側面だったのだ。経済成長を背景に生まれたこの法は、貧困を永久に食い止めるための理想的な解決策であるかのように思われた。このように、戦争による深い傷を負ったあとで、ドイツ社会は、経済的な復興と工業分野で最高の生産性を実現する能力を獲得しただけではなく、人生における不慮の出来事からすべての人を最大限に保護するという意味で、社会進歩を実現する能力を獲得したために、欧州にとってのモデルとなることができたのである。

この社会福祉《アクシオン・ソシアル》制度は現在でも有効である。この制度によって、一九八〇年代と一九九〇年代に他の欧州諸国と同じくドイツにも広がった貧困をよりうまく抑制できたと考えることができる。しかしこの時期のあいだ、社会福祉を受ける人びとの数が著しく増加すると、この制度は過度に利用された(＊51)。ドイツでは被扶助者の増加がとどまるところを知らず、かれらは他の国々、とくにフランスの被扶助層と同じような特徴をもっていた。たとえば増加する若年層、扶養の必要な子どもをかかえながらも多くの場合は孤立している人びと、失業にたいする権利を使い果たした数多くの失業者たちである。再統一後には、貧困はますます眼につくようになったと思われており、現在では多くの西ドイツ人がその直接の責任は東ドイツの経済・社会環境にあるとみている。さらに、そうした東ドイツ人たちへの貧困支援の結果として生じた増税を引き受けなければならないのはおかしいと考える人びともいる(＊52)。しかしこれらの困難にもかかわらず、好況期にいち早く実施されたドイツの社会福祉制度は、ドイツ人の心のなかでは、貧困からの基本的な保護をつねに提供するものである。この制度は、この［貧困という］現象が最終的に克服されたのだという集合的な信念をつくりあげることに貢献した。さらにドイツの社会学者のなかには、ドイツの貧困の特徴は、いまだに多くの場合は一時的な困難であり、扶助のネットワークとの関わりは比較的短いと考える人たちもいる(＊53)。しかしこの結果は、世代から世代へと伝達される継承された貧困がなくなったことを意味しない。また、貧困層が多くのハンディキャップを蓄積していないということも意味しない。しかしながら、社会福祉を受けている人びとにたいして長期間にわたっておこなわれた調査データは、ドイツの貧困が現実に克服されたのだ——それは一部には正しい——という根強い信念を強固なものにしている。

◉——反論を呼ぶ概念

スカンジナビア諸国もマージナルな貧困に近い。その第一の理由は、相対的貧困を測定した場合、いかなる指標を考慮しても、貧困が他の欧州諸国、とくに南欧諸国ほど著しいものではないことである。中位所得六〇％以上の相対的水準では、一九九七年から二〇〇一年までの時期では、貧困はスカンジナビア各国平均の人口の一〇％であったが、南欧諸国では約二〇％に達していた（表4－3）。

スカンジナビア諸国と南欧諸国との差は、貧困の期間を考慮した場合にはよりいっそう顕著である。スカンジナビア諸国では貧困の期間はかぎられているが、前章でみたように、南欧諸国ではしばしば非常に長期にわたる。いいかえれば、北欧諸国では個人の貧困経験の割合はより低く、多くの場合、人びとはこうした状況を一時的にしか経験しない。たとえばデンマークでは、過去五年のあいだ（一九九四年から一九九八年のあいだ）に貧困を一度経験した人びとの割合は一〇％未満であったが、欧州諸国全体平均ではそれは二二％であった（＊54）。同じく、蓄積的な貧困と、われわれが排除と呼ぶものの主要因のひとつである長期失業は、これらの国では非常に少なく、さらにいえば、ほとんど存在しない。したがって、こうした状況が貧困を他の国々ほど著しくないもの、またより眼に見えないものにしていることがわかる。あるノルウェーの研究者は、「すべての人びと（あるいはほとんどの人びと）は家をもっており、貧困者は他の人びとから隠されているがゆえに、たとえばアメリカのホームレスがそうであるように、かれらが都市の日常生活のイメージを乱すことはない」と言う。「多くの場合、貧困は衣服や住居をつうじて表にあらわれる。しかしスカンジナビア諸国におけるこんにちの貧困は、建物の外

表4-3　南欧諸国と比較したスカンジナビア諸国の貧困リスクの割合（1997～2001年）（%）

	1997年	1998年	1999年	2000年	2001年
スカンジナビア諸国					
デンマーク	9	12	11	11	10
スウェーデン	9	10	9	11	9
ノルウェー	12	11	11	11	10
フィンランド	8	9	11	11	11
南欧諸国					
イタリア	19	18	18	18	19
スペイン	20	18	19	18	19
ポルトガル	22	21	21	21	20
ギリシャ	21	21	21	20	20
欧州12か国平均	16	15	15	15	15

注：本表で参照した貧困線は各国の中位所得の60%に設定している.
使用した等価水準は修正OECD水準である（1人目の成人に1，2人目の成人に0.5，14歳以下の子どもには0.3）.
出所：ユーロスタット

表4–4　世帯類型ごとの貧困リスク（2010年）(%)

	全世帯	成人2人世帯	扶養中の子どもが2人いる成人2人世帯	扶養中の子どもが3人以上いる成人2人世帯
スカンジナビア諸国				
スウェーデン	12.9	6.1	6.9	12.3
デンマーク	13.3	8.8	5.1	11.1
フィンランド	13.1	7.1	7.4	11.8
南欧諸国				
イタリア	18.2	11.6	20.8	37.2
ポルトガル	20.7	17.6	23.3	44.2
スペイン	17.9	18.7	17.1	33.2
ギリシャ	20.1	19.9	20.3	26.7

注：本表で参照した貧困線は各国の中位所得の60%に設定している.
使用した等価水準は修正OECD水準である（1人目の成人に1，2人目の成人に0.5，14歳以下の子どもには0.3）.
出所：ユーロスタット

壁とそれなりの身なりの陰に隠れている。貧困は、われわれがみな多かれ少なかれ信じ込んでいる、社会的保護と再分配という神話によって覆い隠されているのだ」(＊55)。

二〇一〇年の欧州のデータによれば、貧困が一九九〇年代とくらべて北欧諸国でわずかに増加したとはいえ、北欧諸国と南欧諸国のあいだの差は依然として大きなものである（表4－4）。しかしとりわけ驚くべきことは、スカンジナビア諸国では、扶養中の子ども二人（そして扶養中の子ども三人以上の場合でさえも）をもつ大人二人世帯の貧困率は、これらの国々の世帯全体の貧困率よりも低いことである。反対に南欧諸国では、扶養中の子どもをもつ世帯は貧困を経験するリスクが著しく高い。実際にポルトガルでは、全世帯の貧困率が二〇・七%であるのにたいして、三人以上の子どもをもつ大人二人世帯の貧困率は四四・二%である。

この差は、周知のように、スカンジナビア諸国ではるかに高い水準の社会移転の効果によって説明される。「栄光の三〇年」の成長が多くの欧州諸国で貧困を忘却させたのではあるが、このことは北欧諸国でとくに当てはまるものだということも覚えておかねばならない。福祉国家の偉大な専門家であるリチャード・ティトマスは、一九七〇年代の初めに、社会的保護のスカンジナビアモデルは、他の国々以上に貧困を決定的に抑制できたことを認めていた(＊56)。さらに彼はこの時代に、この問題はもはや存在しないことを認めていた。現在でもなお、社会移転は貧困削減に著しい役割を果たしている。一九九五年のデンマークにおける社会移転後の子どもの貧困率は、人口全体で一一%であったのにたいして約四%であった。この年、社会移転は子どもの貧困率を当初の割合から八五%、人口全体では六三%減少させた（表4－5）。反対にギリシャでは、社会移転は子どもの貧困率を五%、人口全体では九%減少させたにすぎなかった。

表4–5　全人口と16歳未満の子どもの移転後の貧困率（1995年）（%）

	移転後		当初の貧困率からの削減（%）	
	全人口	16歳以下の子ども	全人口	16歳以下の子ども
デンマーク	11	4	63	85
フィンランド	12	7	65	83
イタリア	19	22	10	8
ギリシャ	21	19	9	5
欧州連合	17	19	35	39

注：本表で参照した貧困線は各国の中位所得の60%に設定している．修正OECD水準．
出所：共同体世帯パネル調査，ユーロスタット（1995年，第3波），DREESによる精査

失業者の貨幣的貧困にたいする社会移転の効果も同様に国によって非常に対照的である（表4－6）。一九九〇年代と同様に一九八〇年代でも、移転後の失業者の貧困率は、フランスやドイツ、イギリスにくらべてデンマークでは非常に低かった（一〇%以下）。デンマークでは、移転によって貧困から脱出した失業者の割合は一九八〇年代には五〇・九%、一九九〇年代には五九・〇%であったが、他方でイギリスではそれぞれ二〇・三%と一一・六%であった。一九九〇年代における移転効果の指数を推計す

表4-6　移転前後の失業者の貨幣的貧困率と移転の効果（1980年代と1990年代）（%）

1980年代

	移転前の 失業者の貧困 A	移転後の 失業者の貧困 B	貧困を脱出した 失業者の割合 C（=A−B）	移転の効果 D（=C/A）
デンマーク	58.5	7.6	50.9	0.87
フランス	41.6	23.1	18.5	0.45
ドイツ	48.1	25.5	22.6	0.47
イギリス	53.2	32.9	20.3	0.38

1990年代

	移転前の 失業者の貧困 A	移転後の 失業者の貧困 B	貧困を脱出した 失業者の割合 C（=A−B）	移転の効果 D（=C/A）
デンマーク	66.6	7.6	59.0	0.89
フランス	49.0	23.3	25.7	0.52
ドイツ	55.6	37.8	17.8	0.32
イギリス	61.0	49.4	11.6	0.19

注：貧困線は平均所得の50%，OECD等価基準．
出所：EPUSE（雇用不安定・失業・社会的排除プロジェクト）．以下の著作における，ブライアン・ノーランとリハルト・ハウザー，ジャン＝ポール・ゾイエムの計算による．
Duncan Gallie et Serge Paugam (dir.), *Welfare Regimes and the Experience of Unemployment*, 前掲，第5章 « The changing Effects of Social Protection on Poverty » を参照．

ると、デンマークで〇・八九、フランスで〇・五二、ドイツ〇・三二、そしてイギリスでは〇・一九にすぎなかった。この違いの大部分は、他の国々よりもはるかに寛大なデンマークの失業補償制度から理解することができる。

しかし石油危機後には失業率が悪化し、社会的扶助の受給者数が増加したために、複数のデンマーク人研究者は、このモデル――その当時にはほとんど誰もが手にしており、社会的保護の理想的なモデルとされていた――がひび割れる可能性を検討することになった（＊57）。このモデルは現在では限界に直面しており、貧困が実際に存在する《レエル》と認める人びともいる（＊58）。ソーシャル・ワーカーや医師、組合活動家たちは貧困を発見したが、その重要性を最小限にしようとする政治家――とくに保守主義者やリベラルの――が依然として多数であった。スイスやドイツでは、多くの人びとにとって貧困はいまだに眼に見えないものであるか、せいぜいのところ比較的孤立したわずかな周縁層にかぎられた程度である。実際、注目されているのは最も極端なケースであるといえる。

一九八七年にデンマークで出版された報告書では、デンマークがこの［貧困］現象からまぬがれているわけではないことを研究者たちが指摘しようとしていた。スイスやドイツの研究者たちと同じく、この客観化の作業は、第一に、貧困がそれを見ようとしさえすれば間違いなく存在していたことを証明することにあった。貧困の重要性を認めたがらないデンマーク人を納得させるために、かれらはつぎのように述べた。「現在、デンマークでは飢えが直接の原因で亡くなる人たちはいないが、それなりに大きな規模で食事にこと欠く人たちがいる。いま着ている服以外に着る服をもっていない人たちがいる。住居をもたない人びと、通りや地下室、出入口の下で眠る人たちがいる。誰のことも知らず誰にも知られていない、たった一人で生きる人たちがいる。深刻な精神の病をかかえる人たちがいる。アルコールやドラッグの濫用で身体を壊した人たちがいる」(＊59)。この文章のなかで、最も悲劇的なケースの強調や、「……な人たちがいる」という言葉が繰り返されることは、このテーマが自明のものではない国では貧困に関する論争に根拠を与える役割を果たしている。貧困が公的に認められた国では社会的・政治的論争に光を当てることが研究者に期待されているのに対して、スカンジナビア諸国の貧困研究者たちは、自らの研究対象を公に支援し、自然に与えられるものではない正当性を自分たちで獲得しなければならないのだ。

そこでは、たとえ貧困と排除の概念が議論されても、それらが社会的論争の中心におかれることはない。これらの概念はいまだに反論を呼んでいる。いずれにしろスカンジナビア諸国の研究者は、

表4-7　移転前後の貧困率(2010年)(%)

	移転前	移転後	差	変動率*
スカンジナビア諸国				
スウェーデン	26.7	12.9	-13.8	52
デンマーク	29.1	13.3	-15.8	54
フィンランド	27.0	13.1	-13.9	51
ノルウェー	26.6	11.2	-15.4	58
南欧諸国				
イタリア	23.3	18.2	-5.1	22
スペイン	28.1	20.7	-7.4	26
ポルトガル	26.4	17.9	-8.5	32
ギリシャ	23.8	20.1	-3.7	15

貧困線：中位所得60%，OECD等価水準．
＊：変動率は「移転後－移転前」の絶対値／移転前．
出所：ユーロスタット（2010年）

労働市場の悪化とともに貧困が増加しても、採用された評価基準が何であれ、それが少数にとどまるという意見で一致している。スウェーデンのある研究者によれば、一九八〇年代には年平均六％の人びとが生存のために少なくとも部分的には社会的扶助に頼っており、この割合――彼が高いとみなした――は、他の年代とくらべても二〇世紀のなかで最も高い(＊60)。この無視できない割合は、いずれにしてもすべての人に社会福祉を提供する社会でさえ、個人は扶助に頼らざるをえないことを示している。そうした人びとは労働市場でより脆弱《ヴュルネラーブル》であり、その結果、貧困を完全にまぬがれる保証を他の人びとのようにはもっていないのである。しかしスウェーデンや他の北欧諸国でおこなわれている貧困の管理様式は、効果的とみなしうるほど重要な社会的枠組だといえる(＊61)。このシステムは持続的に作動し、経済が発展しても一定の安定性を維持している。またスウェーデンについては、失業を強く抑制する効果をもつ雇用管理の様式の特殊性を強調することができる。フィリップ・ディリバルムによると、この国は「集団間の妥協と共同決定、コンセンサスを追求するという特徴をもつ、(しばしば「コーポラティスト」と呼ばれる)諸地域の大きな集合体であるだけではない」。それは「非常に厳格な労働倫理と共同体からの構成員への圧力とを同時に含む、農本主義的文化の力によって」

特徴づけられている。「ずっと古くから都市化が進み、「ブルジョア的」個人主義にまったく異なった場所を与える国々よりもはるかにこの圧力は強力であるように見える」(＊62)。

しかし、二一世紀最初の一〇年間の終わりに生じた財政危機は、これらの国々で貧困の可視性を強めた。二〇一〇年のスカンジナビア諸国の貧困率は南欧諸国にくらべると著しく低かったが、一九九〇年代とくらべると上昇し、移転前後の比率のあいだの差が減少したのである（表4－7）。

しかし、すべての欧州諸国に影響を与え、スカンジナビア諸国もまぬがれたわけではないこうした財政危機が生じたにもかかわらず、スカンジナビア諸国は、北欧モデルのなかで貧困に対処しうるだけのより大きな能力を維持している。そこでは、社会的権利の普遍性の原則がより体系的に適用されている。これによって社会全体、すなわち労働者階級のような中産階級も、非常に高度の社会的保護を受けることができるのである。しばしば自由主義と社会主義の統合と考えられるこのモデルは、市場の法則ばかりではなく、家族の役割からの諸個人の解放をも促進する。たとえこんにちではもはや確実ではないように見えても、このモデルは今もなお貧困の拡大をくいとめる役に立っている。生活満足度をたずねたとき、スカンジナビア人の回答が他の欧州人といつも違っているのはおそらくこのような理由からであろう。たとえばこの点に関して、満足度の低い人びとの割合はデンマークで非常に低いが、他の多くの国ではその割合は著しく高いのである(＊63)。

[3] スティグマ化のリスク

貧困が社会的表象においてマージナルな現象であるとき、それを経験する人びとにとって貧困が苦しく屈辱的な試練としてあらわれるリスクがある。大多数の人びとが、豊かではないにしても少なくとも安らぎと安全のなかで暮らしているとき、貧しいことは、自身の貧困のしるしを隠そうとすることにほぼ必然的につながる。貧しさを見せることは、マージナル化するリスクを冒すことである。これまでみてきたように、スイスや他の豊かな国々では、貧困はいまだに沈黙したままである。豊かな人びとの視線を浴びながら暮らす貧困層には、いわば黙り込む義務がある。しかし、とりわけ経済的な圧力によって福祉事務所に援助を懇願しに行かなければならない状況になったとき、貧困を隠すことがかならずしも可能ではなくなる。そこでは、不適応のしるしを示す「社会的不適応者《カ・ソシオ》」や怠け者、すなわち労働よりも扶助を好む人間とみなされるリスクが大きい。

第2章で指摘したように、怠惰による貧困の説明は国によって異なるが、失業がそれほど多くない、あるいはそれが減少しているときには、他の条件がすべて同じであっても、そうした説明が多くなることをここで思い起こそう。いいかえれば、貧困層は完全雇用社会にいるとたいていの場合は怠け者とみなされ、その結果、より強くスティグマ化されるのである。

一九六〇年代、七〇年代、つまりソーシャル・ワークが著しく発展した時期に、社会福祉専門職《プロフェッション・ソシアル》のあいだで語られた貧困層に関する言説を分析することによって、スティグマ化のリスクについてのこうした仮説を検証してみよう。それから、貧困が残余的なものとされる国々における社会的介入の事例をとりあげよう。

◉——社会的不適応という言葉

先にみたように、コレット・ペトネの分析にしたがうと、一九六〇年代と七〇年代におけるフランスの世論は、緊急仮設住宅団地の住民を非社会的《アソシオ》な者あるいは不適応者、社会的ハンディキャップをもつ者と呼んでいた。スティグマを与えるこうした言葉は、貧困の分析にあまり縁のない人びとの言葉であるだけではない。それはソーシャル・ワーカーのあいだにも繰り返し見られた。つまり、貧困が社会的に見えなくなっていくにつれて貧困層についての社会的言説が転換したのである。一九世紀の衛生学と慈善《フィランソロピー》の流れを引き継ぐ医療・社会アプローチは、第二次世界大戦後数十年のあいだもなお、社会的介入を実践する方向性として支配的なものであり、社会福祉専門職のなかでは心理学的な文化が少しずつ発展していった。長期的な心理療法、つまり個人ひとりひとりの語りに耳を傾けるというこうした実践は、社会現象としての貧困をなくすことに貢献した。つまり、一九六〇年代に急速に数を増やしたソーシャル・ワーカーたちのあいだでは、社会学的な文化はなおも少数派だったのである。

　この支配的な「心理《プシ》」文化を背景として、ジャック・イオンとジャン＝ポール・トリカールは、この時代には「そうすることで、職業上の価値観とワークの方法におうじて――（叱責すべき）非社会的《アソシアル》な者、（教育すべき）無知な者、（ケアすべき）病者、（再適応させるべき）不適応者、（再統合させるべき）マージナルな者、（耳を傾けるべき）その他の者を分類し――、複数のクライエントの様子を継続的に追跡することができたのであろう」（＊64）と述べている。前世紀には非常に多くの論争を生み出した貧困という社会問題がこうして消え去り、個人の問題にたいする心理学的な処遇にその場所を譲ることになった。完全雇用と社会的保護の向上を支えた経済成長が生活環境の貧しさを軽減したものの、急激な変化によって新しい困難を生じさせもした。多くの人びとにとって、この新たな困難は特定の人びとが近代社会に適応していないために生じたのだとみなされたのである。

政府の上層部でも社会的不適応という言葉がもちいられていた。ルネ・ルノワールは、社会的援護大臣補佐官であった一九七四年に、この問題について『排除された者たち』という著作を発表した(*65)。さらに、社会的不適応という言葉は彼に指針を与えるものであった。彼がこの本でリストアップした社会的不適応者とは以下のような人びとである。すなわち、「子どもの社会的援助(ASE)」の支援を受けるさまざまな子どもたち、危険な状態にある未成年、未成年の非行者、ドラッグ中毒の若者、精神病者、自殺に走りがちな者、アルコール中毒者、青年の非行者、非社会的な者、周縁層、その他の脆弱な集団——たとえば［社会への］統合が依然として不安定なイスラム教徒のフランス人——である。たしかにルネ・ルノワールは、こうした社会的不適応の集団的原因と予防法の追求について、この時代の他の人びと以上に敏感であった。しかし強調しなければならないのは、社会的援助の「ターゲットとなった」層のこのような単純な羅列は、社会的なものを——ましてや貧困をも——浮上させるという当時非常に広まっていた傾向をあらわしていたことだ。貧困は日常生活で人びとが遭遇する、特殊な問題だったのである。

こうした社会的援助の心理学主義的な傾向にたいする反動から、ソーシャル・ワークの現実《レエル》の働きにたいする批判的な主張が一九七〇年代に展開された。実際にそれは二種類の思想の潮流に分けられる。ソーシャル・ワークを支配階級のための国家装置の延長として分析する、社会的再生産の道具としての学校に関する研究から影響された潮流と、勤労大衆の監視と規範の押しつけを強制する道具として社会的援助を記述する、フーコーの研究と結びついた潮流である。

第一の潮流の例は、階級的エスノセントリズムに苦しむソーシャル・ワーカーたちが、病理という視点から庶民層の特徴を分析していると考えるジャニン・ヴェルデス＝ルルーが示している(*66)。

社会サービスの対象となる人びとにかれらの価値体系を押しつけ、自身の権威を認めさせるために、ソーシャル・ワーカーは教師の代わりとなり、恵まれない階層出身の生徒たちにたいして象徴的暴力を行使する。このことはとりわけ、資格をもたない下層労働者階級を扶助のなかに押し込め、そうすることで［他の層から］分断する結果をもたらした。したがって彼女によれば、「被扶助層」は絶えず支配されつづけ、かれらを対象とする囲い込みによって受動的な存在にさせられる（＊67）。こうしてかれらは集合意識を完全に失ってしまうのである。

第二の潮流の例は、家族を規範化する社会的援助に関するジャック・ドンズロの著作が示している。彼は、規範を統制し押しつける技術という観点から、「社会的なもの」がいかにして身体や健康、食事や睡眠のとりかた、家族の生活環境や生活空間へとしだいに入りこんでいったのかを歴史的な視野から研究している（＊68）。この本の［出版］前に、ジャック・ドンズロは、『エスプリ』誌の特別号の編集に参加していた。「なぜソーシャル・ワークなのか？」というこの号のタイトル自体がすでに、社会秩序の監視と維持という機能に適合した社会的なものの専門職にたいする批判的なトーンをあらわしていた。ドンズロはとりわけ、おそらくメンタルヘルスとは関係のない理由で社会的扶助職《アシスタン・ソシアル》によって精神医療部門へ送られた人びとのケースを提示している。彼によれば、積極的に仕事を探していないという疑いだけで行動障害と解釈され、しばしば身のまわりの人間が共犯となり、長期入院が正当化されていた（＊69）。一部は活動家からも支持されたこれら二種類の批判的な議論はさまざまに解釈されていたが、国家装置を媒介とし、司法機関や精神医学の周辺で歴史的に発展した技術を利用することによって、ソーシャル・ワークが人びとを統制する道具であるととらえる点では一致していた（＊70）。

告発を目的としたこれらの主張によって、ソーシャル・ワーカーに準拠するというイデオロギーが揺らぎ、少なくとも一部では、ターゲットとなった人びとにとってより集合的でよりスティグマの少ない介入様式の追求が始まった。またこうした議論によって、市民社会に関わりそこに足場をもつソーシャル・ワークが幻想となった(＊71)。いずれにせよ、一九七〇年代に頂点に達したこれらの批判的潮流が衰退し、さらには社会的援助が「新しい貧困」現象に直面した一九八〇年代以降に消滅したことは驚きである。資源と雇用のない若者たちと失業補償への権利を使い果たした失業者たちが大挙して社会的援助サービスに押しかけたために、社会的介入の方向性が大きく変化することになったといわねばならない。心理学主義的アプローチは、新たに不安定化した人びとが直面した、多くの場合は本質的に経済的であるあらゆる問題に応えるためには、急速に不適切なものとなった。一九七〇年代末から現在にいたるまで、社会的不適応という言葉が完全に消えたというのは言いすぎだろうが、明らかにそれほど意味のあるものではなくなった。このように社会的不適応という言葉は、貧困が少なくとも社会的表象においては少数者の現象となっていた時期のものだったのである。

◉——個人主義的な社会的介入

第2章でみてきたように、社会的介入を官僚主義的様式と個人主義的様式の二種に区別することができる。第一の様式は市民の平等という点から権利を適用するという論理である。そこでは、社会的介入者は自身に与えられた行政からの勧告にしたがう。第二の様式は個々のケースに最も適した介入を探すことを基盤とする。そこでは、社会的介入者は、困難をかかえる人びとにたいし、かれらの問題を独自に評価しながら採用する、広く多種多様な援助の可能性にもとづいて介入することができる。個人主義的な社会的介入様式は、とくに社会法が非常に厳密であるときには、かならずしも自由裁量でおこなわれるわけではないが、とりわけ担当職員による解釈の余地があまりに大きく、求められる援助の要求の正当性をかれらが自ら決定しなければならないときには、そうした介入のしかたとなりうる。これら二種の社会的介入様式は、時代や解決すべき社会問題の性質によって官僚主義的な性質や個人主義的な性質を多かれ少なかれもっているために、同時期に共存することがありうる。フランスでは、一九六〇年代と一九七〇年代の社会的援助の心理学主義的な傾向が、むしろ個人主義的な社会的介入様式に属していたのは明らかだが、これらの実践は、一般的には今でもフランスの社会システムの特徴である社会的援助の官僚主義的管理様式に含まれる。

すでに述べてきたように、個人主義的な介入様式は、ほぼかならず、被扶助層のプライベートな生活にソーシャル・ワーカーが干渉するというかたちをとる。援助の要求の正当性を正確に評価し、個人のニーズに適した解決策を探し出すために、ソーシャル・ワーカーは自身の判断を明確にできるあらゆる情報を待っている。そのためより貧しい者たちを実際にスティグマ化してしまう危険性が存在する。貧困者のなかには「社会的不適応者《カ・ソシオ》」という不名誉なレッテルを貼られることで困難から逃れる者もいるが、こうしたレッテルは、ほぼつねにソーシャル・ワーカーによる専門的評価《エクスペルティーズ・ソシアル》と道徳的判断が複雑に入り混じったものなのである。

個人主義的な介入様式は、扶助が社会保護制度のなかで残余的な役割を果たしている――あるいは果たしているとみなされる――国々でよりいっそう適用される。実際に、この介入様式が大多数の人びとを支援するためには適していないことは火を見るよりも明らかである。ここではドイツとスカンジナビア諸国の例をとりあげよう。

周知のように、ドイツは分権化した連邦国家である。地域の諸制度間で強く推し進められた政治的権限の分担は、法案発議権の領域でも、社会政策の実行に関する領域でも、州（Länder）に非常に大きな自治を与えている。こうした政治・行政上の権限の分割は、社会法に関して強い影響力をもつ県の活動のなかで顕著である。ドイツの扶助レジームは最低所得の基盤となっており、援助は強い個人化にもとづいている。たとえば、一九六一年の「社会的援助に関する連邦法」第三条はつぎのように定めている。「社会的援助の形態は個々のケースの特殊性、なによりも個人とそのニーズ、そして状況に適合させる。受益者の要求は、それが余分な費用を発生させないかぎりは考慮されねばならない」。このシステムには、貧困だとみなされる各人に最低限の権利を付与し、同時に、場合によっては個別のニーズにしたがって補足的な援助を本人に保証できるという利点がある。たとえば、社会援護機関が個々のケースを分析することによって、補足的なニーズのための独自の給付金補塡、あるいは住宅手当が支払われることがある。公的な社会援護機関はまた、こうした給付への依存状況を克服させるために、被給付者にたいして支援と扶助アドバイスを提供しなければならない。

フランツ・シュルタイスによれば、「ドイツの社会援助に潜在する哲学は、扶助の申請者の個人的な状況（物質的・社会的・心理学的生活環境）を包括的に考慮し、——必要な場合は——最も効果的に自立性を取り戻させるために、かれらの問題にたいして一種の「カスタム化された」支援をおこなうことを想定している。ドイツの社会法で規定され、数百ページにわたる法令集に明記されている多くの専門的な援助のなかで、この論理は繰り返しもちいられている」（＊72）。こうしてソーシャル・ワーカーは、衣服や食事、住居、健康などのあらゆる生活領域で被援助者のニーズを評価することができる。このようにニーズの論理にもとづいたドイツの扶助制度は、個人に適しているとと同時に比較的寛大な、解決策に非常に富んだものであるかのように思える。しかしながら、ドイツの社会援助サービスの機能に関するエスノグラフィ調査の報告書は、任務を遂行するソーシャル・ワーカーに取調官のような性質があることと、そのさいに被扶助層が屈辱を感じていることを何度も強調している。

分権化と個人化の原理は参入政策についても当てはまる。就労支援のための複数の実験が社会的援助の枠組のなかで試みられてきた。法律は市町村にたいし、援助を訴える人びと、とりわけ若年失業者のための雇用の可能性を創出することを求めている。そうした人びとにたいして、この制度は、国レベルでの社会的援助の原理にしたがい、地域のなかで自分がもつ資源からできるかぎりの解決策を自力で探す義務を課す。その後でソーシャル・ワーカーは、ケース・バイ・ケースで被援助者のニーズを判断するのである。

個人主義的な介入様式は、ドイツのケースがそうであるように、極端なまでに推し進められると、援助される各個人の生活様式の特徴や道徳的価値全体を統制することになり、自律性やプライベートな生活の尊重という原則と矛盾することになりうる。社会的援助をこのように運用することは、こんにちではあまり適切なものでないと考えられている。ドイツの経済学者で貧困の専門家であるリヒャルト・ハウザーは、一九九〇年代の初めにすでに批判的に指摘していた。「［制度の］個人化には、個人をどのように援助するのかが正確にわかり、かれらの内面についてもほとんど知られていることが前提にある。このことはもはや市民の自律性にかなっていない。「あなたは本当にあれやこれが必要ですか」と言うよりも、「ここに二〇〇ドイツマルクがあります。それをうまく使ってください」と言うほうがましである」(*73)。こうして彼は援助をより包括的に定義することを推奨する。一九九〇年代に社会的援助の受益者数が増加したのは、この制度がすぐさま自らの限界に直面したためであった。ソーシャル・ワーカーはもはや、「カスタム化」の原則を厳密に適用することで要求に応じることができなかったのである。そのうえ、ドイツの都市の多くはこの時期に財政難に直面し、援助額を制限しようとした。この削減は、特定の受益者が扶助という寛大なものを食い物にするという、非難されるべきおこないと闘おうという意向によってしばしば公的に正当化された。それにもかかわらず、個人主義的な介入様式は今でもドイツにおける社会的介入の基盤でありつづけている。そこでは、法の原則と、オフィスで働く制度的アクターやソーシャル・ワーカーがおこなう実践とのあいだの乖離が増大している。

　スカンジナビア諸国も同様に個人主義的介入様式に近い。与えられる援助の定義もまた、たいていの場合はニーズの論理に応えるものである。イヴァー・レーデメルは、イギリスの制度と比較しながらノルウェーで機能しているような扶助制度を非常に詳細に検討した(*74)。［その結果、］逆説的なことが明らかになった。他のスカンジナビア諸国と同様に、ノルウェーは最も達成された権利の普遍性という原理にもとづいた社会保護制度をもっているが、それでも扶助の領域がそれを受給する一部の取り残された人びとに恥辱を与えるという特徴をもっていることに変わりはない。とくに高齢者や障がい者などの「救うに値する《メリタン》」とみなされた貧困層はいわば保険制度に吸収されたため、ソーシャル・ワーカーはそれ以外の貧困層にたいし、求められる援助を与えるか否かを決定する権限をもちながらかれらに介入する。そのため、一部に取り残されたこれらの貧困層は、援助されるに値しないという疑いをかけられるリスクが大きい。その場合、かれらは扶助への権利を自動的にはもたない人びととして処遇されるのである。このように処遇のしかたを二種類に分けて貧困層を選別することによって、扶助にたいして与えられるスティグマが増大することになる。ノルウェーの制度とくらべるとはるかに残余的ではないかたちで貧困を支援する、官僚主義的に組織された——したがってより匿名的な——イギリスの扶助制度がスティグマ化のリスクを減少させているように見えるだけに、こうしたパラドクスはいっそう大きいといえる。他の多くの社会でも当てはまるように、イギリスでは扶助された貧困層は価値を貶められた《デヴァロリゼ》社会的地位におかれているが、かれらは個人主義的な社会的介入をより困難にするほど数の多い集団となっている。したがって、被扶助層のなかで「救うに値する人びと」と「救うに値しない人びと」を区別することはより複雑である(*75)。

しかし、ノルウェーの扶助制度をスカンジナビア諸国の典型例とする必要はない。これらの制度の詳細な分析は、各国間に残る差異を強調している(*76)。扶助の水準はフィンランドとデンマークでは標準化されて定義されているが、スウェーデンとノルウェーでは地域ごとに定義されている。この水準はフィンランドとデンマークでは国内法に書き込まれている。スウェーデンではそれは国レベルの勧告の枠組のなかで地域がおこなう決定事項に属し、ノルウェーではそれは市町村の決定に完全に委ねられている。最後に、援助へのアクセスが、とりわけノルウェーでは——またスウェーデンではより小さい規模ではあるが——しばしばソーシャル・ワーカーの評価に委ねられた、不確定な選別基準にしたがっていることを指摘しておこう。

これらの違いにもかかわらず、イヴァー・レーデメルが検討したパラドクスはスカンジナビア諸国全体に当てはまるのではないだろうか。貧困の包括的・予防的処遇——大多数の人びとを保険というできるだけ幅広い領域に自発的に組み入れること——から取り残されたものとして被扶助層が支援されるとき、かれらがスティグマ化されるリスクはより高まる。したがって、このスティグマ化はいわばコインの裏側であると言うことができる。権利の普遍性を目指す制度のなかでは、被扶助層は正常でない者としか認識されえない。被扶助層はそれ自体が貧困を撲滅するための、おそらくは克服できない限度を反映しているのである。

第5章 降格する貧困

個人の社会的地位がその大部分をかれらの生産活動と現代経済における交換活動への参加に依存するとき、とりわけ労働を奪われた期間が長引くと、失業はそれを経験する人びとに落層や挫折感を与える可能性が非常に高い。失業はまた多くの場合、生活水準の悪化や社会生活の弱体化、他の労働者からの周縁化、そしてそれらが蓄積し、社会的断絶寸前の極度の貧困状況に陥らせるという結果をもたらす。そのため、失業は安定した状態ではなく社会的降格のプロセスに相当している。この現象が社会科学者の関心を引くのは、社会統合の様式を脆弱化するという意味で、失業が社会を少なくとも部分的に問題化しているからである。失業率がすでにピークに達していた一九三〇年代のいわゆる世界恐慌期に、二〇世紀最初の大規模な社会学的調査がおこなわれたことは注目すべきである(*1)。この問題は、戦後の経済成長期にはほとんど研究対象とはならなかった。完全雇用の時代には、研究者たちはむしろ技術・社会・文化変動とこれらが西洋社会の社会構造に及ぼす影響に関心を抱いていたからである。すでにみたように、この時代には貧困問題はまったく二次的なものであった。失業や「新しい貧困」の研究が、経済学や社会学だけではなく(*2)、社会政策の分野でもふたたびとりあげられるようになったのは、一九七〇年代の終わりになってからである。

社会的降格の概念が精緻化されたのは一九八〇年代である。この概念は、多くの人びとが労働市場から追いやられるプロセスと、そのさまざまな局面にともなう扶助関係の体験をあらわしている。この概念は、貧困の多次元的、動態的、発展的な特徴と、扶助の名の下で支援される貧困層の社会的地位を強調している。私が初期の研究で精緻化したようなこの社会的降格という概念と、本書で考察する降格する貧困という理念型は対応している。この理念型は、社会福祉サービスにたいする依存度におうじて貧困者と指し示された人びとと、社会のその他の層との関係に特有の形態であると考えられるものである。ただし、この概念の定義は理念型の定義よりも先にあった。社会的降格の定義を発展させるなかで、比較主義的な方法が採用されることによって、しだいに降格する貧困の定義が必要とされるようになったのである。いいかえれば、社会的降格という概念の定義が、経験的調査、とりわけ近年おこなわれた欧州諸国の調査で検証されたのである。というのも、貧困の社会的表象と体験に関するこうした比較研究の結果とその説明要因の分析によって、私は貧困への社会的な関係に関する三つの異なったタイプを精緻化することになり、そのうちのひとつのタイプが降格する貧困という概念なのである。

降格する貧困を特徴づける扶助への依存の増加は、おもに三つの要因によって説明される。第一に、労働市場の激しい悪化をもたらす高い水準の経済発展。第二に、とりわけ家族のつきあいやプライベートな援助ネットワークの領域において社会的紐帯の脆弱性がより高いこと。第三に、ある社会国家がより多くの人びとにたいして先進的な保護水準を保証するものの、恵まれない人びとにたいするそうした介入様式の多くが適していないことが明らかになった場合である。このプロセスによって貧困層の多様化が進むことになる。というのも、数多く存在し、さまざまな社会的カテゴリーに出自をもつ貧困層が、不安定性《プレカリテ》と失業を経験するからである。そこでかれらは不就労と依存という領域にしだいに追いやられ、異なった経歴をもつ自分以外の貧困層と同じ扱いを受けることになる。

本章の目的は、前の二つの章と異なるものではない。統合された貧困そしてマージナルな貧困と同様に、比較調査によってえられたデータにもとづくことになるだろう。そして、それらのデータを降格する貧困という理念型とつきあわせる。第一に、一九七〇年代の終わりから欧州の主要国で社会関係がどのように変化したのかを検討することになる。そこでは、社会的不安定の増加とそれを特徴づけるものについて特別の注意が払われるだろう。第二に、多様なカテゴリーの人びとを比較することによって、困難とハンディキャップが蓄積される形態を分析する。この分析をつうじて、貧困の空間的集中化という現象の分析と失業経験の比較研究へと進む。最後に、公権力の一般的な傾向とその限界を考察しながら、過去二〇年間における公権力の対応を検討する。

[1] 社会的不安定《アンセキュリテ・ソシアル》の回帰

第一次オイルショック以降の労働市場の悪化の形態について詳述する必要はないだろう。フランスにおける失業者数が、一九七〇年代の初めに五〇万人、一九九〇年代の初めには約三〇〇万人に達したことを思い起こすだけで十分である。一九七五年には失業者は労働人口の四%に満たなかったが、一九九四年には一二%に達した。この割合は一九九〇年代の終わりには大きく低下したが、二〇〇八年からは新たに上昇し、二〇一二年には一〇%の水準をふたたびこえた(＊3)。

つまり、失業がごくわずかなものでしかなかった時代から、排除の失業と呼ばれることのある大量失業の時代へと移行したのである。この現象を経験したのはフランスだけではなかった。すべての欧州諸国とアメリカもまた、その割合は異なるにしろ、雇用の喪失と失業者数の著しい増加に直面した。しかしながら、そうした労働市場の悪化の特徴は失業だけではない。不安定な身分での雇用や、やむをえずパートタイムで雇用されるケースも増加した。不完全就業と呼ばれるものである。さらに、とりわけ再編途上の企業では雇用喪失のリスクが著しく高まったため、地位的に安定しているとみなされた職でさえ不安定なものになるといわれるようになった。

最終的に、拡大していく流動的な新たな生産形態は、業務をフレキシブルなものにする政策と同様に、賃労働者のあいだに深刻な病理を引き起こした。一部の賃労働者の挫折を是認し、企業内そして例外を除けば労働市場のなかでの漸次的な社会的降格を引き起こすリスクのある、「労働者の絶えざる選別という試練が労働強化によってあらわれることもあった(＊4)。ロベール・カステルの表現をもちいれば(＊5)、この「賃労働社会の危機」という危機は、貧困と社会との新たな関係を構造化したのである(＊6)。

以下では、それを成り立たせる社会的表象を分析することから始めよう。

これまでみてきたように、最も貧しい国や地域では、貧困は持続的で再生産される状態として、したがってほとんど避けがたく社会システムに統合された状態であると知覚される。先進産業社会が経済発展によって完全雇用を達成し、大多数の人びとの安定と幸福を保証できたときには、それとは反対に、貧困は豊かな社会から取り残されたもの、つまり異質な残存物であるかのようにみなされていた。しかしそうした「安定した」社会が構造的失業と雇用の不安定に直面すると、被扶助者の数は急速に増大し、貧困の知覚が変容した。支配的な貧困のイメージは「転落」、つまり社会的地位を失い落層した貧困者や、以前には経験したことのない困難の犠牲となる貧困者というイメージとなった。

◉——転落としての貧困という表象

貧困知覚に関する四回のユーロバロメーター調査で提示され、先に分析した調査項目への回答をとりあげることによってこのことを検証することができる(*7)。この質問が、極貧、貧困、あるいは貧困に陥るおそれがある状態の人びとを自分の居住地区や村落で見たことがあると回答した者に向けられていたことを思い出そう。この質問のあとで、そうした人びとがずっと以前から同じ状況にあったのか、それとも反対に、以前はもっと良い状況にあったのかをたずねている。前者の回答は継承された貧困に、後者の回答は転落後に陥った貧困に対応している。これらユーロバロメーター特別調査の利点は、欧州諸国のあいだの貧困知覚を同時に比較し、その変化を時系列で比較できることである。そこでは、われわれは五つの参照点、つまり一九七六年、一九八九年、一九九三年、二〇〇一年、二〇〇七年の調査データを利用することができる。

二〇〇一年には、転落としての貧困知覚（図5－1）は南欧ではそれほど広がっていないが（ポ

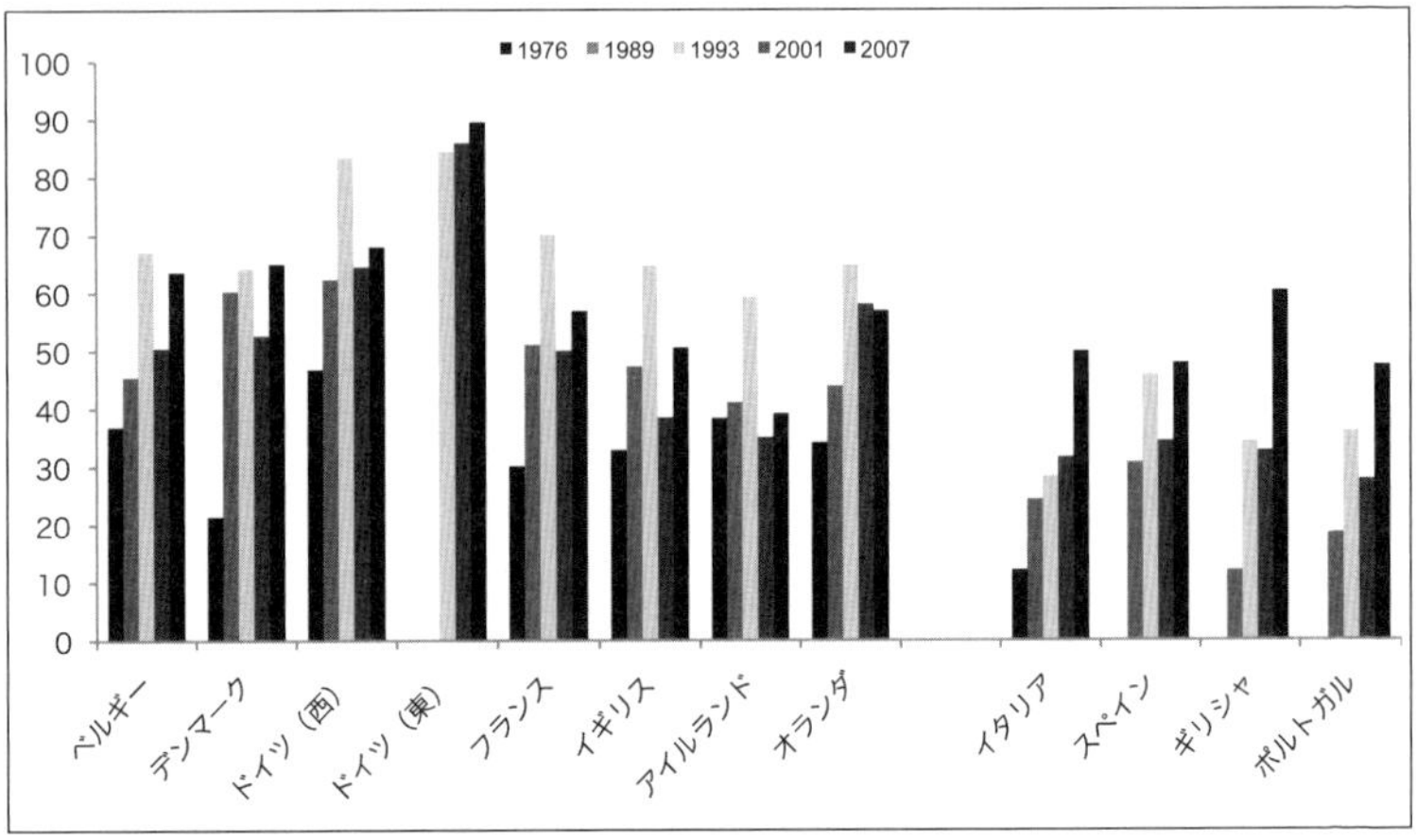

図5-1　居住する地区／村落の貧困者の状況が悪化した（転落を経て貧困に陥った）と考える人の割合

ルトガルで二八％、スペインとイタリア、ギリシャでは三二％から三五％のあいだ）、欧州北部ととりわけドイツ（とくに旧東ドイツで八六％）とオランダ（五八％）、デンマーク（五三％）ではよりいっそう広がっている。つまり、貧困が経済発展のタイプと社会的保護の水準によって異なったかたちで知覚されていることは明らかである。

したがって、転落としての貧困表象は、雇用危機に直面した先進賃労働社会では、南欧諸国のような比較的に賃労働社会ではない国よりも強くあらわれる。前者の社会では、この表象のもとにあるのは、安定雇用という地位にともなう保護を喪失するリスクという意識である。後者の社会では、安定雇用にともなう保護が全体的に有効であったことは一度もなく、労働人口のなかでそれはつねに不平等なかたちで分配されている。雇用の悪化による貧困知覚への影響が同じではないのはそのためである。

しかし、転落を経て貧困に陥ったと考える人びとの割合は、調査時期によっても異なっている。一九七六年には、この割合はより所得の低い人びとに多かった。そこで支配的だった［貧困］表象は、欧州社会が第二次世界大戦後に経験した三〇年間の持続的な経済成長の影響を強く受けていた。貧困のこうした特徴的な形態は、旧東ドイツとイタリアを例外としてすべての国で貧困が頂点に達した、一九七六年から一九九三年までのあいだに大きく増加したといえる。その後、一九九三年から二〇〇一年のあいだに大きく減少したが、二〇〇一年から二〇〇七年のあいだにふたたび増加した。したがって、労働市場が悪化した影響で、貧困状況にある人びとの増加と貧困経験がもたらす社会的転落にたいして、各国の人びとがより敏感になったとみられる。景気が上向くとこの傾向は弱まるが、それが純粋に機械的な結果であると結論づけるべきではないだろう。二〇〇七年には、いくつかの国でその数年前にくらべて失業率が著しく低下した。ところがこの年は、転落としての貧困知覚は二〇〇一年よりも広がっていたのである。したがって、失業状況の突然の変化と貧困知覚の変化には時間的な隔たりがありうるのである（より詳細な分析については、本書補論「欧州人は貧困をどのように見ているのか」を参照）。

◉——排除への不安

貧困が、快適ではないにしろ、まずまずの環境で生活する人びとに影響しうる転落であるかのように認識されると、それはまた、そのような将来展望《パースペクティブ》に自身が脅かされるのではないかというリスクにもなる。実際に、降格する貧困はほとんど制御できない集合的不安となってあらわれる。排除に関する議論がフランスでは一九九〇年代の初めからしだいに重要性を帯びてきたのは、こうした理由のためでもある。他の欧州諸国はしばしばそのことに驚いていた。実際にこの［排除という］

言葉は、経済と社会保護制度の変化がフランスと類似した展開をみせていたときでさえ、他の国々ではそれほど使われていなかったのである。

複数の世論調査がフランス人の排除との関係をとりあげている。一九九〇年代初めからは、「ある日、あなた自身が排除される立場となるおそれがありますか?」という質問が定期的になされている。一九九三年には回答者の五三％がはいと答えていた。この数字はあまりに多く、まるで桁違いのように見える。無回答だったのは対象者の二％だけだったが、ここでは無回答バイアスはあらかじめ《ア・プリオリに》除外されている。この結果は［この時期に］特別な出来事が起こったせいではないかと問われることもあった。ところがこの後も、同じ年に季節を変えて（冬、秋、春）同じ世論調査が五回おこなわれたが、この質問に肯定的な回答をした人びとの割合は安定したままであった。肯定的な回答の最大値は一九九八年冬で、五七％に達した。この結果が五三％を下まわることは一度もなかった（表5―1）。したがって、一定期間安定したこの結果は頑健なものと思われる。そして、この結果は詳細に検討する必要のある社会学的な現象といえる。

対象者の半数をこえるこの数値は、おのずと二重社会に関する考察をもたらすことになる。つまり、一方ではあらゆる不安定《プレカリテ》の脅威をまぬがれたといえる勝者としてのフランスと、他方では経済的あるいは人間関係の脆弱性のために急速に自分の居場所を失うか、失いうるフランスとが、ほとんど同じ割合で分断されているということだ。この結果を、CERC［所得・価格研究センター］が実施した調査と関連させる必要がある。この調査は、一九八六年から八七年の調査にもとづき、労働人口を、安定した仕事をもちそれを失うリスクはないと考える人びと（五二％）、反対に同じ状況にいながら失業の不安を感じる人びと（二八％）、不安定就労者（八％）、失業者（八％）に分類し

表5-1　フランスにおける排除への不安（1993–2004年）

いつかあなた自身が排除される立場になるのではないかという不安を感じたことがありますか？　「ある」と回答した人の割合（%）

	1993年11月	1995年9月	1996年9月	1998年2月	2002年2月	2004年5月
合計	55	53	53	57	55	53
性別						
男性	48	47	49	55	50	47
女性	61	58	58	58	59	58
年齢						
18～24歳	69	66	64	75	59	62
25～34歳	66	63	67	71	63	62
35～49歳	67	66	65	69	65	63
50～64歳	46	47	46	48	57	49
65歳以上	26	22	22	21	28	31
社会職業分類*						
管理職	53	46	44	45	48	42
中間職	65	50	64	63	57	50
事務職	71	68	66	70	74	65
ブルーカラー	70	74	69	78	57	72
退職者／不就労者	35	46	43	42	47	45

＊：回答者の社会職業分類．1993年のみ世帯主の社会職業分類．
出所：CSA社［民間調査会社］による世論調査，全国18歳以上の1,000名を対象とした無作為標本．

た。つまり、「保護された」労働者は二人に一人でしかないのである。世論調査によれば、「排除される」ことへの不安は、とくに稼働年齢層に多い。つまり五〇歳まではその割合は六〇％から七〇％のあいだであるが、六五歳をこえると三〇％を下まわるのである。したがって、排除にたいするこうした不安を高めているのは、とりわけ失業の不安と雇用の不安定であると仮定することができる。集合的な富の生産への参加をもとに社会的地位が区別される社会で雇用を喪失することは、多くの人びとにとって劣等の状態におかれ、社会福祉サービスに依存することになる前兆であり、貧窮の連鎖のはじまりなのである。

予想されていたように、排除への不安は、同じ職域であっても労働市場で男性よりも不利な立場にある女性に著しく高いことがわかった。最後に、排除への不安は工員と事務職《アンプロワイエ》、つまり解雇のリスクにさらされている者が最も多いカテゴリーで高いが、他のカテゴリー、すなわち中間職《プロフェッション・アンテルメディエール》［管理職と工員・事務職との中間的な立場。教員やソーシャル・ワーカーを含む］と管理職《カードル》でもけっして低くはないことを強調しておかねばならない。このことは、就業者全体に不安が広がっていることを意味しているのである。

こうした排除への不安は過剰にみえるかもしれない。それは、多くの社会階層のあいだで広がっているそうした不安定《プレカリテ》の感情と結びついている。しかし、欧州諸国のような先進諸国でこの問題を問うことは、ロベール・カステルが強調するように、われわれがこれまでには存在しなかったような最も安定した社会に生きているために、逆説的なものにみえる。保護は、それが法治国家の枠組のなかで基本的自由および財産と人格の安全を保証するという意味で、市民的である。また、それがとりわけ疾病、事故、老齢、失業など、個人の境遇を悪化させうるおもなリスクをカバーするという意味で、社会的でもある。実際に、逆説的なことは、失墜と暴力の最も強烈な形態がほとんど抑制されていたときでさえ、安全《セキュリテ》が強い意味で人びとの関心を集めていたことである。ロベール・カステルは、「現代の不安定《アンセキュリテ》は保護の不在ではなく、むしろ保護の裏面であり、際限のない保護、あるいは度をこえた安全を追求して組織された社会的領域のなかにあらわれた影であろう」(＊8)という仮説を提起している。ここでの問題は、絶えざる探究である。つまり保護の探究は無限であり、必然的に絶えざるフラストレーションを引き起こす。そこでは、不安定は安全な社会と表裏一体である。現代社会がこのように不安定の土壌のうえで構築されているのは、そこに住まう個人が自身の保護を保証する能力を、自分自身にもすぐ身近にいる人びとにも見いだせないためである。

この漠然とした病理を解釈するために、ピエール・ブルデューは、「位置の悲惨《ミゼール》」を「条件の悲惨」というより一般的な考え方と区別することを提案した(*9)。異なった社会環境出身の人びとにたいして実施した多くの理解［社会学的］インタビューにもとづき、実際に彼は、日常の苦しみから生じる「小さな悲惨」が社会的劣等性の経験につながり、それが、人びとが拠りどころとする社会空間で十分に承認や評価を受けていないという感情となってあらわれていたことを指摘している。「ミクロな世界の境界に閉じこもりながらそれを経験するという、視点に関わる問題であるこうした位置の悲惨を、マクロな世界という視点から大きな条件の悲惨と比較すると、それが「まったく相対的」、つまりいわゆるまったく非現実的なものとしてあらわれる。そこでは、非難（「文句を言うべきじゃない」）あるいは慰め（「悪いことだってあるじゃない」）の言葉が日々参照される。しかし、あらゆる悲惨と相容れないような大きな悲惨を設定することは、ある社会秩序に特徴的なさまざまな苦しみに気づき、理解することを禁じることである。ある社会秩序は、おそらくは大きな悲惨を後退させたが（しかしそれが頻繁に語られることは少ない）、それが差異化［分化］することによって、社会空間（専門化した場《シャン》と下位‐場《スー・シャン》）を多元化させもし、そのことがあらゆる形態の小さな悲惨がかつてないほど拡大するのに好都合な条件を提供したのである」(*10)。もはや十分に承認されていない、あるいはより正確にいえば他者よりも劣っているとみなされた、したがって、少しずつ「内部から排除された者」となっていく人びとの、このような不安によって、排除されることへの不安が実際に膨らんでいくのである。

つまり、社会的不安定は二つの異なった意味をもっている。第一［の意味］は、ロベール・カステルが述べたもの、つまり重大な社会的リスク、とくに失業と貧困に直面したさいの保護が欠如していること、あるいは少なくともそれが欠如したか弱体化しているという感覚である。第二［の意味］は、現代の社会的諸関係を形成する諸条件とそれを特徴づける支配の諸形態を同時に強調するときに、ピエール・ブルデューが少なくとも暗示的に言及したものに近い。社会的不安定は、第一の意味では、社会的サポートの少なくとも部分的な喪失から生じ、第二の意味では、苦しみさらにはさまざまな形態の心理的抑うつ、とりわけ自信の喪失や無用感の根底にある、社会的に承認された劣等性から生じる。そして、どちらの意味でも、個人とその近親者が強く脅かされることになる。

　これら二つの意味は、雇用《アンプロワ》への関係あるいは仕事《トラバイユ》への関係を分析の基礎として考慮すると、職業的不安定の概念のなかに見いだされる(＊11)。雇用への関係は福祉国家の保護主義的な論理にもとづき、仕事への関係は産業社会の生産主義的論理にもとづく。賃労働者は、自身の雇用が不確かで、仕事に将来性を見いだせないときに不安定《プレケール》である。それは雇用期間が短期であるだけでなく、つねに解雇されるリスクをかかえている賃労働者の状況である。こうした状況は、経済的脆弱性の高まりと、少なくとも部分的には、社会的権利の制限の両方によって特徴づけられる。というのも、そうした権利が多くの場合、雇用の安定の根拠となっているからである。こうしたことから賃労働者は、福祉国家によって定義される社会的地位の階層性のなかで劣った地位にある。この場合は雇用の不安定ということができる。しかし、賃労働者たちは同様に、自分の仕事が興味のないものに思え、報酬が低く、職場内で承認されていないときにも不安定である。［そのとき、］生産活動への自分の貢献に高い評価が与えられないために、［自分が］多かれ少なかれ役立たずだという感情を抱く。この場合には仕事の不安定ということができる。これら二つの次元の不安定は同時に検討されねばならない。それらは労働市場の抜本的な転換だけでなく、労働組織の構造的な変化にももとづいているのである(*12)。

概して、労働における自律性と成果の個人化の傾向によって、ほとんど否応なしに、賃労働者は、その職能と責任のレベルがどの程度であれ、自身が属する労働集団のなかですら目立とうとするようになる。このことによって、企業の階層的な序列のなかで定められた役職への帰属以上に、賃労働者同士の敵対関係と緊張状態が生まれる可能性が増加する。一方で、多くの企業がフレキシビリティを強化しようとしても、企業ごとに大きな差異が存在しており、それゆえに、仕事を失うリスクや、そうなるかもしれないという不安のなかで生きるリスクが、賃労働者のあいだの不平等に固有の要因となる。いいかえれば、さまざまな職業的な統合の形態が進展することで、差異化が減少するどころか、むしろ職業上の序列の複雑さが是認されると同時に、より多くの賃労働者が不安定な存在にされるのである。

周知のように、この社会的不安定は特定の集団に集約されるものではない。たとえ排除のリスクがつねに不平等に分配されているとしても、社会的不安定はその二重の意味で、多くの点で賃労働社会全体に行きわたっており、「栄光の三〇年」期の特徴とは根本的に異なる、貧困と社会の新たな関係のいわば腐植土となっているのである。

◉――フランスとイギリスの新しい社会問題

一九八〇年代と一九九〇年代には、欧州における論争の様相は国ごとに異なっていた。いくつかの国では、実際には議論が起こらなかった。前章でわれわれは、スカンジナビア諸国だけではなくスイスやドイツでも、貧困は少数者にとっての現象で、社会福祉制度によって比較的適切に克服できること、したがって、貧困を議論の主題にするのは無意味であるという考えの下で、公権力と社会全体が強く結びついていたことを確認した。欧州のうち二つの国、フランスとイギリスは、このテーマが巻き起こした研究、議論、交流が非常に豊かなものであったという点で他の国々とは異なっている。

社会問題の規制様式についての議論が国レベルでおこなわれるフランスとイギリスは、非常に中央集権化した国である。これらの二か国では、社会問題が異なったかたちで語られている。フランス的な見方は、こんにちでは「排除」の増加によって脅かされていると考えられている、有機的連帯というデュルケム流の伝統を確実に受け継いでいる。イギリス的な見方は、社会についての［フランスとは］異なった考え方にもとづいており、そこでは個人は周縁的な立場になるのを避けるためではなく、開かれた市場で他者との競合に立ち向かうために十分な資源を保有できなければならない。フランスでは、社会は個人に先行して存在しており、各人の幸福と［社会］全体の凝集を実現するために規制されねばならない。イギリスでは、必要な場合には最小限の援助を受けねばならないことは認められてはいるが、市場と競争の論理を受け入れながら、自身の保護を保証するために個人の側が自らの面倒を見なければならないのである。

この対立は一見すると根本的なもののように映るが、両者を関連づけることは可能である。いずれの場合も、貧困問題は古くからある議論にもとづいており、そこではその時々の表象と介入様式が構造化されてきた。イギリスには一六世紀およびエリザベス法［救貧法］の発布以来、貧困の処遇についてのほぼ全国的な制度がある(*13)。産業革命という状況にこの制度を適応させるためにおこなわれた、この［救貧］法の廃止と制度改革の試みは、一九世紀に多くの議論を生み出した。こうした議論に、こんにちにおける論争でもちいられる用語との類似性が確認できるのは驚くべきことである。フランス人たちのほうは、一八世紀、とくに物乞根絶委員会が設置されたフランス革命の初期にその起源を見いだすことができる、最貧層にたいして国家が責任を負うべきという考え方から依然として離れられていない。実際に、物乞根絶委員会はなによりもまず、資源や能力、社会的地位を突然失った人びとに適当な生活手段を保証することを集合体に義務づけた。それから二世紀ののち、参入最低所得法の採択がこの国民的連帯の原理を呼び起こす機会となった(*14)。このように、フランスとイギリスでは歴史的に異なった理由のために、現在でもなおこの問題は研究者のあいだだけではなく政治家のあいだでもさまざまな議論の対象となっている。かれらはたいていの場合、こうした「貧困」もしくは「排除」対策の分野で獲得した成果にしたがって評価されている。

同様に、この二か国の経済的実態がかなり類似していることも認めなければならない。そこでは、労働市場の深刻な悪化、労働者の不安定化の増大、失業率の増加が、とりわけ一九九〇年代で類似した社会的影響をもたらした(*15)。いずれの国も、最低保障所得の受給者数が近年絶えず増加してきた。一九九三年に資産保証制度を頼りにした人びとの割合はフランス全体では約一〇%で、イギリスでは一七・四%であった(*16)。このように、一度も働いたことのない若者を含むますます多くの人びとが不就労と扶助の領域に追いやられたのである。この扶助制度から離脱する割合は、全体としてはわずかなものにとどまり、いずれにしても、制度を利用するようになった人びとの割合よりも明らかに低いのである。

［2］空間的降格の新たな形態

排除のおそれは、都市の治安《アンセキュリテ》の悪さと少なくともフランスでは郊外問題によって拡大する。貧困の空間的集中という問題は目新しいものではないが、一九八〇年代と一九九〇年代に多くの団地《シテ》において、怒れる若者たちと警察権力とのあいだに暴力的な対立が生じたとき、それはさらに可視的になった。そうした暴力は、社会的降格が地域にあらわれたものである。実際、この概念は居住環境や特定の居住地区に応用することができる。そのさいに、空間的降格について論じることができる。就業状況が不安定な——かつ社会福祉サービスに依存する可能性のある——複数の世帯が同じ団地《シテ》に集中しているときには、内外を問わずそうした場所に悪評が与えられることになるほど、そこでは集合空間が悪化し社会関係が衰退するプロセスの進展するリスクが高くなる。人びとの社会的降格は居住環境全体に影響し、都市セグリゲーションをいっそう可視化させることになる。

◉——ゲットーというイメージ

アメリカにおけるゲットーの研究にはすでに古い伝統があり(＊17)、現在でもなお社会・政治的論争を生み出しつづけているが(＊18)、都市セグリゲーションの比較研究は欧州ではまだそれほど多くはない(＊19)。人種差別とくに黒人問題に敏感なアメリカの社会学者とは反対に、欧州の都市社会学者は貧困の空間的集中を計量的に検討することを優先しようとした。もちろんエスニシティの問題はまぬがれることはできないものの、多くの場合、それはかれらの関心からは二次的なものとして位置づけられた。欧州における比較では、この現象を正確に測定するための比較可能な統計的指標を利用するさいに困難となる、方法論的な問題と直面することもあったが、一方でアメリカでは国勢調査でもちいられる均質な地域区分によってこの障害をより容易に克服することができたのである(＊20)。

欧州の研究がアメリカの研究と比較できるものではないにせよ、それでもやはり、貧困という都市問題と郊外問題を形容するために、欧州では「ゲットー」という言葉が頻繁に利用されてきたことは強調しておかねばならない。この言葉は、とりわけフランスではとくに一九八〇年代の終わりから、政治的発言やメディア、行政の報告書のなかでも大きく広まることになった。そこでは、都市アメリカとそのゲットーの事例が、今後の可能性として、特定の地区の変化を形容するためにしばしば提示されてきた。非行問題がときおりどこかの地区で指摘されさえすれば、そこはすぐさまゲットーと呼ばれることになるのだった。この言葉が一般的に使用されることによって、団地に存在するであろう生活様式の差異と、住民の多種多様な適応のしかたがしばしば隠蔽されることになった。こうしてこの言葉の一般化は、団地に住む一部の人びとの貧困と排除のメカニズムを明らかにすることよりも、むしろそれを演出することに役立ったのである。ゲットーという言葉の使用は多くの場合、事実の客観的な分析ではなく、ある「社会的分裂」の脅威を目のまえにした不安定の感情をよりどころとしている。

多様な現実を説明するためにひとつの表現が一般化されて使用されると、混同を招くリスクが大きく高まる。そこでは、分析よりも先に社会的な論争が起こり、しばしば分析を鈍らせるか、少なくともそれをより脆弱なものにしてしまう。この意味で、郊外の危機に関する伝統的な言説から距離をとるべきである。つまり、こうしたプロセスを分析するためには、自生的《スポンタネ》［非反省的］判断のもとになっている誤った明証性《エヴィダンス》から解放されなければならない。研究者は幾度もこの［ゲットーという］表現もしくはセグリゲーションという表現のもつ曖昧さを強調してきた。ピエール・ブルデューによれば、「こんにち「問題のある郊外」や「ゲットー」について語ることは、ほとんど自動的に、そもそもそれについて積極的に語る人びとにはほとんど知られていない「現実」を述べることではなく、センセーショナルなマスコミや、政治的プロパガンダあるいは風聞が流布するもののようなほとんど歯止めの利かない言葉とイメージによってかき立てられた感情的経験から生み出される幻影に言及することである」(＊21)。彼にとって重要なことは、これらの裕福ではない団地の存在を否定することではなく、社会空間の諸構造と物理空間の諸構造との関係を分析することによって、場所についての実体論的思考に組み込まれた誤った明証性と誤謬を切断することである。イヴ・グラフマイヤーは、セグリゲーションという概念の使用もまたしばしば誤解の源であることを指摘することで、この概念の明確化に取り組んできた。彼によれば、セグリゲーションは、「知的様式と同様に歴史的文脈にも左右され、多様なかたちをとる観念であるだけでなく、同時に、分析カテゴリーと実践的カテゴリー、暗黙のものに満ち満ちた予断《プレ・ノシオン》と測定手段、専門家のあいだの議論の対象と公的な論争の争点」(＊22)となっているのである。

しかしこれらの表現は偶然あらわれたわけではない。マスコミの見出しは、しばしばドラマティックで誇張されてはいるが、それでもやはり、それらはフランス郊外のいくつかの団地で観察された現実をあらわしている(＊23)。したがって、一方では現実とメディアによるその構築を見分け、他方ではこの現象を全体として分析しようと努めねばならない。この分析には、その原因となる諸要因とプロセスの探究が含まれる。

アメリカのゲットーとイル＝ド＝フランス［パリ］地域圏の郊外をともに調査したロイック・ヴァカンは、両者の違いを五つの要因に区別している(＊24)。第一の要因は社会生態学に属する。なによりもまず、規模が比較可能なものではない。現在シカゴのゲットーは四〇万から七〇万人の住民をかかえ、数百キロメートルの範囲に広がっている。ニューヨークのゲットーには約一〇〇万人の黒人が居住している。フランスの団地がこの規模に達するには程遠い。団地のいずれもアメリカのゲットーの規模の一〇分の一をこえるものはない。また、フランスの団地には極端に隔離された場所もあるが、外部との接触が絶たれていることはまれであり、団地のある都市景観が雑多なものであることも強調しておく必要がある。実際に多くの団地は、労働者や中産階級の集まる一戸建住宅区域の近隣に位置している。このような住宅の配置はアメリカのゲットーとは正反対のものである。実際にゲットーは、独自の組織ネットワークをもち、住民がそこで活動の大半をおこなっているという意味で「都市のなかの都市」である。そこでは都市セグリゲーションが顕著である。

第二の要因は民族構成にある。アメリカのゲットーはしばしば完全にアフリカ系アメリカ人から構成されているが、フランスの郊外は大きな民族的多様性によって特徴づけられる。フランスの統合モデルが文化的特殊主義を考慮することの拒否を根拠としてきたことはよく知られている。そのため地域全体における国籍がより大きな流動性をもつことになった(＊25)。このモデルに合わせて、HLM［低廉家賃住宅］事務所は、「移民のゲットー」の形成と住民間の衝突を適切に回避するために、外国人賃借人を分散させようと努めたのである。

第三の要因は、貧困水準がアメリカのゲットーでは非常に高いことにある。ゲットーの約半数の世帯が公式の貧困線以下で生活しており、報酬のえられる仕事に就いている住民の割合は非常に低い。フランスでは社会保護制度が各世帯に所得を保障している。周知のように複数の社会的最低所得があり、そのうち最後に創設された参入最低所得は一般的なセーフティネットとなっているが、多くのアメリカ人はそれをもたない。

第四の要因は犯罪行為と関わっている。シカゴやハーレムにおける犯罪行為は、フランスの団地に横行する治安の悪さとはくらべものにならない。公共の場での暴力行為は比較にならないのである。フランスにおける暴力行為の大部分は、軽度の非行というかたちをとる。フランスでは銃器を使用した強盗はまれであるが、アメリカのゲットーではギャングやドラッグの売人同士の対立は絶えず銃撃戦となる。意図的な殺人は若い黒人の第一の死因である。毎年数十人の子どもたちが高校の近くで撃ち殺されている。

最後に、フランスで実施された貧困地域の都市政策が、限界があるとはいえ、多くの再生プロジェクトをつうじて全体として生活環境の悪化を抑制・緩和できたことが挙げられる。このことは、アメリカのゲットーでの都市整備・開発プログラムの大幅な後退や、それらがしばしば廃止されたこととは対照的である。ロイック・ヴァカンは、フランスで「ゲットー」について論じることは、アメリカの黒人コミュニティの状況と、フランスの貧しい郊外の周縁化された人びとがたどる道のりを正確に判断することをより困難にさせることでしかないと述べている。

しかし、アメリカのゲットーとフランスの郊外との違いを強調すべきだからといって、郊外を襲う危機を過小評価する必要もない。いわゆる「脆弱な」地区の危機によって、一九世紀の終わりに考え出された、都市貧困層の密集問題にたいする対策が問いなおされることとなった。つまり、工場労働における雇用の安定や居住地と従業地のアクセス、保健衛生の規準《ノルム》に配慮した社会的な都市計画の登場である。この時代に社会的凝集性の維持を可能にしたものは、こんにちでは社会的分極化という新たな課題にたいするあきらめや、効果のない解決策のいずれともなっている。ジャック・ドンズロはいみじくも、現在の危機のなかに、社会の大半の人びとを最も尊重されない人びととの連帯から絶たせる内輪《アントル・ソワ》の論理の影響をみている。「それはもはや貧困層であふれた社会ではなく、むしろかれらにたいして物理的な距離をおく社会、かれらとすっかり入り混じってしまうことを危惧する社会、そうしたマイノリティにたいしてマジョリティの政治的法則を前提とする社会である」(*26)とドンズロは言う。彼によれば、このように、一部の貧困化した人びとを社会の他の階層と分離させる障壁は、物理的(都市のなかでの追放《ルレガシオン》[棄て置き])であると同時に、道徳的(非行からまぬがれ、レベルの低い学校から離れた保護空間のなかに安全を求める)で政治的(ポピュリズム、つまり、いわゆる生粋のフランス人という歴史的獲得物の擁護者の増加)である。

したがって、社会のなかを次々と螺旋状に伝播するこの内輪の論理もまた、不安定という感覚の増大を前にして、人びとが保護を求めるようになったことをあらわしている。この論理は、降格する貧困の原因でも結果でもあるのだ。

◉——「脆弱」と判断された都市区域

降格する貧困の特徴のひとつは、それが多くの人びとに拡散していくかたちで及ぶ可能性があることである。とりわけ、社会的降格のプロセスは特定の団地における恵まれない世帯の集中としてあらわれ、その結果、そこは優先的な社会的介入の場となりうる。一九六〇年代には、それまで劣悪な住居や経由住宅団地に住んでいた多くの労働者世帯は、当時は幸福と進歩の象徴とみなされたHLM形式の新築住宅からなる新しい団地に入居することによって、より良い快適な生活を獲得することができたが、とりわけおよそ二〇年後の一九八〇年代からは、この同じ空間で、数多くの世帯の転居と困難をかかえた世帯の集中を特徴とする、社会的降格という逆のプロセスがみられた（＊27）。フランスでおこなわれた多くの調査によって、この現象の規模をとらえることが可能となった。すでに一九七〇年代の半ばごろには、フランスでおこなわれた研究によって、都市の貧困家庭が直面するこうした困難の蓄積を分析し、最も影響をこうむる地区を特定できるようになった（＊28）。［この研究の］成果のひとつは、経済的に貧しい家族と、親の教育不足もしくは［本人の］知的障がいのために不適応と判断された子どもたちが地域内に多く集中することが確認されたことである。他の階層を不快にしない周縁的な地区に追いやられたこれらの家族は、ほぼつねに労働市場から排除され、つづいて自身の子どもたちが、「脱出する」希望もなく両親の生活を再生産することを余儀なくされるのを目の当たりにする可能性があると著者たちは結論づけていた。

一九八六年から一九八七年にかけて実施されたINSEE［国立統計経済研究所］の全国調査「世帯の生活環境」――この調査の目的は、恵まれない境遇を多次元的に把握することであった――のデータを利用することで、劣悪な居住環境における不利益の蓄積を分析することが可能となった（＊29）。そこでは、調査者はインタビュー対象者の住宅に入る直前に、建物の外観についての第一印象をメモしておかなければならなかった。かれらは、建物に住む人びとが、とても豊か、豊か、平均的な所得だがどちらかというと裕福、平均的な所得だがどちらかというとぎりぎり、貧しい、とても貧しい、のいずれであるかを記録する必要があった。この種の情報からは、恵まれない地区を特定することはできない――居住する建物がかならずしも地区の社会的地位を反映しているわけではない――ものの、居住場所の外観は社会的差異化のきわめて重要な指標である。そこには、通常の行政区分以上に細かいレベルで社会的区別《ディスタンクシオン》の地域的な形態を分析できる利点さえある。さらに、同じ社会環境出身の調査者の自生的な判断を借りることによって（*30）、まさに指標という考え方そのものに社会的・客観的・主観的基準が同時に導入され、そこから不平等が認識される。その結果、住居の外観が［地区の特徴を］非常に識別しやすい要因であることが確認された。そして、貧しい外観の建物に生活する人びとは、平均よりも顕著に高い割合で雇用の不安定と失業に直面しており、また全体として（世帯外での）家族のつきあいもより弱く、思わぬ事態が生じたさいに近親者に援助してもらえる可能性が明らかに低いことがかなり広い範囲で確認された。同様に、かれらの金銭的困難はより深刻で、団体活動への参加も著しく少ない。それゆえに、こんにちにおける労働市場の悪化という文脈では、経済・社会生活への参加の可能性をより不安定にするほどまでに蓄積された多くの不利益は、住居の外観の貧困と結びついている。この連鎖は、極度の貧困と社会的紐帯の断絶をもたらす可能性があるといえる。

　フランスでは、とりわけ都市社会政策《ポリティク・ド・ラ・ヴィル》の枠組のなかで、恵まれない地区を理解する必要性が強く生じたために、そうした地区に関する多くの研究が一九八〇年代と一九九〇年代におこなわれた。そこでは、この政策の枠組のなかで優先的と判断された地区が、恵まれない団地がもつあらゆる特徴をもっていたことがわかった（*31）。これらの地区は地区社会開発（ＤＳＱ）という手続きに参加するか地区協定の対象となった。このことはとりわけ、これらの地区が公権力とそこに住む人びとによって、国家と地方公共団体、さまざまな社会福祉団体、利用者団体との協力関係によって実施されるさまざまな行動を必要とする、［都市的な］追放の場所として認められたことを意味した。現在では脆弱都市区域（ZUS）と呼ばれるこれらの地区は、ほとんどいつも不利な区域に位置している。中心市街地から離れ、時として公共交通機関の便が悪いこれらの地区は、道路や鉄道のインフラがしばしば他の都市圏から分断され、しばしば高圧線の下に建設されている。地区の建物の特徴は、建ち並ぶ「棒」［箱型団地］と「塔」［高層団地］であり、住宅のほとんどがHLMの資産である。一九九〇年の国勢調査のさいには、これらの地区で記録された失業率はフランス全体の約二倍であった（一〇・八％にたいして一九・七％）。長期的な失業状態または不安定な雇用状態にある人びとの割合もまた高い。二〇歳から二四歳までの若者の失業率は男性が二四％、女性が三四％であるのにたいし、全国平均ではそれぞれ一五％、二五％であった。最後に、この同じ国勢調査によれば、外国人家族がこれらの地区に住む頻度が高く、外国人の割合がフランス全体では六・三％であるのにたいし、こうした地区では一八・三％であった。あるいくつかの地区では、外国人人口の割合は市町村平均よりも一〇倍高かった。若者の数がきわめて多いことも指摘しておこう。そこでは三人に一人の住民が二〇歳未満であったが、その地区をかかえる都市圏の平均は二六％だった。

とりわけニコル・タバールの研究によって、七一六〇の地理的単位、つまり郡《カントン》や市町村《コミューン》、市《ヴィル》の地区《カルティエ》を分類するためにもちいられた社会空間的レベルにしたがい、これらの優先地区を他の地域と比較することが可能となった（＊32）。予想されたように、都市社会政策の対象地区は、全体としてそれほど高い社会空間的地位にあるわけではない。にもかかわらず、いわゆる脆弱な地区同士のあいだには強い不平等がみられる。実際に住民五万人以上の規模の都市間の比較は、非常に異なった状況をみせている。他の地区とくらべて優先的と判断された地区の状況から、都市が四つのタイプに分類された。

第一のタイプは、完全に社会空間的排除の状況にある。市町村の他の地区が豊かであっても貧しくても、これらの地区と都市社会政策対象地区とのあいだに、社会空間的地位からみた非常に大きな不平等が存在する。たとえばポー［フランス南西部ベアルン地方の主要都市で人口約八万人］やブレスト［フランス北西部ブルターニュ地方の港湾都市で人口約一四万人］のような都市では、脆弱な地区は同じ市町村内の他の地域とは非常に異なっているようだ。すなわち、脆弱地区では約八〇％がブルーカラー《ウーヴリエ》であるのにたいして、これらの市の他の地区では合計でおよそ三〇％にすぎない。脆弱地区の失業者の割合は二〇％から三〇％であるが、同じ都市の他の地区では七％から八％であった。また、大家族やひとり親家族、外国出身の無資格工員、ＨＬＭ居住世帯の比率も高い。

第二のタイプは最も分散しており、非常に多様な状況にある。このタイプは、脆弱と呼ばれる地区が他の貧困地区よりもわずかに低い社会空間的地位をもつような都市の状況である。しかし、だからといって空間的断絶あるいは社会的孤立が語られるほどではない。したがって、排除の概念によって――また、ゲットーの概念ではなおさら――、これらの地区を明確に形容することはできない。

第三のタイプは、かならずしも最も恵まれない状況にあるわけではない貧困地区に優先地区が存在するような都市を特定できることから、第一のタイプとはいっそうかけ離れたものである。いいかえれば、これらの地区は通常の社会職業的もしくは人口学的基準にしたがって個別化されているわけではあまりない。それはたとえばルーベ［フランス北部リール市近郊でベルギー国境にある人口約九万人の自治体］のような、空間的階層性に関して強い同質性をもった都市のケースである。極端な場合には、［分析で］とりあげられた地区とは別の多くの地区が都市社会政策の対象となりうる。

最後に、第四のタイプの都市では、脆弱と呼ばれる地区とその他の地区との境界がいっそう不明確である。いくつかの都市では、都市社会政策の対象地区が近隣の地区よりも高い社会空間的地位にある場合もある。こうした特徴は地中海沿岸の都市でより頻繁にみられる。ニコル・タバールによれば、富裕化しつつあり最も恵まれない人びとがしだいに排除されている地区が問題となりやすい。

この研究によって、より一般的に、脆弱地区を特定するメカニズムが問いなおされる。市町村と地区の社会空間的地位によって恵まれない世帯の空間的な集中を客観的に理解できるという意味で、この地位は主要な要因ではあるが、居住環境の社会的降格のプロセスを分析するにはそれが依然として不十分であることが明らかであるように思われる。

◉――ネガティブなアイデンティティの形成

社会的に降格した居住環境は、たんに恵まれない世帯の空間的集中によってもたらされるわけではない。指標からハンディキャップの蓄積を分析するだけでは、追放のメカニズムを理解するには不十分である。したがって「危機に瀕した地区」や「セグリゲートした地区」といったように都市空間を形容させることになるローカルなプロセスを研究しようと努めねばならない。このことはとりわけ、集合的アイデンティティの形成に特別な関心を払うことを意味している。

現在ではわれわれは、HLM団地の社会的降格のメカニズムに関するいくつものモノグラフをもっている。第一の徴候はほとんどいつも同じである。つまり、最も豊かな賃借人がかれらの社会的・物理的状況（扶養する子どもが減ること）により適した不動産や住宅をえるために転居し、それに代わり、外国出身であったり緊急の状況（職業的不安定や離婚、以前の住宅からの強制退去など）にある世帯の入居がしだいに増えていくことである（＊33）。ある場合にはこのローテーションは加速する。そのスピードは社会病理の指標となっている。たとえば、一九六〇年代に建設されたサン＝ブリュにある労働者向けの団地では、一九八〇年と一九八三年のあいだに世帯の半分以上が入れ替わり、一九八六年には住民の約七〇％が社会福祉サービスを受給しつづけていることが確認された（＊34）。賃借人の激しいローテーションは、かれらの持続的な社会関係を構築する障害となる。最も古い居住者は、つぎつぎと住民が転居していくことによって自分が恵まれていないと感じ——かれらは転居しない——、団地のネガティブなイメージにただちに直面した新住民は内に引きこもりがちになる。主要な原因ではないが、住居の悪化も強調しておいたほうがいいだろう。実際にアパルトマンには欠陥——貧弱な防音処置、暖房設備の問題、湿気など——がしばしばあり、そのせいで定期的に修繕がおこなわれるが、HLM事務所にとっては費用のかからない程度のものでしかない。共有スペースの荒廃はいっそう懸念されるものである。外壁は落書きでけばけばしく、入口とエスカレーターはまともにメンテナンスされず、郵便受けは壊され、窓ガラスが割られている。これらの特徴は住民同士の軋轢、さらには暴力がもたらす道徳的荒廃と社会関係の指標である。

住民と、とりわけ無職の青年たちが自分たちの団地の堕落したイメージ、すなわち、かれらの肌に張りつき自身をそこに結びつけている堕落のイメージを、まるで公にさらすことを望んでいるかのように、あらゆることが生じている。こうしてかれら自身もまた、価値を下げるような特徴を強固にすることで、自分たちの団地のネガティブなイメージの構築に関与する。実際には、かれらは外側から団地をゲットーと名指す他者からの評価を自分自身に当てはめているにすぎないのである（＊35）。

スティグマ化された団地の住民が、かれらを特徴づけるネガティブなイメージにたいして集団的に抵抗しようとしないとき――こんにちでは、ほとんどの場合がそうであるように思われる――、なによりもまず、そこには同じ運命の下で結びついた集団への帰属感情の欠如があることを見なければならない。これまでみてきたように、優先指定区域［都市社会政策の対象として、行政による特別な指定を受けた困難地区］は多様な社会環境にある人びとから成り立っている。たしかに不安定化した世帯が集中しているがゆえに、とりわけ外部の観察者にとっては住民間の客観的な差異は大きなものではないが、それは存在している。これらの差異は、しばしば主観的に非常に強いものと知覚されることさえある。同じ団地のなかでも、多くの世帯は社会的降格の影響を受けることがあるが、このプロセスがいくつかの局面を含んでいることを踏まえると、だからといって、かれらが同じタイプの問題に直面しているというわけではない。仕事を見つけて自身の経済力で団地を離れることができると考えている人びとは、「被扶助者」として振る舞いながらも、何年も前からそこで暮らす人びととは同じ世界に属していないという感情を抱いている。この場合、［団地］内部の階層秩序の構成は、最も小さい社会的区別の特徴が承認・強化されることで成立している。結果として、個人的な差異化の努力は、集団の凝集性に対立し、共同体的な紐帯の出現を不可能なものにするのである。

社会的な介入のしかたは、ときおり意図せずして集団間の社会的分裂を強化することもある。たとえば、特定の地区で生じた暴動の後には行政府が犯人を特定しようとする。無秩序を広める「首謀者たち」や「不良グループ」の中核メンバーが存在するのではないか、そして、社会的平和を取り戻すためにはかれらを追放するだけで十分であろうという考えが広まる。住民たちは、自分たちの将来に不安を抱き、存在するかもしれないこの集団のほうへと信用の低下をそらそうと腐心し、しばしば全面的にその「追放すべきという」考えに執着する。さらには、こうした内部での戦略を説明するために差別的な陰口がたたかれることがある。この戦略によって、住民たち全員が個々に、他人の評判を落とすことによって、自分たちに最も近いと思われる人びとに自分たちの値打ちを高めようとするのである。この個人的差異化の努力は社会福祉サービスにたいする態度にもあらわれる。実際に、自分たちの「困難を脱する」ための努力をソーシャル・ワーカーに認めさせようとすることで、かれらとの優位なつながりをもとうとする世帯もある。これは、別のやり方でかれらが扶助を「利用している奴ら」とみなす人びとと自分たちとを区別しているのである。

これらの社会関係は他の地区で観察されるものと根本的に異なるわけではないが、恵まれない団地の住民たちがもつネガティブなアイデンティティの非寛容的な特徴は、場合によっては、集団のあらゆる凝集性と対立し、地域の無秩序な活動が起こりやすい、分裂した集団生活と壊れた世界といった印象を与えるものである。

結局のところ、社会的に降格した居住環境の問題を提起することは、恵まれない団地のなかでの不利益の蓄積だけではなく、そうした団地を特徴づけるアイデンティティと社会関係を問うことになる。このことは社会的降格プロセスの諸要因とその継起的な局面の包括的な分析と、その地域的特性の記述とを同時にともなう。実際に、特定の地区への貧困世帯の集中だけが、社会的に降格した居住環境が地域的にどのように成り立っているのかを説明するものではないことは明らかであろう。低所得の世帯で構成される大規模団地群《グラン・アンサンブル》のなかには、重大な問題をかかえているわけではなく、「危険な地区」とは呼ばれないところもある。［住民間の］連帯が維持され、自分たち自身やその地区をつうじてポジティブなイメージを与えるために、住民たちが努力を重ねるケースも存在する。反対に、全体としては恵まれない状況にあるが、同一の貧困状況を経験していない世帯――社会的降格プロセスの局面は人によって異なる――が空間的に隣接していると、実際には団地における集団生活の悪化、いいかえれば広範囲にわたる社会的紐帯の弱体化となってあらわれることが多い。こうした状況下では、同じ空間に貧困世帯が集中すると、社会関係の急速な悪化や、顕著な問題を規制しようとする外部のアクター――社会的なものの専門家や公権力の代表者――による、より規則的な介入がそこに加わる可能性がある。このことによって住民全体がスティグマ化され、誰からも評判の悪い地区に自分たちが追いやられているというかれらの確信が強固なものとなる。

このプロセスを深く掘り下げるために、パリ市二〇区のなかで都市社会政策の優先区域として登録された地区の住民を対象に、二〇〇三年に実施されたサンプリング調査によって、地区と下位地区の綿密な比較をもとにした居住空間のイメージおよび自己イメージの関連と、居住地にたいして個人が抱く愛着あるいは嫌悪の形態を同時に検討することが可能となった(*36)。そこでは、ネガティブな特徴を付与されることによる社会的・政治的マーキングの対象となった区域内を含む、場所がもたらす有害な効果が、個人と地域によってまったく異なることが調査によって確認された。空間的降格のプロセスを最近経験した地区で抑うつの徴候がより多くみられ、より著しいことが分析によって示された。いいかえれば、住民の苦悩が最も強いのは、場所のネガティブなアイデンティティが形成されつつあるときなのである。古くから降格した地区では、住民がハンディキャップの蓄積をまぬがれていない場合でも、かれらはしばしばスティグマに抵抗する態度をとっている。

これらの分析によって、都市の貧困状況の多様性と、こんにち「脆弱」と名指された地区を支配する社会病理の幅広い特徴が強調されることになる。都市の社会構造のこうした危機の大部分は労働市場の危機と一致しているが、それにもかかわらず、失業や職業的不安定とは無関係の、地域に刻まれた社会経済的不平等の産物でもあるという意味で、この危機は特殊であるといえる。

［3］失業の経験と社会的孤立

降格する貧困は集合的な不安となってあらわれ、社会的・政治的論争を引き起こす。したがって社会全体に影響を及ぼし、そうした意味でその内的凝集性を脅かす。労働市場での困難を経験し、生産領域から追いやられる可能性のある人びとは増加しつづけている。かれらは社会的に疑わしく、あまり信用できない存在となる。銀行はかれらを信用せず、他の人びとには認める基本的なサービスをしばしばかれらには拒絶する(＊37)。賃貸人は、社会住宅の場合も含めて、かれらが住宅をもつことを嫌がって、他の人びとにたいするものとは違った態度をとる。多くの賃貸人は長期失業者が提示することのできないような保証金を要求する。要するに、失業者も不安定労働者も［家賃を］支払うことができないとみなされているのである。かれらは社会的に降格しているのだ。このように、持続的な無就業状態は多くの人びとに小さなあるいは大きな日常的屈辱を連続的にもたらすのである。

貧困をたんに貨幣的に測定することは、拡散的かつ多次元的なこの現象を説明するには不十分であるようだ。多くの欧州社会では、被扶助者数の増加は失業の増加につづいて起こっているが、雇用や住居、健康に関する困難にたいしてさまざまな方法で支援された人びとの割合は、過去数十年のあいだにおおむね増加しつづけた。都市セグリゲーションに関する欧州の比較研究はわずかだが、反対に失業の経験についておこなわれた研究はより体系的である。したがって、以下では失業と貧困、社会的孤立の関連を分析することにしよう。

◉――ハンディキャップの蓄積

こうした理由のために、失業はしばしばハンディキャップが段階的に蓄積するプロセスとして記述されてきた。これまでみてきたように、研究成果は生活水準の悪化だけでなく、社会生活の弱体化と他の労働者にたいする周縁化を強調した。しかし、そこには国ごとに大きな違いがある。このプロセスに最も影響を受けたのはどのような人びとなのだろうか。分析可能な最初の「ハンディキャップの」蓄積は、貧困線以下で生活する失業者の状況である。この場合、失業者は就業していないだけではなく、ごくわずかな財力で生活することを強いられており、このことは仕事を探そうとするさいにさらなる困難となりうる。一九九六年の一八歳から六五歳までの人口全体の貧困率を失業者の貧困率とくらべると、当然のことながら、

表5-2 18歳から65歳までの総人口及び失業者の貧困率（1996年）（%）

	18歳から65歳までの総人口	失業者
ベルギー	9.1	33.9
デンマーク	7.0	17.8
フランス	12.0	39.0
ドイツ	7.3	30.2
ギリシャ	16.1	32.1
アイルランド	10.3	27.8
イタリア	13.4	36.3
オランダ	9.8	32.1
ポルトガル	18.8	25.3
スペイン	16.8	37.1
イギリス	9.6	42.8

出所：共同体世帯パネル調査（1996年）

表5-3　就労人口，失業者，総人口間の貧困率(2010年)(%)

	就労人口(O)	失業者(C)	総人口(E)	O/E比	C/E比	C/E比とO/E比の差
第1グループ						
デンマーク	6.5	36.3	13.8	0.47	2.63	2.16
スウェーデン	6.5	36.3	12.0	0.54	3.02	2.48
ノルウェー	5.2	30.9	10.9	0.48	2.83	2.35
フィンランド	3.7	45.3	13.7	0.27	3.30	3.03
オランダ	5.1	31.8	9.1	0.56	3.49	2.93
第2グループ						
ベルギー	4.5	30.4	13.3	0.34	2.28	1.94
ドイツ	7.2	70.3	15.0	0.48	4.69	4.21
フランス	6.2	33.1	11.8	0.52	2.80	2.28
オーストリア	5.0	41.2	11.6	0.43	3.55	3.12
第3グループ						
イギリス	6.8	47.4	15.7	0.43	3.02	2.59
アイルランド	7.6	26.8	14.8	0.51	1.81	1.30
第4グループ						
イタリア	9.4	43.6	16.8	0.56	2.58	2.02
スペイン	12.7	38.7	19.7	0.64	1.96	1.32
ポルトガル	9.7	36.4	16.9	0.57	2.15	1.58
ギリシャ	13.8	38.5	19.5	0.71	1.97	1.26
第5グループ						
ポーランド	11.0	42.1	16.6	0.66	2.53	1.87
ルーマニア	17.2	46.4	18.7	0.92	2.48	1.56

注：本表で参照した貧困率は各国の中位所得の60%に設定されている．
使用した等価基準は修正OECD基準である（1人目の成人には1，その他の成人に0.5，14歳以下の子どもには0.3［の重みづけをしている］）．
出所：EU-SILC（所得・生活状況に関する欧州統計）(2010年)

すべての欧州諸国で全体の貧困率が失業者の貧困率よりも低いことが確認できる（表５－２）。したがって、失業者が貨幣的貧困を経験するリスクは非常に現実的なのである。しかし、この時期の失業者の貧困率はデンマークの一七・八％からイギリスの四二・八％まで幅があった。このことは、失業者の補償水準がかれらの生活水準に与える影響を確認するものである。

二〇一〇年のデータは、欧州のより多くの国を対象としている。**表５－３**では、就業者と失業者、全人口の貧困率を比較することができる。予想どおり、南欧諸国とポーランドやルーマニアのように欧州連合に新たに加入した国では、就業者の貧困率が全体として最も高い。ギリシャでは約一四%、ルーマニアでは一七・二%であるが、フィンランドでは三・七%にすぎない。一九九六年と同様に、あらゆる国で例外なく、失業者の貧困率が就業者や人口全体の貧困率よりも高いことをとりあげておこう。また、ドイツでは近隣の欧州諸国とくらべて相対的に貧困率が低いが、失業者の貧困率が七〇%をこえて頂点に達したことも指摘しておこう(*38)。概して、全人口の貧困率(E)にたいする失業者の貧困率(C)の比、C/Eと呼ばれる比を国別に計算することによって、失業者のスティグマ化のリスクを測定することができる。この比が高くなるほど、失業者は他の人びとにたいして生活水準に関する劣等性を経験し、そのことによって自分自身が降格したと感じるリスクが高くなる。同じ方法で、全人口の貧困率(E)にたいする就労人口の貧困率(O)の比、O/Eと呼ばれるものを国別に計算することができる。この比が1から遠ざかりゼロに近づくほど、労働によって貧困からまぬがれることができるという感情を就労者がもちうることになる。最後に、C/E比とO/E比との差を測定することができる。この差は、就労者とくらべた失業者の貧困とスティグマ化のリスクという観点からみた、就労者の状況と失業者の状況との不平等の指標として理解することができる。O/E比をみると、南欧諸国あるいは東欧諸国と北欧諸国のいくつかは対照的で、ルーマニアでは〇・九二、ギリシャでは〇・七一、フィンランドでは〇・二七である。最も経済的に貧しい国々では、労働することは相対的にみて人口全体よりも高い生活水準を保証するものにはなっていないことがわかる。これらの国には、報酬が低くとくに職業上の不安定にさらされている多くの賃労働者が存在する。C/E比はとりわけドイツで高い(四・六九)が、オーストリアとオランダ（それぞれ三・五五と三・四九）でも高い。最後に、C／E比とO／E比の差は、予想どおり、差が全体的に依然として低い南欧諸国や東欧諸国と、とりわけドイツやオーストリア、フィンランドといった差の大きないくつかの欧州北部諸国とのあいだでは著しく対照的である。したがって、社会的降格を経験するリスクは、いくつかの国ではそれ以外の国よりも明らかにより高い。すでに述べたように、このリスクは経済発展の水準や社会的保護の普及率の程度と結びついているが、それは経済状況に依存している。産業化した国々では、かれらを保護するために介入するか、反対に補償額を削減するために介入するかにしたがって、雇用の削減や、失業者に有利あるいは不利な施策の規模におうじて、このリスクが増大するのである。

貨幣的貧困と社会的孤立から失業者のハンディキャップの蓄積を分析することもできる。社会的孤立は二つの指標から評価することができる。第一にひとり暮らしをしていること、第二に友人との規則的な接触を奪われていることである。第一の指標は、世帯内で展開する一次的な社会結合に依拠し、第二の指標は、二次的な社会結合と選択的参加の紐帯に依拠している（第2章第3節「社会的紐帯の形態と強さ」参照）。これら二つの社会結合の形態はそれぞれ情緒的な側面をもつ。しかし両者は慎重に検討されねばならない。ひとり暮らしの失業者はかならずしも孤立した失業者というわけではない。ひとりで暮らしているという事実は、つねに失業の結果だというわけでもない。しかしながら、ひとり暮らしの失業者は、通常は家庭のなかで世帯成員から提供されるサポートを享受することはできないであろう。同じように、友人と日常的な接触のない失業者にはかならずしも友人がいないというわけではないが、こうした日常的な接触の欠如を孤立の潜在的なリスクとみなすことはできる。

表5–4　貧困と同時に社会的に孤立した失業者（国別）（%）

	貧困で独居	貧困で友人との日常的接触がない
北欧モデル		
デンマーク	3.7	2.8
大陸モデル		
ベルギー	4.0	13.8
フランス	4.4	27.7
ドイツ	9.9	21.0
オランダ	5.7	18.3
自由主義モデル		
イギリス	9.6	24.6
アイルランド	2.8	8.7
地中海モデル		
イタリア	0.6	14.9
スペイン	0.7	7.4
ギリシャ	1.3	10.4
ポルトガル	0.0	14.9

注：貧困は，世帯平均所得の50%水準から定義．
出所：共同体世帯パネル調査（1994年，第1波），スウェーデンのデータは利用不能．

デンマークでは、非常に低い割合の失業者しか貧困と社会的孤立という二重のハンディキャップを経験していないという結果が確認されている（表5－4）。社会結合の指標がどのようなものであっても、このことは確認された。南欧諸国ではハンディキャップが蓄積する傾向が低い。そこでは、貧困であると同時にひとり暮らしをしている失業者の数は少ないが、このことによって、第3章で検証された仮説、すなわちこれらの国が他の国々よりも統合された貧困に近いことがふたたび確認される。オランダとベルギーは、施策がどのようなものであれ、ハンディキャップの蓄積レベルは中程度のものである。二重の不利益をもつ人びとの割合が最も高い国はイギリスとフランス、ドイツである。イギリスとドイツでは約一〇％の失業者が貧困であると同時にひとり暮らしであり、二〇％以上が貧困であると同時に友人との日常的な接触をもたない。フランスでは、非常に高い割合（二八％）の失業者が貧困であると同時にインフォーマルな社会結合のネットワークに関与する程度が低い。

　この時期のドイツのケースはとりあげるに値する。ドイツでは貧困であると同時にひとり暮らしの失業者の割合は、貧困であると同時に友人との日常的な接触を欠いた失業者の割合と同様に高い。

ところで、前章ではこの国でどのように貧困が過小評価されているのかを検討したが、そこでは公権力が、貧困は効果的に克服されたために存在しないという考えを擁護してさえいる。したがって、この国の特徴は、貧困現象の客観的現実にたいして、貧困の社会的表象が相対的に独立していることだといえる。貧困の社会的表象は、その経済・社会的要因が、今もなおドイツの奇跡という美しいイメージと強く結びついているようにみえる(＊39)。したがってドイツは、社会的表象にしたがうとむしろマージナルな貧困に近く、社会的紐帯の脆弱性のさらなる高まりとハンディキャップの蓄積に脅かされた人びとを増加させるプロセスを踏まえると、むしろ降格する貧困に近いはずである。われわれがドイツについて、本書におけるマージナルな貧困に関する章でも降格する貧困に関する章でも言及できるのは、この国のこうした特殊性のためである。ドイツの例はそれ自体が興味深い。なぜなら、貧困の社会的表象と体験とがほとんどの場合に一致しているにもかかわらず、それが系統だっているわけではないということをこの例が示しているからである。

　欧州世帯パネル調査のデータを利用することによって、失業と貧困、社会的孤立のあいだにある関係を縦断的に分析することが可能となった(＊40)。とりわけこの研究は、持続モデルから、就労による失業からの脱出の可能性にたいする経済的貧困の主効果と社会的孤立の主効果を検討するものであった(＊41)。このプロセスの主要因は所得であることが明らかになった。この現象は国によって程度が異なるが、結果が有意ではないポルトガルを例外として、各国で検証された。年齢と性別、家族の状況、教育水準、健康のような社会人口学的変数を統制するほど、結果にはより有意な差が見られる。反対に、社会的孤立に関する変数には、はっきりと特定できる主効果はないようだ。すでにみたように、これらの変数は家族の社会化の条件や、国や地域ごとの支配的な社会結合の形態によって異なった意味をもちうる。もちろん、これらの変数に一貫して主効果が見られないからといって、そのことが、社会的降格プロセスの特徴であるハンディキャップの蓄積において、これらの変数がいかなる役割ももっていないということを意味するわけではない。ところで、この蓄積はいくつかの国では他の国よりもより強いことは明らかだ。欧州北部の国々と南部の国々は、理由は異なってはいるが、失業と貧困、社会的孤立のこうした結びつきに他の国ほどさらされているわけではないのである。

◉——社会的紐帯の脆弱性

二〇〇一年の貧困・社会的排除に関する欧州調査では、別の社会的孤立の指標が居住場所との関係のなかで分析された。この調査で問題とされたのは、居住地で友人をもつことの困難である。他の条件を一定にしても、また統計的な有意性に関しても、失業者は就労者よりも頻繁にこのタイプの困難を経験していることが確認された。同じく、欧州北部の国々、とくに（旧東・西）ドイツとフランス、イギリス、フィンランド、スウェーデン、オーストリアでは、貧困の統計的に有意な効果が存在することが確認された。いいかえれば、これらの国の貧困層は、他の国よりも、居住地で友人をもつことについてより多くの困難をかかえているのである。反対に、予想どおり、イタリアやスペイン、ギリシャではいかなる有意な効果もみられなかった。ポルトガルでは、わずかに有意な効果しかみられなかった。北の国と南の国のこうした差は社会結合《ソシアビリテ》〔社交性〕と関連づけて考えるべきである。社会結合が発達していると、居住地で友人をもつことがむずかしいという感情を抱く可能性はより低くなる。しかしだからといって、このことは、人びとが社会的孤立のリスクを完全にまぬがれているとか、十分に友人たちに囲まれていると感じているという意味ではない。

社会的ネットワークを研究するさいには、その構造に特別な注意を払う必要がある。同じ調査をもちいて、たとえば、友人の半分以上が失業者であると答える人びとが［人口］全体に占める割合と、低所得（第1四分位所得階級）者の割合とを比較することができる。全体とくらべ最貧層では、スウェーデンを除くあらゆる国で、友人の半分以上が失業者だという回答が多い。この結果によれば、最貧層が利用できる援助は、友人ネットワークがこのように成り立っているために、より弱いものであることが確認できる。ただし、最貧層のなかで確認された割合と、対象者全体の割合とを関連づけることで、この結果をより詳細に解釈しなければならない（表5－5）。えられた比が高くなるほど、貧困層の友人との社会的ネットワークは、対象者全体とくらべて対照的で分極化しているといえる。この比はベルギー、西ドイツ、イギリス、アイルランド、フィンランド、オーストリアで2以上である。これらの国々における貧困層の社会結合は、全対象者について確認されたものよりも明らかに脆弱である。南欧諸国ととりわけイタリアでは、反対に比は1により

表5–5　友人ネットワークの構成からみた社会的分極化の指標

	半数以上の友人が失業者（低所得／全体比）
欧州北部	
ベルギー	2.06
デンマーク	1.46
ドイツ（西）	2.67
ドイツ（東）	1.34
フランス	1.76
イギリス	2.02
アイルランド	2.22
オランダ	1.69
ルクセンブルク	1.27
フィンランド	2.82
スウェーデン	0.98
オーストリア	2.84
欧州南部	
イタリア	1.09
スペイン	1.29
ギリシャ	1.52
ポルトガル	1.41

注：指標は，友人の50%が失業者であると回答した人びとの割合である．表で示した比は，最貧層がこの指標に達した割合と，全対象者が同じ指標に達した割合との関係である．この比は西ドイツでは2.67であるが，イタリアでは1.09にすぎない．したがって，最貧層の友人ネットワークはイタリアよりも西ドイツでより分極化している．
出所：ユーロバロメーター調査 56.1（2001年）

近い。このことは、友人との交際のなかでの失業者の存在が、全対象者とくらべてほとんど差がないことを意味している。

この結果の大部分は、南欧諸国の失業者の構成によって説明できる。実際に失業は、とりわけイタリアでは、なによりも女性と若者に及んでおり、その結果、それは全体的により広く分布している。いいかえれば、友人ネットワークのなかに多くの失業者がいると、そこには若者と女性が含まれているということである。当然ながらこのことは、貧困層にとっても非貧困層にとってもきわめてありうることなのである。

最後に、社会的孤立を理解するため市民活動《ヴィ・アソシアティヴ》への参加を考慮することができる。一九三〇年代初めのラザースフェルドによるマリエンタール調査以来、とりわけ集団的《アソシアティヴ》関係の領域で、失業が社会的交換の程度を弱めることが知られている。実際に、この中規模都市の人口の大部分が基幹工場の閉鎖のあおりを受けて以来、演劇クラブ、スポーツクラブ、ボランティア団体の活動が著しく衰退した。最近の共同体世帯パネルを利用することによって、二〇世紀の終わりには失業がつねに市民活動にネガティブな効果をもっており、それが産業化した主要国で当てはまることが検証された(*42)。たとえば**表5－6**では、失業者の市民活動への参加は安定雇用にある人びとの参加よりも低く、このことはイギリスと同様にデンマークやフランス、ドイツでも当てはまることが確認できる。これら四か国では、独居生活をしていること、もしくは破壊行為や犯罪行為によって特徴づけられる地区で生活することは、市民活動への参加を悪化させる効果をもっている。したがって、失業を経験するなかでハンディキャップが蓄積しうるということは明らかである。それにもかかわらず、市民活動に参加しながら一年以上失業している人びとの割合が、他の三か国とくらべてデンマークで比較的高いことを指摘しておこう。実際、市民活動に参加する長期失業者の割合は、イギリスでは三三％、ドイツでは二九・五％、フランスでは一八・八％にすぎないのにたいして、この国では四七・六％なのである。

これらの差を解釈するためには、それぞれの社会における失業の社会的地位と職業的不安定を考慮しなければならない。数年前から失業の規模が大きく、南欧の複数の国々あるいは地域のケースのように、それが貧困や低水準の経済発展と結びついているとき、失業はあらゆる人が直面する、あるいは直面しうるありふれた社会環境となる。この場合、失業が社会関係に根本的な影響を及ぼすことはほとんどない。この社会関係は、適切に困窮を回避する、すなわち各個人に精神的な抵抗手段と、交換［関係］にインフォーマルなかたちで参加する手段を適切に提供する土台となりうるのである。［かつては］完全雇用が実現されていたものの、こんにちではその雇用情勢が悪化している国では、失業者が社会的降格という試

表5-6　就労状況別にみた市民活動への参加（%）

	安定雇用	1年未満の失業	1年以上の失業	18歳から65歳未満の全労働人口
デンマーク				
合計	61.1	43.0	47.6	58.8
ケース1	58.6	36.4	45.7	56.8
ケース2	59.8	43.8	44.7	57.8
フランス				
合計	31.4	22.5	18.8	28.0
ケース1	31.0	25.4	16.9	27.3
ケース2	36.8	27.1	12.3	30.5
ドイツ				
合計	57.3	27.3	29.5	51.8
ケース1	44.7	22.9	13.5	40.8
ケース2	53.8	19.3	9.0	47.4
イギリス				
合計	49.3	44.2	33.0	48.5
ケース1	48.1	46.6	25.4	47.4
ケース2	50.4	46.1	22.0	49.6

ケース1：居住地区内の破壊行為もしくは犯罪行為
ケース2：独居
出所：共同体世帯パネル調査（1994年，第1波）

表5–7　「失業は非常に苦しいものだ」という意見にまったく賛成と回答した人の割合（%）

	失業者	全対象者	失業者と全対象者の差
フランス	82.1	76.6	5.5
イギリス	76.9	80.4	-3.5
ベルギー	68.9	60.8	8.1
ドイツ	63.8	55.4	8.4
オランダ	59.2	69.1	-9.9
イタリア	47.1	50.5	-3.4

出所：ユーロバロメーター 21「欧州連合における政治的分裂」（1984年4月）

練を経験する可能性が高くなっている。というのも、社会的名誉の表象は、たいていの場合、職業活動にスムーズに参加できたかどうかによってえられる社会的地位に依存しているからである。欧州の世論調査（ユーロバロメーター21）（表5－7）によれば、失業が非常に苦しいものだと考える人びとは、フランス（七六・六％）とイギリス（八〇・四％）でとくに多く、イタリアでは著しく少ない（五〇・五％）。この世論調査から、失業者と対象者全体の偏差を検討することができる。正の偏差は、その国に存在する失業者にたいする一般的な社会的表象を失業者が強く内面化していることを意味するが、他方で負の偏差は、それとは反対に失業者がそうした表象にたいして距離をとることによって自らの状況を正当化していることを意味する。結果はフランス（五・五ポイント）、ベルギー（八・一ポイント）、ドイツ（八・四ポイント）で正の偏差がみられた。反対にオランダ（マイナス九・九ポイント）、イギリス（マイナス三・五ポイント）、イタリア（マイナス三・四ポイント）では偏差が負の値であった。全体的にみると、この世論調査では、失業が社会生活に最も統合されている国はイタリアである。反対に、フランスでは失業については不安を与えるようなイメージがもたれているようである。

　このように、社会的紐帯の脆弱性と失業経験のなかでハンディキャップを蓄積するリスクは、「栄光の三〇年」期に完全雇用を実現した、経済的に発展した国々でより高い。これらの国では、労働市場が激しく悪化していると同時に、失業者を支援するさいに家族が実際に果たすべき役割についての規範がそれほど確固としたものではなく、また一般的に失業補償と社会保護制度がかなり脆弱であるか、［現状に］適応していない。とりわけ、イギリス、フランス、ドイツがそうした状況に陥っているのである。

［4］不確かな対応策

こんにち、賃労働社会を特徴づける雇用危機は、公権力に新たな解決策の探究を促している。このことはすでに、一九三〇年代の経済危機のさいも起こっていた(＊43)。一九七〇年代の終わりから、解決策は変化しているが、介入の原理は変わらない。実際に、政府は絶えずこうした危機の影響、とりわけ雇用の領域だけでなく、住宅や保健衛生の領域で［危機の］影響に最もさらされた人びとを援助しつづけた。こうした現象の重大さによって公権力は、なによりもまず社会支出の増大といった財政的な理由から頭を痛めることになるが、そこには社会的な理由もある。集合体やとりわけ労働世界が、こうした被扶助者たちの物質的な生活を可能にしなければ、かれらはどうなってしまうだろう？　かれらは生産機構に拒絶され、そのためにかれらの社会的地位は悪化の一途をたどるだろう。しかしそれだけでなく、かれらの存在が増加することで社会システム全体が悪影響を受け、システムのバランスが脅かされるのである。

アメリカと西欧諸国で実施された貧困対策は非常に対照的であり、ここで詳細にそれを分析しようとしても無意味である。イギリスと同様にアメリカでは、公権力は最も恵まれない層にたいする援助の増大を制限しようとした。それどころか、貧困層にたいし、よりいっそう自分自身で自分の面倒をみさせようとする考え方が一般的となったのだった。こうした制限的な政策の結果、豊かな者と貧しい者の不平等が激しく増大した(*44)。以前から社会的地位が低かった恵まれない人びとは、しばしば扶助を食い物にしているという疑いをかけられた。これら二つの国では、貧困層にたいする援助が逆効果をもたらす可能性をめぐって、社会的論争が巻き起こっている。［そこでは］企業に課せられた社会保障負担を軽減することが至上命題であり、［これまでの］政策の見なおしが迫られているように思われる。なによりもまず、生産機構の競争性を優先することが重要とされ、それによって最終的に雇用創出を誘導しなければならないのである。イギリスでおこなわれた多くの研究は、利益分配のメカニズムにあてられている。そこでは、個人は合理的行為者であると仮定されているために、扶助を受けている人びとが積極的に雇用を探すことを奨励するような扶助制度をつくりあげることが望ましいとされる。とりわけ保守主義者たちによってアンダークラス問題への取り組みがおこなわれているのは、少なくとも部分的にはこうした考え方のなかにもある。実際にアンダークラス問題は、「貧困層」が陥る「福祉階級」という古典的な考えにもとづいている。すなわち、インセンティブの政策のみがかれらを窮地から脱出させるのである。

この特殊な方向性は欧州の他の国々に影響を与えたが、アメリカとイギリスで採用されたものと同じような制度に向かった国はひとつもなかった。反対に、社会保護制度に課せられた制約は類似したものであった。一九八〇年代初めから、扶助と社会的最低所得に依存する人びとの数は、多くの国々で極端に増加していたのである。

ここには、二つの一般的な傾向がある。第一の傾向は、社会的介入の対象者が多様化したことである。貧困は拡散していると同時に多次元的で累積的であるがゆえに、公権力は該当する人びとにおうじて異なったやり方で介入しようと試み、この介入のアクターは多様化し専門化した。さらに参入《アンセルシオン》あるいは社会的伴走《アコンパニュマン・ソシアル》の活動が社会的給付の支払いを補完するものとして、あるいはしばしば補償するものとして実施される。しかしながら、これらの対策［の効果］は不確かなままである。なぜならそれらは、雇用危機と社会―空間的不平等の増大が引き起こす重大な問題をそれ自体では解決できないからである。

◉――ターゲットとアクターの多様化

われわれはこれまで、社会福祉《アクシオン・ソシアル》の諸形態のうち、社会福祉サービスによって援助されうる人びとを行政的な観点から定義するための可能な二つの方法を区別した。［ひとつは］制度と社会全体が正当と判断した基準から包括的に対象者を定義するか（貧困層の単一的な定義）、［もうひとつは］さまざまな特定の人びとがこうむるリスクを継続的に何度も評価することによって対象者を定義し、［貧困を］全体として同質的なものではなく、異なった社会的カテゴリーの総体として把握すること（貧困層のカテゴリカルな定義）である。この後者のアプローチは、貧困層の困難の重大さもしくはかれらが経験した試練の深刻さをもとにした評価にしたがって、各カテゴリーを階層化する可能性を残している。社会的最低所得の定義という点では、フランスのアプローチはつねにカテゴリカルであったが、ドイツやイギリス、同じくスカンジナビア諸国ではむしろ単一的なアプローチであった。

しかし雇用危機と、扶助の名目で支援される可能性のある人びとが増加することによって、多くの国がその政策を多様化させることになった。いいかえれば、対象者全体ではなく特定のカテゴリー［の人びと］に適した援助プログラムを定義する傾向になったのである。この傾向は、支援されている人びとの単一的な定義にもとづいた扶助制度を大戦後の数年間で実施した国々でさえも観察することができる。また、包括的な社会保護制度における扶助という自発的な残余的特徴が、この時代にはそのような定義により適合しやすかったともいわねばならない。それに加え、ソーシャル・ワーカーたちは、個々人のニーズに応えることによって、この貧困層の単一的なカテゴリーに介入することができた。しかし、この介入様式はすぐさまそれ自体の限界に直面した。とりわけドイツでは、システム［扶助制度］の論理と、この介入様式を機能させるために社会福祉サービスに与えられた手段とのあいだに乖離が生じたのである。

失業に直面すると、フランスや他の欧州諸国でも、公権力は商業セクターでも（企業のために労働コストを軽減することによって）、非商業セクターでも（特殊な雇用形態を創出することによって）、スキルの低い人びとの雇用を促進するための措置を発案した。そこではまた、学歴資格の低いもしくは学校で落第した若者のための職業訓練を開発し、他方で早期退職を促進することも重要となる。これらの措置がその目的を達成しなかったというのはあまりに性急であろう。量的な観点から、また短期間で正確な評価をおこなうことは容易ではないが、これらの措置を導入することによって失業者の数を減らすことはできたのである。しかしこのタイプの政策には裏の面もある。こうした政策は一度制度化されると、永続する傾向のあるいくつもの雇用上の不安定な地位の創出に直接的につながる。つまり、対策はさまざまな形態と名称をとるが、多くの場合にその精神は多かれ少なかれ変わらぬままなのである。

これらの政策の大きな限界のひとつは、それらがしばしば目標とされていた参入のミッションとは別の方向に進むということである。そうした援助は、長期的に失業状態におかれ、その結果として職業訓練と資格取得に特別な関心をもたなければならない可能性のある人びとを対象とするが、他方では、商業セクターによっても非商業セクターによっても、労働力のフレキシビリティを目的にしばしば利用されるのである。こうした援助は、季節業務を最低限のコストでおこなえるかどうかを検討する、企業もしくは民間・公共組織にとっての僥倖となることもある。要するに、これらの組織にとってはしばしば低価格の労働力が重要となるのである。また、企業もしくは地方自治体によっては、［職業訓練のような］研修や援助契約の対象となる人びとさえも選抜することが知られている。そこでは、個々の困難と結びついた社会的基準ではなく、なによりもまず、すぐに役立つ可能性のある精確な能力におうじて選抜される。なぜなら、大量失業によってそうした労働力が備蓄されているからである。

公権力はこうした［援助の］濫用に気づいており、あまりに明らかに悪用されているような措置を廃止せざるをえなくなることがある。概して、政府があいついで導入する措置は不安定であるように思われる。新しい政府が誕生するたびに、それまでに提案された解決策の失敗もしくは不適切さが指摘され、自分たちの影響力を刻み込むようなやり方で、より良い解決策が追求される。このように新しい政府は、たとえ新たな措置が、根本的にはそれ以前の措置とほとんど変わらないとしても、新たなプログラムの実施をメディアを利用して進めようとする。その結果、［実施される］措置が氾濫し、長期的にそれが行政部門を混乱させ、その価値を低下させる。実際のところ、不明確なのはこれらの援助の原理そのものである。というのも、こうした援助は、参入という本来の目的と、失業を減少させるという意欲にもとづいてはいるが、同時に、労働市場の周縁でフレキシビリティを強化することによって、安定雇用でも失業でもない両者の中間領域を広げている。これらのターゲット化された政策の対象となる人びとの数は、こんにちでは非常に多い。いくつかの賃労働者のカテゴリーにとって、この周縁的な部分《セグマン》に長期的にとどまり、何度かの失業を一時的に経験するリスクは大きいのである。

最も恵まれない人びとの住宅へのアクセスを可能にするための公的援助について考えた場合も、同じ問題が見いだされる。こんにち、フランスにはさまざまな特殊な措置がある。少し単純化していえば、それらは緊急宿泊施設（施設によって異なるが一泊から数泊）にはじまり、宿泊・社会復帰センター（一週間から数週間）、参入住宅（数か月）、そして、最終的な住居を探す社会組織が又貸しする住居などがある。これらの措置を発案した人びとにとっては、社会福祉のさまざまな関係者にたいし、多様なモデル・ケースに対応するために十分余裕のある豊富な解決策を提供することが重要となる。しかしながら、一般的に、困難をかかえる人びとは「それまでに受けた」措置や経歴による地位の階層化にたいして注意深い。それは、肥大化した複雑な官僚的扶助制度のなかで、ある区分から別の区分へとかれらを移動させることによって、かれらを「制度に」したがわせようとするものである(＊45)。かれらにとってのリスクは、あてにならない最終的な住居をえる以前に、こうした道のりが長く、落とし穴だらけであることである。結局のところ、住宅分野におけるターゲットの多様化は、より一般的な問題にたいする反応である。それは公共住宅群でも民間住宅群でも起こる住宅不足の問題であり、貧しく普通の住宅をえるための経済力がないと判断された家族が、貧困ではないものの低所得の家族、さらには中間的な所得の家族と競合するときにかかえる困難の問題である。いいかえれば、この根本的な問題を解決する代わりに、公権力の――しばしば主意主義的《ヴォロンタリスト》な――活動は、困難をかかえる人びとを、緊急事態の安定化のために構想された措置のなかで我慢強く耐えさせ、そのことによってかれらの社会的降格を増大させるリスクを高めるのである。

概して、ターゲットの多様化によって貧困や制度化された不安定の領域が拡大するが、そのことにはまた、一部の人びとを権利の外にとり残してしまう欠点もあるといえる。なぜなら、［援助を受ける］権利にアクセスするためには、対象となるそれぞれのカテゴリーに適した状況におかれていなければならないからである。困難をかかえる個人の状況に適した措置が何もなければ、任意もしくは法外の援助を除いて、その個人は援助を受けることができないのである。

こうして、極限形態の貧困が過去数年のあいだに緩和された豊かな国々で、なぜ緊急食糧援助――かつて人民スープと呼ばれたもの――のようないくつかの伝統的な扶助組織がなくならなかったのかを理解することができる。それどころか、これらの組織はしばしばその活動を著しく増やしてさえもいる。フランスで最初のフードバンク［賞味期限切れの食品などを困窮者に提供する市民団体］が一九八四年に創設されたとき、そこでは緊急性に対応することと、そのことで当時の社会的扶助制度にたいして補完的な機能を果たすことが必要とされた。このアイデアは最も貧しい人びとにたいして一時的な援助を分配することであり、かれらにとっては、その期間に自身の権利にアクセスするために必要な行動ができるのであった。それが実践されると、最もマージナル化した人びとが優先的な対象となった。ＲＭＩが導入される以前は、あらゆる社会的扶助が、他のいかなる援助も受給することのできない人びとをこの種の組織に向かわせていたのである。こんにち、食糧援助は制度化したといわざるをえない。被援助世帯の大多数にとっては、一次的な援助ではなく、数年間にわたって分配されうる定期的な援助が問題となっている。大半のケースでは、こうした援助は日々の商業活動における購買行為を補完するためではなく、ほとんどの場合、食料消費を支えるものとしておこなわれる。こんにちでは、この援助は「極度の周縁層《グラン・マルジノー》」や極限形態の貧困ではなく、不安定な境遇にある特定の多様な世帯を対象としている。そして、こんにちのソーシャル・ワーカーは、すでにかれらが介入している人びとを対象に、大部分の世帯を食糧援助団体に委ねている。問題なのは、財政的な困難をかかえ、そのせいで、ターゲット化された公的援助が明らかに不十分あるいは不適切となった世帯である。それゆえに、自分たちの予算をよりよく安定させるために、食糧援助組織を利用することを勧めることが一般的となっている。このように、逆説的であるが、慈善を基盤として組織された伝統的な救護システムが今なお存在しつづけている一方で、公権力はその介入のしかたを多様化しているのである(＊46)。

そのうえ、ターゲットの多様化と、貧困対策に関与する公的・民間アクターの重なりがより強いために、政策はいっそう強く地域化されている。こんにち、多くの欧州諸国は、地域レベルに関わる主要な制度を協議の有無にかかわらず利用することによって、貧困と排除の問題への解決策を探し求めている。多くの国では古くから政策の地域化があり、国と地域との交渉が、かなり以前から実施されてきた活動を成立させている。たとえばオランダのように、いくつかの国では、ここ数年間で貧困を処遇するさいの市町村の重要性がますます増大したことを指摘しておこう。フランスやイギリスのように、中央集権主義的な伝統が国家の推進力となっている国々でも、こんにちでは地域機関の介入がいっそう強くなっている。フランスは、RMIだけでなく、都市社会政策、雇用・職業訓練政策のような全国的な政策を実施するさいに、県や現地の機関により直接的な介入をおこなわせようと試みた。おそらくより副次的なものではあるが、とりわけ雇用の領域で最近採用された、いくつかの地域イニシアティブを信じれば、イギリスもまたこうした変化にしたがっているように思われる。しかし、公共政策の地域化は、政策とアクターを管理し調整させる［国からの］要請に応えようとするが、それによってつねに同じ場所にいるとはかぎらない対象カテゴリーのあいだで混乱が生じつづけ、その結果として、支援される可能性のある人びとの範囲が拡大することになる。

◉——参入・社会的伴走の政策の限界

降格する貧困の特徴である、新しい社会的介入様式から引きだされる一般的な傾向の二つ目は、資産保証制度と参入・社会的伴走の活動がしだいに関連づけられていくことである。公共政策で参入が言及されることは新しいものではない。フランスではまず、一九七〇年代の半ばに、ハンディキャップのある人びとにたいする社会政策の新しい方向性が模索されるなかで参入が語られた。その後、一九八〇年代の初めに、学校卒業後に十分な資格をもたない若者に関しての支配的な政治的言説となった。この概念は、この八〇年代の終わりのＲＭＩ実施の枠組のなかでその技術的な性質を高めた。それはいわば社会的介入の中心的なテーマとなったのである。こうしてこんにちでは、職業的参入や経済活動による参入［社会的企業などでの雇用をつうじた参入支援］、参入企業、住宅による参入、社会的参入、また健康による参入さえもが論じられている。これらの表現が依拠する活動は、拡大するこの［参入という］領域に介入するさまざまな社会的サービスの専門性と行政能力におうじて定められている。

社会的伴走の概念はしばしば参入の概念と相補的である。社会的なものの専門職たちの言説では、困難をかかえる人びとは、参入するために社会的伴走の支援を受けることができねばならない。社会的伴走は、対象となる参入の領域によってさまざまなかたちをとりうる。住居の領域で［対象となる］人びとに付き添うことは、すなわち、通常の住宅をえるための手続きをおこなう手助けをすることである。このことは、しばしば対象者の経済状況を強化することを意味している。職業的参入の領域で対象者に付き添うことは、職業訓練と求職のさいにアドバイスをおこなうことである。保健衛生の領域で対象者に付き添うことは、かれらが支援を受けるか、もしくは長期的で苦痛のともなう治療を継続するさいにかかえる困難にたいして適切な援助をおこなうことである。いいかえれば、困窮した人びとがそれぞれにかかえる問題は、参入プログラムと個々の状況に対応した社会的伴走の両方で対処することができるのである。

これらのプログラムは、こんにちではたいていの場合、社会的最低所得を補完するものであるが、失業保険を補償してもいる。実際に多くの国では、所得保障制度の目標は明らかに、その受給者を参入もしくは再参入させることである。いわばＲＭＩとは、最も恵まれない人びとを社会・経済生活によりよく参加させるという達成しにくい目標を、扶助への権利の原則に結びつけようとする、貧困の処遇の理念型なのである。このことは欧州全体に共通している。いくつもの国がこの参入という原則を手本として、また人権と直接関わる権利の基盤を参入によって形成しようとさえする政策を定めたのである（＊47）。

社会的伴走に関する公的なイニシアティブが近年で最も多かったのは、おそらくは失業と職業的参入対策の領域においてである。多くの研究が、非就業者にたいする援助のさいに求められる補償の問題に費やされてきた（＊48）。場合によっては、補償は懲罰的・権威的な論理と結びつき、具体的には、給付の削減ないしは廃止といった脅威や制裁となってあらわれる。とりわけ、積極的に仕事先を探すことや、あるいは提供された仕事を受け入れることに熱心ではない失業者の場合にそれが起こる。アメリカのワークフェア・プログラムは概してこのような方針で考案されている。一般的にこれらのプログラムは、すべての州があらゆる制裁を同じ厳しさで適用するわけではないにしても、人びとにたいして非常に大きな強制力をもっている。イギリスはアメリカのモデルに近い。そこでは、同じく制裁することが強調され、受給者は非常に弱い交渉力しかもたない。職業訓練プログラムもしくは伴走者の忠告にしたがわない場合には、受給者はすぐさま期限付きの求職者手当（ＪＳＡ）へと追いやられる。

他の国々では、補償はより柔軟な形態をとることがある。それは、伴走の担当者に受給者が依存せざるをえないにもかかわらず、受給者にたいし、補償の決定に少なくとも部分的には関わる可能性を付与しようとしているフランスとドイツ、デンマークでとりわけ当てはまる。フランスのＲＭＩの枠組では、受給者は参入契約にサインする義務があるが、この契約はとりわけ利用者と制度のあいだで交渉をつうじて締結されるというかたちをとっている。それは法的な意味での契約ではないが、たんなる無意味な意思表示というわけでもない。この契約は行政によって登録され、第三者委員会によって定期的に審査され、委員会の答申と勧告を受けた場合には修正される。この契約という原則は実際には比較的新しい行動形態であるが、それは、受給者の困難と今後のプランの両方に対応する、受給者にたいする個別フォローアップと呼ばれるものをおこなう社会福祉制度が示す懸念をあらわしている（＊49）。

ある程度、効果的な補償をほぼつねにもっているこれらの参入・社会的伴走プログラムのすべてを詳細に提示することはできないが、近年これらのプログラムが多様化したことはとくに留意する必要がある。これらのプログラムは、失業と貧困が処遇されるさいに停滞する傾向があり(＊50)、またそれは、降格する貧困の反映であり結果でもある。

参入・社会的伴走プログラムの現状をみると、その当初の野心が達成されているわけではないことがわかる。多くの研究がおこなわれたが、これらのプログラムが非就業者を労働市場へと安定したかたちで再統合することに成功したかどうかが、根本的に明らかにされることはなかった。したがって、研究成果は全体的に不十分なもののように思える。そこでは、対象者をスティグマ化するという意味で、参入・社会的伴走プログラムには無視できないほどのコストがあることが指摘されている(＊51)。これらのプログラムが、職業資格をもった人びととそれをもたない人びととの格差を実際に縮小することにはならなかった。結局のところ、まさしく住宅へのアクセスに関する領域と同じく、多くの国で順番待ちの効果がみられる。安定雇用を短期間でえるために最も適した措置を優先的に享受するのは、まずは労働市場に最も近い人びとであり、その他の人びとは行列の最後尾に置き去りにされている。デンマークでは、資格取得訓練策が、安定雇用を獲得する機会にたいしてポジティブな効果を長期的にもっているが、いくつかの国では、社会的伴走の受給者の多くは不安定雇用と失業のあいだを行き来しているのである。ＲＭＩの枠組での参入契約は、援助契約を獲得することによってＲＭＩから脱け出させる効果をもっているが、安定的な雇用［を獲得すること］によってそこから抜け出すチャンスが著しく増加したわけではない(＊52)。

そこでは、労働世界との関係を維持するためにこれらのプログラムがもつ機能は副次的なものであるという結論に達している。このことは［対象者の］社会化という意味では重要だが、このプログラムの構想のもととなった根本的な機能に関しては、説得力のある結果をえられなかったことを意味する。

概して、アメリカと同様に欧州諸国では、一般化した参入・社会的伴走プログラムは、こんにちでは特定の多くの人びとを対象としている。一九六〇年代と一九七〇年代にみられたような、貧困の残余［経済発展から取り残された貧困層］に介入することがもはや問題なのではない。何かしらの理由のために、定まった住居と完全な社会的保護を同時に要求できる安定的な雇用を自力ではもはやえることができないあらゆる人びとにたいし、改良された扶助形態によって支援することが問題なのである。通常の安定した雇用を獲得することに関しては、これらのプログラムが限定的な効果しかもたないために、この支援が多くの人びとにとって長期的なものとなり、地位を悪化させる《ディスカリフィアント》ものとなるリスクは高い。こうして、これら参入・社会的伴走プログラムには、意図せずして、根絶することのできない拡散した不安定《プレカリテ》というイメージがずっとつきまとっているのである。

◉──扶助の二つの機能

だからといって、参入プログラムが昔から何も変わらないままだと結論づけることは過ちであろう。というのも、それらは経済情勢におうじたさまざまな目的に応答することができるからである。この点でフランスのケースは興味深い。そこでは、一九九八年ごろ──失業率が例外的に高い時期であった──までに実施された参入の活動を、労働市場の周縁において、社会生活への最低限の参加を保証することを目的とした貧困層の囲い込みの一形態と考えることができる。また反対に、その後の失業率が著しく低下する時期には、採用された［参入］措置を、怠惰のゆえにあまり仕事を探そうとしない人びとすべてにたいする、公然たる圧力をともなった再就労への一連のインセンティブであると考えることができる。二〇〇三年のＲＭＡ（活動最低所得）の実施、それからＲＳＡ（積極的連帯所得）の創設はこの後者の見方に入る。

一九八九年一二月一日にフランスで可決されたＲＭＩに関する法律は、貧困層にたいするフランス人の同情と、貧困に歯止めをかけたいという集合的な意思をあらわしていると考えることができた。ＲＭＩは、社会保護制度のなかでのたんなる補完的な手当としてではなく、全員参加による社会的凝集を強化する手段として構想されたものであった。議会での施策説明は、市民による呼びかけのようなものであった。そこでは、左派か右派かを問わず、社会的紐帯という問題がしばしば提起されていたのであった。

ＲＭＩからＲＳＡへの転換は、自己責任という新たな原則の下でおこなわれた(＊53)。二〇〇九年六月一日からフランス全土でスタートしたＲＳＡは、ワーキングプアにとっては所得補塡であり、働いていない人びとにとっては最低所得である。その目的は、明らかに労働あるいは少なくとも社会活動へのインセンティブであるが、実際には、この給付金は扶助と不安定雇用の混交を拡大させることになる。ＲＭＩは、仕事を見つけることがないとみられる受給者の地位を問題にする。かれらは、ＲＭＩの枠組のなかでは――とりわけ保健衛生の分野で――あらゆる参入援助を受けることができたが、こんにちでは、かれらは求職の奨励に応えられないことに罪悪感を抱くおそれがある。ＲＭＩの枠組のなかでの参入は、多次元的に検討されるというメリットをもっていたが、ＲＳＡのなかではたんなる職業的な次元に限定される危険性がある。「就業中の」ＲＳＡ受給者とそれ以外の受給者を区別することによって、立派な人間と立派ではない人間という古典的な二項対立へといたるのは、ほぼ避けがたいことである。それは良い貧民と悪い貧民を分割させる一種の婉曲的な言いまわしであるが、RMI法の採択の時点では、そうした区別は共和国の価値観に照らしてすでに受け入れられないものだと考えられていたのである。［それでは］このことに関して、どうやって介入の方針を変えることができたのであろうか。

二〇〇七年にこの新しい給付が議論されていたとき、貧困層への連帯にたいする根深い抵抗が、フランス社会の深層にあらわれていたことを認めなければならない（＊54）。公的な寛容さを支持する流れは、貧困層にたいしてより限定的でより罪悪感を抱かせる流れへと著しく弱められたのである。フランスでは一九八九年に回答者の二九％が、RMIは受給者の求職活動を阻害するおそれがあると考えていた。この割合は二〇〇〇年には五三％をこえ、その後数年間も五〇％以上の割合を保っていた。二〇〇七年の大統領選挙のさいには、その割合は五一％であった。そこでは、不安定な賃労働者層がしばしば被扶助層にたいして厳しい批判を表明していた。わずかな賃金のために働いている人びとは、他の人びとが働かずに手当を受けて生活していることを受け入れがたいと判断していたのだった。このように、逆説的であるが、一九九〇年代の雇用と労働の不安定の拡大によって、貧困層と失業者層に罪悪感を抱かせる言説がしだいに構築されていった。この言説は、扶助から不当な利益を受けていた人びとにたいする告発によって増幅した。不正受給者に関する論争は、二〇〇七年の大統領選挙のキャンペーン期間中にメディアに引き継がれた。この問題に目をつけた週刊誌は、その表紙とトップ記事のテーマにさえしたのだった。この言説は、最も貧しい人びとのための再分配を非正当化するために展開された。そこでは、［かれらの］境遇と体験の多様性が黙殺される傾向があるなかで、わずかなケースが誇張され、それがRMI受給者全体のこととして一般化されたのである。二〇〇七年の選挙キャンペーン中にニコラ・サルコジは、この扶助されたフランスというイメージに、彼が目指していたフランスを対比させた。つまり、すぐさま立ち上がり、相応に報われなければならないフランスである。「より働く人びとに、より与えよ」。これはこの時期にフランス人が最も魅了されたスローガンであった。しかし、二〇〇二年の大統領選のキャンペーンの後につづいた不安定《アンセキュリテ》に関する言説［極右のルペン候補が決選投票に残ったさいに、治安や失業対策が争点となった］と結びつけられた彼の言葉が、改革に関する現実的な論争を巻き起こすことはほとんどなかった。その論争においては、フランスにおける公正と社会的紐帯の強化を検討しなければならなかったのである。

しかし貧困の表象はすぐさま向きを変えた。二〇〇八年からわれわれが経験している経済危機は失業率に著しい影響を与えている。すべての欧州諸国で失業率は増加した。それは、フランスでは二〇〇九年の終わりに労働人口の約一〇%に達し、二〇一〇年になっても状況は改善されていない。現在、フランス本国の失業者は二〇〇八年五月よりも一〇〇万人以上増えている。同様に、長期失業の増大が懸念されている。二〇一〇年には、一年以上の失業者の割合は約四〇%増加した。さらに雇用の不安定化も強まっている。無期限［雇用］契約の割合が低下しているなか、パートタイムは増加しており、それにともない、ほぼ自動的にワーキングプアがさらに増えているのである。若者だけでなく、高齢の労働者、スキルが最も低い人びともまたこの変化のおもな犠牲者である。

同じく貧困の知覚もまた以前の傾向とくらべて変化している。CREDOC［生活環境の研究と観察のための研究センター］の調査によれば、二〇〇七年に調査対象となったフランス人の四六%は、

RMIが困難から抜け出すための「後押し」になると考えていた。この割合は、二〇〇八年の四九%から二〇〇九年の五四%へと上昇した。この二年間の変化は著しい。経済不況は再分配政策の表象の方向性を新たに転換するが、今回の場合は、最も恵まれない人びとにたいするより大きな公的寛容さへの支持というかたちでそれがあらわれたのだった。フランソワ・オランドは、二〇一二年の［大統領選の］キャンペーンのなかで、社会的公正の要求を強調することでこうした転換をうまく利用することができた。新たに選ばれた社会党政権によって発表された最初の施策のなかに、最もスキルの低い人びとや若者向けの特別雇用契約を復活させるものが必然的に設定されたが、驚くべきことに、有期雇用による対策を実施することによって失業者の増加を回避することで、かれらに雇用危機に立ち向かう手段を与えるというその目的自体は、もはや貧困層の就業を促すことではなかった。なぜなら、仕事がきわめて少ないからである。経済危機の時期には、それまで長期的に衰退したと思われていた貧困層にたいする同情と社会的公正の要求が、ふたたび社会問題の中心となった。このように、連帯意識、とりわけ貧困層にたいする連帯意識は時期によって異なるのである。この意識は経済情勢によって強まったり弱まったりするが、それは周期的に、少なくとも部分的には扶助の機能そのものの転換となってあらわれる。

しかし、参入というアクションの目的が、好況期には不安定雇用をつうじた貧困層の即時の再就職を促すが、反対に、雇用危機が悪化している時期にはかれらを就業待ちの状態にとどめることにあるため、こうした対策は、全体的にみれば、いまだ満足のいくものではないようにみえる。参入のアクションは、完全雇用や包括的な社会的保護という考えにもとづいていた、あらゆる人びとにたいする給与労働者《サラリア》（salariat）の終焉を是認する、こんにちますます「プレカリアート（précariat）」

〔不安定労働者〕と呼ばれるようになったものの反映である。それはもはや完全雇用を達成することを求めてはいない。キャリアの保障や有利な社会的保護の恩恵を受けつづけるであろう人びとと、その反対に、失業と低所得の有期雇用を繰り返し、不安定な社会的地位あるいは二級の給与労働者として固定されつづけるおそれのある人びととのあいだの、労働市場における不平等を避けがたいものにしながら、参入のアクションはきわめて遠慮がちではあるが「完全活動《プレン・アクティヴィテ》」〔完全雇用ではなくすべての人が何らかの活動に従事する〕体制を目指している。社会的降格のプロセスはこうした不平等の増大から生まれるのである。

終章　貧困の科学と意識

「はしごの下にいるんだよ。それ以外におれたちが誰なのかをはっきりさせる言葉があるのか。おれたちははしごの下にいて、食うや食わず、それだけさ。おれたちのための言葉なんてない。はしごの下には工員がいて……やがて上にあがっていく。でも、おれたちは？　失業者じゃない、工員じゃない、何でもない、存在しないんだよ！　社会の乞食だ。それがすべてさ。何者でもないんだ！」

（工場勤務歴二〇年以上の四一歳ＲＭＩ受給者の語り）

貧困の社会学は——［前頁の引用文で］このＲＭＩ受給者自身が述べているように——社会の下層にいる人びととの体験としての貧困と、近代社会が自ら生み出し、たいていの場合は克服しようとしてきた意識の一要素としての貧困を同時に研究しようとする。貧困とはやっかいな問題である。なぜなら、もはや個人—市民の形式的平等だけでなく実質的な平等を優先的に探究する広く豊かで民主的な社会では、貧困はつねに不平等をあらわすもの、あるいはそうでないにしても、受け入れがたいか、少なくとも許容されえない不平等をあらわすものだからである(＊1)。貧困層はそこでは価値の低い社会的地位しかもちえない。なぜなら、かれらは近代社会がまぬがれることができると信じていた運命を体現しているからである。貧困にたいする集合的な態度はさまざまである。ある人びとは、こうした一部の人びとに怠惰と無教養、無責任がはっきりとあらわれているのを見てとり、道徳的に憂慮する。また、生存の限界や、人として耐えがたい境遇におかれたこうした人びとにたいする不公正になによりも敏感な人びとは、良心の呵責を抱く。

本書の目的は、貧者——特殊な社会的地位という意味での——と指し示された人びとと、かれらがその一部であり生存のために依存している社会とのあいだの相互依存関係がとりうる諸形態を比較するための分析枠組を精緻化し検討することであった。

貧困への社会的な関係について考察するにあたり、まず社会学的思考の著名なテクストのなかにその基本的な考え方を見つけだした。貧困の社会学へのジンメルの貢献は決定的なものではあったが、第Ⅰ部ではトクヴィルとマルクスの理論的な前進を強調した。これら三人の著者たちはそれぞれ、彼らのやり方で、このテーマに関する考察と研究の場を提示した。彼らに共通していたのは、産業革命とともに大量にあらわれた貧者というカテゴリーの出現の条件を追求し、そこから社会全体の未来と安定のための一般的な結論を引きだそうという意思である。本書の分析を豊かにしたいくつかの主要な考え方は、彼らの貢献からとりあげられたものである。

トクヴィルからは以下の貢献をとりあげることができる。第一の点は、貧困が国や地域の経済・産業発展の水準によって異なった意味をもつということである。この考えは、表象と体験の多様性を研究することに慣れたすべての社会学者にとってはほとんど凡庸に見えるが、貧困を実体論的に定義したいという欲望が大きくなるほど、それは凡庸なものではなくなる。当時のポルトガル農民の客観的な貧困と、自分たちの境遇にたいしてかれらが抱く感情とのあいだに乖離が存在するという主張は、最も重要な社会学的事実である。なぜならそれは、大部分の人びとが貧困という境遇を共有している場合の、貧困の主観的な側面とニーズの相対性、そして集合生活に貧困がどのように統合されているかに関する考察への入り口となっているからである。

トクヴィルのもうひとつの重要な考え方は、扶助に関する弁証法にもとづいている。すなわち、貧困層への援助は民主的な社会では絶対に必要なものと認められるが、それは低い社会的地位におかれ、支援する社会福祉との関係のなかで深い恥辱を受ける可能性のある被扶助層をつくりだすことにしかなりえない。援助制度のあらゆる改善には、それが人間の尊厳を尊重するという名の下で強く望まれるときですら、依存状態を永続させ、それによる社会的地位の低下を永続させるリスクがあるのだ。

大衆的貧困に関するマルクスの分析は補完的な二つの点にもとづいている。第一の点は生産手段を保有する有産階級による労働者階級の搾取と関連している。労働者階級の極端な貧困は、有産階級によって生み出される利潤、したがって資本主義的蓄積の条件である。このよく知られた分析図式は、［第二の点である］相対的過剰人口の法則による貧困の説明によって完全なものとなる。産業予備軍――つまり、マニュファクチュアにおいて不規則に雇用される貧困層――の存在には、資本主義システムの欠陥ではなく、まさにそれを根本から作動させる側面があるのである。したがって、この貧困層という集団は固定しない。そのサイクルの拡大期であれ収縮期であれ、余剰人員［相対的過剰人口］は就業労働者層への圧力を行使する。この分析は、貧困の社会学の中心に産業――あるいは経済――循環という概念を導入する。それは、この循環の各局面にしたがった、集合体にたいする貧者の関係の変化（［生産］活動が収縮する局面での依存状態が大きいほど、拡大の局面での「雇用可能性」が大きくなる）と、貧者にたいする集合体の関係の変化（活動が収縮する局面での被扶助層にたいする寛容さが大きいほど、拡大の局面では働かない人びとにたいする厳しさが大きくなる）を前提とするものである。

最後にジンメルからは、こんにちにおいてもなお最も完成されたものとしての貧困の社会学的定義を引きだせるだろう。先駆者たちの影響を受けながらも、ジンメルは貧困そのものを定義するのではなく、それに社会における特殊な社会的地位を与えるものとの関係性から定義しようとした。これまでみてきたように、この地位は扶助によって付与される。ジンメルは、この基本的な定義にしたがって、貧者のおかれた状況を特徴づける特殊な統合様式を分析する。彼によれば、扶助は社会システムを規制する機能をもっている。貧者たちは、扶助されているという事実によって、かれらを降格させる価値の低い社会的地位しかもちえないが、それでもやはり、かれらは依然として、いわば最底辺におかれてはいるものの、完全に社会の一員である。こうしてジンメルは周縁を分析するだけでなく、同時にそれを中心に結びつけ、それを社会である全体の構成要素とするものを分析している。彼の分析は、被扶助層をつくりだす経済的メカニズムを強調しなかった——あるいはほとんど強調しなかった——という意味でマルクスの分析とは明らかに異なるが、社会システムを全体的に規制する形態として貧困を解釈するという意味では、マルクスにつうじるものがあるといえる。

　第2章で提示した分析枠組はこれら三人の著者に多くを負っている。貧困そのものではなく扶助の関係、統計的カテゴリーとしての貧困層ではなくかれらの社会的地位、人口の特定の一部分ではなく、貧困層が他の社会階層同様に帰属している全体の組織を優先的に研究の対象とすることは、ジンメルの思想から論理的に導き出される分析原理である。この方法論的指針によって、貧困層と社会のその他の人びととのあいだの相互依存ネットワークを、ネイション全体でありうる大きな布置関係のなかで検討することになる。これを達成するためには、貧困の社会的表象——それは恵まれないと判断された人びとに向けられた論争と政策のもとにある——と、貧者と指し示された人びとにとっての貧困という試練の体験とを同時に検討することが不可欠であった。

　これらの社会的表象と体験のバリエーションを時間と空間のなかで説明するために考慮した諸要因の分析のなかに、マルクスとトクヴィルからの影響を見ることはたやすい。マルクスは、貧者という社会的カテゴリーの形成にたいする経済発展と労働市場の影響に敏感であった。トクヴィルは、彼が「法的慈善」と呼んだものに貧困層が依存することと、社会的介入という官僚制システムが段階的に制度化されることの長期的な影響を懸念していた。マルクスは経済的要因を優先し、トクヴィルは政治的要因を優先する。だからといって、これら二つの要因は対立するものではない。いかにして、伝統的社会から資本主義経済へとしだいに適応していくなかに下層プロレタリアートの出現を見ないでいられるだろうか。同じくいかにして、ある工業国の経済循環のなかに膨張を、あるいは反対に余剰人員の収縮を見ないでいられるだろうか。貧困の基本形態の大部分は、こうした経済的な変動に依存しているのである。

しかしこれらはまた、それぞれの社会で実施されている社会保護制度・社会福祉制度にも依存している。トクヴィルの直観は、集合体にたいする貧困層の依存と、民主主義とシチズンシップの名の下でかれらに救いの手を差し伸べる近代社会の責務とのあいだに必然的な結びつきを見たことである。しかしこの原理が実際どのように適用されているかは、国によってまったく異なるのである。

社会的紐帯の形態と強さは、引用した三人の著者たちからは——少なくとも彼らの著作の貧困の分析に関わる部分においては——それ自体としては検討されなかった新たな説明要因となっている。この説明要因は本書では補完的な要因として導入されている。なぜなら、貧困層は他の階層と同様に、そうした紐帯から、それを社会的に存在させるために必要な保護と承認を引きだすからである。保護は、生活のなかで不慮の出来事に直面したときに個人が利用する家族、共同体、もしくは職業に結びついた資源と関係している。承認は、社会的交換への参加と他者からのまなざしによって自らの価値を高めた結果である。したがって、貧者の社会的地位はこれらの社会的紐帯に部分的に依存している。一九三〇年代以降の社会学者による失業研究、そして一九八〇年代と一九九〇年代の貧困研究は、家族や近親者、友人だけでなく、制度とりわけ団体との紐帯が弱体化しさらには断絶している傾向を強調するようになった。しかし、この現象はすべての国で確認されているわけではない。そこには複数のタイプの社会的紐帯があり、これらの紐帯の強さは、その社会化の独自の条件によって、個人によって異なる。しかしその強さは、社会がこのタイプの紐帯に与える相対的な重要性によっても変化する。たとえば本書では、家族の連帯が果たす役割とそれにたいする集合的期待は社会によって異なることが明らかになった。いいかえれば、たとえ貧困層が人間関係にもとづくサポートをえられない可能性が多くの国で現実的なものであったとしても、そのことは一般化できるわけではない。貧困層はつねに社会的に孤立しているというわけではなく、ある場合にはかれらは社会生活に強く統合されてすらいるのである。

ジンメルに影響を受け、これら三つの説明要因によって豊かにされたこの分析枠組は、貧困の基本形態の類型、つまり統合された貧困、マージナルな貧困、降格する貧困に帰着する。これらの貧困はそれぞれ特定の社会的布置関係にもとづいているのである。

統合された貧困は多数の「貧困層」と呼ばれる人びとからなる布置関係をあらわしている。かれらは人口の他の階層とそれほど区別されるわけではない。かれらのおかれた状況は日常的で、つねに貧しい特定の地域や場所のより一般的な問題に還元される。「貧困層」は拡大した社会集団を形成しているがゆえに、強くスティグマ化されることもない。したがって、貧困への社会的な関係のこうしたタイプは、必然的に、近代社会よりも伝統的社会のなかで展開する可能性がより高いと考えることができる。このタイプは、経済発展と社会進歩がより多くの人びとに福祉と社会的保護を保証することのできる国とくらべて、経済的に遅れている前産業国の状況を完全にあらわしている。

南欧諸国における貧困がこのタイプに類似していることが分析によって確認された。まず、これらの国はいわゆる前産業国ではないが——たとえばイタリア北部は欧州で最も繁栄した地域のひとつである——、国によっては経済的に非常に貧しい地域が残されている。第二に、そしておそらくこれが本質的な要因であるが、南欧諸国では、とりわけ恵まれない環境のなかでは、これまでにみたように欧州北部の国々よりも発展した家族の連帯が存在するために、また社会結合の形態、とりわけいまも強く集団的な宗教実践が存在しているために、生活水準の貧困が社会的排除を意味するわけではない。同じく雇用不足は、インフォーマル経済と社会的援助の恩顧主義的システムというネットワークへの参入によって部分的にカバーされうる。こうした事実から、たとえ貧困層が失業の影響を受けるとしても、それがかれらに価値の低い社会的地位を与えるわけではないのである。

この貧困の基本形態のなかに、主として農村経済のなかで社会的保護がなによりも近親者によって保証される、古き時代の名残を見つけることは可能である(*2)。これらの社会を記述するために、アンリ・マンドラはそこで発達する社会関係を強調した。「各人はそれぞれおたがいを熟知した関係で結びつき、自分も［他の人と］同じように知られていることを自覚している。そしてこうした関係のすべてが相互承認の集団や集合体を形成するのである」(*3)。モーリス・アルブヴァクスもまた、農村文明の生活様式は、とりわけ一九世紀の都市化と産業化以前は、諸個人のあいだの諸関係にとっての均衡と安定を形成していたことを認めている。「人びとはたがいに適応しながらその場で生活していた。ある場所、ある境遇、ある職業、ある世界から別のところへ移行するときに生み出されるこれらの衝突に頻繁にさらされるには、かれらはあまりにもたがいを知りすぎていたのである。より限定的でより安定しているため、商売にはそれほどのリスクはなかった。野心はそれほど芽生えておらず、屈辱を感じることはもっとまれであった。人びとは同じことを考え、同じことを感じていた。苦しみと不安は個人の意識のなかに集中するのではなく、集団のなかで分散し緩和されたのだった」(*4)。こうした観点からみると、地中海社会が現在でもなお農村社会の特徴をいくつも持ちつづけているのは明らかである。そこでは、近代経済という意味での賃労働社会がそれほど秩序づけられていないのは明らかで、「経済」発展のタイプは、競争的ではないにしても少なくとも対照的な、生産システムと交換システムを共存させることを可能にしている。この異質性によって、少なくとも部分的には、貧困の基本形態としての統合された貧困が今も存在しつづける理由を説明することができるだろう。

　現在もなお残存している困窮に抵抗するこうした組織化されたシステムは、経済発展がこれらの地域でより強くなっていれば失われていただろうと言いたくなる誘惑にさえ駆られる。しかしこれらのシステムが、そこで産業発展計画が試みられたにもかかわらず維持されたことは強調しておいたほうがいいだろう。福祉国家の働きと、特定層の人びとに認められたさまざまな援助の働きも、近接性にもとづく連帯を解体するには十分なものではなかった。したがってそこに「全体」として機能する経済・社会システムの影響を見なければならない。そこには、将来的にあらゆる改革プロジェクトと対立する可能性のある、このシステムの慣性力をすでに予見することができるのである。

　マージナルな貧困は、「統合された貧困とは」異なった社会的布置関係にある。そこでは、「貧困層」と呼ばれる人びとは、他の社会階層とそれほど違いのない広い社会的総体を形成しているわけではなく、反対にそれほど数の多くはない特定の人びとから成り立っている。これらの「貧困層」はしばしば現代の社会に不適応と判断され、「要援護者」と名づけられるのがふつうである。このことは不可避的にかれらにスティグマを抱かせることになる。この社会集団は残余的であるが、それにもかかわらず、一部の社会福祉制度の強い関心の対象となる。この貧困への社会的な関係は、先進的また拡大期の産業社会では、とりわけ失業者数を減らし、各人に高い水準の社会的保護を保証することに成功する社会では、より高度に発展する可能性をもっている。

この貧困の基本形態は過去のものなのだろうか。実際に、欧州やアメリカにおける「栄光の三〇年」の時期の社会的布置関係がこのタイプに近いことが「われわれの」分析によって初めて確認された。マジョリティの問題からマイノリティの問題へと貧困を転換することは、まぎれもなく、第二次世界大戦の直後に社会的保護の広大なプログラムを打ち立て、完全雇用の発展を可能にした経済成長から恩恵を受けることのできた現代社会の挑戦であった。この時期の例外的な特徴によって、経済的・社会的進歩への熱狂と、貧困は多少なりとも消滅した、あるいは少なくともかつてのようではないという共有された信仰を理解することができる。この現象の大部分は、より多くの人びとにたいする社会移転の大きさと、扶助領域の著しい縮小によって説明できる。この時期に貧困層がいなくなったわけではなく、何人かの社会学者が指摘したように、かれらは世代間で再生産されつづけてさえいたのだが、かれらはより眼に見えない存在になったのであった。かれらはその規模を最小化すべきとみなされる、そして進歩の「残余」であるようにみえる、そうした「縁［周縁］」を形成していたのだ。社会的な争点は別のところにあった。「集合的なもの」に組み込まれた賃労働者たちは自らの賃金と労働条件の改善のために闘った。貧困問題は不平等というより一般的な問題によって覆い隠されたのである。

だからといって、この貧困の基本形態は完全に過去のものというわけではない。失業と雇用の不安定の増加を特徴とする、より現在に近い時期の分析からも、欧州のすべての国でマージナルな貧困がなくなったわけではないことが確認された。この貧困への社会的な関係は、戦争直後の西洋で起こった高度な経済発展によってのみ説明されるわけではない。実際にスイスやドイツ、スカンジナビア諸国の場合、貧困の社会的表象は比較的安定している。これらの国も他の国々と同様に労働市場の悪化の影響を――おそらくそれほど激しいものではないが――受けたが、貧困がただちに新しい社会的現実として猛威を振るうことはなかった。反対に、共有された経済的繁栄と社会福祉というおそらく理想化された図式によって、貧困は詳細な調査の対象となることが遅れ、この種の介入に関わるごくわずかな研究者たちが、自分たちの国で全国的な規模の論争を呼び起こすことはほとんどなかった。公権力と政策担当者のレベルでは、貧困層の存在を承認することにたいする象徴的な抵抗がみられた。おそらく、かれらが責任をもつ地域に必要なあらゆる措置をとらなかったことを非難されるのをおそれて、政治家たちは社会問題の規模を最小化しようとしたのである。このことは、重要な決定と行動に関する権限を現地の機関に委ねる連邦制の下で組織化された政治システムでしばしば確認された。

　マージナルな貧困が、社会的表象において最小化された、さらには否認された貧困となるのは、このタイプの貧困には扶助という名目で援助される残余的な一部の人びとにたいする強いスティグマ化がともなうことがあるからである。こうした傾向は、フランスでは一九六〇年代と一九七〇年代で、また現在でもいくつかの国々で確認することができた。実際に、フランスにおける社会福祉のこうした歴史的な時期とドイツとスカンジナビア諸国の現状とのあいだには類似性がみられる。フランスでは、不適応と判断された人びとにたいする［セラピーなどの］心理学的な介入を正当化する言説によって貧困という社会問題はある程度は姿を消しているが、ドイツとスカンジナビア諸国では、かれらのニーズにたいして集合的ではなく個別に対応するという考え方にもとづき、かれらのプライベートな生活を厳格に管理するという意味をもつ社会的介入が、社会の周縁にいるとみなされた人びとにたいしてつねに実施されている。こうした社会的介入のアプローチは、ごくわずかな人びとを対象としつづけようとするほど、それだけ［かれらにとって］必要不可欠なものとなりうる。他方で貧困層以外の人びとは、普遍的な特徴をもつ社会的保護と、貧困をけっして経験しないという保証を享受しているのである。

最後に、降格する貧困は、「貧困層」と呼ばれる人びとの数がますます増加し、その多くが生産領域の外へと追いやられる社会的布置関係をあらわしている。それによって、かれらの困難が増加し、社会福祉サービスにたいする依存状態が高まるおそれがある。この貧困の基本形態は、マージナルな貧困や統合された貧困とは明確に区別される。これは安定した困窮状態ではなく、一部の特定の人びとにたいし、かれらが労働市場へと完全に統合されるまで影響を及ぼしうるプロセスである。このプロセスは、所得や居住・衛生環境の領域と同じく社会生活への参加の領域でも、ますます耐えがたくなる不安定な状況に直面した人びとに関わる。この現象は、新たに不安定な状況に陥った特定の人びとだけに影響を及ぼすのではない。不安定が集合的不安を生み出すほどに社会全体に影響を及ぼすのである。降格する貧困は、「ポスト産業」社会、とりわけ労働市場における失業と不安定な社会的地位の急増に直面した社会において展開する可能性が高いのである。

欧州での調査によって、現在、転落としての貧困という社会的表象が非常に拡大していることが確認された。したがって貧困層についての支配的なイメージは、ひとつないしはいくつかの深刻な社会的断絶を経験した社会的失墜の犠牲者というイメージである。以前の世代には存在したこうした貧困層の運命を庶民階級がまぬがれることができると信じていた「栄光の三〇年」の時期の後に、大量かつ長期的な失業が一九七〇年代の終わりから賃労働社会を動揺させた。そこでは、フランス人の半分以上が排除の影響をこれから受けることになるのではないかという不安を感じるほど、社会的不安定という感覚が集合意識のなかに深く根を下ろしたのである。同じ時期に、この病理は空間的降格という新たな形態が登場することによって強化された。しばしばアメリカから輸入され、フランスや欧州の現実との違いを考慮せずに押しつけられたものの、［実際は］非常に異なったものだったゲットーというイメージを、メディア的な目的で使用することにたいしては警戒しなければならないが、［実際にフランスでは］多くの「脆弱な」都市区域が公権力によって都市圏で同定されてきた。これらの区域には雇用危機の影響を受けた人びとが集中している。これらの区域からは中産階級がしだいにいなくなり、急速にその評判を落としている。そこではあらゆる社会的な関係がしばしば緊迫し、抑うつの徴候がとくに広がっている。このように、都市の社会的な網の目の危機が労働市場の危機と一致し、経済・社会的不平等を増加させているのである。

転落としての貧困という支配的な社会表象に加え、第5章でまとめたデータによって、貧困が実際にハンディキャップの蓄積をまねくプロセスを引き起こしていることが確認された。失業には経済的貧困と社会的孤立をともなうリスクがあるというのは、作り話ではない。それはまさしく実際に起こっていることだ。しかしこのリスクは国によって異なる。それはデンマークや南欧諸国では弱い。反対にイギリスやフランス、ドイツ、つまり欧州で最も産業の発達した国々、すなわち大規模なリストラと雇用の著しい喪失を経験した国々では強い。

ドイツのケースは逆説的である。貧困に関する支配的な言説と社会福祉制度の実践をみると、この国はマージナルな貧困に近いだろう。調査結果が、貧困の公的な承認にたいする強い集合的な抵抗と、援助の個人化と貧困層のスティグマ化の傾向を強調しているからである。しかし貧困の体験をみると、社会的降格のリスクはこの国では無視できるものではまったくなく、周辺にいる多くの者たちにとってのハンディキャップの蓄積は、スカンジナビア諸国よりもはるかにフランスやイギリスに近いのである。このプロセスはおそらく［東西ドイツ］統一以降に悪化している。西のドイツ人の多くはこんにち、東のドイツ人のニーズに費用を供するために支払わなければならない税金に不満を抱いている。いずれにしても、ドイツの状況はマージナルな貧困と降格する貧困のいわば中間［形態］なのである。おそらくそれは現在生じている変化をあらわしているものと解釈しなければならないだろう。

最後に、降格する貧困に最も近い国々では、社会的保護と介入の領域で新たな解決策が絶えず探し求められていることを強調しなければならない。そのため、ここ数十年のあいだに［介入の］対象と主体が多様化していることが確認された。このことは、社会福祉サービスによる何かしらの援助の対象となる人びとの数を増加させることになった。参入と社会的伴走という解決策はあらゆる国で広がったが、これらのプログラムの成果は、全体としてはいまだ失業・排除問題の激減を期待させるほどにはなっていない。それは、貧困への社会的な関係が現在進行中のプロセスによるものであるが、それがもたらす影響については分析できなかった。このプロセスは、他の国々にさらに拡大する可能性がある。

したがって、本書の第Ⅱ部で提示した分析によって――欧州諸国の例から――この貧困の基本形態の類型が経験的に検証されることになった。この分析枠組の厳密な適用範囲と、他の国々への拡大の可能性という点からどのような結論を引きだきなければならないだろうか。

この類型を経験的に検証すると、まずなによりも貧困は普遍的なものではないと結論づけねばならない。この類型は社会によって、そしてその歴史と発展によって異なった形態をとる。同じ所得であったとしても、メッツォジョルノで貧しいことはパリ地域で貧しいことと同じ意味をもつわけではなかった。一九六〇年代のフランス北部で貧しいことが、同じ地域でこんにち貧しいことと同じ意味をもつわけでもなかった。もちろん貧困層という集団それ自体は、誰もが受け入れられるような、そして誰からも認められる普遍的な尺度となる客観的な基準をもとに定義される。しかし貧困の社会的表象と体験を同時に問わなければ、その基準はいかなる意味をもつであろうか。多様性を考慮することは前進することであり、この類型はそれを達成するための手段である。ただし、近代社会で貧困がとりうる諸形態が無限であると結論づける必要はないだろう。

これらの貧困の形態は、以下の理由によって基本的なものであるといえる。第一に、［貧困の諸形態は］ある現象の主要な特徴だけをとりあげ、たいていの場合は現代社会の歴史的認識からえられた、複雑に絡み合った一連の仮説をもとに、その選択を正当化するにとどめている理念型的推論にもとづいて精緻化されているからである。第二に、経験的調査によって検証できたマトリックスから構成されるはっきりとした社会的布置関係にもとづいているためである。そして最後に、各形態のそれぞれが十分に安定した相互依存関係のタイプをあらわしているからである。そのため、その形態はそれぞれ、タイプを特徴づける個人的な要素とは異なる独特の（sui generis）まとまりとして持続しつづけ必要不可欠なものとなる。いいかえれば、貧困の基本形態はそれぞれ、全体を形成する社会システムの内部にある（貧困者と非貧困者との）不平等な個人間の諸関係が相対的に固定化した均衡状態をあらわしているのである。

現代の欧州社会における経験をこえて、この基本形態を一般化することはできるだろうか。厳密な論証をおこなわず、衝動的に肯定することは軽率であろう。世界中の他の国々や地域の事例を増やすことによって本書を膨らますことが望ましいことだと私は思わなかったが、収集したソースとデータをもちいて、将来の研究のためにいくつかの仮説を提示することはできる。

統合された貧困は多くの発展途上国で見いだすことのできる基本形態である。これらの国では、伝統的な農村社会の特徴が産業社会の特徴と重なり合っている。一九六〇年代にピエール・ブルデューが分析した、貨幣の導入と資本主義的蓄積に抵抗した［アルジェリアの］カビリア地方の農村社会の事例がそうである。そこでは高利貸しが利用されることはまれで、なによりもまず家族の相互扶助が道徳的規則として重要な地位を占めている。貧困はいたるところにあるが、共有されている。貧困は統合された貧困と一致しているのである。各人が多少なりとも何かしらの仕事に携わっているため、失業は存在しない。日々の労苦は集団への帰属の基盤である。多くの発展途上国において伝統社会的なこれらの特徴が完全に失われていないことを確認するには、農村地帯を歩きまわるだけでよい。しばしば非常に人口の密集した地域はどこも、今もなお小さな農園や手工業で生計を立てており、近代的な世界からは切り離されているように見える。そこでの生活環境はささやかではあるものの、大部分の人びとが同じように生活しているため、貧困層とそうではない人びとを区別することは非常にむずかしいことがわかる。

貧困問題は世界で最も貧しい国々では似通った言い方で提起されている。開発問題が繰り返されているマダガスカルで実施した調査からは、所得や生活状況から測定することができるような客観的貧困が主観的貧困と大きく異なることが確認された(＊5)。貨幣的・物質的観点からみて最も貧しい人びとが、最も貧しいとみなされる人びとではないのである。日頃から苦しい環境のなかで生活している世帯は、より恵まれた環境で生活する人びとよりも低い消費水準に満足している。同じ所得であっても、つねに痛ましい生活環境を経験してきた世帯は、以前にもっと良い状況を経験したことのある世帯ほど不満を述べることはない。この重要な調査結果は、選好の逓減という経済学者たちの命題を裏づけることになる。この現象は、第3章でメッツォジョルノにおける最も恵まれない人びとの生活環境に関して説明されたものに近い。

これら発展途上国の大都市では、貧困層——たいていの場合はかつて農民であった人びと——が巨大なスラムに無数に集中している。サンパウロのような都市では、不平等は極端なものである。最も貧しい人びとはしばしば周辺地域に追いやられているが、豊かな地区のなかにも極貧の孤島が存在し、またその逆もある。そうした場所では治安が非常に悪い。中産階級あるいは上流階級は、先の鋭い鉄柵やガラス瓶のかけらを周囲においた壁で、そして建物や駐車場の各入口に警備員を立たせることで、侵入者や襲撃者から自分の居住場所を保護しようとしている。スラムはしばしばそこに閉じこもって生活しているという印象を与える。市町村と公権力はそこに介入しようとするが、インフラがあまりに欠陥だらけで、ニーズも非常に多いため、改善策はつねに不十分なものに見える衛生環境はそこではしばしば最低のものである。ゴミ収集は不定期で、存在しないことさえある。しかし、これらの地区に住む貧困層は暇を持て余しているわけではない。インフォーマルな小規模商店の数が多く(食料品や生活用品、その場で消費できる飲料品の販売など)、自動車修理工場や裁縫工房も多い。すべてがフォーマルな雇用と公共サービスの不足を補うために組織されているかのようである。一般的にこれらのスラムは非常に活気がある。そこでは子どもの数が多い。かれらのなかには定期的に学校に行っていない者もいる。交通路が狭いため、これらの地区の住民は一日中行き来しあっている。社会生活はプライベートな生活に優先しているかのように見える。家の狭苦しさはこの「パブリックな」生活様式を強めるものでしかない。これらの地区の人びとは、一日の大半を外で過ごしているのである。

こうしたスラムの組織様式は共同体的な秩序から生じうる。公共サービスではできないものを自分たちで引き受けるために、住民たちはしばしば団結する。現行の権力に立ち向かう集団的な獲得と闘争の精神がエネルギーを集める。かれらがこれらの行動に参加するとき、カトリック教会の代表者たちはしばしば政治運動家の側に立ってまとめ役を果たす。これらの地区では政治的恩顧主義が頻繁にみられることを指摘しておこう。恩顧主義は選挙時の支援の見返りに財とサービスをインフォーマルに分配するかたちで介入する。このように、扶助の施策は自由裁量によってコントロールされている。この点で、南アメリカと南欧の都市に見られる恩顧主義には恒常性がある。

これらの状況は統合された貧困の主要な特徴に近い。サンパウロのスラムにおける貧困とイタリア南部の貧困との差異は、主としてつぎの事実にもとづいている。つまり、サンパウロのスラムの貧困は伝統的なものであり、産業の発展と生産の合理化を進め、さらには世界中の企業の子会社を集める社会の周縁部で再生産されている。他方でイタリア南部の貧困は、雇用の見込みが非常に低い、あまり産業化されておらず経済的に貧しい地域に関わっている。しかし、両方のケースで「貧困の」体験は類似している。貧困層がかれらの両親やかれらの家族と別の運命をたどる可能性はほとんどない。かれらにとっての唯一の解決策は、たがいに助け合いながら、つまりわずかな資源を分かち合いながら、日常生活の困難に立ち向かうことである。

東欧諸国の貧困形態についても考える必要があるだろう。共産主義体制の下では、貧困は隠蔽されていた。ソ連当局は貧困について述べるために「あまり運の良くない層」という婉曲語法をもちいていた(＊6)。共産主義体制の教育制度と賃金政策を特徴づけていた平等主義と反メリトクラシーの原則が、貧困の公的な認知を許さなかったのである。[東欧の]多くの国で貧困はマージナルな現象であるとみなされていた。なぜならこの体制は、富の正当性を廃止することによって、貧困の正当性を廃止しようともしていたからである。貧困が承認された社会的地位をもつことはありえなかったため、政治制度は人びとの経済的・物質的困難の存在を否定した。なぜなら、国家はすべての個人に不可欠なニーズを供給しているとみなされていたからである。最近の研究では、扶養している子どもの数が少なく就労者が二人いる世帯を第一に考慮して組織された再分配システムが機能しなかったために、ある特定の人びと、とりわけ高齢者と大家族が、他の人びとよりも貧困のリスクにさらされたことが確認されている(＊7)。

民主主義への移行期には、貧困への関係の根本的な変化がともなった。こんにちでもなおそれが語り尽くされていないほど、経済システムの急激な変化が失業と雇用の不安定を著しく増加させる結果をもたらしたのだった(＊8)。これらの国々における現在の貧困現象には、一九八〇年代と一九九〇年代に欧州で展開した現象との多くの類似性が目立っている。これらの国々が現在では降格する貧困に近いという仮説には説得力があるのではないだろうか。しかしこれらの国々のあいだには差異が存在しているため、欧州諸国との体系的な比較をおこなう必要があるだろう。

本書を書き終えたあとでも、まだ多くの問題が残っており、この研究をさらに進めることがその問題に答えるために必要であろうことはよく自覚している。そのいくつかはすでに予定されているが、その他は新たに見つける必要があるだろう。その意味で本書はひとつのステップを示したものである。本書が現代社会における貧困を考えるためのひとつの分析的な枠組を根拠づけ、それを検証することができたであろうと願う。私の考えでは、それがこの領域における政治的行動の前提条件なのである。本書は特定のプログラムを目指したものではない。しかし、貧困という運命にある日直面するかもしれない人びとの苦しみをなくすとまではいかなくとも、少なくともそれを和らげるための考察を本書が活発にすることを願っている。

補論　欧州人は貧困をどのように見ているのか

西欧社会は、一九七〇年代半ば以降、すべての国で扶助を受ける人びとの急激な増加を経験した。かれらはたいていの場合、労働市場から追いやられるか、そこに近づけない人びとである。こうした展開にたいし、政策担当者や社会的なものの専門家、研究者たちはますます敏感になっていった。それに対処するために各国で実施された対策にたいして、数多くの評価と研究がおこなわれた。このことは欧州における貧困と失業のさまざまな規制様式をよりよく知ることを可能にした。同様に、とりわけ共同体世帯パネルデータを一九九〇年代から利用できるようになって以来、そしてその後のEU－SILC（所得・生活状況に関する欧州統計）によって、多くの研究が貨幣的指標から貧困を分析した。反対に、ユーロバロメーター［のデータ］から分析できる、欧州における貧困表象の変化に関しては、現在までごくわずかな研究しかおこなわれていない。本研究ではこの空隙を埋めることが可能である（＊1）。この研究では、貧困と排除の知覚に関するいくつかの調査、一九七六年と一九八九年、一九九三年、二〇〇一年、二〇〇七年、二〇一〇年の調査を比較することが可能であった(＊2)。

複数の調査を比較するさいには、広い意味での経済状況の変化に留意する必要がある。第一回［一九七六年］の調査は、一九七〇年代の終わり、つまり一九七九年の第二次石油危機以後に西欧で労働市場が著しく悪化する前の時期にさかのぼる。第二回［一九八九年］の調査は、労働市場の変動がよりいっそう激しい時期に実施された。つまり、一九八九年の調査は、一九八〇年代初頭に始まった混乱から労働市場が大きく回復した時期に実施されたのだった。一九九三年の調査は、多くの国で九〇年代の半ばまでつづいた新たな危機の時期に実施された。二〇〇一年の調査がおこなわれたのは、著しい経済回復後の時期である。二〇〇七年の調査は、二〇〇八年の危機直前の転換期に、最後に二〇一〇年の調査はふたたび景気後退期に陥った時期に実施された。

◆貧困の可視性

欧州人が貧困の原因をどのように考えているのかを検討するまえに、貧困状況にあると考えられる人びとがかれらの周辺にいるのかを知る必要がある。自身の住む地区や村落に貧困や極貧状態にある人びとがいると答えた人の割合がどのように推移したのかを、一九八九年から時系列で比較することができる（図A－1・A－2）。一九八九年には、失業者数はすべての国で一九九三年の水準をこえることはなく、経済成長はより大きかったといえる。

この時期以降の変化は非常に大きなものである。すなわち、貧困や極貧の可視性が、イタリア以

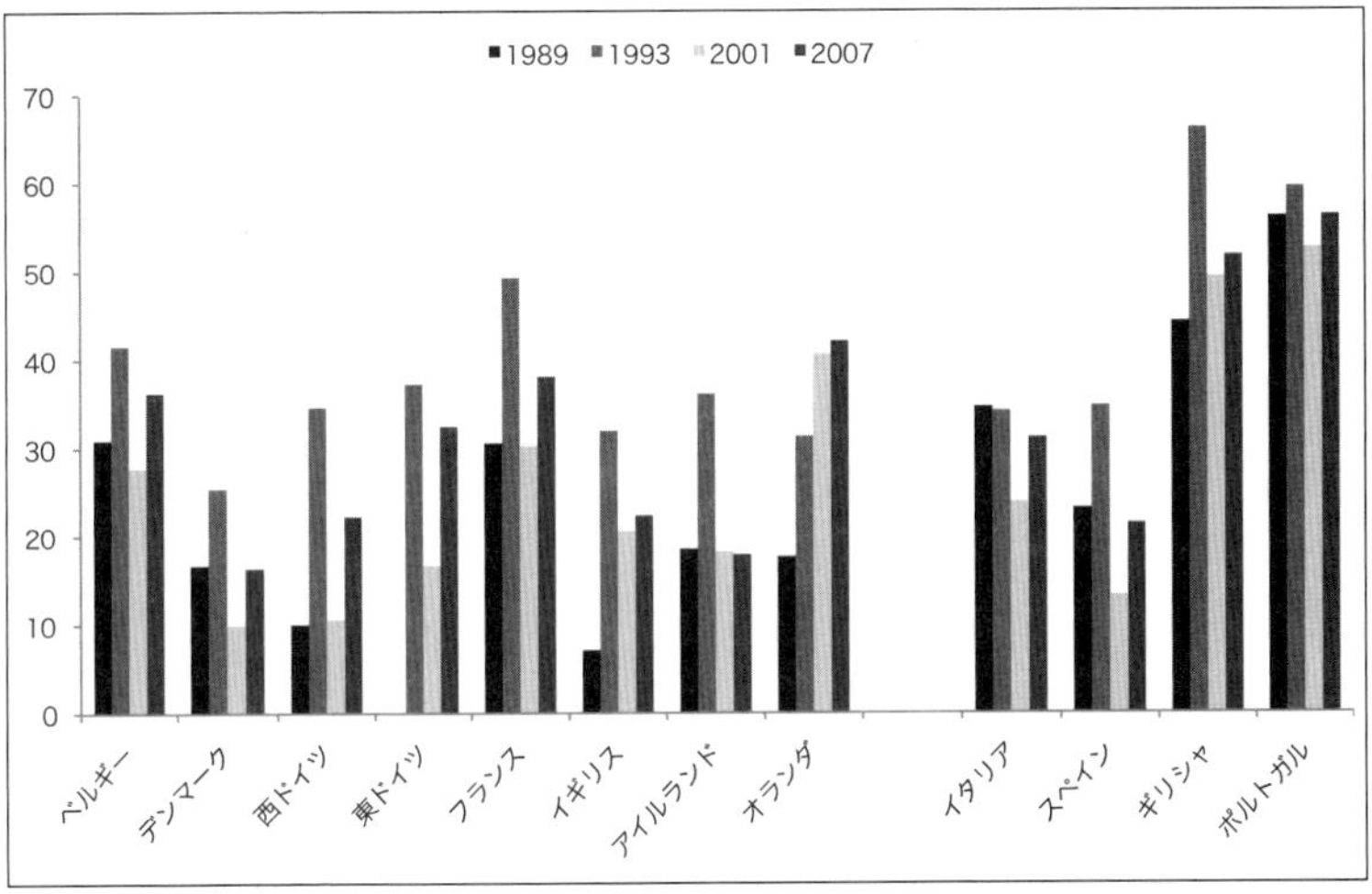

図A-1　貧困・極貧の状況で生活する人びとが地区／村落にいると回答した人の割合（%）

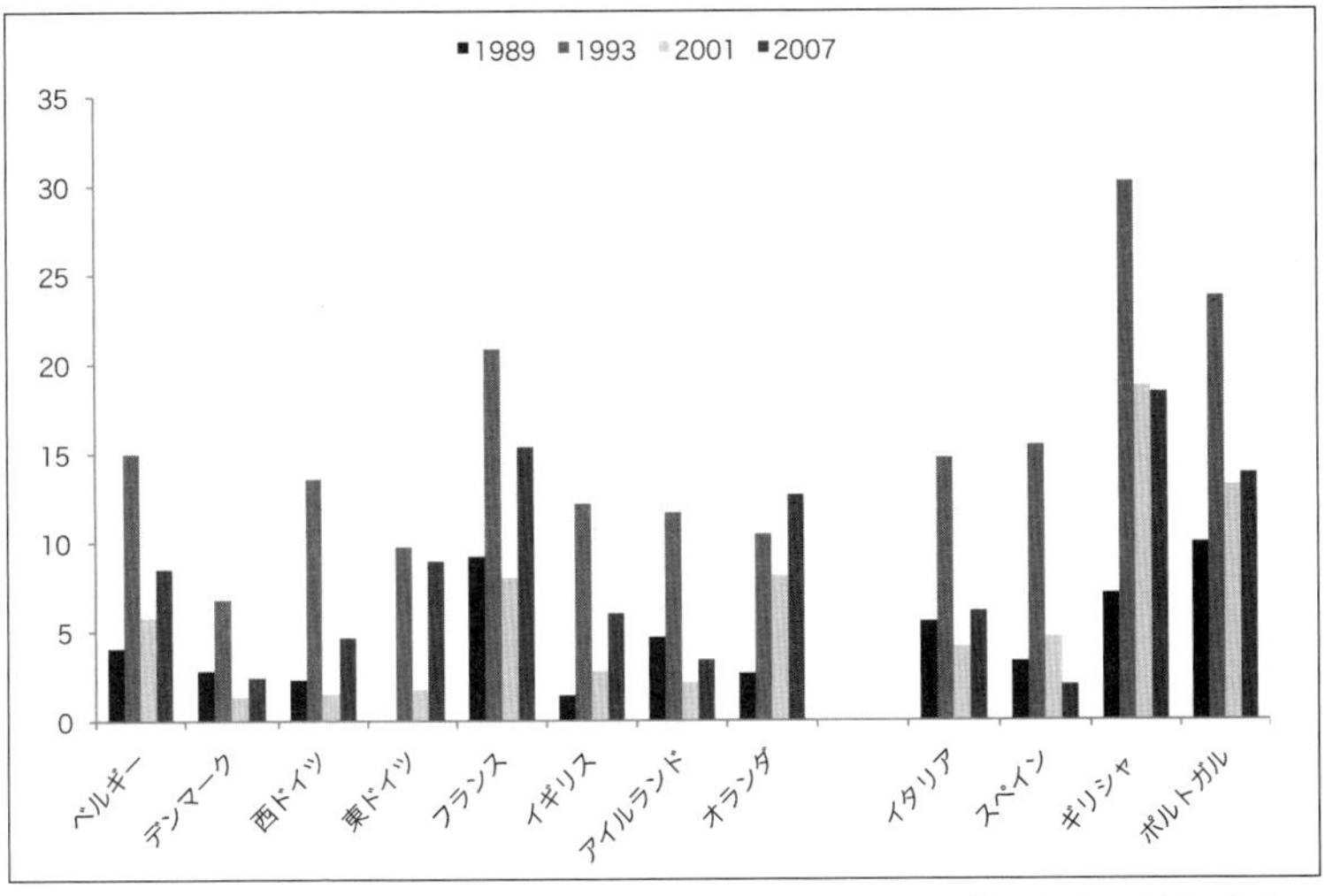

図A-2　極貧状況で生活する人びとが地区／村落にいると回答した人の割合（%）

外のすべての国では一九八九年から一九九三年に著しく増加したが、反対に一九九三年から二〇〇一年にかけてはオランダを除いて著しく低下し、その後、二〇〇一年から二〇〇七年にかけてふたたび増加したことを非常にはっきりと確認することができる。二〇〇七年には一方ではポルトガルとギリシャが、他方ではデンマークが対立した二つの極となっている。というのも、貧困や極貧の可視性はポルトガルとギリシャで非常に高く（ポルトガルで五六・三%、ギリシャで五一・八%が、貧困や極貧が自分の周りにあると答えている）、デンマークでは低い（一六・四%）ためである。

周囲に極貧状況で生活する人びとがいると答えた人の割合を比較すると、各時点のあいだでコントラストがよりいっそう鮮明になっているようだ。いかなる例外もなく、すべての国で一九九三年には大きく増加、二〇〇一年には大きく低下、そして二〇〇七年にはふたたび増加している。

貧困の可視性についてのこれらの結果は、この現象の客観的・主観的測定と一致しているだろうか。**表A－1**は、欧州連合が採用した客観的な貨幣的定義にもとづいた「貧困リスク」の指標と、まっとうに生活するために必要不可欠だとみなされている手取り総所得に満たない人びとの割合をあらわす主観的な貧困指標とを比較している。

一九九五年と一九九八年、二〇〇一年の共同体世帯パネルデータによれば、貧困リスクに直面した人びとの割合はポルトガルとギリシャで最も高かった（多くの場合で二〇%をこえている）ことが確認された。また、イタリアとスペイン、アイルランド、イギリスでも同様に高かった（二〇%前後）。反対にスカンジナビア諸国のデンマークとスウェーデン、フィンランドは、貧困リスクの影響が最も少ない国となっている（約一〇%）。同様に、オランダとルクセンブルグも貧困リスクがかなり低かった（一一%から一二%）。フランスとベルギーはその中間的な位置を占めている（一三%から一五％）。

各国間の隔たりは、主観的貧困を参照すると明らかに大きいが、その順序が一変することはなかった。二〇〇一年には、ポルトガルとギリシャはつねに貧困層の割合が最も高い国であった。ポルトガルでは六六％の人びとが、まっとうに生活するために必要だと思う水準よりも自分の所得が著しく低いと考えており、ギリシャではそれは五四％であった。イタリアも同様に貧困層の割合が大きかった（四一％）が、反対にデンマークとルクセンブルグではその割合が最も低く（八％から九％）、ドイツ（一四％）とオランダ（一八％）がそれにつづく。主観的貧困指標による貧困層の割合はフィンランドとスウェーデンで高く、それぞれ三〇％と二〇％であったが、貧困リスクの指標を参照する

表A–1　客観的貧困と主観的貧困の比較（%）

	客観的貧困指標			主観的貧困指標
	貧困リスクに直面した世帯で生活する人びとの割合(*1)			貧困であると考える人びとの割合(*2)
	1995年	1998年	2001年	2001年
ベルギー	16	14	13	32
デンマーク	10	12	10	9
ドイツ	15	11	11	14(*3)
ギリシャ	22	21	20	54
スペイン	19	18	19	34
フランス	15	15	15	30
アイルランド	19	19	21	24
イタリア	20	18	19	41
ルクセンブルグ	12	12	12	8
オランダ	11	10	11	18
オーストリア	13	13	12	16
ポルトガル	23	21	20	66
フィンランド	−	9	11	30
スウェーデン	−	10	9	20
イギリス	20	19	17	27

＊1：ユーロスタット，貧困リスク水準：全国中位所得の60%，「修正」OECD基準.
世帯1人目の成人には値1，14歳以上には値0.5，14歳以下の子どもには値0.3を与えている.
＊2：ユーロバロメーター 56.1「貧困と社会的排除」(2001年).
まっとうに生活するために必要不可欠と考えている水準よりも手取り総所得が低い人びとの割合.
＊3：西ドイツ 11%，東ドイツ 24%.

と、これらの国では貧困層の割合が低いことを指摘しておこう。

欧州諸国における貧困の社会的可視性は、概してこの現象の客観的・主観的測定と全体的にかなり一致している。地域レベルでの貧困層の割合が高いと考えられている国では、客観的・主観的貧困の割合も高い。各国間の順位はここでもほぼ変わらない。

貧困に関する研究では、世代から世代へ再生産される伝統的な貧困と、この問題からまぬがれていたかに見えた人びとに突然に影響する新しい貧困とが区別されている。ここでわれわれは、他の形態よりもより的確な貧困形態がはっきりと存在するわけではないという仮説を立てている。これら二つの貧困はたがいに関連しあっており、国ばかりでなく経済情勢によっても大きく変化するのである。

この仮説は、一九七六年以降のユーロバロメーター［調査］の設問を参照することによって確かめることができる。この設問は、自分が住む地区や村落で極貧、貧困、あるいは貧困に陥る危険のある人を見たことがあると答えた人びとにたいして向けられたものである。そこでは、これらの人たちが以前からずっと同じ状況にいたのか（「継承された」貧困）、あるいは反対に、他の何かを経験した後で貧困に陥ったのか（「転落」以後に陥った貧困）がたずねられている。

これら二つの貧困形態を説明する諸要因をより詳細に分析するために、われわれは一九七六年以降および一九八九年以降の利用可能な国別データをもちいることによって、継承された貧困（表A－2）と急激な貧困（表A－3）の両方について、複数のロジスティック回帰分析をおこなった。その目的は、構造的な効果に対応する国の主効果と、経済情勢の主効果を同時に推定することである。

経済情勢の効果を検証するために、失業指標を優先してとりあげた。そこでは、過去三〇年間のこの指標の大きな変動と、労働市場の大きな変化を議論、分析するさいのコンセンサスがえられた指標の——社会的、科学的——正当性が考慮され、貧困の程度に関する三つの指標がつくられた。第一の指標は失業率そのものの高さを、第二の指標は各年度間の変化の傾向を、第三の指標は各年度間の失業率の高さとその変化の結びつきを示している。それからわれわれは、四度の調査で各国別にこれら三つの指標を計算した(付表参照、三二三頁)。

これらの表［表A－2・A－3］では、モデル1から5までのセットは、一九七六年時点で欧州連合のメンバーであった国だけを対象に一九七六年から二〇〇一年までの期間をカバーするデータを、モデル6から10までのセットは、スペイン、ギリシャ、ポルトガルを含む［欧州連合の］すべての国を対象に一九八九年から二〇〇一年までの期間をカバーするデータを示した。各セットにはそれぞれ五本、全部で一〇本のモデルをつくった。最初のモデルと五番目のモデルは、失業の効果ではなく国の効果を考慮している。他のモデルはわれわれが作成した失業指標を考慮している。

［まず表A－2をみると、］検討されたモデルのいずれにおいても、貧困を再生産［継承］される現象として知覚する傾向は、南欧諸国とアイルランドでは、イギリス(基準カテゴリー)やその他の国よりも著しく強い。いいかえれば、貧困が遺産として最も知覚されているのは、欧州諸国のなかでも経済的に最も貧しい国々である。これとは正反対に、［基準カテゴリーの］イギリスとくらべて係数が一貫して最も負の値を示しているのはドイツである(モデル1では-.70、モデル10では-1.52)。このことは、他の国ではつねに貧困だとみなされる人びとが、ドイツではほぼ貧困層として知覚されないことを意味する。

	1989年，1993年，2001年調査累積				
	モデル6	モデル7	モデル8	モデル9	モデル10
定数	-.80 ***	-.79 ***	-.67 ***	-.62 ***	-.34 ***
国					
イギリス	*Réf.*	*Réf.*	*Réf.*	*Réf.*	*Réf.*
ベルギー	-.14 n.s.	-.25 n.s.	-.27 n.s.	-.28 n.s.	-.36 n.s.
デンマーク	-.40 **	-.53 **	-.37 *	-.37 *	-.45 **
ドイツ	-1.12 ***	-1.18 ***	-1.20 ***	-1.30 ***	-1.52 ***
フランス	-.28 n.s.	-.36 n.s.	-.24 n.s.	-.52 ***	-.54 **
アイルランド	.43 **	.35 **	.58 ***	.42 **	.49 ***
オランダ	-.58 ***	-.64 ***	-.78 ***	-.76 ***	-.98 ***
イタリア	.93 ***	.80 ***	1.10 ***	.74 ***	.78 ***
スペイン	.65 ***	.56 ***	.91 ***	.59 ***	.76 ***
ギリシャ	1.20 ***	1.13 ***	1.18 ***	1.22 ***	1.10 ***
ポルトガル	1.14 ***	1.03 ***	.88 ***	.82 ***	.68 ***
調査年					
1976					
1989		.52 ***			
1993		-.19 **			
2001		*Réf.*			
失業(*1)					
L			.13 n.s.		
H			*Réf.*		
VH			-.39 ***		
失業(*1)					
↓				.21 **	
→				*Réf.*	
↑				-.46 ***	
失業(*1)					
L↓					-.08 n.s.
L→					-.15 n.s.
L↑					–
H↓					-.06 n.s.
H→					*Réf.*
H↑					-.55 ***
VH↓					-.30 n.s.
VH →					-.42 ***
VH↑					-.87 ***
Nb Obs	7303	7303	7303	7303	7303
-2LogL	9005	8864	8970	8942	8916
Chi-Sq	856	998	891	920	945
DF	10	12	12	12	17
Prob	.0001	.0001	.0001	.0001	.0001

＊1：各調査年の国別失業率から（出所：OECD）
出所：ユーロバロメーター「貧困—排除」

表A-2　継承された貧困であると知覚された貧困（ロジスティック回帰）

	1976年，1989年，1993年，2001年調査累積				
	モデル1	モデル2	モデル3	モデル4	モデル5
定数	-.41 ***	-.65 ***	-.81 ***	-.59 ***	-.92 ***
国					
イギリス	*Réf.*	*Réf.*	*Réf.*	*Réf.*	*Réf.*
ベルギー	-.34 **	-.36 **	-.24 *	-.33 **	-.35 **
デンマーク	-.40 **	-.29 *	-.15 n.s.	-.38	-.06 n.s.
ドイツ	-.70 ***	-.80 ***	-.68 ***	-.64 ***	-.74 ***
フランス	-.15 n.s.	-.16 n.s.	.05 n.s.	.03 n.s.	.08 n.s.
アイルランド	.25 *	.24 *	.77 ***	.26 *	-1.00 ***
オランダ	-.66 ***	-.57 ***	-.76 ***	-.48 ***	-.65 ***
イタリア	.68 ***	.60 ***	1.27 ***	.86 ***	1.32 ***
スペイン					
ギリシャ					
ポルトガル					
調査年					
1976		.78 ***			
1989		.30 ***			
1993		-.43 ***			
2001		*Réf.*			
失業(*1)					
L			.79 ***		
H			*Réf.*		
VH			-.43 ***		
失業(*1)					
↓				.04 n.s.	
→				*Réf.*	
↑				.25 **	
失業(*1)					
L↓					-.04 n.s.
L→					.79 ***
L↑					1.06 ***
H↓					.30 *
H→					*Réf.*
H↑					.00 n.s.
VH↓					
VH →					-.30 ***
VH↑					-.63 ***
Nb Obs	7047	7047	7047	7047	7047
-2LogL	9004	8643	8730	8993	8694
Chi-Sq	342	703	616	352	652
DF	7	10	9	9	14
Prob	.0001	.0001	.0001	.0001	.0001

L：低い，H：高い，VH：非常に高い
↓：低下，→：停滞，↑：増加
*：P < 0.05，**：P < 0.01，***：P < 0.001，n.s.：有意差なし

	1989年，1993年，2001年調査累積				
	モデル6	モデル7	モデル8	モデル9	モデル10
定数	.13 n.s.	-.06 n.s.	.02 n.s.	-.11 n.s.	-.27 n.s.
国					
イギリス	*Réf.*	*Réf.*	*Réf.*	*Réf.*	*Réf.*
ベルギー	.12 n.s.	.21 n.s.	.23 n.s.	.33 *	.26 n.s.
デンマーク	.28 *	.34 *	.21 n.s.	.23 n.s.	.26 n.s.
ドイツ	.96 ***	.97 ***	1.00 ***	1.20 ***	1.29 ***
フランス	.26 *	.32 **	.17 n.s.	.58 ***	.48 **
アイルランド	-.15 n.s.	-.11 n.s.	-.34 *	-.14 n.s.	-.23 n.s.
オランダ	.23 n.s.	.34 **	.50 ***	.49 ***	.67 ***
イタリア	-1.04 ***	-.94 ***	-1.28 ***	-.80 ***	-.99 ***
スペイン	-.57 ***	-.52 ***	-.90 ***	-.48 ***	-.75 ***
ギリシャ	-1.06 ***	-1.01 ***	-1.08 ***	-1.09 ***	-1.13 ***
ポルトガル	-1.07 ***	-.96 ***	-.67 ***	-.62 ***	-.37 ***
調査年					
1976					
1989		-.31 ***			
1993		.47 ***			
2001					
失業(*1)					
L			-.29 **		
H			*Réf.*		
VH			.44 ***		
失業(*1)					
↓				-.33 ***	
→				*Réf.*	
↑				.58 ***	
失業(*1)					
L↓					-.44 **
L→					-.04 n.s.
L↑					
H↓					-.07 n.s.
H→					*Réf.*
H↑					.76 ***
VH↓					.27 n.s.
VH →					.44 ***
VH↑					.87 ***
Nb Obs	7303	7303	7303	7303	7303
-2LogL	9316	9141	9258	9197	9167
Chi-Sq	726	901	784	845	875
DF	10	12	12	12	17
Prob	.0001	.0001	.0001	.0001	.0001

＊1：各調査年の国別失業率から（出所：OECD）
出所：ユーロバロメーター「貧困―排除」

表A–3　転落後に陥った貧困であると知覚された貧困(ロジスティック回帰)

	1976年，1989年，1993年，2001年調査累積				
	モデル1	モデル2	モデル3	モデル4	モデル5
定数	-.23 **	-.15 n.s.	.10 n.s.	-.05 n.s.	.13 n.s.
国					
イギリス	*Réf.*	*Réf.*	*Réf.*	*Réf.*	*Réf.*
ベルギー	.19 n.s.	.19 n.s.	.14 n.s.	.22 *	.23 n.s.
デンマーク	.28 *	.12 n.s.	.00 n.s.	.25 *	-.07 n.s.
ドイツ	.68 ***	.77 ***	.71 ***	.61 ***	.79 ***
フランス	.17 n.s.	.17 n.s.	-.02 n.s.	.02 n.s.	-.02 n.s.
アイルランド	.02 n.s.	.04 n.s.	-.48 ***	.03 n.s.	-.74 ***
オランダ	.39 ***	.31 **	.54 ***	.21 *	.45 ***
イタリア	-1.00 ***	-.96 ***	-1.58 ***	-1.18 ***	-1.58 ***
スペイン					
ギリシャ					
ポルトガル					
調査年					
1976		-.69 ***			
1989		-.06 n.s.			
1993		.64 ***			
2001		*Réf.*			
失業(*1)					
L			-.80 ***		
H			*Réf.*		
VH			.56 ***		
失業(*1)					
↓				-.18 n.s.	
→				*Réf.*	
↑				-.24 **	
失業(*1)					
L↓					-.02 n.s
L→					-.71 ***
L↑					-1.03 ***
H↓					-.28 ***
H→					*Réf.*
H↑					.23 n.s.
VH↓					
VH →					.49 ***
VH↑					.79 ***
Nb Obs	7047	7047	7047	7047	7047
-2LogL	9331	8883	8971	9320	8934
Chi-Sq	388	836	747	397	784
DF	7	10	9	9	14
Prob	.0001	.0001	.0001	.0001	.0001

L：低い，H：高い，VH：非常に高い
↓：低下，→：停滞，↑：増加
*：P＜0.05，**：P＜0.01，***：P＜0.001，n.s.：有意差なし

したがって、継承された貧困の知覚が欧州内で同じでないとすれば、そこに構造の効果をみなければならない。というのも、国レベルのバリエーションの大きさは、国ごとに異なる社会構造をあらわしているのであり、たいていの場合、それぞれの国に固有の制度がその構造を再生産する傾向がある。しかしこのことは、経済情勢の効果がないという意味ではない。

したがって、失業率の上昇は、人びとが貧困を世代間の再生産の問題と考える傾向を低下させるといえる。基準カテゴリーである「失業率が高い」とくらべて、「失業率が非常に高い」の係数は負で有意である（係数はモデル3で -.43、モデル8で -.39）。同じく「失業の停滞」を基準カテゴリーとした場合にくらべて、モデル9では「失業の増加」の係数は負で強く有意であるが（-.46）、モデル4では正で有意である（.25）。したがって、一九七六年の調査を統合すると、結果は明らかに異なってくる。照合された二セットの調査間のこうした対照的な傾向は、一九七〇年代半ばの貧困の表象が失業の増加現象とははっきりと異なっていたと強調することによって説明できる。「新しい貧困」という現象が発見され公的に議論されたのは、それからおよそ一〇年経ったのちである。したがって失業の増加は、一九七〇年代と一九八〇年代の社会的表象ではそれぞれ異なったかたちであらわれていたといえるだろう。

最後に、予想されたように、各年度間における、継承されたものとしての貧困知覚にたいする、失業率が高いもしくは非常に高い［と回答する傾向］と失業の増加の結合効果は、モデル5とモデル10でもつねに有意である。しかし低い失業率が上昇しているとき、モデル5の係数はつねに正で有意であるが、他方でこうした組み合わせは一九八九年に開始した第二セットの表の調査には存在しない。［そこでの］結果はこれまでにみた［第一セットの表の］傾向に類似しており、同じように説明することができる。つまり一九七〇年代における失業率の増加は、貧困の表象にたいして一九八〇年代とは同じ効果をもたなかったのである。また、モデル3、4、6、7、8、9、10で失業指標を投入しても、各国の係数にみられた傾向は実質的に修正されなかったことも指摘しておこう。つまり、失業のバリエーションはわれわれが明らかにした構造の効果を打ち消すことはなかったのである。同様に、これらのバリエーションは貧困知覚の時系列的な変化を示している。

転落としての貧困知覚を説明するために、一九七六年あるいは一九八九年以降のデータをもちいたモデルではいずれもほぼ反対の傾向がみられる（表A－3）。再生産現象としての貧困知覚とはほぼ対照的に、転落としての貧困表象は、南の国々では北の国々ほど広く拡大しているわけではない。というのも、イタリア、ギリシャ、スペイン、ポルトガルではいずれのモデルでも係数はつねに負で、高度に有意であった。一方で、アイルランドでは係数が負ではあるが、モデル3と5、8でのみ有意であったにすぎない。したがって、このことからだけでも、概してナショナルな構造が貧困知覚に強く影響していると結論づけることができる。

しかし、だからといって構造の効果が経済情勢の効果と無関係なわけではない。そのうえ、他の条件を一定にしても、失業指標は貧困の知覚にも影響を与えており、各国でみられた傾向を修正することはほぼない。つまり、失業率の上昇が、貧困を転落後に陥った現象として知覚する可能性を大きく増加させているといえる。基準カテゴリーである「失業率が高い」とくらべ、「失業率が非常に高い」では係数が正で高度に有意である（モデル3で係数が.56でモデル8では.44である）。同様にモデル9では基準カテゴリー「失業が停滞」とくらべ、「失業が増加」が係数が正で高度に有意であるが（.58）、モデル4では負で有意であった（-.24）。ここでは表A－2でみられたものと同じ傾向がみられる。集成した第一セットと第二セットの調査の違いは、この表では、貧困表象がそれ以前の完全雇用の時代とほぼ変わらなかった一九七〇年代の特徴として理解することができる。つまり、各年度間の失業率が高いもしくは非常に高いと失業の増加を結合させたときには、貧困を転落と知覚する傾向を非常に強くしている（モデル5とモデル10でも係数はつねに正で有意である）。たとえば、「非常に高い失業率で停滞」とくらべた「非常に高い失業率で増加」の係数は、モデル5では.79、モデル10では.87である。

このように、欧州人が貧困をどのように見ているのかは国によってまったく異なる。各国は、おそらく不変ではないものの、時間軸上は持続的に維持されている貧困にたいして特殊な社会関係をもっているのである。しかしいずれの国でも、経済情勢による雇用のバリエーションは貧困知覚にも影響を与えている。したがってこのことから、構造の効果と経済情勢の効果はそれぞれ貧困知覚にたいする説明力をもっているために、それぞれの効果は相対的に独立していると結論づけることができる。いいかえれば、一九七六年から二〇〇一年まで、経済情勢のバリエーションはすべての国で有意な効果があったが、だからといって、それが各国を社会・歴史的に特徴づける構造的な傾向に影響することはなかったのである。

◆貧困原因の知覚

貧困原因の知覚に関しては、「生活が苦しい人がいるのはなぜだと思いますか」と質問している。対象者に提示された回答の選択肢は以下のとおりである。①運がなかったから、②怠惰や意欲の欠

表A－4　貧困原因の知覚（2001年）（%）

	個人的原因			社会的原因			いずれでもない	わからない
	運がなかった	怠惰	合 計	不公正	不可避	合 計		
ベルギー	17.9	17.9	35.8	31.2	23.6	54.8	4.4	4.9
デンマーク	27.5	19.3	46.8	12.8	30.6	43.4	6.0	3.8
ドイツ（西）	11.6	17.1	28.7	33.2	25.4	58.6	3.8	8.8
ドイツ（東）	9.8	14.4	24.2	50.1	18.9	69.0	3.6	3.1
ギリシャ	13.7	19.9	33.6	32.9	24.8	57.7	3.7	4.9
イタリア	19.4	15.4	34.8	36.1	15.8	51.9	6.2	7.2
スペイン	24.0	12.4	36.4	35.3	19.4	54.7	3.6	5.4
フランス	16.4	15.6	32.0	39.9	19.1	59.0	5.1	3.9
イギリス	20.9	22.5	43.4	19.5	22.3	41.8	5.2	9.7
アイルランド	22.8	17.9	40.7	22.9	19.7	42.6	7.0	9.8
オランダ	23.2	11.9	35.1	19.3	22.5	41.8	14.2	8.8
オーストリア	12.6	22.3	34.9	29.6	24.2	53.8	6.6	4.7
ポルトガル	18.3	29.4	47.7	33.6	10.2	43.8	3.2	5.4
フィンランド	13.4	14.7	28.1	42.5	23.4	65.9	2.4	3.6
スウェーデン	13.1	8.5	21.6	42.0	27.1	69.1	5.2	4.1
合 計	17.5	17.6	35.1	31.4	21.9	53.3	5.7	5.9

出所：ユーロバロメーター 56.1「欧州における貧困と社会的排除」（2001年）

如のため、③社会に多くの不公正があるから、④現代では避けがたいものだから、⑤これらのいずれでもない。これらは、一九七六年以降の比較可能な四回のユーロバロメーター調査でもちいられている設問であり、国の効果と調査時期の効果を同時に検討するための重要な基準となっている。

◉──個人的原因と社会的原因

提示された回答のうち、最初の二つ（運がなかったから、怠惰や意欲の欠如のため）は個人的原因に由来するが、後の二つ（社会に多くの不公正があるから、現代では避けがたいものだから）は社会的原因に由来する（表A－4）。

最初の二つの個人的原因のうち一番目の原因は、二番目の原因とは反対に、貧困層の状況を述べているにすぎず、かれらを評価しているわけではない。同様に、社会的原因のうち、貧困の不可避的な特徴による説明も社会の状況を述べているにすぎず、不公正による説明とは反対に社会を批判しているものではない。したがって、怠惰と不公正の二つによる説明は、他の説明よりもイデオロギー的なものとなっている。貧困を個人的な原因に帰する、もしくは社会的な原因に帰することは、いずれにせよ、すでにそれ自体が貧困にたいする個人と社会の関係をはっきりと示すものである。さらに国によって大きなバリエーションが存在している。

たとえば二〇〇一年の調査をとりあげよう。貧困を個人的原因によって説明する人が多いのは、上からポルトガル（四八％）、デンマーク（四七％）、イギリス（四三％）、アイルランド（四一％）の順である。貧困を社会的原因によって説明する人が多いのは、上からスウェーデンと東ドイツ（六九％）、フィンランド（六六％）であり、フランスと西ドイツ（五九％）、ベルギーとスペイン（五五％）とイタリア（五二％）がそれにつづく。これらの相違をただひとつの要因で説明することはできない。社会民主主義的伝統のある国（スウェーデン、フィンランド）、あるいは東ドイツのような社会主義国では、［貧困を］社会的原因によって説明する傾向があるとおそらくいえるが、そのさいデンマークは例外となる。ラテン諸国では、貧困を社会的原因によって説明する傾向がさらに強く、これらの国々には社会制度にたいする異議申し立ての文化が存在するとおそらくいえるのだが、この場合もポルトガルの例外を強調しなければならない。

反対に、自由主義的な社会保護制度をもつイギリスとアイルランドでは、貧困を個人的原因によって説明する傾向がより強い。したがって、概してこれらの違いを説明するための単一の要因は存在しないということができる。先進的な社会保護制度の発展は社会的原因による貧困の説明としばしば関連しており、反対に、近年とりわけ失業補償の領域が大きく縮小されたイギリスのような国の社会保護制度の下では、貧困を個人的原因によるものと考える傾向がより著しいと大雑把にいえる程度である。この分析をさらに進めるために、怠惰と不公正による［貧困原因の］説明の諸要因を検討することができる。

◉――怠惰と不公正

これら二種類の貧困の説明にしたがえば、欧州では一方で国ごとに大きなバリエーションがあり、他方で時期によるバリエーションがあると考えることができる。図A－3・A－4は、一九七六年以降の怠惰と不公正による貧困の説明に関する国別の変化を描いたものであり、以上の二つの仮説を検証することができる。というのも、これら二種類の説明は国と調査時期によって変化しているからである。たとえばフランスとイギリスを比較すると、参照時期がいつであれ、イギリスではフランスよりも貧困が怠惰によって説明されることが多いようだ。さらに、その違いはとくに一九七六年で大きい。この年はフランス人の約一七％にたいし、イギリス人の四四％以上がこの説明を選んでいる。したがってこのことから、これら二か国には、他の研究も指摘しているように、貧困について異なった表象が存在していると結論づけねばならない(＊3)。

また、各国間にはレベルの違いがあるものの、多くの国で一九七六年以降の変化が類似していることも強調しておく必要がある。ベルギーやドイツ、フランス、イギリス、アイルランドでは、怠惰による貧困の説明は第一波の調査では高かったが、第二波の調査ではその広がりは著しく低く、第三波ではそれ以上に低くなっている。つづく第四波ではそれがふたたび急上昇し、最後の調査ではイギリスを除いてふたたび低下している。これらの違いは重要である。というのも、フランスで

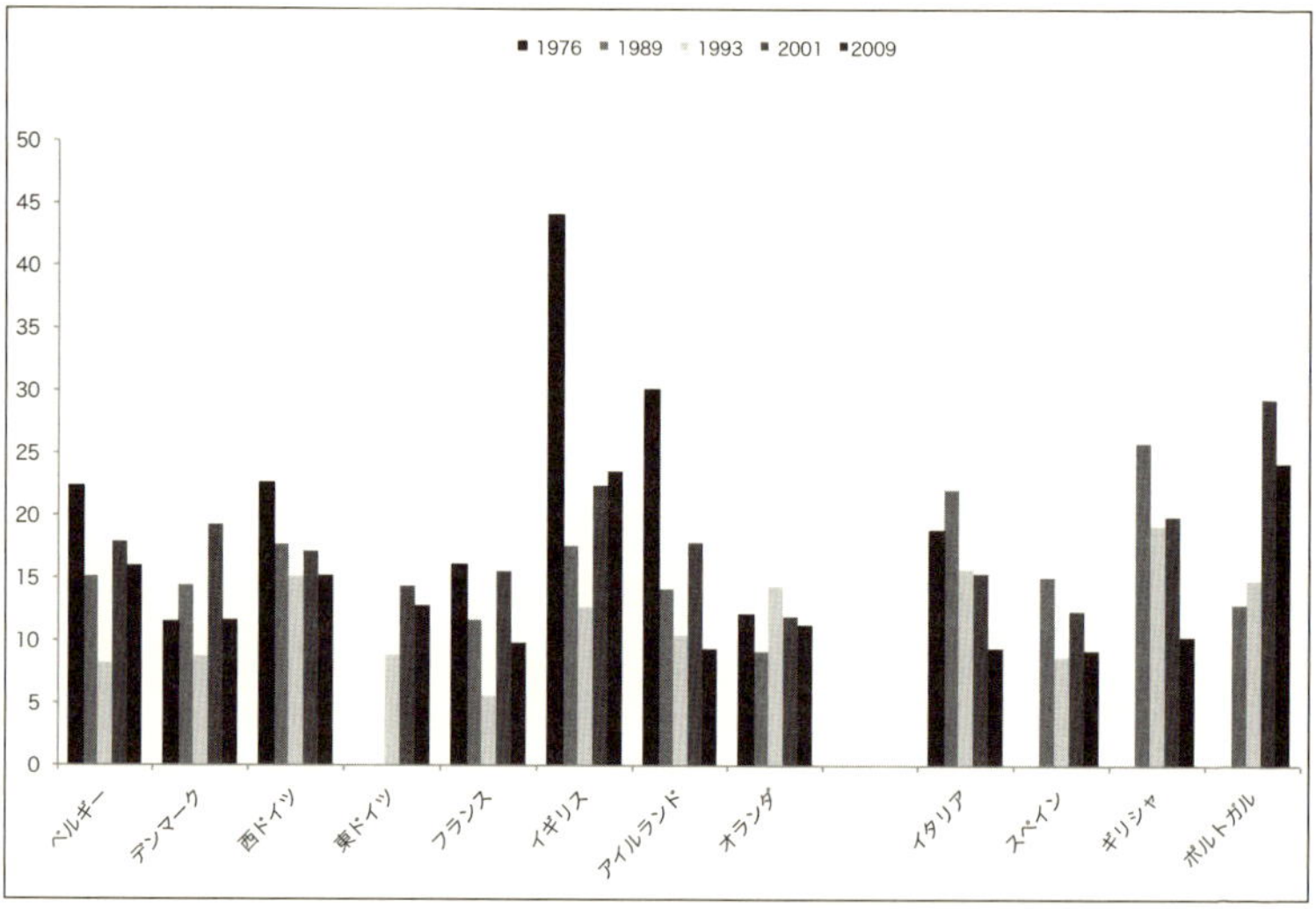

図A-3　怠惰による貧困の説明の変化（%）

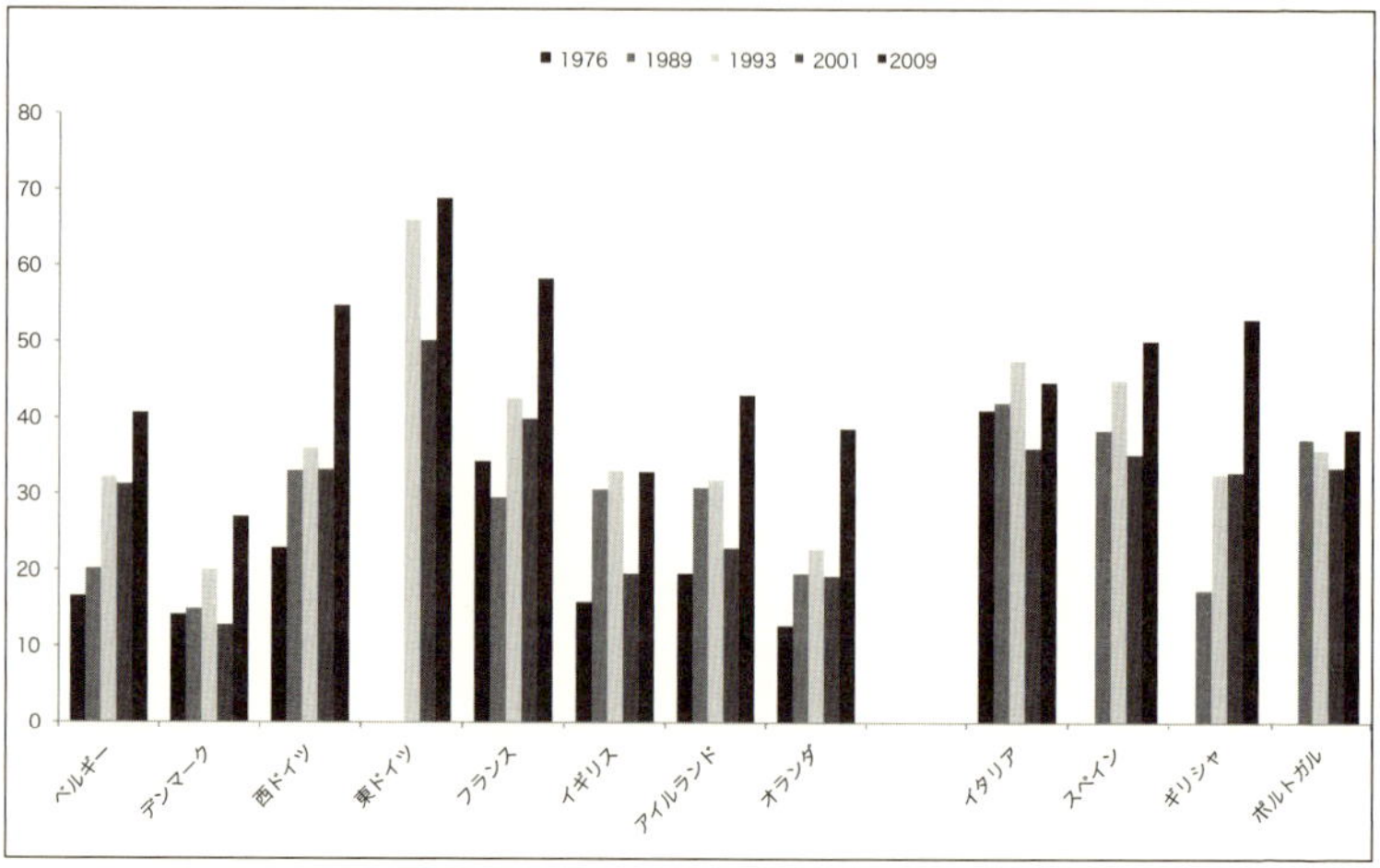

図A-4　不公正による貧困の説明の変化（%）

は、貧困を怠惰によるものと説明する人の割合は、一九七六年には一六・一%、一九八九年は一一・七%、一九九三年は五・六%、二〇〇一年は一五・六%、二〇〇九年には九・九%であった。ベルギーでもその傾向は同じで、一九七六年には二二・四%、一九八九年には一五・一三%、一九九三年に八・二%、二〇〇一年は一七・九%、二〇〇九年には一六%であった。

直近の四回分の調査だけを参照すると、図では［旧東西ドイツを合わせた］一一か国中九か国で、一九九三年における怠惰による貧困の説明は一九八九年にくらべて著しく低下し、二〇〇一年には一九八九年にくらべて増加している。そして、二〇〇九年にはほとんどすべての国で新たに低下している。一一か国のうち一〇か国で低下したのである。したがって、最近フランスでおこなわれた研究結果と同じく（＊4）、一九九〇年代の終わりと二〇〇〇年代の初めには、急激に貧困が個人の責任と説明されるようになったことを、これらの結果が裏づけている。

不公正による貧困の説明については、これとほとんど逆の現象がみられる。二〇〇九年には、この説明は旧東ドイツ（六九%）とフランス（五八%）で非常に多かった。イギリスとオランダでは、この説明はずっと少なく（それぞれ三三%と三九%）、デンマークはさらに少なかった（二七%）。南欧諸国では、この説明を選ぶ人びとの割合は全体としてかなり高かった（三九%から五三%のあいだ）。

これらの違いを理解するためには、福祉国家のタイプだけではなく、それぞれの国で不平等がどのように議論されているのかも考慮する必要があるだろう。そこでは同時に、貧困対策の分野でえられた経験や、この分野に関わったアクター、そしてより一般的には、社会的介入の様式も対象となる。

同じく、不公正による貧困の説明も同じ期間に大きく変化しているのは驚くべきことである。一九九三年には一一か国のうち九か国でこの説明がピークに達している。この時期は、多くの国で失業率が非常に高く、経済成長率が非常に低いと同時にマイナス成長となっており、経済情勢が非常に悪化していた。二〇〇一年には、不公正による貧困の説明が、高い水準で維持されていたギリシャを除くすべての国で大きく低下している。最終的に、二〇〇九年にはすべての国でこの説明が著しく増加している。

したがってこのことから推論できるのは、貧困の説明は空間と時間によって大きく異なり、これら二つの変数はともにはじめから《ア・プリオリに》頑健であったのではないかということである。しかし、それをより体系的に検証しなければならない。二つのタイプの貧困にたいする説明要因をより詳細に分析するために、一九七六年以降および一九八九年以降の国別の利用可能なデータをもとに、怠惰による貧困（表A－5）と不公正による貧困（表A－6）に関する複数のロジスティック回帰分析をおこなった。われわれの目的は、基本的な社会人口学的変数つまり性別と年齢、所得をつねに統制して、国の主効果――これは構造効果に対応する――と経済情勢の主効果を同時に推定することであった。分析にあたり、先に定義した失業指標と、表A－2とA－3で使用した八つのロジスティック回帰モデルをふたたびもちいた。

まず表A－5は、性別と年齢、所得、失業指標を統制した後でも国の効果が維持されていることを確認している。怠惰による貧困の説明が一九七六年に最も拡大していたイギリスを基準とすると、いずれのモデルでも係数がつねに非常に低く有意ではないドイツを例外として、すべての国で「イギリスとの」差がみられる。オランダとフランスは、このタイプの説明の広がりが最も少ない国である。またギリシャでは、怠惰による貧困の説明が、他の条件を一定にしても、「基準である」イギリスよりも例外なく多いことにも注意しておこう。この現象はイタリアでも、少なくともわれわれの分析のモデル8と10でみられる。したがって、ここでもまた南部の国々と北部の国々では結果が対立していない。怠惰によって貧困を説明する傾向は、近年において失業手当と貧困層への援助の削減策がおこなわれたイギリスのような国々だけの特性ではない。この傾向は、それほど発達した社会保護制度をもたない南欧諸国にもみられるのである。

また失業の主効果もみられる。失業が増加すると、他の条件を一定にしても、回答者が怠惰によって貧困を説明する確率は著しく減少する。経済危機と雇用不足の時代には、失業者が仕事を見つけられなくとも、それはかならずしもかれらの過失なのではないと人びとは意識するのだろう。基準カテゴリーの「失業率が高い」とくらべると、「失業率が非常に高い」の係数は負で有意である（モデル3の係数は -.40、モデル8は -.23）。基準カテゴリーの「失業の停滞」とくらべると、「失業の増加」はモデル9では負で有意（-.41）、モデル4では正で高度に有意であった（.15）。先にみたように、まとめられた二セットの調査では、一九七六年以降および一九八九年以降の失業増加の主効果を考慮すると、同じ傾向にはならなかった。第一セットの調査で係数が正であったのは、繰り返しになるが、それは失業の増加が相対的に低い水準から始まったことと、それが貧困表象の急激な転換――つまり一九八〇年代半ばまで新しい社会問題としてまったくとりあげられなかった「新しい貧困」――となってあらわれなかったためである。調査がおこなわれた四か年のあいだ、怠惰による貧困の説明にたいする、「失業率が高い」、「非常に高い」という回答と失業増加との結合効果は、モデル5とモデル10でも負でつねに有意である。同じく、それぞれのモデルに失業指標を投入しても、最も単純なモデル、つまりモデル1と6でえられた国の変数の係数は根本的に変わらなか

	1989年，1993年，2001年調査累積				
	モデル6	モデル7	モデル8	モデル9	モデル10
定数	-1.55 ***	-1.34	-1.58 ***	-1.51 ***	-1.60 ***
国					
イギリス	*Réf.*	*Réf.*	*Réf.*	*Réf.*	*Réf.*
ベルギー	-.32 ***	-.33 ***	-.29 ***	-.43 ***	-.37 ***
デンマーク	-.31 ***	-.31 ***	-.31 ***	-.22 **	-.22 **
ドイツ	-.03 n.s.	-.04 n.s.	.07 n.s.	-.07 n.s.	.06 n.s
フランス	-.53 ***	-.54 ***	-.43 ***	-.66 ***	-.53 ***
アイルランド	-.27 ***	-.27 ***	-.20 *	-.28 ***	-.22 *
オランダ	-.52 ***	-.52 ***	-.59 ***	-.56 ***	-.55 ***
イタリア	.04 n.s.	.03 n.s.	.22 **	.00 n.s.	.17 *
スペイン	-.46 ***	-.47 ***	-.19 *	-.56 ***	-.41 **
ギリシャ	.23 ***	.23 ***	.34 ***	.32 ***	.43 ***
ポルトガル	.10 n.s.	.09 n.s.	-.17 *	-.11 n.s.	-.21 **
調査年					
1976					
1989		-.15 ***			
1993		-.48 ***			
2001		*Réf.*			
失業(*1)					
L			.30 ***		
H			*Réf.*		
VH			-.23 ***		
失業(*1)					
↓				.25 ***	
→				*Réf.*	
↑				-.41 ***	
失業(*1)					
L↓					.43
L→					.25 ***
L↑					
H↓					.27 ***
H→					*Réf.* ***
H↑					-.32 ***
VH↓					.18 n.s.
VH →					-.12 **
VH↑					-.41 ***
Nb Obs	33409	33409	33409	33409	33409
-2LogL	28325	28161	28237	28172	28141
Chi-Sq	276	441	365	430	460
DF	10	12	12	12	17
Prob	.0001	.0001	.0001	.0001	.0001

＊1：各調査年の国別失業率から（出所：OECD）
出所：ユーロバロメーター「貧困―排除」

表A-5 貧困を怠惰によって説明(ロジスティック回帰)

	1976年，1989年，1993年，2001年調査累積				
	モデル1	モデル2	モデル3	モデル4	モデル5
定数	-1.15 ***	-1.10 ***	-1.23 ***	-1.24	-1.28 ***
国					
イギリス	*Réf.*	*Réf.*	*Réf.*	*Réf.*	*Réf.*
ベルギー	-.55 ***	-.56 ***	-.56 ***	-.56 ***	-.70 ***
デンマーク	-.75 ***	-.76 ***	-.76 ***	-.73 ***	-.74 ***
ドイツ	-.31 ***	-.33 ***	-.25 ***	-.28 ***	-.32 ***
フランス	-.79 ***	-.82 ***	-.73 ***	-.71 ***	-.73 ***
アイルランド	-.36 ***	-.37 ***	-.19 ***	-.36 ***	-.02 n.s.
オランダ	-.89 ***	-.90 ***	-.98 ***	-.80 ***	-.90 ***
イタリア	-.33 ***	-.33 ***	-.06 n.s.	-.24 ***	-.09 n.s.
スペイン					
ギリシャ					
ポルトガル					
調査年					
1976		.34 ***			
1989		-.13 ***			
1993		-.50 ***			
2001		*Réf.*			
失業(*1)					
L			.32 ***		
H			*Réf.*		
VH			-.40 ***		
失業(*1)					
↓				.05 *	
→				*Réf.*	
↑				.15 ***	
失業(*1)					
L↓					-.22 *
L→					.25 ***
L↑					.59 ***
H↓					.14 *
H→					*Réf.*
H↑					.17 *
VH↓					
VH →					-.23 ***
VH↑					-.67 ***
Nb Obs	32441	32441	32441	32441	32441
-2LogL	28674	28288	28414	28664	28291
Chi-Sq	353	739	613	366	736
DF	7	10	9	9	14
Prob	.0001	.0001	.0001	.0001	.0001

L：低い，H：高い，VH：非常に高い
↓：低下，→：停滞，↑：増加
*：P < 0.05，**：P < 0.01，***：P < 0.001，n.s.：有意差なし

	1989年，1993年，2001年調査累積				
	モデル6	モデル7	モデル8	モデル9	モデル10
定数	-.96 ***	-1.06 ***	-.98 ***	-1.11 ***	-1.20 ***
国					
イギリス	*Réf.*	*Réf.*	*Réf.*	*Réf.*	*Réf.*
ベルギー	.02 n.s.	.03 n.s.	.04 n.s.	.01 n.s.	-.16 *
デンマーク	-.71 ***	-.71 ***	-.71 ***	-.69 ***	-.60 ***
ドイツ	.29 ***	.30 ***	.23 ***	.45 ***	.41 ***
フランス	.43 ***	.43 ***	.35 ***	.56 ***	.42 ***
アイルランド	.02 n.s.	.03 n.s.	-.07 n.s.	.03 n.s.	.01 n.s.
オランダ	-.40 ***	-.39 ***	-.29 ***	-.24 ***	-.11 n.s.
イタリア	.64 ***	.65 ***	.48 ***	.80 ***	.63 ***
スペイン	.57 ***	.54 ***	.29 ***	.53 ***	.56 ***
ギリシャ	.01 n.s.	.02 n.s.	-.06 n.s.	.04 n.s.	-.07 n.s.
ポルトガル	.35 ***	.35 ***	.62 ***	.46 ***	.71 ***
調査年					
1976					
1989		-.04 n.s.			
1993		.30 ***			
2001		*Réf.*			
失業(*1)					
L			-.26 ***		
H			*Réf.*		
VH			.26 ***		
失業(*1)					
↓				.06 n.s.	
→				*Réf.*	
↑				.37 ***	
失業(*1)					
L↓					-.12 n.s.
L→					-.13 *
L↑					
H↓					.35 ***
H→					*Réf.*
H↑					.56 ***
VH↓					.09 n.s.
VH →					.37 ***
VH↑					.44 ***
Nb Obs	33409	33409	33409	33409	33409
-2LogL	40182	40023	40051	40088	39960
Chi-Sq	932	1092	1063	1027	1154
DF	10	12	12	12	17
Prob	.0001	.0001	.0001	.0001	.0001

＊1：各調査年の国別失業率から（出所：OECD）
出所：ユーロバロメーター「貧困—排除」

表A-6　貧困を不公正によって説明(ロジスティック回帰)

	1976年, 1989年, 1993年, 2001年調査累積				
	モデル1	モデル2	モデル3	モデル4	モデル5
定数	-1.11 ***	-1.15 ***	-1.03 ***	-1.10 ***	-1.14 ***
国					
イギリス	*Réf.*	*Réf.*	*Réf.*	*Réf.*	*Réf.*
ベルギー	.04 n.s.	.04 n.s.	.03 n.s.	.01 n.s.	.04 n.s.
デンマーク	-.61 ***	-.61 ***	-.61 ***	-.59 ***	-.57 ***
ドイツ	.32 ***	.34 ***	.25 ***	.33 ***	.37 ***
フランス	.55 ***	.57 ***	.50 ***	.52 ***	.52 ***
アイルランド	.06 n.s.	.05 n.s.	-.08 n.s.	.06 n.s.	-.14 *
オランダ	-.37 ***	-.38 ***	-.30 ***	-.39 ***	-.26 ***
イタリア	.77 ***	.77 ***	.55 ***	.76 ***	.65 ***
スペイン					
ギリシャ					
ポルトガル					
調査年					
1976		-.27 ***			
1989		.00 n.s.			
1993		.34 ***			
2001		*Réf.*			
失業(*1)					
L			-.33 ***		
H			*Réf.*		
VH			.26 ***		
失業(*1)					
↓				.08 n.s.	
→				*Réf.*	
↑				-.06 n.s.	
失業(*1)					
L↓					.07 n.s.
L→					-.19 ***
L↑					-.42 ***
H↓					.16 **
H→					*Réf.*
H↑					.11 n.s.
VH↓					
VH →					.28 ***
VH↑					.43 ***
Nb Obs	32441	32441	32441	32441	32441
-2LogL	37044	36748	36793	37032	36750
Chi-Sq	1088	1384	1339	1099	1382
DF	7	10	9	9	14
Prob	.0001	.0001	.0001	.0001	.0001

L：低い, H：高い, VH：非常に高い
↓：低下, →：停滞, ↑：増加
*：P < 0.05, **：P < 0.01, ***：P < 0.001, n.s.：有意差なし

ったことも指摘しておこう。ここでは、われわれが考慮した構造効果と経済情勢効果とは相対的に独立した特徴が示される傾向がある。

不公正による貧困の説明要因も同じモデルで分析することができる(表A－6)。

不公正による貧困の説明も、同様に国によって有意に異なることが、ここでのモデルによって確認できる。[基準となる]イギリスとくらべてこうした説明が最も低い二か国はデンマークとオランダ、つまり社会的保護が最も進んだ国であることがわかるが、それも当然であろう。現在、正で有意な係数がみられるドイツはイギリスと異なるが、このことは、ドイツではイギリスよりも貧困が不公正によって説明されていることを意味している。この傾向はフランス、つまり過去数十年間に貧困対策の領域で多くの政治的イニシアティブがとられ、とくに一九八九年にRMIが実施され、その後一九九八年に排除対策法が採択された国でもみられる。フランスにおけるこうしたイニシアティブは、いずれもおおむね国民に強く支持された。たとえばRMIの実施前には、一〇人に一人のフランス人がこの方針を支持すると答え、政治的な論争は、貧困層にたいしてフランス国民の抱える負債を返す必要があるという点で一致していた(＊5)。最後に、ギリシャを除く南部のすべての国で係数は正で有意であったが、それは、これらの国では不公正による貧困の説明が、イギリスよりもはるかに意味をもっているということである。最終的に、失業指標をそのつぎのモデルに加えた場合でも、傾向の変化はみられなかった。

これらの失業指標によって、繰り返しになるが、貧困の説明への経済情勢の効果が確認できる。失業が多いときは、他の条件を一定にしても、回答者が不公正によって貧困を説明する確率が著しく増加し、失業が少ないときは、この確率は同じく有意に減少する。調査した四か年の失業の増加傾向には類似した効果がある。基準カテゴリーの「失業の停滞」とくらべて、モデル9では「失業の増加」に関する係数は正で高度に有意である（.37）が、モデル4では有意ではない。四か年のあいだで、不公正による貧困の説明にたいする「失業率が高い」、「非常に高い」「という結果」と失業増加との結合効果は、モデル5とモデル10でともに正でつねに有意である。

付表　失業の特徴の定義と，調査時期別にみた各国の[失業]カテゴリー割り当て

調査年の失業率	4か年の一般的傾向	カテゴリー
低い（<6%）	低下 停滞 増加	L↓ L→ L↑
高い（6<10%）	低下 停滞 増加	H↓ H→ H↑
非常に高い（>10%）	低下 停滞 増加	VH↓ VH→ VH↑

増加：正の差＞2時点間で2ポイント
停滞：2時点間で差が2ポイント以下
低下：負の差＞二時点間で2ポイント

	1976年	1989年	1993年	2001年
ベルギー	L↑	H↓	H↑	H↓
デンマーク	L↑	H→	VH↑	L→
ドイツ	L↑	H→	H→	VH→
ギリシャ	–	H→	H↑	VH→
スペイン	–	VH↓	VH–	VH↓
フランス	L→	H→	VH→	H↓
アイルランド	H↑	VH→	VH↑	L↓
イタリア	H→	VH→	VH→	H→
オランダ	L→	H→	H→	L→
ポルトガル	–	L↓	L→	L↓
イギリス	L↑	H↓	VH↑	L→

日本語版に寄せて

本書の初版は二〇〇五年に［フランスで］出版された。出版当時、本書は私にとって過去一〇年間の研究の成果であった。比較研究にもとづく推論は、エスノセントリックな［自民族中心の］態度から距離をとるだけではなく、さまざまな性質のデータを蓄積し、それらがあらわす特殊な社会・文化的表象を検討することによってこれら［のデータ］を検証・探索することを促す、息のながい長期にわたる作業である。本書の初版では、非常に多様な国・地域のデータに依拠したほかに、欧州の調査、とりわけ一九九四年から二〇〇二年に実施された欧州世帯パネル［調査］から大きな恩恵を受けた。これほどの貴重なデータにもとづいた分析は、つねに調査が実施された社会―経済的文脈にそくしてその結果を入念に読み解きながらデータを参照することができるため、けっして古びることはない。社会学的分析は、このように、厳密に実施された調査にもとづくとき、同じ対象を研究する社会学者や社会変動に関心を抱く社会学者ばかりでなく、もちろん歴史家にとってものちには第一級の資料となる。一九八七年に出版されたデュルケムの『自殺』に関する研究や、一九一二年の『労働者階級と生活水準』と一九三〇年の『労働者階級における欲求の発展』に関するアルブヴァックスの研究(*1)、あるいはより最近では趣味と文化的実践に関するブルデューの研究(*2)は、［これらの著作で］公刊されたデータはもはやこんにちの現実とはいかなる関係もないが、新しい世代にとってはつねに避けてとおることのできない参照対象でありつづけている。それゆえに、この新版ではもともとのデータを新しいデータで置き換えようとはしなかった。しかし初版以降の変化、とりわけ二〇〇八年の金融危機の影響を考慮にいれるために、より最近の統計を利用した図表で当初のテクストを補足し、できるかぎりデータを比較して新しい解釈を試みようと努めた。利用できるソースが変わってしまったために、これはしばしば嫌気のする作業であった。データばかりでなく分類基準もいつもまったく同じなわけではない。このことは時系列的な比較を複雑にさせる。したがってこの新版では、最初のテクストを過度に膨らませることはせずに、より長期的な観点を優先させることにした。

読者が本書を読めばおのずと明らかになる変化のすべてをここで明かすことはしないが、さしあたりは金融危機の影響を強調しておこう。二〇〇八年以降、すべての欧州諸国で失業が著しく増加し、社会保護制度が困難に直面した。失業者の貧困は飛躍的に増加した。そこにはデンマークのように、社会的降格のプロセスを予防し歯止めをかける効果をもつと信じられていた国々も含まれている。南欧諸国では家族の連帯が依然としてかなり強いが、複数の失業者をかかえる家族にのしかかる負担が重くなっているために、その連帯は限界に達しているとみられる。さらに貧困の知覚もまた変化したようだ。二〇〇九年に実施された貧困と社会的排除に関するユーロバロメーター「のデータ」を利用することで、初版の構成を変えずにそれを補完しながら、たとえば貧困原因の知覚にたいする危機の影響を検証することができた。予想されたように、二〇〇一年には――つねに低い水準で一定しているギリシャを除き――すべての国で大きく低下していた、不公正による説明［貧困の原因を不公正によるものと回答する傾向］は、二〇〇九年には例外なくすべての国で著しく増加した。その結果、当然ながら、怠惰による貧困の説明［貧困の原因を怠惰によるものと回答する傾向］は欧州のいたるところではっきりと低下した。例外は、伝統的にこの説明がより一般的となっているイギリスだけである。この二〇〇九年の調査データによって、貧困層にたいする連帯のサイクルという仮説を確認できると思う。経済成長率が高く失業率が相対的に低いとき――一九七六年と二〇〇一年がそうであった――、怠惰によって貧困を説明する傾向が以前の時期にくらべてより顕著かもしくは増加している。反対に成長率が低いとき、さらにほとんどゼロ成長で失業率が大きく増加するとき――一九九三年から二〇〇九年までがそうである――には結果として、不公正によって貧困を説明する傾向が強まる。危機と雇用不足の時期には、失業者と貧困層が仕事を見つけられなくとも、それはかならずしもかれらの過ちではないと人びとは意識するようだ。しかし景気回復が明らかになるとすぐにそのプロセスは逆転する。したがってそこから、人びとが貧困者に連帯する傾向は経済活動のサイクルに左右されると結論づけられる。それ以前の段階ではずっと衰退していると思われていた貧困層への共感と社会的公正の要求は、危機の時期にはふたたび復活し社会問題を転換させることがありうるのだ。

とはいえ、貧困層にたいする連帯のこうした変化やその周期的特徴にもかかわらず、私が初版で論じた貧困の三つの基本形態という説は現在においても妥当であると思われる。初版が出版されて以降、本書は社会学者だけではなく歴史学者や人類学者、開発経済学者にも読まれた。何人かの研究者は自分の国で貧困層と社会の相互依存関係が貧困の基本形態のいずれに近いのかを検証しようとした。たとえば統合された貧困は、貧しくそれほど経済発展していない国や地域、アフリカやインドネシア、南米で多くの調査における概念的な枠組として役立った。マージナルな貧困は、高い水準の社会的保護を特徴とする国々、とりわけスカンジナビア諸国で貧困を考えるための参照枠を提供した。最後に、降格する貧困は、本書が公刊されて以来ずっと、労働市場の悪化と社会的紐帯の脆弱化に著しく直面している国々で進行中のプロセスを明らかにするために、貧困の専門家たちが頻繁に言及するタイプ［の貧困］となっている。

欧州では、現在の金融危機がすべての国々に影響を及ぼしているが、貧困の表象や体験《エクスペリアンス・ヴェキュ》［生きられた経験］にはあいかわらず違いがある。しかし実際のところ、本書の主張がつねに検証されているのは、実際に貧困が今でもまだ欧州の北と南で対照的だからなのではない。それは、なによりもまず貧困そのものではなく、その制度的支援のメカニズムをつうじた、こうした［貧困］現象の社会的構築を比較研究としておこなうにいたった私のアプローチによって、包括的な類型をつくりあげることができたからである。実際のところこの類型は、より一般的に言って、いわば結晶化し持続しつづけると考えられる社会的紐帯の規制《レギュラシオン》様式にもとづいているのである。本書を書きなおさねばならないとしたら、貧困の基本形態は、社会的紐帯が交差する多様な規範体系を意味する結合《アタシュマン》レジームの存在からその一貫性を導き出しているがゆえに、このような［三つの基本］形態になっているのだとよりはっきりと主張するであろう。それはどのような意味なのか。本書で検討された社会的紐帯の四つのタイプ（親族の紐帯、選択的参加の紐帯、有機的参加の紐帯、シチズンシップの紐帯）はあらゆる社会で統合の基盤となっており、帰属する国がどこであろうとも各個人は社会化のプロセスのなかでそれらを構築することが求められる。しかし、これらのタイプの社会的紐帯のそれぞれに与えられる重要性は、それぞれの国民社会《ソシエテ・ナショナル》によって大きく異なるのである。

失業中の若者や依存状況にある人びとの支援が問題となるときに、親族の紐帯がどれほど重要なのかは、かれらが南欧諸国にいるのか、反対に北部の国にいるのかによって異なる。また、個人が非営利組織や共同体的組織の形態を重要とみなしそこにフォーマルに参加することを推奨されるのか、反対にむしろよりインフォーマルなかたちで社会生活に参加することを推奨されるのかによって、選択的参加の紐帯も異なった形態をとりうる。有機的参加の紐帯の大部分は、職業生活の組織をとりしきる諸制度と中間集団《コール・アンテルメディエール》の力に依存している。そしてこれらの力もまたそれぞれの社会によって変わりうる。最後に、ナショナルな歴史を基盤とするシチズンシップの紐帯も各国で同じ影響力をもつわけではなく、国家と市民のたがいの関わりあいは、性質の異なるものとなってあらわれる。

社会的紐帯の類型によって、諸個人をたがいに、そして社会全体に結びつけるものを検討することができる。この類型はさらに、各社会において社会的紐帯がどのように規範的に交差するのか、そしてこの特定の交差から社会生活の規制がいかにして生み出されるのかを分析することを可能にする。この［二種類の］区別は、少なくとも部分的には、デュルケムが統合と規制という二つの概念のあいだでおこなった区別と一致している。前者の概念は個人の社会への統合に、後者の概念は社会の統合に帰着する。さらにつづけてこう言うことができよう。すなわち、社会への統合は、［その時点で］有効な社会規範にしたがいながら、諸個人が自らの社会化の過程で構築しようとする社会的紐帯によって保証され、規制は、［社会］全体のなかでの社会の統合を可能にするこれら社会的紐帯の規範的交差に由来する。私が結合レジームについて論じようと思うのは、この包括的な社会的規制に名前を与えるためである。それはいわば社会的テッシトゥーラ［音域］である。結合レジームは、個人と社会が、その差異化とそこで起こりうる敵対関係をこえて、社会をつくることを可能にするための包括的な規範のまとまりを生み出すという働きをもつ。それぞれの社会にふさわしい結合レジームのタイプを定義することは、その［社会の］歴史のさまざまな層とその発展の人間学的根源のなかに、その固有のテッシトゥーラを構成したものを探究することである。

いいかえれば、（諸個人の集団への結合という意味での）社会的紐帯の類型から、（現代社会における社会的紐帯の規範的規制という意味での）結合レジームの類型へと移行することが問題となる。そこでは、広い分析的な明確さが必要である。それぞれの結合レジームにおいて、四つのタイプの紐帯は、統合の機能と／あるいは規制の機能をもちうる。統合の機能をもつ紐帯は、個人を集団に結びつける紐帯である。他方、規制の機能をもつ紐帯は、テッシトゥーラを補完する機能をもち、レジームの他の紐帯への影響を、それらの［紐帯の］そもそもの規範的考え方の方向性を変えるほどまで拡大するものとなりうる、一連の規則と規範を生み出す。それは、社会全体に広がる可能性のある道徳教育の価値と原則をつくりだすのである。

　この予備的な定義から、結合レジームの四つの類型、家族主義型レジーム、主意主義型《ヴォロンタリスト》レジーム、有機体型《オルガニシスト》レジーム、普遍主義型レジームを定義することができる。

　家族主義型レジームの主要な特徴は、親族の紐帯によって規制され、それ以外の選択的参加、有機的参加、シチズンシップの紐帯が統合の機能を保証する。主意主義型レジームは選択的参加の紐帯によって規制され、それ以外の親族、有機的参加、シチズンシップの紐帯が統合の役割を実質的に果たす。有機体型レジームは有機的参加の紐帯による規制にもとづき、この紐帯はそこで親族と選択的参加、シチズンシップといった統合の役割を果たす紐帯と交差する。最後に普遍主義型レジームはシチズンシップの紐帯にもとづいて規制され、その影響は親族と選択的参加、有機的参加といった統合の役割を果たす紐帯に及ぶ。

つぎに、これら四つのタイプのレジームとたいていの場合に関連する要因を探してみよう。ここでは、経済発展と不平等・貧困への関係、社会保護制度、公民精神《シヴィスム》という四つの要因をとりあげる。

経済発展の水準は、たいていは参照する指標に議論の余地があるため、完璧に満足できるほど評価するのがむずかしいことがときおりある。われわれは、それが呼び起こす哲学的な性質をもった際限のない論争に加わることはしない。[むしろ] 私は産業社会の定義から始めることを勧める。近代社会はなによりも労働の組織 [化] によって、つまり科学技術の利用と生産の合理化がもたらす社会・経済的結果によって定義される(＊3)。欧州連合を含めて、国や地域のあいだに大きな格差が存在するのは明らかだ。ある国は他の国よりも産業社会の特徴を備えている。国の内部にも、他よりも依然として農村的な特徴をもつ地域があり、そこでは職人や零細企業が経済活動の基盤となっている。

不平等への関係も、結合レジームに関連づけることのできる要因である。不平等についての知覚は社会によって大きく異なる。ある社会では、たがいに強く結びついた [不平等と貧困という] これら二つの現象は、避けられないものだとみなされ、特別に道徳的な憤りを呼び起こすことはない。別の社会では反対に、これらの現象は優先して立ち向かう必要のある機能不全あるいは社会病理をあらわしている。この問題にたいする社会的な敏感さも経済的な景気変動によって変わりうる。

社会保護制度は「脱商業化」(脱商品化) という基準によって理解できる。この制度によって社会は、人生の不慮の出来事や貧困のリスクに直面した個人にたいし、より大きな生存の安全を提供することができる。交換可能な商品とは異なる個人をつくること、それが第二次世界大戦後の社会国家の偉大な挑戦であったのだ。しかしこの「脱商業化」の過程は、西洋世界のすべての国で同じように進んだわけではなく、その結果、イエスタ・エスピン＝アンデルセンがいみじくも指摘したように、考慮しなければならない大きな多様性《バリエーション》が存在するのである(＊4)。

最後に、公民精神は、個人がその結びつきをつうじて構成する集合体に関与する程度を測る基本的な概念である。ロバート・パットナムは、そこからソーシャル・キャピタルという次元をとりあげた(＊5)。もちろん公民精神は、それが社会的紐帯に関するある種の考え方を必要とするため、結合レジームを分析するさいの重要な観念である。

家族主義型レジームは、親族の紐帯が保証する、他のタイプの紐帯にたいする影響力によって規制される。それは、産業があまり発展していない地域において、つまり経済の大部分が今もなお相対的にそれ自体あるいは地理的に限定された部門に閉じこもった、小さな生産単位にもとづいた農村地域において、より広がっている。しかしこのレジームは、このように、たがいに助け合う小事業主たちの資本主義に家族主義的な基盤を提供することによって、より発展した地域で維持されることがある。このレジームはまた、近代的な経済構造が家族的な連帯主義を刻み込んだ伝統の名残と結びついていた新興国の発展様式を特徴づけうる。このレジームには大きな社会的不平等がともなうものの、それにたいして強い抵抗が生まれるわけでもない。社会的不平等はいわば「自然化」されているのだ。貧困は社会システムに統合され、貧者はその境遇を、そしてかれらの家族の境遇を逃れることのできない運命として受け入れる。それゆえに、生存が何よりもまず家族ネットワークに求められ、そのネットワークが統合の重要な機関となる。社会保護制度には欠陥があるだけではなく、たいていの場合は、恩顧主義的な特徴がある。「脱商業化」の原理の適用はあまりに限定されており、最も貧しい個人や世帯は、人生の不慮の出来事にさいして生活の本当の安全を手に入れることができない。つまり、公民精神もまたそこでは非常に弱いのである。労働市場はマフィアや組織的な地域ネットワークによってコントロールされうる。政治的責任者はしばしば腐敗し、一般に公的な制度は個人や特定層の利害のためにしばしばねじ曲げられる。バンフィールドは、イタリア南部の村でおこなった人類学的調査から、社会生活に家族の結びつきを強制するシステムが根づいていることと、公民精神が欠如していることとの関連を説明するために、「道徳意識《アモラル》なき家族主義」という説を主張した(*6)。のちにパットナムがより大規模に検証したこの主張は(*7)、イタリアで数多くの議論を提起しつづけている。バンフィールドにとって、道徳意識なき家族主義とはエートスであるが、それには、多くの社会学者がつぎの点を理由に異論を唱えている。つまり、伝統と近代の諸要因を結びつけることのできる、社会組織のより一般的な様式という観点から家族主義の問題を考察できるということである。ここでこの問題に決着をつけると主張するのではなく、家族の結びつきと公民精神の欠如との相関は、社会生活の規制と、とくに不平等と貧困を削減する政策が実施されるさいに、国家のプレゼンスが非常に小さいことの結果だということをとくに考慮する必要があると思う。より一般的に言って、家族主義型レジームは、貧困に対処するために非常に強い家族的連帯を促進する。そこでは、労働市場が全面的な保護を与えることがほとんどないほど、貧困が依然として大規模であり、一部の最低の賃金条件の人びとのところで、依然としてインフォーマルな経済を発展させている。このレジームは、それ自体が統合された貧困の説明要因となる。

　すでにみたように、主意主義型レジームは、選択的参加の紐帯によって規制されている。このレジームは、個人の利益の追求によって動かされるかどうかを問わず、基本的に類似の選択にもとづく結《アソシアシオン》社の自由は何ものにも妨げられるべきではないという原則と結びついている。こうしたことから、このレジームは、大多数の人びとに共有された企業の自由という原理と強い共謀関係を維持する。この原理は、市場の規則が個人の富裕化という正当とみなされた欲望にかなっているだけに、いっそう容易にその規則を受け入れている。したがって、このレジームが資本主義の発展に必要な条件のすべてを提供するのは理の当然である。そこでは不平等が大きく、しばしば貧困は避けられない社会的結果であると知覚される。なぜなら貧困は最も能力が低く、また／あるいは最も意欲の低い人びとが罰せられた結果だとみなされているからである。そのさい、不平等は能力《メリット》にしたがって合理化される。最も貧しい人びとは、自らの境遇をまぬがれるために、自分自身に頼ること以外に選択肢をもたない。これには、セルフメイド・マン［叩き上げの成功者。貧しい生まれでも自らの努力と才覚で成功できるとするアメリカン・ドリームを体現した人物像。一八五八年のチャールズ・C・B・シーモアによる同名の著作によって知られる］という神話がともなう。そこでは社会保護制度は概して脆弱である。リスクの負担は民間保険の仲介による自由な判断に委ねられているため、この制度はとくに最も貧しいターゲットに集中している。このレジームでは反対に、公民精神は市民社会の利益を擁護するための盛んな市民活動《ヴィ・アソシアティヴ》や、民間財団のダイナミズムであるというイメージがとくに強い。公民精神は何よりもまず、シチズンシップを集団的に求めることによって光を照らされた共同体への帰属システムに根づいている。つまり主意主義型レジームでは、社会保護の水準が低いことと、類似した者同士の集まりに連帯意識をもって参加するのを促すことが結びついている。だが、危機の時代には、これらは失業の破壊的な効果に抵抗するためには十分ではないように思われる。そこではこのレジームは、降格する貧困のリスクを高めるのである。

有機体型レジームは、その規制力によって他のすべての紐帯を統治する、有機的参加の紐帯によって支配される。デュルケムの用語法から派生して、そこに産業社会の到達点を見ることができよう。そこでは有機的連帯は、諸個人の差異化と機能［役割］の補完性を基礎においた近代社会をあらわしている。したがって有機体型レジームが、経済発展と、労働世界や商品化した社会における交換の強化と結びつくのは理の当然である。しかしこのレジームは、近代社会の歴史的発展の先進的な局面であるだけでなく、諸個人の国家への特定の関係をあらわしてもいる。このレジームにおいては、交換への参加は、それ自体で自足することができない（職業団体という意味での）中間集団へのほぼ義務的な結合を経る。こうして構成された各集団は、その結果、補完性原則に依拠した相互依存関係をそれによって可能にする他者や国家との媒介となりつづける。このレジームは、戦略的なセクターにおける協働を創出・維持しうるばかりでなく――国家のコーポラティズムと呼べるだろう――、経済が良好に作動することを保証しうる他のあらゆる機関《オルガン》［器官］のような他のセクターを規制することの可能な、集権化された国家を前提としている。このレジームでは、さまざまな集団が協働を求められる器官だとしても、それらは他の集団にたいしてたがいに敵対的な関係にもなりうる。そのことから、先のレジームのように、その自然化という意味ではなく、むしろ支配がもたらす威信や物質的恩恵というレベルでの分類《クラスマン》をめぐる闘争という意味で、不平等が社会生活を成り立たせる要素としてあらわれる。実際に、社会体を構成する諸集団は、国家によって闘争を調停し和平を進める作業が必要なほどまでに、避けがたく補完的であると同時に敵対的である。このレジームにおいては、保護制度は「脱商業化」の過程でより発展するが、特定の権利の獲得と既得権の擁護のための、地位にもとづく区別とカテゴリー別の要求の論理をあらわす、非常に多くの異なったサブシステムに断片化されたままである。このレジームでは、国家は分類をおこなう機能を果たす。つまり国家は、市民社会から生まれた社会職業集団の地位と同様に、それに仕えるエージェントの地位をも階層化する。つまり［国家の］アクションは特定の政策の対象となる層をターゲット化することである。全体的に公民精神は、主意主義型レジームほど発展しない。多くの場合、一般利益は競合する集団の特殊利益に劣るからである。その集団はそもそも、かれらがたいていの場合、自分たちだけでは保証できない調停を国家に期待している。最後にこのレジームは、とくに危機の時代には、連帯の蓄積が低くなるような、規範が動揺するリスクを示している。それもまた降格する貧困の説明要因となる。

普遍主義型レジームは、なによりもシチズンシップの紐帯によって規制される。このレジームは、法を前にした諸個人の平等だけではなく、社会・経済生活の働きのなかで、より一般的にも諸個人の平等という民主的原理を実際に機能させる非常に強い能力を含んでいる。このレジームは、高い水準の経済発展と両立可能である。市場のルールが受け入れられ、有機体型レジーム以上に多くの点で合意にもとづいているように見える。問題はそのことを拒絶、さらに回避するのではなく、社会化することである。その達成に向けて、一般利益を優先させるためにカテゴリー別の利益を乗り越えることのできる社会的パートナーと、巨大な市民共同体への帰属の価値とのあいだで、数多くの協調体制が組織される。普遍主義型レジームにおいては、国家はあらゆることをおこなう。その正当性を主張することは、それが諸個人の全体を代表すると考えられるほど、自らを非難することになるだろう。極度の不平等と貧困を払いのけることは、あれこれの地位のありうる優位性をこれ見よがしに見せつけることなく、たがいに他者のかたわらで生活する擬似一般的な同意をあらわしてもいる。拘束的で息苦しい従属という理念は日常の社会生活の原理に反している。いかなる者も個人の解放という意志を妨げてはならない。そしてそれには、その意志の表現を促進する諸制度を当然尊重すべきだという条件がともなう。社会保護制度はそこで発展した。租税や社会保険によって財政的な裏づけをえることによって、非常に高い水準の「脱商業化」に到達することができる。それから、このレジームでは公民精神が同様に非常に高い。そこではアソシエーショニズムは主意主義型レジームほど発展していないが、市民参加はとくに公的制度にたいしての絶えまない尊重を媒介としている。最後にこのレジームは、連帯の一次的形態［家族や近隣による保護など］にたいする自律性を可能にする、高度に保護的な賃労働条件と、シチズンシップという考え方、個人の権利を組み合わせる。［そのため］このレジームはマージナルな貧困を可能にするのである。

このように、貧困の基本形態を検討したことによって、現在では私は、社会的結合《アタシュマン・ソシアル》の基本形態をより一般的に検討するための分析枠組を粗描したと考えている。おそらく本書はそのひとつのステップとなっている。

二〇一五年七月

セルジュ・ポーガム

註

序章

（1）この文献レビューについては以下を参照できる。Hans-Jürgen Andreß (dir.), *Empirical Poverty Research in a Comparative Perspective*, Aldershot, Ashgate, 1998. 同じく Béatrice Destremau et Pierre Salama, *Mesures et démesure de la pauvreté*, Paris, PUF, 2002.

（2）Valérie Lechêne, « Une revue de la littérature sur les échelles d'équivalence », *Economie et Prévision*, 110–111, 4/5, 1993, pp. 169–182. 参照。

（3）Bernard M. S. Van Praag, *Individual Welfare Functions and Consumer Behaviour*, Amsterdam, North Holland Publishing, 1968. 参照。

（4）Bernard M. S. Van Praag, Aldi J. M. Hagenaars, Hans van Weeren, « Poverty in Europe », *Review of Income and Wealth*, 28, 1981, pp. 345–359. Aldi J. M. Hagenaars, *The perception of poverty*, Amsterdam, North Holland Publishing, 1986. 参照。

（5）とりわけ、ピーター・タウンゼントの二冊に言及できるだろう。著作の *The Concept of Poverty*, London, Heinemann, 1970. ならびに要約的な論文 « Deprivation », *Journal of Social Policy*, 16, 2, 1988, pp. 125–146.

（6）とくに以下を参照。Brian Nolan and Christopher T. Whelan, *Ressources, Deprivation and Poverty*, Oxford, Clarenton Press, 1996. および Christopher Whelan, Richard Layte and Betrand Layte, « Persistent Deprivation in the European Union », Berlin, *Schmollers Jahrbuch, Journal of Applied Social Science Studies*, 122, 2002, pp. 31–54.

(7) Stéphan Lollivier et Daniel Verger, « Pauvreté d'existence, monétaire ou subjective sont distinctes », *Economie et Statistique*, 308–309–310, 1997, pp. 113–142.
(8) Jean Labbens, *Sociologie de la pauvreté. Le tiers monde et le quart monde*, Paris, Gallimard, 1978, p. 98.
(9) Amartya Sen, *Repenser l'inégalité.* 〔アマルティア・セン（池本幸生・野上裕生・佐藤仁訳）『不平等の再検討』岩波書店、一九九九年〕。英語版初版は一九九二年、フランス語版はスイユ社から二〇〇〇年。
(10) この点については、貧困の社会的構築に関するルウェン・オジーエンの博士論文を参照できる。以下のタイトルで出版されている。*Théories ordinaires de la pauvreté*, Paris, PUF, coll. « Le sociologue », 1983.
(11) *Le rapport de l'Observatoire national de la pauvreté et de l'exclusion sociale 2003–2004*, Paris, La documentation française, 2004, p. 18 以下参照。
(12) Georg Simmel, *Les pauvres*, Paris, PUF, coll. « Quadrige », 1998, (1ère édition en allemand 1907). 〔ゲオルグ・ジンメル（居安正訳）「第七章　貧者——集合的な行動様式の否定性についての補説」『社会学——社会化の諸形式についての研究（下）』白水社、一九九四年〕。
(13) *La disqualification sociale. Essai sur la nouvelle pauvreté*, Paris, PUF, 1991, (4ème édition mise à jour 1997, coll. « Quadrige », 3ème édition 2004). 参照。
(14) *La société française et ses pauvres. L'expérience du revenu minimum d'insertion*, Paris, PUF, 1993, nouvelle édition « Quadrige », 2002. 参照。
(15) Serge Paugam, Jean-Paul Zoyem et Jean-Michel Charbonnel, *Précarité et risque d'exclusion en France*, Paris, La Documentation Française, coll. « Documents du CERC », n° 109, 4ème trimestre 1993. 参照。
(16) このグループには私を除いて以下の人びとが加わった。サクスチアーノ・デル・カムポ（スペイン）、ダンカン・ゲイリー（イギリス）、フィン・ケネス・ハンセン（デンマーク）、アルベルト・マルチネリ（イタリア）、ハインツ・ヘルベルト（ドイツ）、ウート・ウルテー（オランダ）。
(17) 利用したデータは以下の調査によるものである。ドイツ（ドイツ社会経済パネル）、デンマーク（デンマーク福祉サーベイ）、オランダ（エスティレス・デ・ヴィダ）、フランス（恵まれない生活／状況調査）、イギリス（社会変動・経済生活イニシアティブ）、イタリア（社会的ネットワークとサポートシステム）、オランダ（生活状況サーベイ）。

（18） 私は、イギリスの研究組織「政策研究所」と欧州委員会がロンドンで開催した国際シンポジウムで、この研究結果を報告した。この報告はその後、以下のタイトルで完全版として公刊された。« Poverty and Social Disquali-fication. A Comparative Analysis of Cumulative Social Disadvantage in Europe », *Journal of European Social Policy*, 6(4), 1996, pp. 287–303.

（19） この研究も同じく欧州の複数の研究者と共同で実施された。ウィルヘルム・ブロイアー（ドイツ）、マーティン・エヴァンス（イギリス）、マニュエル・アギラー（スペイン）、アド・ヴィッサーズ（オランダ）、ヤン・ヴランケン（ベルギー）。その後、ニコラ・ネグリ（イタリア）とペーター・アブラハムソン（デンマーク）が加わった。

（20） Martin Evans, Serge Paugam and Joseph Prélis, « Chunnel Vision : Poverty, social exclusion and the debate on social welfare in France and Britain », London School of Economics, STICERD, Discussion paper, Welfare State Programme／115, 1995. 参照。

（21） Serge Paugam (dir.), *L'Europe face à la pauvreté. Les expériences nationales de revenu minimum*, Paris, La Documentation Française, coll. « Travail et Emploi », 1999. 参照。

（22） このネットワークの研究者の多くは欧州社会学研究コンソーシアムの会員研究所に所属していた。ダンカン・ゲイリーと私のそれぞれがコーディネイトしたイギリスとフランスのチームのほかに、他のチームはウート・ウルテー（オランダ）、アントニオ・シッゼロット（イタリア）、リヒャルト・ハウザー（ドイツ）、クリストファー・ウェーラン（アイルランド）、ニールス・プルーグ（デンマーク）、ステン・アケ・ステンベルグ（スウェーデン）が率いていた。

（23） Duncan Gallie and Serge Paugam (dir.), *Welfare Regimes and the Experience of Unemployment in Europe*, Oxford, Oxford University Press, 2000. 参照。

（24） この調査は雇用総局の「社会的排除」ユニットのために実施された。調査の運営と組織はＩＮＲＡ（欧州）、欧州世論調査グループ事務所が担当した。実際にこの調査は、ユーロバロメーターでは、一九七六年、一九八九年、一九九三年にひきつづき、欧州における貧困知覚をテーマとした四回目の調査であった。

第1章

（1）Engène Buret, *De la misère des classes laborieuses en France et en Angleterre*, Paris, Paulin, 1840 (2 tomes). 参照。

（2）Louis-René Villermé, *Tableau de l'état physique et moral des ouvriers employés dans les manufactures de coton, de laine et de soie*, Paris, Jules Renouard, 1840. 参照。

（3）Friedrich Engels, *La situation de la classe laborieuse en Angleterre*, Paris, Ed. Sociales, 1975 (1ère édition en anglais 1845).〔フリードリッヒ・エンゲルス（一條和生・杉山忠平訳）『イギリスにおける労働者階級の状態——一九世紀のロンドンとマンチェスター』岩波文庫、一九九〇年〕参照。

（4）Raymond Aron, *Essai sur les libertés*, Paris, Calmann-Lévy, 1965.〔レイモン・アロン（曽村保信訳）『レイモン・アロン選集　1——自由の論理』荒地出版社、一九七〇年〕。

（5）*Commentaire* 誌は一九八三年に二三巻（六三〇—六三六頁）と二四巻（八八〇—八八八頁）の二部に分けてこの覚書を出版した。この覚書は最近、Editions Allia の小冊子として再版された。以下では *Commentaire* 誌のテクストから引用する。

（6）トクヴィル全集第五巻では、一八三三年のイギリス旅行、一八三五年のイギリスとアイルランド旅行についての話が読める（Gallimard, 1958）。彼がそこで報告した観察と論評は『大衆的貧困についての覚書』をうまく補足するものとなっている。

（7）私はこの点で、ロベール・カステルがトクヴィルの『大衆的貧困についての覚書』にはまったくオリジナリティがないと考えていることには同意できない。Robert Castel, *Les métamorphoses de la question sociale. Une chronique du salariat*, Paris, Fayard, 1995, p. 219.〔ロベール・カステル（前川真行訳）『社会問題の変容』ナカニシヤ出版、二〇一二年、二二三頁〕。

（8）ジェランドの著作はおそらく、貧者にたいする数多くのアクションに発するこうした道徳主義的なアプローチの最も典型的な例である。そこにはソーシャル・ワークの起源となるものは一切みられない。Joseph-Marie de Gérando, *Le visiteur du pauvre*, Paris, Jean Michel Place, 1990, (1ère édition 1820). 参照。

（9） *Ibid.*, p. 631.

（10） *Ibid.*, p. 631.

（11） *Ibid.*, p. 632.

（12） A. de Tocqueville, *De la démocratie en Amérique*, chapitre XIII de la 2ème partie du volume 2 « Pourquoi les Américains se montrent si inquiets au milieu de leur bien-être », Paris, Robert Laffont, coll. « Bouquins », 1986, p. 520. 〔A・ド・トクヴィル（松本礼二訳）『アメリカのデモクラシー　第二巻（上）』第二部第一三章「アメリカ人は安楽な生活のなかでなぜあのように落ち着きがないのか」岩波文庫、二〇〇八年、二三三―二三九頁〕。

（13） ウージェンヌ・ビュレはトクヴィルと非常に似た分析をおこなった。ビュレは貧困を貧窮《ミゼール》と区別している。貧窮のなかに彼は「強いられた剝奪の結果として生じた困窮や苦悩、屈辱」を見いだしている。それは、「みんながほとんどお金もかからずにえた、あるいは長いあいだ自らでえた正当な幸福感の傍らにあるものである」。工業都市で非常に拡大したこうした貧窮は、田舎で最も貧しい住民には奇妙なものに思えたのである。彼によれば、「ある種の階級には極限状態の貧困があるが、われわれがイメージする意味での貧窮は存在しない。田舎では最も極端な貧困の環境で暮らす人びとに出会う。かれらは文明的な生存手段をほとんど何ももたない。着るものもほとんどなく、湿気や寒さから身を守ることもできない小屋に住み、粗末な食事をしているかれらは、貧窮を示すあらゆる兆候を外部のわれわれにみせる。しかし、かれらはほとんどこの不幸に気づいていない。なぜならかれらのニーズは、かれらの経済的能力と同じほど単純だからである。かれらの胃袋はけっして飢餓で叫ぶことはなく、厳しい気候で感覚を失くしたかれらの肌は、住まいや衣服に満足できないと苦しむことはまれなのである。ピカルディー［地方］の農民は、藁と土でできたみすぼらしい藁葺の家に住み、きわめて貧しい。しかし、かれらは公的慈善を煩わせることはけっしてなく、貧窮であるわけでもまったくないのである」。Eugène Buret, *De la misère des classes laborieuses en France et en Angleterre*, t. 1, *op. cit.*, p. 115. 参照。

(14) A. de Tocqueville, *Œuvres complètes*, Tome V (voyages en Angleterre, Irlande, Suisse et Algérie), Paris, Gallimard, 1958, p. 63. 参照。

(15) *Ibid.*, p. 64.

(16) *Mémoire sur le paupérisme, op. cit.*, p. 633.

(17) *Ibid.*

(18) *Ibid.*, p. 634.

(19) *Ibid.*

(20) *Ibid.*

(21) *Ibid.*, p. 635.

(22) *Ibid.*

(23) *Ibid.*, p. 636.

(24) *Ibid.*, p. 883.

(25) *Ibid.*

(26) フランスとアメリカにおける、貧困層にたいする公的な再分配制度の悪影響を批判し、私的な施しや奉仕活動の効果を明らかにしようと試みている、フィリップ・ベネトンの以下の著作を参照されたい。*Le fléau du bien. Essai sur les politiques sociales occidentales*, Paris, Robert Laffont, 1983. とりわけアメリカでは、貧困層への公的な援助にたいして批判的である。たとえば、Charles Murray, *Losinig Ground. American Social Policy 1950–1980*, New York, Basic Books, 1984. 参照。

(27) *Le mémoire sur le paupérisme, op. cit.*, p. 883.

(28) A. de Tocqueville, *Œuvres complètes*, Tome V, *op. cit.*, p. 231. 参照。

(29) 歴史家たちがこの「産業予備軍」という概念をはじめてもちいたのは、一八三六年六月二三日付 *Northen Star* 紙の記事とみられる。

(30) Karl Marx, *Le Capital. Critique de l'économie politique*, Livre I, septième section, chapitre XXIII, Paris, PUF,

coll. « Quadrige », 1993, pp. 708–709.〔カール・マルクス（今村仁司・三島憲一・鈴木直訳）『資本論　第一巻』第七編第二三章、筑摩書房、二〇〇五年、三七九―三八二頁〕。以下の出典は、ジャン＝ピエール・ルフェーヴル監訳で刊行されたもので、現在はコレクション Quadrige に収められている。これは、マルクスがおこなおうとしていた最終修正を取り入れた、ドイツ語版第四版にもとづいている。

（31）*Ibid.*, p. 713.〔同前、三八七頁〕。

（32）*Ibid.*, p. 717.〔同前、三九一頁〕。

（33）Friedrich Engels, *La situation de la classe ouvrière*..., *op. cit.*, p. 250.〔フリードリヒ・エンゲルス『イギリス労働者階級の状態』前掲、七九頁〕参照。

（34）*Ibid.*, pp. 119–120.〔同前、一五五―一五六頁〕。

（35）Marx, *Le capital*, *op. cit.*, pp. 714–715.〔マルクス『資本論』前掲、三八九頁〕参照。

（36）*Ibid.*, p. 718.〔同前、三九三頁〕。

（37）*Ibid.*, p. 723.〔同前、三九八頁〕。

（38）マルクスは、一八六六年のロンドンの貧困者数が、前年比で一九・五％、一八六四年からは二四・四％増加している点を指摘している（*Ibid.*, p. 733.〔同前、四一三頁〕）。数字を厳密に比較することはもちろんできないが、こうした増加現象が、とりわけ二〇世紀のフランスでもふたたび確認されていることを思い出そう。たとえば、一九八〇年代半ばに、サン＝ブリュにおける社会的降格について私がおこなった調査では、貧困家庭に支給される月額手当の総額が、年に二五％増加していることが確認された。

（39）とりわけこの点については後で触れる。Raymond Aron, *Le Marxisme de Marx*, Paris, Editions de Fallois, 2002, p. 462 以下。

（40）G. Simmel, *Sociologie*, Paris, PUF, coll. « Sociologies », 1999.〔ゲオルグ・ジンメル『社会学――社会化の諸形式についての研究』〕参照。

（41）フランツ・シュルタイス氏に感謝を表したい。彼は、われわれが一九九八年の Quadrige 版向けに編纂した、ジンメルのテクストの序文に記載されている主要な部分を一部手なおしして、ここでとりあげることを快諾してくれた。

(42) E. Stonequist, *The Marginal Man*, New York, Russel & Russel, 1961.

(43) Herbert J. Gans, « The Positive Functions of Poverty », *American Journal of Sociology*, 78(2), sept. 1972, pp. 275–289.

(44) G. Simmel, *Les pauvres*, *op. cit.*, p. 98.〔ゲオルク・ジンメル『貧者』前掲、九七―九八頁〕。

(45) *Ibid.*, pp. 96–97.〔同前、九六―九七頁〕。

(46) E. Buret, *De la misère des classes laborieuses en France et en Angleterre*, *op. cit.*, t. 1, p. 132. 参照。

(47) *Ibid.*, pp. 60–61.〔同前、七三頁〕。

(48) *Ibid.*, p. 89.〔同前、九一頁〕。

(49) *Ibid.*, p. 91.〔同前、九三頁〕。

(50) *Ibid.*, pp. 100–101.〔同前、九九頁〕。

(51) Serge Paugam (dir.), *L'Europe face à la pauvreté*, *op. cit.* 参照。

(52) F. Schultheis, « L'Etat et la société civile face à la pauvreté en Allemagne », in Serge Paugam (dir), *L'exclusion, l'état des savoirs*, Paris, La Découverte, coll. « Textes à l'appui », 1996, pp. 428–437. 参照。

(53) 同時に、こうした窮状にあるカテゴリーの「強いられた閉鎖」というやり方が、ジンメルがいたドイツでもなお（少なくとも、いくつかの州では）つづいていることを指摘しておこう。一九一四年の時点でも、困窮が原因で「閉じ込められた」人びとは三万人から四万人おり、さらに言うと、一八八六年の時点ですでに、ベルリン市だけで二万人の貧困者が閉鎖によって、一種の略奪をこうむっていた。

(54) 「啓蒙専制君主」であったフリードリヒ二世の時代にすでに、社会国家のかわりとして、専制国家による社会主義計画が考案されていた。フランスがアンシャン・レジームを革命によって転覆していた時期にすでに、プロイセン王はそれを実現していたのだった。そこでは、合理的な方法で、世襲的な統治モデルが――保護的であると同時に専制的な――官僚的なパターナリズムに変えられた。それは、政策原則に関して、組織的かつ反動的な基盤をもっているという意味で近代的であった。このことは、マックス・ウェーバーが、盲従する大衆へのこうした「過敏な」支配形態にたいして、ニーチェ的に非難したことからも理解することができる。「われわれは、病気・負傷・廃疾・老齢にたいして年金を受け取った。これはたしかにすばらしいことだった。しかしながら、生理的心理的な生命力の維持のためにとりわけ必要な保障ということになると、われわれはなにひとつ受け取らなかった」。M. Weber, « Parlament und Regierung im neugeordneten Deutschland », in *Gesammelte politische Shriften*, Tübingen, Mohr, 1988, p. 319.〔M・ウェーバー（中村貞二ほか訳）「新秩序ドイツの議会と政府」『政治論集　2』みすず書房、一九八二年、三四七頁〕参照。フランスの連帯主義への評価とは対をなす、ウェーバーによる「社会の進歩」を主題化するさいの悲観的なトーンは、主として、ドイツにおける社会制度の出現が特有の様式をもっていたことから理解することができる。上から考案され、つくりだされはじめ、強いられる社会制度は、その名に値する近代的な政治文化のない、ある社会が出現する前兆でしかなかった。

(55) S. Moscovici, « Les formes élémentaires de l'altruisme », in S. Moscovici (dir.), *Psychologie sociale des relations à autrui*, Paris, Nathan, 1994, pp. 71–86. 参照。

(56) G. Simmel, *Les pauvres*, *op. cit.*, pp. 48–49.〔ゲオルグ・ジンメル『貧者』前掲、六六頁〕。

(57) *Ibid.*, p. 57.〔同前、七一頁〕。

(58) *Ibid.*, p. 49.〔同前、六六頁〕。

(59) あらゆる年齢およびあらゆる生活状況にある貧者への扶助は、フランスでは、一七九一年の第一回国民議会で物乞根絶委員会が道筋をつけた審議にもとづき、国家《ナシオン》の最も神聖な義務のなかにさえ位置づけられている。最も恵まれない人びとにたいする国民《ナシオン》の負債というこうした原則は、それから二世紀後、まさに参入最低所得に関する法律が可決されるさいにも議論となった。

(60) V・パレートもまた、個人が苦しんでいる人びとのために行動するさい、かれらが帰属する社会集団から称賛される必要性について分析している。「ある人間が苦難を強いられているという感情は、他人の役に立つ存在となるために、集合体を構成する個人に影響を及ぼす。それは、いくつかの行動を直接かれらにおこなわせようとするだけでなく、その行動をする人びとを称賛したり、あるいはかれらに感嘆することさえある。この方法をつうじて、それらの行動にたいする好意的な感情だけでなく、多くの場合は、他人からの是認をえて非難を回避したいという欲求によって、こうした感情は、いくつかの行動に駆り立てられた個人に直接影響を与える」。*Traité de sociologie générale*, Genève, Librairie Droz, 1968, p. 608 (Première édition en italien, 1916).〔ヴィルフレド・パレート（姫岡勤・板倉達文訳）『一般社会学提要』青木書店、一九八七年、一二九頁〕参照。

(61) G. Simmel, *Les pauvres, op. cit.*, p. 82.〔ゲオルグ・ジンメル『貧者』前掲、八七頁〕参照。

(62) *Ibid.*, p. 85.〔同前、八九頁〕。

(63) *Ibid.*, p. 87.〔同前、九一頁〕。

(64) *Ibid.*, p. 83.〔同前、八八頁〕。こうした対立はある意味で、カール・ポランニーによる、生み出された富を再分配することに中央権力が責任を負っているとする再分配の原則と、中央権力から強いられるものではなく、交換——扶助がおこなわれる場合は不平等なものではあるが——にもとづいた、なにより個人間あるいは集団間の関係のなかにある互酬性との対比に共通するものがある。K. Polanyi, *La grande transformation. Aux origins politiques et économiques de notre temps*, Paris, Gallimard, 1983 (première édition en anglais 1944).〔カール・ポランニー（吉沢英成訳）『大転換』東洋経済新報社、一九七五年〕参照。

(65) G. Simmel, *Les pauvres, op. cit.*, p. 62.〔ゲオルグ・ジンメル『貧者』前掲、七四頁〕。

第2章

(1) これら二つの調査とその結果のより詳細な提示について、読者は以下を参照することができよう。第一の調査については *La disqualification sociale, op. cit.* と、第二の調査については *La société française et ses pauvres, op. cit.* を参照。

(2) *La disqualification sociale, op. cit.*, p. 50, 表を参照。

(3) 一九九四年に出版された *La disqualification sociale* 第三版の序文でこの議論をおこなっている。

(4) *La société française et ses pauvres, op. cit.*, p. 167, 表1と、経験的検証については次頁以下を参照。

(5) 公権力はＲＭＩの額を貧困世帯の実質的なニーズではなく、ＳＭＩＣ〔最低賃金〕の額におうじて決定した。公権力は、労働意欲を喪失しにくくするために、RMIの額を最低賃金よりも下げることが望ましいと考えたようだ。RMI法を採決した議会はこの原則を満場一致で賛成した。つまり、被扶助という地位は社会的に価値を下げられたままである。被扶助はたんに最貧を回避させるものでしかないのである。

(6) この分野における国際比較の諸問題の提示については以下を参照。F. Schultheis et B. Bubeck, « Theorical and methodological problems in intercultural comparison of the phenomenon of extreme poverties », in Paolo Guidicini et al. (dir.), *Extreme Urban Poverties in Europe. Contradictions and Perverse Effects in Welfare Policies*, Milan, Franco Angeli, 1996.

(7) M. Weber, *Economie et société*, Paris, Plon 1971, (rééd. Pocket 1995). 参照。

(8) H. J. Gans, « The Positive Functions of Poverty », *American Journal of Sociology*, 78(2), 1972, pp. 275–289. 参照。

(9) とくに以下を参照できる。K. Polanyi, *La grande transformation. Aux origines politiques et économiques de notre temps.*〔カール・ポランニー『大転換』〕と、B. Geremek, *La potence ou la pitié. L'Europe et les pauvres du Moyen-Age à nos jours*, Paris, Gallimard 1987.(ポーランド語版初版は一九七八年)〔ブロニスラフ・ゲレメク(早坂真理訳)『憐みと縛り首』平凡社、一九九三年〕、R. Castel, *Les métamorphoses de la question sociale. Une chronique du salariat, op. cit.*〔ロベール・カステル『社会問題の変容』前掲〕。

(10) F. F. Piven, A. C. Cloward, *Regulating the Poor. The Functions of Public Welfare*, New York, Vintage 1993 (1ère edition, 1971). 以下の研究も参考になる。M. B. Katz, *In the Shadow of the Poorhouse. A Social History of Welfare in America*, New York, Basic Books, 1986. および、*The Undeserving Poor. From the War on Poverty to the War on Welfare*, New York, Pantheon Books, 1989.

(11) S. Moscovici, « Des représentations collectives aux représentations sociales : éléments pour une histoire », in Denise Jodelet (dir.), *Les représentations sociales*, Paris, PUF, 1982, pp. 79–103. 参照。

(12) デュルケムはこう述べる。「社会は「一種独特な(sui generis)」実在である。それは固有の特色をそなえている。この特色は宇宙の他のところでは見いだされない、または、同一の形態では見いだされない。したがって、これをあらわす表象は純粋に個人的な表象とはまったく別の内容をもっている。それゆえ、前者は何物かを後者に加えるとあらかじめ確信していてよいのである」。E. Durkheim, *Les formes élémentaires de la vie religieuse*, Paris, PUF, 1960, (1ère édition 1912), p. 22.〔エミール・デュルケム（古野清人訳）『宗教生活の原初形態』岩波文庫、一九四一年、四一頁〕参照。

(13) Serge Paugam et Marion Selz, « The Perception of Poverty in Europe since the Mid 1970s. Analysis of Structural and Conjunctural Variation ». 参照。二〇〇四年五月一七―一八日にパリで開催された、社会指標に関する欧州卓越ネットワーク「CHANGEQUAL」国際研究集会の報告。

(14) Serge Paugam (dir.), *L'Europe face à la pauvreté, op. cit.* 参照。

(15) A. Gueslin, *Les gens de rien. Une histoire de la grande pauvreté dans la France du XXe siècle*, Paris, Fayard, 2004, p. 73 以降参照。

(16) 一九三一年一二月の *L'Est républicain* 紙は、「この無料配給は困窮者、物ごいを生業とする者たちを惹きつけている。まじめな労働者はこれら望まれない顧客たちと混同されることを望まない」と伝えている。A. Gueslin, *op. cit.*, p. 84. 参照。

(17) 本書第1章第1節参照。

(18) 出所：ユーロスタット。

(19) Raymond Aron, *Trois essais sur l'âge industriel*, Paris, Plon, 1966, p. 17 et suiv.〔レイモン・アロン（浜口晴彦訳）『発展の思想――産業社会を考える三つのエッセイ』ダイヤモンド社、一九七〇年、一二頁以降〕。

(20) Pierre Bourdieu, *Algérie 60. Structures économiques et structures temporelles*, Paris, Ed. Minuit, 1966.

(21) *Ibid.*, p. 85.

(22) Walt. W. Rostow, *Les étapes de la croissance économique*, Paris, Seuil, 1963 (1ère édition en anglais 1960).

(23) Robert Castel, *Les métamorphoses de la question sociale. Une chronique du salariat, op. cit.*, p. 326.〔ロベール・カステル『社会問題の変容』前掲、三六四頁〕。

(24) とくに以下を参照。Robert Boyer, *La théorie de la régulation : une analyse critique*, Paris, La Découverte, 1987.

〔ロベール・ボワイエ（山田鋭夫訳）『レギュラシオン理論――危機に挑む経済学』（レギュラシオン・ライブラリー）藤原書店、一九九〇年〕。

（25） *Les métamorphoses de la question sociale, op. cit.*, p. 327 et suiv.〔『社会問題の変容』前掲、三六四頁以降〕参照。

（26） ロベール・カステル「欧州の北部と南部の社会保護制度を比較する原理としての「賃労働社会」というモデル」*Comparer les systèmes de protection sociale en Europe du Sud*, Paris, Mire, coll. « Rencontres et Recherches », vol. 3, Rencontres de Florence, 1997, p. 44.

（27） ここで、一次的社会化に属する親族の紐帯とは反対に、このタイプの社会化がむしろ二次的社会化に属することを強調できるだろう。しかし二次的社会化は成人になってから始まり、一次的社会化は幼少期から青年期だけのものだと考えることがふつうである。したがって、この一次的社会化と二次的社会化の古典的対立は、ここで導入した家族内社会化と家族外社会化の区別とは対応しない。家族外社会化は、社会的学習のリズムへと拡大された領域を補完することによる家族内社会化の延長なのである。

（28） Dominique Schnapper, *La communauté des citoyens. Sur l'idée moderne de nation*, Paris, Gallimard, coll. « Nrf-essais », 1994. 参照。

（29） これら四つのタイプの社会的紐帯のより詳細な分析については以下を参照。Serge Paugam, *Le lien social*, Paris, « Que sais-je ? », 2008.

（30） D. Gallie, S. Paugam (dir.), *Welfare Regimes and the Experience of Unemployment in Europe, op. cit.* 参照。

（31） Robert Salais, Nicolas Baverez et Bénédicte Reynaud, *L'invention du chômage. Histoire et transformation d'une catégorie en France des années 1890 aux années 1980*, Paris, PUF, 1986, coll. « Quadrige », 1999.

（32） *Ibid.*, p. 132 以降。

（33） 欧州における扶助に関する最近の研究によって、ローカルな規制形態には多様性があることを確認できた。Chiara Saraceno (dir.), *Social Assistance dynamics in Europe. National and local poverty regimes, Bristol*, The Policy Press, 2002. 参照。とくに以下の第二章 « Cities as local systems » (pp. 35–79) と第三章 Yves Bonny et Nicoletta Bosco, « Income support measures for the poor in European cities » (pp. 81–125) を参照することができよう。

（34） Lester M. Salamon and Helmut K. Anheier, *Defining the nonprofit sector. A cross-national analysis*, Manchester and New York, Manchester University Press, 1997. 参照。

（35） ここでの目的は、権利へのアクセスの領域における社会的介入の様式に限定することである。

（36） Raymond Aron, *Les désillusions du progrès. Essai sur la dialectique de la modernité*, Paris, Calmann-Lévy, 1969. 参照。

（37） R. Castel, *Les métamorphoses de la question sociale. Une chronique du salariat, op. cit.*〔ロベール・カステル『社会問題の変容』前掲〕参照。

Ⅱ　イントロダクション

（1） Gøsta Esping Andersen, *Les trois mondes de l'Etat-providence. Essai sur le capitalisme contemporain*, Paris, PUF, coll. « Le lien social », 1999, 1ère édition en anglais 1990.〔イエスタ・エスピン＝アンデルセン（岡沢憲芙・宮本太郎監訳）『福祉資本主義の三つの世界——比較福祉国家の理論と動態』ミネルヴァ書房、二〇〇一年〕参照。

（2） Maurizio Ferrera, « The 'southern model' of welfare in social Europe », *Journal of European Social Policy*, 6(1), 1996, pp. 17–37. 参照。

第3章

（1） 貧困の地域的偏差はイタリアで顕著にみられる。メッツォジョルノにおける貧困世帯の割合は北部の四倍である。*Comissione di indagine sulla poverta, La poverta in Italia nel 1993*, Roma, document reso public il 14 lugio 1994. 参照。イタリア国内の貧困の規模と地域格差については、Giovanni B. Sgritta e Gianfranco Innocenzi, « La poverta », in Massimo Paci (dir.), *Le dimensioni della disugualianza. Rapporto della Fondazione Cespe sulla disuguagilianza sociale in Italia*, Bologna, Societa editrice il Mulino, 1993, pp. 261–292. 参照。イタリアのような南北間の格差があるわけではないが、スペインにおける地域的偏差は非常に激しい。一九九一年には貧困世帯

率が平均一九・四%であった一方で、四三県中一一県の（平均世帯年収の五〇%を基準とする）貧困世帯率が三〇%から四一%であった。Miguel Juarez (dir.), *Informe sociologico sobre la situacion social en Espana*, Madrid, Fundaction Foessa, 1994. 参照（とくに pp. 315–334 参照）。

（2） Regina Soares and Teresa Bago d'Uva, *Income, Inequality and Poverty*, Bratislava Seminar on International Comparisons of Poverty, INSEE, June 2000, pp. 159–205. 参照。

（3） 数年前から、貧困の専門家たちはこうした貧困の持続性という問題を重要視するようになっている。Lutz Leisering and Stephan Leibfried, *Time and Poverty in Western Welfare States*, Cambridge, Cambridge University Press, 1999. 参照。

（4） Gøsta Esping Andersen, *Les trois mondes de l'Etat-providence, op. cit.*〔イエスタ・エスピン＝アンデルセン『福祉資本主義の三つの世界』前掲〕参照。

（5） Oscar Lewis, *La vida. Une famille portoricaine dans une culture de pauvreté : San Juan et New York*, Paris, Gallimard, 1969, p. 802.（英語版初版、一九六五年）〔オスカー・ルイス（行方昭夫・上島建吉訳）『ラ・ビーダ——プエルト・リコの一家族の物語　1』みすず書房、一九七〇年、三四頁〕参照。

（6） *Ibid.*, p. 803.〔同前、三五頁〕。

（7） 近年、この問題は分析対象となった。Mary Corcoran, « Mobility, Persistence, and the Consequences of Poverty for Children : Child and Adult Outcomes », in Sheldon H. Danziger and Robert H. Haveman (dir.), *Understanding Poverty*, New York, Russell Sage Foundation, Harvard University Press, 2001. 参照。

（8） 出所：ユーロスタット（2001）。

（9） Richard Hoggart, *La culture du pauvre. Etude sur le style de vie des classes populaires en Angleterre*, Paris Editions de Minuit, Coll. « Le sens commun », 1970, p. 137.（英語版初版、一九五七年）〔リチャード・ホガート（香内三郎訳）『読み書き能力の効用』晶文社、一九七四年、七九—八〇頁〕参照。

（10） 次章では、こうした現象についてのより詳細な検討をおこなう。

（11） J. Middlemans et R. Paserman, « Vivre sous le même toit. Modèle familiaux dans l'Union Européenne », *Insee*

Première, 43, 1996, pp. 1-4. 参照。

(12) 修正OECD基準でみた、中位所得の六〇%を基準値とする。

(13) ここで区別されている就労状況の違いは、とりわけ、一九九四年度の欧州世帯パネル調査における、雇用の安定性にたいする就労者の満足度についておこなわれた質問をもとにしている。満足している者は安定雇用とした。［仕事に］満足してはいないが一年以上前から仕事に就いている者は、脅かされた雇用にいるとした。［仕事に］満足しておらず、仕事に就いて一年未満の者は、不安定雇用にいるものとして分類した。さらに失業者は、失業経験が一年未満か一年以上かによって区別される。二〇一〇年度の調査では、これとまったく同一のカテゴリー分けをすることができなかった。SILC二〇一〇年欧州データでは、無期限雇用の労働契約か有期雇用の労働契約か［という基準］によって、雇用されている者が区別されているだけである。

(14) イタリア国立統計研究所は、イタリア北部を「北西」「ロンバルディア」「北東」「エミリア・ロマーニャ」の四地域と定義している。イタリア中部は「チェントロ」(トスカーナ州、ウンブリア州、マルケ州)と「ラツィオ」、イタリア南部は「アブルッツォ・モリーゼ」「カンパニア」「南」(プーリア州、バジリカータ州、カラブリア州)「シチリア」および「サルデーニャ」の各地域からなる。本章で提示するイタリアに関する分析はこの分類にしたがうが、例外的に「アブルッツォ・モリーゼ」地域については、南部の他の地域よりも経済的に発展しているため、複数の専門家の助言にしたがい、中部地域に分類した。

(15) Cécile Van de Velde, *Devenir adulte. Sociologie comparée de la jeunesse en Europe*, thèse de doctorat de sociologie, Paris, Institut d'Études Politiques de Paris, 2004. 参照。

(16) Chiara Saraceno, *Sociologia della famiglia*, Bologna, Il Mulino, 1988. 参照。

(17) Duncan Gallie and Serge Paugam (dir.), *Welfare Regimes and the Experience of Unemployment in Europe*, *op. cit.* 参照。

(18) ローランス・ロワゾンは、ポルトガルの失業者に関する質的調査において、家族の連帯の重要性を検証した。ロワゾンによると、ポルトガルにおける失業の規制様式は、家族の義務が強く要求されるという特徴をもっている。Laurence Loison, *L'expérience vécue du chômage au Portugal*, Thèse de doctorat de sociologie, Institut

d'Études Politiques de Paris et Instituto Superior de Ciências do Trabalho et da Empresa de Lisbonne, 2002. 参照。

(19) 複数の指標をクロスさせることでおこなった統計分析から、スペインとイタリアでは、生活水準の低さと家族のつきあいの弱さには相関がないことが明らかになった（適切な統計資料がなかったため、ポルトガルとギリシャは検討されなかった）。これらの国々では、プライベートな援助ネットワークのような他の指標もとりあげると、結果が類似していた。つまり、経済的に最も貧しい人びとは、困難にさいして、人間関係や援助を受ける可能性を失わなかったのである。Serge Paugam, « Poverty and Social Disqualification. A comparative analysis of cumulative social disadvantage in Europe », *Journal of European Social Policy, op. cit.* 参照。

(20) ナポリでおこなわれた調査では、失業者が経済活動だけでなく、求職やさらには心理的支援のさいにもえる、家族からの援助の重要性が指摘されている。Francesco Paolo Cerase, Enrica Morlicchio et Antonella Spano, *Disoccupati e disoccipate a Napoli*, Napoli, Cuen, 1991. をとくに参照。

(21) この議論はとりわけ、家族の連帯を分析するうえで現在もなお重要視されている、贈与に関するモースの理論にもとづいている。Serge Paugam, *To give, to receive and to give back : the social logics of family support*, Paper for European Science Foundation Conference on « Inequality and Social Exclusion in Europe : The Role of the Family and Social Networks », Castelvecchio Pascoli, Italie, 3–7 avril 1998. 参照。また、つぎの論文も参照されたい。Serge Paugam et Jean-Paul Zoyem, « Le soutien financier de la famille : une forme essentielle de la solidarité », *Economie et Statistique*, 308–309–310, 1997, 8/9/10, pp. 187–120.

(22) Richard Hoggart, *La culture du pauvre, op. cit.*, pp. 117–146.〔リチャード・ホガート『読み書き能力の効用』前掲、六四—八七頁〕、とくに第三章「「やつら」と「おれたち」」参照。

(23) 子どもの労働はあらゆる国際機関によって告発されつづけている。フランスにおける子どもの労働が、産業革命期のマニュファクチュアだけではなかったことを思い起こそう。一九世紀の農村地域では、多くの子どもが労働力として期待されていた。ユージン・ウェーバーによると、「五歳から八歳といった適齢期になると、子どもたちは働いていた。仕事は、雌鶏やガチョウの世話、家畜の見張りの手伝い、買い物、荷物運びで、一〇歳頃になると、定期的な仕事に就くことで大人の世界に完全に組み込まれていた」。Eugen Weber, *La fin des*

terroirs. La modernization de la France rurale 1870–1914, Paris, Fayard, 1983, p. 253. 参照。

（24） この点については、貧困問題を研究する社会学者であり、聖書の読師でもあるジャン・ラバンの議論を、*Le dessein temporal de Jésus*, Paris, L'Harmattan, 1997. から参照されたい。

（25） ルカによる福音書、第一章四九―五三節。

（26） 生活様式の一要素としての民衆宗教に関しては、フランソワ＝アンドレ・イザンベールの *Le sens du sacré. Fête et religion populaire*, Paris, Ed. de Minuit, 1982. 参照。

（27） Carlo Trigilia, *Sociologie économique. Etat, marché et société dans le capitalisme moderne*, Paris, Armand Colin, coll. U-Sociologie, 2002. 参照。

（28） Enrico Pugliese, *Socio-économie du chômage*, Paris, L'Harmattan, 1996, (1ère éditionen italien 1993). とりわけ第五章「イタリアの失業モデル」を参照。

（29） Emilio Reyneri, « Italie : longue attente à l'abri de la famille et des garanties publiques », in Odile Benoît-Guilbot et Ducan Gallie, *Chômeurs de longue durée*, Arles, Actes Sud, 1992, p. 138.

（30） Emilio Reyneri, *Sociologia del Mercado del Lavoro*, Bologne, Il Mulino, 1996.

（31） 共同体世帯パネル調査（一九九四年）の第一波のデータより。

（32） Commissione di indagine sulla poverta e sull'emarginazione, *La poverta in Italia, 1980–1994*, Roma, Presidenza del Consiglio dei Ministri, 1996. また、Carlo Trigilia, *Sviluppo senza autonomia*, Bologna, Il Mulino, 1992. 参照。

（33） Enzo Mingione et Enrico Pugliese, « Modelli occupazionali e disoccupazione giovanile di massa nel Mezzogiono », *Sociologia del Lavoro*, 1996. 参照。

（34） イタリアの貧困モデルについては、とりわけ Enrica Morlicchio, *Poverta ed esclusione sociale. La prospecttiva del mercato del lavoro*, Roma, Edizioni Lavoro, 2000. 第五章参照。

（35） Nicola Negri, « Les failles d'un système localisé en Italie », in Serge Paugam (dir.), *L'Europe face à la pauvreté, op. cit.*, pp. 255–294. 参照。

（36） こうした議論もトクヴィルが指摘するところである。彼は世界の喧騒のなかで忘れられた貧窮にあえぐ人びとと、世界で最も幸福な環境におかれた教養があり自由な人びとを比較した。「貧窮にあえぐ人びとは、かれらが耐え忍んでいる不幸のことを少しも考えない。一方で、それ以外の人びとは、かれらが持たない幸福のことを絶えず考えている」。Tocqueville, *De la démocratie en Amérique, op. cit.* 〔トクヴィル『アメリカのデモクラシー』前掲〕参照。

（37） Enrico Pugliese, *Socio-économique du chômage, op. cit.* 参照。

（38） この点は、ニコラ・ネグリの議論にもとづいている。« Les failles d'un système localisé en Italie », in Serge Paugam (dir.), *L'Europe face à la pauvreté, op. cit.* 参照。

（39） Manuel Aguilar et al., *La cana y el pez. Estudio sobre los Salarios Sociales en las Comunidades Autonomas*, Madrid, Fundacion Foessa, 1995. 参照。

第４章

（１） この著作は、『ゆたかさの時代』というタイトルで、フランス語に翻訳された（*L'ère de l'opulence*, Paris, Calmann-Lévy, 1961.）〔ジョン＝ケネス・ガルブレイス（鈴木哲太郎訳）『ゆたかな社会　決定版』岩波書店、二〇〇六年〕。引用は一三頁〔邦訳一三頁〕にある。

（２） *Ibid.*, p. 300.〔同前、三七四頁〕。

（３） フランスで一九七四年に出版され、一定の反響をえたエッセイにおいて、リオネル・ストレリュは、貧困が成長によっては依然として解決されない問題ではあるが、新しい事態は、豊かな国では貧困をなくすことができる発展段階に到達したことだと考えていた。Lionel Stoléru, *Vaincre la pauvreté dans les pays riches*, Paris, Flammarion, 1974. 〔リオネル・ストレリュ（益戸欽也・小池一雄訳）『富める国の貧困――社会的公正とは何か』サイマル出版会、一九八一年〕参照。

（４） Gøsta Esping-Andersen, *Les trois mondes de l'Etat-providence, op. cit.* 〔イエスタ・エスピン＝アンデルセン『福祉資本主義の三つの世界』前掲〕参照。

（5） 現在ではこのモデルをイギリスに近づけようとしたが、福祉国家の当初の構想はそこから遠ざかっている。

（6） William Beveridge, *Social Insurance and allied services. Report presented to parliament by command of his Majesty*, November 1942, New York, Agathon Press, 1969.〔ウィリアム・ベヴァリッジ（一圓光彌監訳）『ベヴァリッジ報告——社会保険および関連サービス』法律文化社、二〇一四年〕。出版後三時間で七万部が販売され、一年以内にそれが三〇万部という驚異的な数に達するほど期待感をかき立てたことをここで記しておこう。

（7） 同時期に実施されたフランスの社会保護制度にも著しい類似性と差異がある。この点についてはベルナール・ジボーの以下の著作を参照。Bernard Gibaud, *De la mutualité à la sécurité sociale. Conflits et convergences*, Paris, Les éditions ouvrières, 1986. 同じく、ニコル・ケルシェンの研究も参照できるだろう。Nicole Kerschen, « L'influence du rapport Beveridge sur le plan français de Sécurité sociale de 1945 », *Revue française de science politique*, « La protection sociale en perspective », 45(4), 1955, pp. 570–595.

（8） Serge Paugam, *La société française et ses pauvres, op. cit.* とくに第一章「貧困と「栄光の三〇年」」を参照。

（9） アンヌ＝マリー・ギルマールによれば、「高齢者の生活様式の管理は高齢者の困窮を緩和することを目的としており、それは依存的であると同時に周縁的かつ隔離された社会的地位をかれらに付与するが、そうした地位がふたたび見なおされることはない」。*Le déclin du social. Formation et crise des politiques de la vieillesse*, Paris, PUF, coll. « Sociologies », 1986, p. 125. 参照。

（10） 一九七〇年の課税所得調査によれば、中位生活水準の五〇％水準による。出所：INSEE-DGI, *Rapport de l'Observatoire national de la pauvreté et de l'exclusion sociale 2003–2004*, p. 26.

（11） *L'ère de l'opulence, op. cit.*, p. 302 et suiv.〔『ゆたかな社会』前掲、三七五頁以降〕参照。

（12） *Ibid.*, p. 303.〔同前、三七七頁〕参照。

（13） 経済学者や統計学者、社会学者はこの時代に不平等に関する多くの研究をおこなった。それはとくに、総括シンポジウムをもとに出版された以下の著作で論じられている。Darras, *La partage des bénéfices. Expansion et inégalités en France*, Paris, Editions de Minuit, coll. « Le sens commun », 1966. 参照。

（14） 経済学者のジャン・フラスティエは、古典となった以下の著作でそれを例証しようと試みた。*Les Trente*

Glorieuses ou la révolution invisible, Paris, Fayard, 1979.

（15） Jean Klanfer, *L'exclusion sociale. Etude de la marginalité dans les sociétés occidentales*, Paris, Bureau de Recherches sociales, 1965. 参照。

（16） たとえばコレット・ペトネの研究を参照。Colette Pétonnet, *Ces gens-là*, Paris, Maspero, 1968. また、以下を参照。Jean Labbens, *Le Quart-Monde. La pauvreté dans la société industrielle : étude sur le sous-prolétariat dans la région parisienne*, Pierrelaye, Editions Science et Service, 1969.

（17） この時代に出版されたレイモン・アロンの著作の示唆に富む表題による。*Les désillusions du progrès. Essai sur la dialectique de la modernité, op. cit.* 参照。

（18） Jean Labbens, *Le Quart-Monde, op. cit.*, p. 87. 参照。

（19） *Ibid.*, p. 191.

（20） Marie-Catherine Ribeaud et les équipes A. T. D. Service et Science, *Les enfants des exclus. L'avenir enchaîné des enfants du sous-prolétariat*, Paris, Ed. Stock, 1976.

（21） Colette Pétonnet, *On est tous dans le brouillard. Ethnologie des banlieues*, Paris, Ed. Galilée, 1979, p. 16.

（22） ドミニク・シュナペールは以下の著作でその多くの例を検討している。*La relation à l'autre. Au cœur de la pensée sociologique*, Paris, Gallimard, coll. « nrf essais », 1998.

（23） Hélène Beyeler-Von Burg, *Des Suisses sans nom. Les heimatloses d'aujourd'hui*, Pierrelaye, Ed. Science et Service, 1984. 参照。

（24） Jean-François Sabouret, *L'autre Japon : les burakumin*, Paris, La Découverte, 1983. 参照。

（25） フィリップ・ポンスの以下の著作による統計。Philippe Pons, *Misère et crime au Japon du XVIIe siècle à nos jours*, Paris, Gallimard, coll. « Bibliothèque des Sciences Humaines », 1999, p. 128.〔フィリップ・ポンス（安永愛訳）『裏社会の日本史』筑摩書房、二〇〇六年、八四頁〕。

（26） 部落民のケースは、同じく数世紀にわたって排除がつづいたフランス南西部のカゴ（cagot）〔フランスの被差別民で職業制限を受けていた〕のケースと近いものであろう。Paola Antolini, *Au-delà de la rivière, les*

Cagots : histoire d'une exclusion, Paris, Nathan, 1989. 参照。

（27） Robert Castel, « La 'guerre à la pauvreté' aux Etats-Unis : le statut de la misère dans une société d'abondance », *Actes de la Recherche en Sciences Sociales*, 19, janvier 1978, p. 48.

（28） 一九六七年に以下のタイトルでフランス語に翻訳された著作〔邦題と同タイトル〕。*L'autre Amérique. La pauvreté aux Etats-Unis*, Paris, Gallimard. 〔マイケル・ハリントン（内田満・青山保訳）『もう一つのアメリカ——合衆国の貧困』日本評論社、一九六五年〕。

（29） 一九六三年から〔カリフォルニア大学〕バークレー校でおこなわれた学術会議（一九六五年に出版された『自由に関するエッセイ』〔邦題は『自由の論理』〕のもととなった会議）で、レイモン・アロンはアメリカでさえ豊かさは相対的なものでしかないと強調していた。彼によれば、大多数の家族にとって、実際の購買力と、普通の人間が抱く欲望を満たすために必要な購買力のあいだには大きな乖離が残っている。彼はハリントンの分析と観察に非常に敏感であった。この時代に彼は、この高度成長期にアメリカでなおも失業が存在しつづけていると主張した。アロンは、マルクスが「産業予備軍」と呼んだものに匹敵する「貧困予備軍」という表現でそれを論じることすらあった。Raymond Aron, *Essais sur les libertés*, 1965, *op. cit.*, p. 111. 〔レイモン・アロン（曽村保信訳）『レイモン・アロン選集 1——自由の論理』荒地出版社、一九七〇年、一〇二頁〕参照。

（30） Frances Fox Piven and Richard A. Cloward, *Regulating the Poor. The Functions of Public Welfare*, New York, Vintage 1993, (1ère edition, 1971). 同じくマイケル・B・カッツの研究も参照できるだろう。Michael B. Katz, *In the Shadow of the Poorhouse. A Social History of Welfare in America*, *op. cit.* また、*The Undeserving Poor. From the War on Poverty to the War on Welfare*, *op. cit.*

（31） 一九九〇年時点でスイスの失業率は約〇・五％であった。過去一〇年のあいだで、それが四％をこえることは一度もなかった。二〇〇四年の失業率は約三・八％であった。出所：ＯＥＣＤ参照。

（32） 一九九八年の所得・消費調査（ＥＲＣ）によれば、スイスでは中位所得の五〇％水準の貧困率は約八％である。Office Fédéral de la Statistique, *Revenu et bien-être, données sociales*, Neuchâtel, 2002, p. 12. 参照。

（33） Jean-Pierre Fragnière, « La réussite ou l'exclusion ? », in Pierre Gilliand (dir.), *Pauvretés et sécurité sociale*,

Lausanne, Editions Réalités sociales, 1990, p. 182.

（34） ツヴィングリが一五二六年にチューリッヒで公的扶助改革をおこない、一五四一年にはカルヴァンが同じことをジュネーブでおこなったことを想起しよう。Hélène Beyeler-Von Burg, *Des Suisses sans nom*, *op. cit.* 参照。

（35） Jean-Jacques Friboulet, « La politique de l'emploi en Suisse », *Commentaire*, 101, printemps 2003, p. 144.

（36） François Hainard et al., *Avons-nous des pauvres ? Enquête sur la précarité et la pauvreté dans le canton de Neuchâtel*, Neuchâtel, Cahiers de l'Institut de Sociologie et de Science Politique, n° 12, mai 1990. 参照。

（37） *Ibid.*, p. 164.

（38） Michael Harrington, *L'autre Amérique*, *op. cit.*, p. 14. 〔マイケル・ハリントン『もう一つのアメリカ——合衆国の貧困』前掲、六頁〕。

（39） ヌーシャテルのこの研究には、多くの政治的な、またメディアによる影響があったことを指摘しておこう。François Hainard, « Les incidences d'une recherche sur la pauvreté au niveau des politiques publiques et des organisations caritatives », in *Cantons et communes face aux situations de précarité*, Fribourg, Publications de l'Institut du Fédéralisme Fribourg Suisse, n° 18, 1996, pp. 51–62. 参照。

（40） プロテスタント社会センターの研究者たちは、この権利の承認とその獲得条件の統一を要求している。Caroline Regamey et Helvetio Gropetti, *Minimum pour vivre. Etude de diverses normes*, Lausanne, Editions La Passerelle, 1999. 参照。

（41） Richard Hauser, *Arme unter uns Teil 1, Ergebnisse und Konsequenzen der Caritas-Armutsuntersuchung*, Caritas, 1993. 参照。

（42） 一九七六年に欧州共同体九か国で実施されたユーロバロメーター［調査］。Hélène Riffault et Jean-René Rabier, *La perception de la misère en Europe*, Bruxelles, Rapport pour la Direction générale de l'emploi et des affaires sociale de la Commission européenne, 1977. 参照。

（43） Eurobaromètre / Pauvreté 3, *La perception de la pauvreté en Europe en 1989*, Bruxelles, Commission Européenne, Direction générale de l'emploi, des relations industrielles et des affaires sociales, 1990. 参照。

（44） 貧困と社会的排除をテーマとした二〇〇一年のユーロバロメーター［調査］による。以下のダンカン・ゲイリーとセルジュ・ポーガムの報告書に、この調査結果の分析が掲載されている。Duncan Gallie et Serge Paugam, *Précarité sociale et intégration sociale*, Rapport pour la Commission européenne, juin 2002. この報告書は、ユーロバロメーターの刊行物のシリーズとして欧州委員会によって英語とドイツ語に翻訳・出版され、インターネットで公開されている［http://ec.europa.eu/public_opinion/archives/ebs/ebs_162_fr.pdf　2016/2/12 閲覧］。

（45） 検討された計量経済モデルがどのように検証されようとも、この結果は第3章で提示した表3－1で明らかな傾向を確認している。補論参照。

（46） Dramane Coester, *La pauvreté en Allemagne*, mémoire de l'Institut d'Etudes Politiques de Paris, 1993. 参照。

（47） *Ibid.*, p. 27.

（48） *Ibid.*, p. 28.

（49） *Ibid.*, p. 30.

（50） Franz Schultheis, « L'Etat et la société civile face à la pauvreté en Allemagne », in Serge Paugam (dir.), *L'exclusion. L'état des savoirs*, Paris, Ed. La Découverte, 1996, pp. 428–437.

（51） Wilhelm Breuer, « La pauvreté en Allemagne : un problème résolu ? », in Serge Paugam (dir.), *L'Europe face à la pauvreté, op. cit.*, pp. 105–132. 参照。

（52） ドイツのメディアが二〇〇四年に公表した世論調査によれば、七〇％の西ドイツ人はこうした理由のために壁をふたたび建設することを支持していた。

（53） Lutz Leisering and Stephan Leibfried, *Time and Poverty in the Welfare State*, Cambridge, Cambridge University Press, 1999. 参照。

（54） 表3－1参照。

（55） Steiner Stjernø, *Den moderne fattigdommen* (La pauvreté moderne), Oslo Universitetsforlaget, 1985. 参照。これは、ペーター・アブラハムソンの以下の論文からの引用である。Peter Abrahamson, « La pauvreté en Scandinavie », in François-Xavier Merrien (dir.), *Face à la pauvreté. L'Occident et les pauvres hier et aujourd'hui*, Paris, Les

Editions de l'Atelier, 1994, p. 180.

(56) Richard Titmuss, « Developing Social Policy in Conditions of Rapid Change : The Role of Social Welfare », in R. Titmuss, *The Philosophy of Welfare*, London, Allen and Unwin, 1987.

(57) Peter Abrahamson, « La fin du modèle scandinave de la protection sociale ? », in Serge Paugam (dir.), *L'Europe face à la pauvreté, op. cit.*, pp. 195–220. 参照。

(58) *La pauvreté en Scandinavie, op. cit.*

(59) フィン・ケネス・ハンセンによる引用。Finn Kenneth Hansen, *Social Exclusion in Denmark*, Report for the Observatory on Social Exclusion, European Commission, 1992.

(60) Henrik Tham, « The persistence of Social Assistance in the Welfare State : The Case of Sweden 1945–1990 », Paper presented at the conference on « Deprivation, social welfare and expertise », Helsinki, National Board of Social Welfare in Finland, 1990. 参照。

(61) ただし、貧困の規制様式に関してスカンジナビア諸国のあいだに大きな違いがあることを指摘しておこう。

(62) Philippe d'Iribarne, *Le chômage paradoxal*, Paris, PUF, coll. « L'économie en liberté », 1990. 参照。

(63) Serge Paugam, *Social Precarity and Attitudes to Society and the Welfare State*, Communication at the Conference « European Societies or European Society ? », Helsinki, Euresco Conference on *Institutions and Inequality*, 20–24 September 2003. 参照。

(64) Jacques Ion et Jean-Paul Tricart, *Les travailleurs sociaux*, Paris, La Découverte, coll. « Repères », 2002, p. 69.

(65) René Lenoir, *Les exclus. Un Français sur dix*, Paris, Seuil, 1974.

(66) Jeannine Verdès-Leroux, *Le travail social*, Paris, Editions de Minuit, 1978.

(67) ジャニン・ヴェルデス＝ルルーが、ルネ・ルノワールの説を非常に厳しく批判したことを指摘しておこう。被排除者に関する著書に掲載された論文で、彼女はもちいられたカテゴリーが雑多で曖昧であることを強調した。そこでは、「そのうえ雑多な集団を並置することは、それ自体が経済・政治的分類という原則を失わせると同時に、集団全体にたいして特定の「犯罪学的な」色づけをすることになる」と述べられている。彼女によれば、排除概念の意味論的な不確定さはこの言葉にイデオロギー的な効果をもたせる。彼女は言う。「排除された者たちということの概念とそれが可能にするあらゆる論争の効果は、「排除」の起源という問題を排除することである」。Verdès-Leroux, « Les exclus », *Actes de la Recherche en Sciences Sociales*, 19, 1978, pp. 61–65. 参照。

(68) Jacques Donzelot, *La police des familles*, Paris, Editions de Minuit, 1977.〔ジャック・ドンズロ（宇波彰訳）『家族に介入する社会——近代家族と国家の管理装置』新曜社、一九九一年〕。

(69) Jacques Donzelot, « Travail social et lutte politique », *Esprit*, « Pourquoi le travail social ? », 4–5, Avril-mai 1972, p. 102.

(70) 同じことが、司法関係者や教育関係者、精神科医による多様な社会的介入という点についてもみられた。それは被扶助家族に関する研究をつうじて確認できる。たとえばジャン＝ピエール・ニコラの以下の著作を参照。Jean-Pierre Nicolas, *La pauvreté intolérable. Biographie d'une famille assistée*, Toulouse, Eres, 1984.

(71) Pierre Boiral et Pierre Valarie, « Le contrôle social : pratiques symboliques et pratiques sociales », in Francis Bailleau, Nadine Lefaucheur et Vincent Peyre (dir.), *Lectures sociologiques du travail social*, Paris, Les Editions ouvrières, 1985, pp. 45–59. 参照。

(72) Franz Schultheis, « L'Etat et la société civile face à la pauvreté en Allemagne », *op. cit.*, p. 433.

(73) ドラマヌ・ケスターが収集したインタビューは、Dramane Coester, *La pauvreté en Allemagne, op. cit.* 参照。

(74) Yvar Lødemel, *The Welfare Paradox. Income Maintenance and Personal Social Services in Norway and Britain, 1946–1966*, Oslo, Scandinavian University Press, 1997.

(75) 扶助領域に属する人びとの割合は、スカンジナビア諸国よりもイギリスでより著しい。それは、あらゆる社会的最低所得の受給者を加えた値を含むと、フランスのような国についても当てはまる。Martin Evans, Serge Paugam et Joseph Prélis, « Chunnel Vision : Poverty, social exclusion and the debate on social welfare in France and Britain », London School on Economics, STICERD, Discussion paper, Welfare State Programme/115, 1995. 参照。

(76) Knut Halvorsen, « Social Assistance Schemes in the Nordic Countries », in Torben Fridberg (dir.), *On Social*

Assistance in the Nordic Capitals, Copenhague, Social Forsknings Instituttet, 1993. 参照。

第5章

（1） モノグラフ調査にもとづいたポール・ラザースフェルドの著作は、現在でも参照されつづけている。Paul Lazarsfeld, Marie Jahoda, Hans Zeisel, *Marienthal : The Sociology of an Unemployed Community*, London, Tavistock, 1933. を参照。また、E・ワイト・バックによる以下の研究を挙げることもできる。E. Wight Bakke, *The Unemployed Worker : A Study of the Task of Making a Living without a Job*, New Haven, Yale University Press, 1940, et *Citizens without Work. A Study of the Effects of Unemployment upon the Workers' Social Relations and Practices*, New Haven, Yale University Press, 1940.

（2） ドミニク・シュナペールの著作は、フランスにおける失業研究にとっての新たな段階の始まりを示すものである。*L'épreuve du chômage*, Paris, Gallimard, 1981, nouvelle édition Folio, 1994. を参照。イギリスでは、失業の社会的影響に関する研究の最初の大きなプログラムは一九八〇年代半ばから実施された。Duncan Gallie, Catherine Marsh, Carolyn Vogler, (dir.), *Social Change and the Experience of Unemployment*, Oxford, Oxford University Press, 1994. を参照。

（3） 海外県を含む。大都市部ではこの時期の失業率は九・七%であった。

（4） こうした変化とその社会的影響全体についてのより詳細な分析については、Serge Paugam, *Le salarié de la précarité. Les nouvelles formes de l'intégration professionnelle*, Paris, PUF, Coll. « Le lien social », 2000, nouvelle édition « Quadrige », 2007. を参照することができる。

（5） Robert Castel, *Les métamorphoses de la question sociale, op. cit.*〔ロベール・カステル『社会問題の変容』前掲〕。

（6） 社会的不安定というテーマは、一九八〇年代の初めから研究されてきた。Antoine Lion et Pierre Maclouf (dir.), *L'insécurité sociale. Paupérisation et solidarité*, Paris, Les éditions ouvrières, 1982. 参照。

（7） 第3章第1節を参照。

（8） Robert Castel, *L'insécurité sociale. Qu'est-ce qu'être protégé ?*, Paris, Seuil – La République des Idées, 2003, p. 6.

〔ロベール・カステル（庭田茂吉ほか訳）『社会の安全と不安全――保護されるとはどういうことか』萌出版、二〇〇九年、iv頁〕。

（9） Pierre Bourdieu (dir.), *La misère du monde*, Paris, Seuil, 1993. 参照。

（10） *Ibid.*, p. 11.

（11） Serge Paugam, *Le salarié de la précarité. Les nouvelles formes de l'intégration professionnelle*, *op. cit.*

（12） 雇用の不安定と仕事の不安定が蓄積するのは、降格する統合と呼ばれる職業統合のタイプのなかでである。このタイプは社会プランに関わった企業でとくに展開したことが調査によって検証された。そこでは、賃労働者はつねに解雇の脅威にさらされながら生活している。かれらはまた、自分の職務によって自分の価値を高めることもできない。かれらにとって仕事それ自体はいかなる興味ももたらさない。かれらがそこで手にすることができる唯一の利益は賃金であるが、それもたいていの場合は、数年間の勤続経験があったとしても最低賃金程度である。こうした状況下では、賃労働者たちは職場の雰囲気が不健全なものだと思っているだけに、いっそう情熱をもって仕事に向かわなくなる。かれらは、自分の仕事――その価値の脆さを最初に認識することになる――にも、上司――かれらとはつねに面識がない――にも、期待できるものは何もないことを知っている。仕事場でかれらは時が過ぎるのを待っている。それほどまでに絶望に襲われ、自分をよそ者だと感じているのである。

（13） François-Xavier Merrien, « Divergences franco-britanniques », in François-Xavier Merrien (dir.), *Face à la pauvreté. L'Occident et les pauvres hier et aujourd'hui*, *op. cit.*, pp. 99–135.

（14） 一七九〇年の物乞根絶委員会の時期の議論と、一九八八年の参入最低所得に関する議会での議論についての比較は、Serge Paugam, *La société française et ses pauvres*, *op. cit.*, chapitre 2 : La dialectique de l'assistance. を参照。

（15） イギリスに関するこのテーマの最近の研究については、とくに以下を参照。Duncan Gallie, Catherine Marsh et Carolyn Vogler (dir.), *Social Change and the Experience of Unemployment*, *op. cit.* および Lydia Morris, *Social Divisions. Economic Decline and Social Structural Change*, Londres, UCL Press, 1995.

（16） Martin Evans, Serge Paugam, Alain Prélis, *Chunnel Vision : Poverty, Social Exclusion and The Debate on Social

Security in France and Britain, London School of Economics, STICERD, Discussion paper, Welfare state programme/115, 1995.

（17）ゲットーの問題の大部分は、一九三〇年代に南部の村落部から北部の工業都市へとブラック・アメリカンが大量に移住したことに由来する。この点については、Douglas S. Massey et Nancy A. Denton, *American Apartheid. Segregation and the Making of the Underclass*, Cambridge, Harvard University Press, 1993. の歴史社会学の著作を参照。

（18）とくに、Willian Julius Wilson, *The Truly Disavantaged*, Chicago, University of Chicago Press 1987.〔ウィリアム＝ジュリウス・ウィルソン（青木秀男監訳）『アメリカのアンダークラス――本当に不利な立場に置かれた人々』明石書店、一九九九年〕を参照。つぎにチャプール・ハジガットの総論的著作 Chapour Haghighat, *L'Amérique urbaine et l'exclusion sociale*, PUF, coll. « Politique d'aujourd'hui », 1994. を参照。最後にポール・A・ヤルゴウスキーのすぐれた研究 Paul A. Jargowsky, *Poverty and Place. Ghettos, Barrios, and the American City*, New York, Russell Sage Foundation, 1997. を挙げる必要があるだろう。

（19）ただし、モニック・パンソン＝シャルロとエドモン・プレトサイユ、ポール・ランデュの研究を参照。Monique Pinçon-Charlot, Edmond Preteceille et Paul Rendu, *Ségrégation urbaine. Classes sociales et équipements collectifs en région parisienne*, Paris, Anthropos, 1986. また、Jacques Donzelot, « La ville à trois vitesses : relégation, périurbanisation, gentrification », *Esprit*, 3–4, mars-avril 2004, pp. 14–39. および Eric Maurin, *Le ghetto français. Enquête sur le séparatisme social*, Paris, La République des Idées – Seuil, 2004. のようなより最近の研究も参照。

（20）欧州の貧しい郊外とアメリカの黒人ゲットーの詳細な比較は、結果的に多くの困難に直面している。これらの問題全体の検討については、トニー・ファーヘイの報告を参照することができよう。Tony Fahey, « Urban Spatial Segregation and Social Inequality : a note on the potential for comparative European resarch », Changequal network, Manheim, 10–12 April 2003.

（21）Pierre Bourdieu, « Effets de lieu », in *La misère du monde, op. cit.*, p. 159.

（22）Yves Grafmeyer, « Regards sociologiques sur la ségrégation », in J. Brun.et C. Rhein (dir.), *La ségrégation dans la ville. Concepts et mesures*, Paris, L'Harmattan, 1994, p. 86.

(23) Sophie Body-Gendrot, *Ville et violence. L'irruption de nouveaux acteurs*, Paris, PUF, coll. « recherches politiques », 1993. を参照。

(24) Loïc Wacquant, « Banlieues françaises et ghetto noir américain : de l'amalgame à la comparaison », *French Politics & Society*, 10(4), 1992, pp. 81–103.

(25) Dominique Schnapper, *La communauté des citoyens. Sur l'idée moderne de nation, op. cit.* 参照。

(26) Jacques Donzelot et al., *Faire société. La politique de la ville aux Etats-Unis et en France*, Paris, Seuil, coll. « La couleur des idées », 2003, p. 39.

(27) フランスにゲットーが存在しないとはいえ――少なくともそれが特定の民族もしくは国籍をもつ人びとが集住する同質的な地区という意味であればだが――、集合住宅への移民家族の入居はたいていの場合、一戸建ての住宅にフランス人たちが転居することとしばしば同時に起こった。François Dubet et Didier Lapeyronnie, *Les quartiers d'exil*, Paris, Seuil, 1992. を参照。

(28) M. Debonneuil, « Les familles pauvres d'une ville moyenne », *Economie et Statistique*, 105, 1978, pp. 25–37. を参照。

(29) Serge Paugam, Jean-Paul Zoyem et Jean-Michel Charbonnel, *Précarité et risque d'exclusion en France, op. cit.* 参照。

(30) ＩＮＳＥＥの調査者は中間層からリクルートされており、多くの場合、退職した公務員や規則的な職業活動に従事していない有資格の女性である。

(31) M. Castellan, M. Marpsat, M.-F.Goldberger, « Les quartiers prioritaires de la politique de la ville », *INSEE Première*, 234, 1992.

(32) 各単位は、住民の社会職業構成と雇用者が従事する経済活動によって特徴づけられる。N. Tabard, « Des quartiers pauvres aux banlieues aisées : une représentation sociale du territoire », *Economie et Statistique*, 270, 1993, pp. 5–22. を参照。

（33） たとえば、カトリーヌ・フォレの調査を参照することができる。Catherine Foret, *Trajectoires de l'exclusion. Recomposition sociale et processus de territorialisation dans l'espace d'une copropriété disqualifiée*, CNAF (Programme de recherche : logement, habitat, conditions de vie des familles), 1986. 空間の社会的降格と政治的態度との関連を分析しているP・ルガレとM・オベルティ、J・C・ランペルの研究を参照。« Le vote Front national à Mantes-la-Jolie. Analyse d'une crise locale à retentissement national : le Val-Fourré », *Hérodote*, 69/70, 1993, pp. 31–52. を参照。

（34） Serge Paugam, *La disqualification sociale, op. cit.* とくに第二章参照。

（35） ピエール・ブルデューもまた以下のように強調している。「居住者全体によって蓄積された資本に参加させることによって、各住民を象徴的に聖別するシックな地区とは反対に、スティグマ化された地区はそこに住む人びとを象徴的に悪化させ、そして今度はかれらが地区を象徴的に悪化させる。というのも、さまざまな社会的ゲームに参加するために必要なあらゆるチャンスが奪われているがゆえに、かれらははじめから追放処分を共有するほかないのである」。P. Bourdieu, « Effets de lieu », in *La misère du monde, op. cit.*, p. 167. 参照。

（36） この調査は、ＩＮＳＥＲＭ（国立保健医学研究所）が実施した。Sylvain Péchoux, *Vivre dans un quartier disqualifié. Images des lieux et images de soi dans le 20ème arrondissement de Paris*, mémoire de DEA de l'EHESS, septembre 2004. を参照。

（37） Georges Gloukoviezoff, *L'exclusion bancaire. Le lien social à l'épreuve de la rentabilité*, Paris, PUF, « Le lien social », 2010.

（38） このとりわけ高い比率は、少なくとも部分的には、二〇〇四年におこなわれたいわゆる「ハルツⅣ」改革によって説明できる。この改革はドイツにおける最低所得への権利とアクティベーション政策の両方に関わっている。この点については以下を参照。Jens Alber, Jan Paul Heisig and Markus Wörz, « The reform of minimum income rights and recent activation policies in Germany : a descriptive analysis of the Hartz reforms », contribution to the conference « Anti-poverty programs in a global perspective : Lessons from rich and poor countries », Berlin, Social Science Research Center, June 20–21, 2011.

(39) たとえば、貧困を怠惰から説明することはドイツではそれほど一般的ではなく、とりわけ他の国とは反対に、経済情勢にはほとんど影響を受けないことを指摘しておこう（補論のとくに表A－1を参照）。

(40) Duncan Gallie, Serge Paugam, Sheila Jacobs, « Unemployment, poverty and social isolation. Is there a vicious circle of social exclusion ? », *European Societies*, 5(1), 2003, pp. 1–32. 参照。

(41) ここでは、こんにちにおける失業者から就業者への社会的地位の移行を検証するために、一定期間の月ごとの変遷をみている。分析は個人ではなく推移自体を対象としている。

(42) この問題のより詳細な研究については、以下を参照できるだろう。Serge Paugam et de Helen Russell, « The Effects of Unemployment Precarity and Unemployment on Social Isolation », in Duncan Gallie and Serge Paugam (dir.), *Welfare Regimes and the Experience of Unemployment in Europe, op. cit.*, pp. 243–264.

(43) Robert Salais, Nicolas Baverez et Bénédicte Reynaud, *L'invention du chômage. Histoire et transformations d'une catégorie en France des années 1890 aux années 1980, op. cit.*

(44) Peter Barclay (chairman), *Joseph Rowntree Foundation Inquiry into Income and Wealth*, York, JRF, 1995.

(45) ジュリアン・ダモンはサイコロのイメージでこの双六のようなシステムをとらえている。Julien Damon, *La question SDF. Critique d'une action publique*, Paris PUF, coll. « Le lien social », 2002, p. 246 以下を参照。

(46) 食糧援助の複数の配給場所で実施された最近の調査によって、このタイプの援助に頼る人びとの多くが屈辱感を抱いていることが確認された。食糧援助に頼ることは挫折、さらに失墜のサインである。そうした援助を受けるにいたったことを、かれらはいかに受け入れたのか。「初めてのとき、扉の向こうに足を踏み入れるのをとても躊躇しました」、「初めは恥ずかしかった」、「[自分を指して] おまえはどこにいるんだ？　ありえないよと思った」。こうしたことが食糧援助に頼るという体験である。ヴァカンスや余暇を奪われ、余計な出費を制限したり、高価ではないより安上がりの品物を購入することは、低所得層のあいだでは日常的な態度であるが、食糧援助に依存することは、社会的表象においては極貧の象徴であり、それにより、対象となる人びとの無力さと信用失墜がほぼ必然的に是認される。全国フードバンク連盟の活動の一環で、サザン・タシャムが二〇〇四年に実施した調査を参照。

(47) Serge Paugam (dir.), *L'Europe face à la pauvreté. Les expériences nationales de revenu minimum, op. cit.*

(48) パスカル・デュフールとジェラール・ボワムニュ、アラン・ノエルによる以下のすぐれた総論を参照できる。Pascale Dufour, Gérard Boismenu et Alain Noël, *L'aide au conditionnel. La contrepartie dans les mesures envers les personnes sans emploi en Europe et en Amérique du Nord*, Montréal, Les Presses de l'Université de Montréal, 2003.

(49) Sylvie Morel, *Les logiques de la réciprocité. Les transformations de la relation d'assistance aux Etats-Unis et en France*, Paris, PUF, coll. « Le lien social », 2000.

(50) I. Lødemel and H. Trickey, *An Offer You Can't Refuse. Workfare in International perspective*, Bristol, The Policy Press, 2001.

(51) しかし、貧困層のスティグマ化はオランダではそれほど強くはないようだ。最貧層をよりよく参入させるための手段を探求することによって、オランダはかれらにたいする強い社会的保護を維持することを選択した。

(52) この点については、以下を参照。Jean-Paul Zoyem, *Accompagnement et sortie de l'aide sociale : évaluation de l'insertion professionnelle des bénéficiaires du revenu minimum d'insertion*, Thèse de Sciences économiques, Université de Paris I-Panthéon Sorbonne, 2004.

(53) Serge Paugam, Nicolas Duvoux N., *La régulation des pauvres*, Paris, PUF, coll. « Quadrige », 2008.

(54) Serge Paugam (dir.), *Repenser la solidarité. L'apport des sciences sociales*, Paris, PUF, coll. « Le lien social », 2007, réédition « Quadrige » 2011.

終章

(1) Dominique Schnapper, *La démocratie providentielle. Essai sur l'égalité contemporaine*, Paris, Gallimard, coll. « Nrf-essais », 2002. 参照。

(2) ロベール・カステルは、「つい最近まで農村共同体は半ば自給自足体制を生きており、しかもそれは経済的な意味でそうであるだけではなく、人間関係でもそうであった。たとえば近代という運動がもたらした世界のただなかに、飛び地のように存在する共同体がその例である」と強調している。*Les métamorphoses de la*

question sociale, op. cit., p. 35.〔『社会問題の変容』前掲、一二頁〕を参照。

（3） Henri Mendras, *Sociétés paysannes. Eléments pour une théorie de la paysannerie*, Paris, Armand Colin, 1976, p. 76. 参照。

（4） Maurice Halbwachs, *Les causes du suicide*, 1re édition 1930, Paris, PUF, coll. « Le lien social », 2002, p. 378.

（5） Mireille Razafindrakoto et François Roubaud, « Les multiples facettes de la pauvreté dans un pays en développement : le cas de la capitale malgache », Paris, *Documents du DIAL*, 7, 2001.

（6） Karine Clément, « Russie : pauvreté de masse et stigmatisation des pauvres », in Dominique Vidal (dir.), *Quelle place pour le pauvre ?*, Paris, L'Harmattan, coll. « Cultures et conflits », 1999, pp. 35–69. 参照。

（7） それは、とりわけチェコスロバキアでみられた事例である。Isabelle Le Rouzic, *La transformation post-communiste tchèque à l'épreuve de la marginalisation sociale*, Thèse de doctorat de sociologie, Université de Rennes 2, 2002. 参照。

（8） Natalia Tchernina, *Economic transition and social exclusion in Russia*, Genève, International Institute for Labour Studies, « Research series », n° 108, 1996. 参照。

補論

（1） S. Paugam, M. Selz, « The Perception of Poverty in Europe since the Mid 1970s. Analysis of Structural and Conjunctural Variation », *op. cit.* 参照。

（2） これらの調査は、いくつかの報告書として刊行されている。H. Riffault and J.-J. Rabier, *The Perception of Poverty in Europe*, Brussels, European Commission, 1977 ; Poverty 3, *The Perception of Poverty in Europe*, Brussels, European Commission, 1990 ; N. Rigaux, *The Perception of Poverty and Social Exclusion in Europe 1994*, Brussels, European Commission, 1994 ; D. Gallie and S. Paugam, *Social Precarity and Social Integration*, Brussels, European Commission, 2002 ; European Commission-TNS Opinion & Social, *Poverty and Social Exclusion*, Eurobarometer 321/Wave 72.1, 2010.

（3） M. Evans, S. Paugam, J. Prélis, *Chunnel Vision : Poverty, Social Exclusion and the Debate on Social Welfare in France and Britain, op. cit.*

（4） 全国貧困・社会的排除観測所の研究については、以下を参照。*l'Observatoire national de la pauvreté et de l'exclusion sociale, 2001–2002*, Paris, La Documentation française, 2002. とくに、以下の研究を参照。Laurent Caillot et Corinne Mette, « Les représentations de l'opinion : la connaissance vécue est un déterminant majeur », pp. 121–150. および Michel Autès, « Les représentations de la pauvreté dans la presse écrite », pp. 105–120.

（5） S. Paugam, *La société française et ses pauvres, op. cit.* 参照。この点については、とくに第二章 « De l'assistance à la participation », p. 79 以下。

日本語版に寄せて

（1） これら二冊は最近、一冊にまとめて［フランスで］再版された。Maurice Halbwachs, *Le destin de la classe ouvrière*, Paris, PUF, « Le lien social », 2011.

（2） Pierre Bourdieu, *La distinction. Critique sociale du jugement*, Paris, Ed. de Minuit, 1979.〔P・ブルデュー（石井洋二郎訳）『ディスタンクシオン　1・2』藤原書店、一九九〇年〕。

（3） レイモン・アロンは産業社会を以下の五つの次元から定義していた。①勤務場所や企業と家族の分離。たとえこうした分離が一般的なものではなく、経済と家族の二つの機能が一体となり、しばしば同じ場所に集まった職人からなる企業がつねにかなりの割合を占めている社会であっても、それは起こる。②産業部門間の分業。これは技術的な必要性によって企業の内部でも生じる。③資本の蓄積。④最も低い原価を獲得し、そうすることで資本を再生産させ増大させるための合理的計算。⑤勤務場所への労働者の集中。*Dix-huit leçons sur la société industrielle*, Paris, Gallimard, 1962, rééd. « Folio Essais », 1988. 参照。

（4） G. Esping-Andersen, *The Three Worlds of Welfare Capitalism*, London, The Polity Press, 1990, (traduction française : *Les trois mondes de l'Etat-providence*, Paris, PUF, « Le lien social », 1999).〔イエスタ・エスピン＝アンデルセン（岡沢憲芙・宮本太郎監訳）『福祉資本主義の三つの世界——比較福祉国家の理論と動態』ミネルヴァ

書房、二〇〇一年〕。

（5）R. D. Putnam, *Bowling Alone. The collapse and Revival of American Community*, New York, Simon and Schuster, 2000.〔ロバート・パットナム（柴内康文訳）『孤独なボウリング——米国コミュニティの崩壊と再生』柏書房、二〇〇六年〕。

（6）E. C. Banfield, *The Moral Basis of a Backward Society*, New York, The Free Press, 1958.

（7）R. D. Putnam, *Making Democracy work. Civic Traditions in Modern Italy*, Princeton: Princeton University Press, 1993.〔ロバート・パットナム（河田潤一訳）『哲学する民主主義——伝統と改革の市民的構造』ＮＴＴ出版、二〇〇一年〕。

文献一覧

Abrahamson P., « La pauvreté en Scandinavie », in Merrien F.-X. (dir.), *Face à la pauvreté. L'Occident et les pauvres hier et aujourd'hui*, Paris, Les Editions de l'Atelier, 1994, pp. 171–188.

Abrahamson P., « La fin du modèle scandinave de la protection sociale ? », in Paugam S. (dir.), *L'Europe face à la pauvreté, Les expériences nationales de revenu minimum*, Paris, La Documentation Française, coll. « Travail et Emploi », 1999, pp. 195–220.

Aguilar M. et al., *La cana y el pez. Estudio sobre los Salarios Sociales en las Comunidades Autonomas*, Madrid, Fundacion Foessa, 1995.

Alber J., Heisig J. P., Wörz M, « The reform of minimum income rights and recent activation policies en Germany : a descriptive analysis of the Hartz reforms », contribution to the conference « Anti-poverty programs in a global perspective : Lessons from rich and poor countries », Berlin, Social Science Research Center, June 20–21, 2011.

Andreß H.-J. (dir.), *Empirical Poverty Research in a Comparative Perspective*, Aldershot, Ashgate, 1998.

Antolini P., *Au-delà de la rivière, les Cagots : histoire d'une exclusion*, Paris, Nathan, 1989.

Aron R., « Science et conscience de la société », *Archives européennes de sociologie*, I, 1, 1960.

Aron R., *Les désillusions du progrès. Essai sur la dialectique de la modernité*, Paris, Calmann-Lévy, 1969.

Aron R., *Essais sur les libertés*, Paris, Calmann-Lévy, 1965, Hachette-Littératures, 1998.〔『レイモン・アロン選集　1——自由の論理』曽村保信訳、荒地出版社、一九七〇年〕

Aron R., *Le Marxisme de Marx*, Paris, Editions de Fallois, 2002.

Aron R., *Trois essais sur l'âge industriel*, Paris, Plon, 1966.〔『発展の思想――産業社会を考える三つのエッセイ』（ダイヤモンド現代選書）浜口晴彦訳、ダイヤモンド社、一九七〇年〕

Autès M., « Les représentations de la pauvreté dans la presse écrite », in *Les travaux de l'Observatoire national de la pauvreté et de l'exclusion sociale 2001–2002*, Paris, La Documentation française, 2002., pp. 105–120.

Barclay P., *Joseph Rowntree Foundation Inquiry into Income and Wealth*, York, JRF, 1995.

Bénéton P., *Le fléau du bien. Essai sur les politiques sociales occidentales*, Paris, Robert Laffont, 1983.

Beveridge W., *Social Insurance and allied services. Report presented to parliament by command of his Majesty*, November 1942, New York, Agathon Press, 1969.〔『社会保険および関連サービス――ベヴァリジ報告』（社会保障研究所翻訳シリーズ　7）イギリス社会保険および関連サービスに関する検討を行なうべき委員会編、山田雄三監訳、至誠堂、一九六九年〕

Beyeler-Von Burg H., *Des Suisses sans nom. Les heimatloses d'aujourd'hui*, Pierrelaye, Ed. Science et Service, 1984.

Body-Gendrot S., *Ville et violence. L'irruption de nouveaux acteurs*, Paris, PUF, coll. « recherches politiques », 1993.

Böhnke P., « Are the poor socially integrated ? The link between poverty and social support in different welfare regimes », *Journal of European Social Policy*, 18, 2, mai 2008, pp. 133–150.

Boiral P. et Valarie P., « Le contrôle social : pratiques symboliques et pratiques sociales », in Bailleau F., Lefaucheur N. et Peyre V. (dir.), *Lectures sociologiques du travail social*, Paris, Les Editions ouvrières, 1985, pp. 45–59.

Bonny Y., Bosco N., « Income support measures for the poor in European cities », in Saraceno C. (dir.), *Social Assistance dynamics in Europe. National and local poverty regimes*, Bristol, The Policy Press, 2002, pp. 81–125.

Bourdieu P., *Algérie 60. Structures économiques et structures temporelles*, Paris, Ed. Minuit, 1966.〔『資本主義のハビトゥス――アルジェリアの矛盾』（ブルデュー・ライブラリー）原山哲訳、藤原書店、一九九三年〕

Bourdieu P. (dir.), *La misère du monde*, Paris, Seuil, 1993.

Bourdieu P., « Effets de lieu », in *La misère du monde*, Paris, Seuil, 1993, pp. 159–167.

Boyer R., *La théorie de la régulation : une analyse critique*, Paris, La Découverte, 1987.〔『レギュラシオン理論——危機に挑む経済学』(レギュラシオン・ライブラリー)山田鋭夫訳、藤原書店、一九九〇年〕

Breuer W., « La pauvreté en Allemagne : un problème résolu ? », in Paugam S. (dir.), *L'Europe face à la pauvreté, Les expériences nationales de revenu minimum*, Paris, La Documentation Française, coll. « Travail et Emploi », 1999, pp. 105–132.

Buret E., *De la misère des classes laborieuses en France et en Angleterre, Paris*, Paulin, 1840 (2 tomes).

Caillot L. et Mette C., « Les représentations de l'opinion : la connaissance vécue est un déterminant majeur », in *Les travaux de l'Observatoire national de la pauvreté et de l'exclusion sociale 2001–2002*, Paris, La Documentation française, 2002, pp. 121–150.

Castel R., « La 'guerre à la pauvreté' aux Etats-Unis : le statut de la misère dans une société d'abondance », *Actes de la Recherche en Sciences Sociales*, 19, janvier 1978, pp. 47–60.

Castel R., *Les métamorphoses de la question sociale. Une chronique du salariat*, Paris, Fayard, 1995. 〔『社会問題の変容——賃金労働の年代記』前川真行訳、ナカニシヤ出版、二〇一二年〕

Castel R., « Le modèle de la 'société salariale' comme principe d'une comparaison entre les systèmes de protection sociale en Europe du Nord et en Europe du Sud », in *Comparer les systèmes de protection sociale en Europe du Sud*, Paris, Mire, coll. « Rencontres et Recherches », vol. 3, Rencontres de Florence, 1997, pp. 29–48.

Castel R., *L'insécurité sociale. Qu'est-ce qu'être protégé ?*, Paris, Le Seuil et La République des Idées, 2003.〔『社会の安全と不安全——保護されるとはどういうことか』(同志社大学ヒューマン・セキュリティ研究叢書)庭田茂吉、アンヌ・ゴノン、岩崎陽子訳、萌書房、二〇〇九年〕

Castellan M., Marpsat M. et Goldberger M.-F., « Les quartiers prioritaires de la politique de la ville », *INSEE Première*, 234, 1992.

Cerase F. P., Morlicchio E. et Spanò A., *Disoccupati e disoccupate a Napoli*, Napoli, Cuen, 1991.

Clément K., « Russie : pauvreté de masse et stigmatisation des pauvres », in Vidal D. (dir.), *Quelle place pour le pauvre ?*, Paris, L'Harmattan, coll. « Cultures et conflits », 1999, pp. 35–69.

Coester D., *La pauvreté en Allemagne*, mémoire de l'Institut d'Etudes Politiques de Paris, 1993.

Commissione di indagine sulla povertà, *La povertà in Italia nel 1993*, Roma, documento reso publico il 14 luglio 1994.

Commissione di indagine sulla povertà e sull'emarginazione, *La poverta in Italia, 1980–1994*, Roma, Presidenza del Consiglio dei Ministri, 1996.

Corcoran M., « Mobility, Persistence, and the Consequences of Poverty for Children : Child and Adult Outcomes », in Danziger S. H., Haveman R. H. (dir.), *Understanding Poverty*, New York, Russell Sage Foundation, Harvard University Press, 2001.

Damon J., *La question SDF. Critique d'une action publique*, Paris, PUF, coll. « Le lien social », 2002.

Darras, *La partage des bénéfices. Expansion et inégalités en France*, Paris, Editions de Minuit, coll. « Le sens commun », 1966.

Debonneuil M., « Les familles pauvres d'une ville moyenne », *Economie et Statistique*, 105, 1978, pp. 25–37.

Destremau B. et Salama P., *Mesures et démesure de la pauvreté*, Paris, PUF, 2002.

Donzelot J., « Travail social et lutte politique », *Esprit*, « Pourquoi le travail social ? », 4–5, Avril-mai 1972, pp. 91–110.

Donzelot J., *La police des familles*, Paris, Editions de Minuit, 1977.〔『家族に介入する社会——近代家族と国家の管理装置』宇波彰訳，新曜社，一九九一年〕

Donzelot J. et al., *Faire société. La politique de la ville aux Etats-Unis et en France*, Paris, Seuil, coll. « La couleur des idées », 2003.

Donzelot J., « La ville à trois vitesses : relégation, périurbanisation, gentrification », *Esprit*, 3–4, mars-avril 2004, pp. 14–39.

Dubet F. et Lapeyronnie D., *Les quartiers d'exil*, Paris, Le Seuil, 1992.

Dufour P., Boismenu G. et Noël A., *L'aide au conditionnel. La contrepartie dans les mesures envers les personnes sans emploi en Europe et en Amérique du Nord*, Montréal, Les Presses de l'Université de Montréal, 2003.

Durkheim E., *Les formes élémentaires de la vie religieuse*, Paris, PUF, 1960, (1ère édition 1912).〔『宗教生活の原初形態（上・下）』古野清人訳、岩波書店、一九七五年〕

Elias N., Scotson J. L., *The Established and the Outsiders*, Londres, Franck Cass and Co, 1965, (traduit en français sous le titre *Logiques de l'exclusion. Enquête sociologique au coeur des problèmes d'une communauté*, Paris, Fayard, 1997).〔『定着者と部外者——コミュニティの社会学』（叢書・ウニベルシタス）大平章訳、法政大学出版局、二〇〇九年〕

Engels F., *La situation de la classe laborieuse en Angleterre*, Paris, Ed. Sociales, 1975.（英語版初版、一八四五年）〔『イギリスにおける労働者階級の状態——一九世紀のロンドンとマンチェスター』一條和生・杉山忠平訳、岩波文庫、一九九〇年〕

Esping Andersen G., *Les trois mondes de l'Etat-providence. Essai sur le capitalisme contemporain*, Paris, Presses Universitaires de France, coll. « Le lien social », 1999.（英語版初版、一九九〇年）〔『福祉資本主義の三つの世界——比較福祉国家の理論と動態』（Minerva 福祉ライブラリー 47）岡沢憲芙・宮本太郎監訳、ミネルヴァ書房、二〇〇一年〕

Eurobaromètre / Pauvreté 3, *La perception de la pauvreté en Europe en 1989*, Bruxelles, Commission Européenne, Direction générale de l'emploi, des relations industrielles et des affaires sociales, 1990.

Evangile de Luc, 1, 49–53.〔『ルカによる福音書』〕

Evans M., Paugam S., Prélis A., *Chunnel Vision : Poverty, Social Exclusion and The Debate on Social Security in France and Britain*, London School of Economics, STICERD, Discussion paper, Welfare state programme/115, 1995.

Fahey T., « Urban Spatial Segregation and Social Inequality : a note on the potential for comparative European resarch », *Changequal network*, Manheim, 10–12 April 2003.

Ferrera M., « The 'southern model' of welfare in social Europe », *Journal of European Social Policy*, 6, 1, 1996,

pp. 17–37.
Foret C., *Trajectoires de l'exclusion. Recomposition sociale et processus de territorialisation dans l'espace d'une copropriété disqualifiée*, CNAF (Programme de recherche : logement, habitat, conditions de vie des familles) 1986.
Fourastié J., *Les Trente Glorieuses ou la révolution invisible*, Paris, Fayard, 1979.
Fox Piven F., Cloward R. A., *Regulating the Poor. The Functions of Public Welfare*, New York, Vintage 1993, (1ère édition 1971).
Fragnière J.-P., « La réussite ou l'exclusion ? », in Gilliand P. (dir.), *Pauvretés et sécurité sociale*, Lausanne, Editions Réalités sociales, 1990.
Friboulet J.-J., « La politique de l'emploi en Suisse », *Commentaire*, 101, printemps 2003, pp. 137–144.
Galbraith J. K., *L'ère de l'opulence*, Paris, Calmann-Lévy, 1961.〔『ゆたかな社会　決定版』鈴木哲太郎訳、岩波書店、二〇〇六年〕
Gallie D., Marsh C., Vogler C., (dir.), *Social Change and the Experience of Unemployment*, Oxford, Oxford University Press, 1994.
Gallie D., Paugam S. (dir.), *Welfare Regimes and the Experience of Unemployment in Europe*, Oxford, Oxford University Press, 2000.
Gallie D., Paugam S., *Social Precarity and Social Integration*, Brussels, European Commission, 2002.
Gallie D. et Paugam S., *Précarité sociale et intégration sociale*, Rapport pour la Commission européenne, juin 2002.
Gallie D., Paugam S., Jacobs S., « Unemployment, poverty and social isolation. Is there a vicious circle of social exclusion ? », *European Societies*, 5, 1, 2003, pp. 1–32.
Gans H. J., « The Positive Functions of Poverty », *American Journal of Sociology*, vol. 78, 2, sept. 1972, pp. 275–289.
Gérando (de) J.-M., *Le visiteur du pauvre*, Paris, Jean Michel Place, 1990, (1ère édition 1820).
Geremek B., *La potence ou la pitié. L'Europe et les pauvres du Moyen-Age à nos jours*, Paris, Gallimard 1987.（ポーランド語版初版、一九七八年）〔『憐れみと縛り首——ヨーロッパ史のなかの貧民』早坂真理訳、平凡社、一九九

三年〕
Gibaud B., *De la mutualité à la sécurité sociale. Conflits et convergences*, Paris, Les éditions ouvrières, 1986.
Gloukoviezoff G., *L'exclusion bancaire. Le lien social à l'épreuve de la rentabilité*, Paris, PUF, « Le lien social », 2010.
Goldthorpe J. et al., *The Affluent Worker in the Class Structure*, Cambridge, Cambridge University Press, 1969.
Grafmeyer Y., « Regards sociologiques sur la ségrégation », in Brun J. et Rhein C. (dir.), *La ségrégation dans la ville. Concepts et mesures*, Paris, L'Harmattan, 1994, pp. 85–118.
Gueslin A., *Les gens de rien. Une histoire de la grande pauvreté dans la France du XXe siècle*, Paris, Fayard, 2004.
Guillemard A.-M., *Le déclin du social. Formation et crise des politiques de la vieillesse*, Paris, Presses Universitaires de France, coll. « Sociologies », 1986.
Hagenaars A. J. M., *The perception of poverty*, Amsterdam, North Holland Publishing Company, 1986.
Haghighat C., *L'Amérique urbaine et l'exclusion sociale*, PUF, coll. « Politique d'aujourd'hui », 1994.
Hainard F. et al., *Avons-nous des pauvres ? Enquête sur la précarité et la pauvreté dans le canton de Neuchâtel*, Neuchâtel, Cahiers de l'Institut de Sociologie et de Science Politique, n° 12, mai 1990.
Hainard F., « Les incidences d'une recherche sur la pauvreté au niveau des politiques publiques et des organisations caritatives », in *Cantons et communes face aux situations de précarité*, Fribourg, Publications de l'Institut du Fédéralisme Fribourg Suisse, n° 18, 1996, pp. 51–62.
Halbwachs M., *Les causes du suicide*, Paris, Presses Universitaires de France, coll. « Le lien social », 2002, (1ère édition 1930).
Halvorsen K., « Social Assistance Schemes in the Nordic Countries », in Fridberg T. (dir.), *On Social Assistance in the Nordic Capitals*, Copenhague, Social Forsknings Instituttet, 1993.
Hansen F. K., *Social Exclusion in Denmark*, Report for the Observatory on Social Exclusion, Commision Europénne, 1992.
Harrington M., *L'autre Amérique. La pauvreté aux Etats-Unis*, Paris, Gallimard, 1967.〔『もう1つのアメリカ――合

衆国の貧困』内田満・青山保訳、日本評論社、一九六五年〕
Hauser R., *Arme unter uns Teil 1, Ergebnisse und Konsequenzen der Caritas-Armutsuntersuchung*, Caritas, 1993.
Hoggart R., *La culture du pauvre. Etude sur le style de vie des classes populaires en Angleterre*, Paris, Editions de Minuit, Coll. « Le sens commun », 1970.（英語版初版、一九五七年）〔『読み書き能力の効用』香内三郎訳、晶文社、一九七四年〕
Ion J. et Tricart J.-P., *Les travailleurs sociaux*, Paris, La Découverte, coll. « Repères », 2002.
Iribarne (d') P., *Le chômage paradoxal*, Paris, Presses Universitaires de France, coll. « L'économie en liberté », 1990.
Isambert F.-A., *Le sens du sacré. Fête et religion populaire*, Paris, Ed. de Minuit, 1982.
Jargowsky P. A., *Poverty and Place. Ghettos, Barrios, and the American City*, New York, Russell Sage Foundation, 1997.
Juarez M. (dir.), *Informe sociologico sobre la situacion social en Espana*, Madrid, Fundacion Foessa, 1994.
Katz M. B., *In the Shadow of the Poorhouse. A Social History of Welfare in America*, New York, Basic Books, 1986.
Katz M. B., *The Undeserving Poor. From the War on Poverty to the War on Welfare*, New York, Pantheon Books, 1989.
Kerschen N., « L'influence du rapport Beveridge sur le plan français de Sécurité sociale de 1945 », *Revue française de science politique*, « La protection sociale en perspective », vol. 45, 4, 1995, pp. 570–595.
Klanfer J., *L'exclusion sociale. Etude de la marginalité dans les sociétés occidentales*, Paris, Bureau de Recherches sociales, 1965.
Labbens J., *Le Quart-Monde. La pauvreté dans la société industrielle : étude sur le sous-prolétariat dans la région parisienne*, Pierrelaye, Editions Science et Service, 1969.
Labbens J., *Sociologie de la pauvreté. Le tiers monde et le quart monde*, Paris, Gallimard, 1978.
Labbens J., *Dessein temporel de Jésus*, Paris, L'Harmattan, 1997.
Lazarsfeld P., Jahoda M., Zeisel H., *Marienthal : The Sociology of an Unemployed Community*, London, Tavistock, 1933, (traduction en francais : *Les chômeurs de Marienthal*, Paris, Editions de Minuit, 1981).
Le Gales P., Oberti M. et Rampal J.-C., « Le vote Front national à Mantes-la-Jolie. Analyse d'une crise locale à

retentissement national : le Val-Fourré », *Hérodote*, 69/70, 1993, pp. 31–52.

Le Rouzic I., *La transformation post-communiste tchèque à l'épreuve de la marginalisation sociale*, Thèse de doctorat de sociologie, Université de Rennes 2, 2002.

Lechêne V., « Une revue de la littérature sur les échelles d'équivalence », *Economie et Prévision*, 110–111, 4/5, 1993.

Leisering L., Leibfried S., *Time and Poverty in the Welfare State*, Cambridge, Cambridge University Press, 1999.

Lenoir R., *Les exclus. Un Français sur dix*, Paris, Ed. Seuil, 1974.

Lewis O., *La vida. Une famille portoricaine dans une culture de pauvreté : San Juan et New York*, Paris, Gallimard, 1969. （英語版初版、一九六五年）〔『ラ・ビーダ――プエルトリコの一家族の物語　1〜3』行方昭夫・上島建吉訳、みすず書房、一九七〇年〕

Lion A. et Maclouf P. (dir.), *L'insécurité sociale. Paupérisation et solidarité*, Paris, Les éditions ouvrières, 1982.

Lødemel Y., *The Welfare Paradox. Income Maintenance and Personal Social Services in Norway and Britain, 1946–1966*, Oslo, Scandinavian University Press, 1997.

Lødemel I., Trickey H., *An Offer You Can't Refuse. Workfare in International perspective*, Bristol, The Policy Press, 2001.

Loison L., *L'expérience vécue du chômage au Portugal, Thèse de doctorat de sociologie*, Institut d'Etudes Politiques de Paris et Instituto Superior de Ciências do Trabalho et da Empresa de Lisbonne, 2002.

Lollivier S. et Verger D., « Pauvreté d'existence, monétaire ou subjective sont distinctes », *Economie et Statistique*, 308–309–310, 1997, pp. 113–142.

Marx K., *Le Capital. Critique de l'économie politique*, Livre I, Paris, Presses Universitaires de France, coll. « Quadrige », 1993.〔『資本論　第一巻』中山元訳、日経BP社、二〇一一年〕

Massey D. S., Denton N. A., *American Apartheid. Segregation and the Making of the Underclass*, Cambridge, Harvard University Press, 1993, (traduction française sous le même titre, Descartes et Cie, 1995).

Maurin E., *Le ghetto français. Enquête sur le séparatisme social*, Paris, La République des Idées/Seuil, 2004.

Mendras H., *Sociétés paysannes. Eléments pour une théorie de la paysannerie*, Paris, Armand Colin, 1976.

Merrien F.-X., « Divergences franco-britanniques », in Merrien F.-X. (dir.), *Face à la pauvreté. L'Occident et les pauvres hier et aujourd'hui*, Paris, Les Editions de l'Atelier, 1994, pp. 99–135.

Middlemans J. et Paserman R., « Vivre sous le même toit. Modèles familiaux dans l'Union Européenne », *Insee Première*, 43, 1996.

Mingione E. et Pugliese E., « Modelli occupazionali e disoccupazione giovanile di massa nel Mezzogiono », *Sociologia del Lavoro*, 1996.

Mingione E., Oberti M., Pereirinha J., « Cities as local systems », in Saraceno C. (dir.), *Social Assistance dynamics in Europe. National and local poverty regimes*, Bristol, The Policy Press, 2002, pp. 35–79.

Morel S., *Les logiques de la réciprocité. Les transformations de la relation d'assistance aux Etats-Unis et en France*, Paris, PUF, coll. « Le lien social », 2000.

Morlicchio E., *Povertà ed esclusione sociale. La prospettiva del mercato del lavoro*, Roma, Edizioni Lavoro, 2000.

Morris L., *Social Divisions. Economic Decline and Social Structural Change*, Londres, UCL Press, 1995.

Moscovici S., « Des représentations collectives aux représentations sociales : éléments pour une histoire », in Jodelet D. (dir.), *Les représentations sociales*, Paris, Presses Universitaires de France, 1982, pp. 79–103.

Moscovici S., « Les formes élémentaires de l'altruisme », in Moscovici S. (dir.), *Psychologie sociale des relations à autrui*, Paris, Nathan, 1994, pp. 71–86.

Murray C., *Losing Ground. American Social Policy 1950–1980*, New York, Basic Books, 1984.

Negri N., « Les failles d'un système localisé en Italie », in Paugam S. (dir.), *L'Europe face à la pauvreté, Les expériences nationales de revenu minimum*, Paris, La Documentation Française, coll. « Travail et Emploi », 1999, pp. 255–294.

Nicolas J.-P., *La pauvreté intolérable. Biographie d'une famille assistée*, Toulouse, Eres, 1984.

Nolan B., Whelan C. T., *Ressources, Deprivation and Poverty*, Oxford, Clarenton Press, 1996.

Observatoire national de la pauvreté et de l'exclusion sociale, *Le rapport de l'Observatoire national de la pauvreté et de l'exclusion sociale 2003–2004*, Paris, La documentation française, 2004.

Office Fédéral de la Statistique, *Revenu et bien-être, données sociales*, Neuchâtel, 2002.

Ogien R., *Théories ordinaires de la pauvreté*, Paris, PUF, coll. « Le sociologue », 1983.

Pareto V., *Traité de sociologie générale*, Genève, Librairie Droz, 1968.（イタリア語版初版、一九一六年）〔『一般社会学提要』姫岡勤・板倉達文訳、青木書店、一九八七年〕

Paugam S., *La disqualification sociale. Essai sur la nouvelle pauvreté*, Paris, PUF, 1991, huitième édition avec une préface inédite « La disqualification sociale, vingt ans après », « Quadrige », 2009.

Paugam S., *La société française et ses pauvres. L'expérience du revenu minimum d'insertion*, Paris, PUF, 1993, (nouvelle édition « Quadrige », 2002).

Paugam S., Zoyem J.-P. et Charbonnel J.-M., *Précarité et risque d'exclusion en France*, Paris, La Documentation Française, coll. « Documents du CERC », n° 109, 4ème trimestre 1993.

Paugam S., « Poverty and Social Disqualification. A Comparative Analysis of Cumulative Social Disadvantage in Europe », *Journal of European Social Policy*, 6, 4, 1996, pp. 287–303.

Paugam S. et Zoyem J.-P., « Le soutien financier de la famille : une forme essentielle de la solidarité », *Economie et Statistique*, 308–309–310, 1997, 8/9/10, pp. 187–120.

Paugam S., *To give, to receive and to give back : the social logics of family support*, Paper for European Science Foundation Conference on « Inequality and Social Exclusion in Europe : The Role of the Family and Social Networks », Castelvecchio Pascoli, Italie, 3–7 avril 1998.

Paugam S. (dir.), *L'Europe face à la pauvreté. Les expériences nationales de revenu minimum*, Paris, La Documentation Française, coll. « Travail et Emploi », 1999.

Paugam S., Russell H., « The Effects of Unemployment Precarity and Unemployment on Social Isolation », in Gallie D., Paugam S. (dir.), *Welfare Regimes and the Experience of Unemployment in Europe*, Oxford, Oxford University

Press, 2000, pp. 243–264.

Paugam S., *Le salarié de la précarité. Les nouvelles formes de l'intégration professionnelle*, Paris, PUF, coll. « Le lien social », 2000, « Quadrige », 2007 (avec une nouvelle préface à l'édition).

Paugam S., *Social Precarity and Attitudes to Society and the Welfare State*, Communication at the Conference « European Societies or European Society ? », Helsinski, Euresco Conference on *Institutions and Inequality*, 20–24 September 2003.

Paugam S., Selz M., « The Perception of Poverty in Europe since the Mid 1970s. Analysis of Structural and Conjunctural Variation », communication au colloque international du réseau européen d'excellence « Changequal » sur les indicateurs sociaux, Paris, 17–18 mai 2004.

Paugam S. et Gallie D., « L'expérience du chômage : éléments pour une comparaison européenne », *Revue suisse de sociologie/Swiss Journal of Sociology*, 30, 3, 2004, pp. 441–460.

Paugam S., « L'épreuve du chômage : une rupture cumulative des liens sociaux ? », *Revue européenne des sciences sociales*, Tome XLIV, 2006, n° 135, pp. 11–27.

Paugam S., « ¿Bajo qué formas aparece hoy la pobreza en las sociedades europeas? », *Revista Española del Tercer Sector*, n° 5, enero-abril 2007, p. 149–171.

Paugam S. (dir.), *Repenser la solidarité. L'apport des sciences sociales* (sous la dir. de) (2007), Paris, PUF, « Quadrige », 2011 (avec une nouvelle préface).

Paugam S., *Le lien social*, Paris, PUF, « Que sais-je ? », 2008.

Paugam S. et Duvoux N., *La régulation des pauvres*, Paris, PUF, coll. « Quadrige », 2008.

Péchoux S., *Vivre dans un quartier disqualifié. Images des lieux et images de soi dans le 20ème arrondissement de Paris*, mémoire de DEA de l'EHESS, septembre 2004.

Pétonnet C., *Ces gens-là*, Paris, Maspero, 1968.

Pétonnet C., *On est tous dans le brouillard. Ethnologie des banlieues*, Paris, Ed. Galilée, 1979.

Pinçon-Charlot M., Preteceille E. et Rendu P., *Ségrégation urbaine. Classes sociales et équipements collectifs en région parisienne*, Paris, Anthropos, 1986.

Piven F. F., Cloward A. C., *Regulating the Poor. The Functions of Public Welfare*, New York, Vintage 1993, (1ère édition, 1971).

Polanyi K., *La grande transformation. Aux origines politiques et économiques de notre temps*, Paris, Gallimard, 1983.（英語版初版、一九四四年）〔『大転換——市場社会の形成と崩壊』吉沢英成訳、東洋経済新報社、一九七五年〕

Pons P., *Misère et crime au Japon du XVIIe siècle à nos jours*, Paris, Gallimard, coll. « Bibliothèque des Sciences Humaines, 1999.〔『裏社会の日本史』安永愛訳、筑摩書房、二〇〇六年〕

Pugliese E., *Socio-économie du chômage*, Paris, L'Harmattan, 1996.（イタリア語版初版、一九九三年）

Razafindrakoto M. et Roubaud F., « Les multiples facettes de la pauvreté dans un pays en développement : le cas de la capitale malgache », Paris, *Documents du DIAL*, n° 7, 2001.

Regamey C., et Gropetti H., *Minimum pour vivre. Etude de diverses normes*, Lausanne, Editions La Passerelle, 1999.

Reyneri E., « Italie : longue attente à l'abri de la famille et des garanties publiques », in Benoît-Guilbot O. et Gallie D., *Chômeurs de longue durée, Arles*, Actes Sud, 1992, pp. 125–142.

Reyneri E., *Sociologia del Mercado del Lavoro*, Bologne, Il Mulino, 1996.

Ribeaud M.-C. et les équipes A. T. D. Service et Science, *Les enfants des exclus. L'avenir enchaîné des enfants du sous-prolétariat*, Paris, Ed. Stock, 1976.

Riffault H. et Rabier J.-R., *La perception de la misère en Europe*, Bruxelles, Rapport pour la Direction générale de l'emploi et des affaires sociale de la Commission européenne, 1977.

Riffault H., Rabier J.-R., *The Perception of Poverty in Europe*, Brussels, European Commission, 1977 ; Poverty 3, *The Perception of Poverty in Europe*, Brussels, European Commission, 1990.

Rigaux N., *The Perception of Poverty and Social Exclusion in Europe 1994*, Brussels, European Commission, 1994.

Rostow W. W., *Les étapes de la croissance économique*, Paris, Ed du Seuil, 1963.（英語版初版、一九六〇年）〔『経済成

長の諸段階——一つの非共産主義宣言』木村健康・久保まち子・村上泰亮訳、ダイヤモンド社、一九六一年〕

Rowntree B. S., Lavers G. R., *Poverty and the Welfare State*, London, New York, Toronto, Longmans, Green and Co, 1951.

Sabouret J.-F., *L'autre Japon : les burakumin*, Paris, La Découverte, 1983.

Salais R., Baverez N. et Reynaud B., *L'invention du chômage. Histoire et transformation d'une catégorie en France des années 1890 aux années 1980*, Paris, PUF, 1986, (coll. « Quadrige », 1999).

Salamon L. M., Anheier H. K., *Defining the nonprofit sector. A cross-national analysis*, Manchester and New York, Manchester University Press, 1997.

Saraceno C. (dir.), *Social Assistance dynamics in Europe. National and local poverty regimes*, Bristol, The Policy Press, 2002.

Saraceno C., *Sociologia della famiglia*, Bologna, Il Mulino, 1988.

Schnapper D., *L'épreuve du chômage*, Paris, Gallimard, 1981, (nouvelle édition Folio, 1994).

Schnapper D., *La communauté des citoyens. Sur l'idée moderne de nation*, Paris, Gallimard, coll. « Nrf-essais », 1994.

Schnapper D., *La démocratie providentielle. Essai sur l'égalité contemporaine*, Paris, Gallimard, coll. « Nrf-essais », 2002.

Schnapper D., *La relation à l'autre. Au cœur de la pensée sociologique*, Paris, Gallimard, coll. « Nrf-essais », 1998.

Schultheis F., Bubeck B., « Theorical and methodological problems in intercultural comparison of the phenomenon of extreme poverties », in Guidicini P. et al. (dir), *Extreme Urban Poverties in Europe. Contradictions and Perverse Effects in Welfare Policies*, Milan, Franco Angeli, 1996.

Schultheis F., « L'Etat et la société civile face à la pauvreté en Allemagne », in Paugam S. (dir.), *L'exclusion, l'état des savoirs*, Paris, La Découverte, coll. « Textes à l'appui », 1996, pp. 428–437.

Sen A., *Repenser l'inégalité*, Paris, Seuil, 2000.（英語版初版、一九九二年）〔『不平等の再検討——潜在能力と自由』池本幸生・野上裕生・佐藤仁訳、岩波書店、一九九九年〕

Sgritta G.B. et Innocenzi G., « La povertà », in Paci M. (dir.), *Le dimensioni della disuguaglianza. Rapporto della Fondazione Cespe sulla disuguaglianza sociale in Italia*, Bologna, Sociétà editrice il Mulino, 1993, pp. 261–292.

Simmel G., *Les pauvres*, Paris, PUF, coll. « Quadrige », 1998. （英語版初版、一九〇七年）〔「第七章　貧者——集合的な行動様式の否定性についての補説」『社会学——社会化の諸形式についての研究（下）』居安正訳、白水社、一九九四年〕

Simmel G., *Sociologie. Etudes sur les formes de la socialisation*, Paris, PUF, coll. « Sociologies », 1999.〔『社会学——社会化の諸形式についての研究（上・下）』居安正訳、白水社、一九九四年〕

Soares R., Bago d'Uva T., *Income, Inequality and Poverty*, Bratislava Seminar on International Comparisons of Poverty, INSEE, June 2000, pp. 159–205.

Stjernø S., *Den moderne fattigdommen* (La pauvreté moderne), Oslo Universitetsforlaget, 1985.

Stoléru L., *Vaincre la pauvreté dans les pays riches*, Paris, Flammarion, 1974.〔『富める国の貧困——社会的公正とは何か』益戸欽也・小池一雄訳、サイマル出版会、一九八一年〕

Stonequist E., *The Marginal Man*, New York, Russel & Russel, 1961.

Tabard N., « Des quartiers pauvres aux banlieues aisées : une représentation sociale du territoire », *Economie et Statistique*, 270, 1993, pp. 5–22.

Tchernina N., *Economic transition and social exclusion in Russia*, Genève, International Institute for Labour Studies, « Research series », n° 108, 1996.

Tham H., « The persistence of Social Assistance in the Welfare State : The Case of Sweden 1945–1990 », Paper presented at the conference on « Deprivation, social welfare and expertise », Helsinki, National Board of Social Welfare in Finland, 1990.

Titmuss R., « Developing Social Policy in Conditions of Rapid Change : The Role of Social Welfare », in Titmuss R., *The Philosophy of Welfare*, London, Allen and Unwin, 1987.

Tocqueville (de) A., *Œuvres complètes*, Tome V, Paris, Gallimard, 1958.

Tocqueville (de) A., « Mémoire sur le Paupérisme. 1/2 », *Commentaire*, volumes 23, 1983, pp. 630–636.

Tocqueville (de) A., « Mémoire sur le Paupérisme. 2/2 », *Commentaire*, volumes 24, 1983, pp. 880–888.

Tocqueville (de) A., *De la démocratie en Amérique*, Paris, Robert Laffont, coll. « Bouquins », 1986.〔『アメリカのデモクラシー　第一巻上・下』、第二巻上・下』松本礼二訳、岩波文庫、二〇〇五―二〇〇八年〕

Townsend P., *The Concept of Poverty*, London, Heinemann, 1970.〔『貧困の概念』三浦文夫監訳、国際社会福祉協議会日本国委員会、一九七四年〕

Townsend P., « Deprivation », *Journal of Social Policy*, 16, 2, 1988, pp. 125–146.

Trigilia C., *Sviluppo senza autonomia*, Bologna, Il Mulino, 1992.

Trigilia C., *Sociologie économique. Etat, marché et société dans le capitalisme moderne*, Paris, Armand Colin, coll. « U-Sociologie », 2002.

Van de Velde C., *Devenir adulte. Sociologie comparée de la jeunesse en Europe*, thèse de doctorat de sociologie, Paris, Institut d'Etudes Politiques de Paris, 2004.

Van Oorschot W., Halman L., « Blame or fate, individual or social ?, An international comparison of popular explanations of poverty », *European societies*, 2, 1, 2000, pp. 1–28.

Van Praag B. M. S., *Individual Welfare Functions and Consumer Behaviour*, Amsterdam, North Holland Publishing Company, 1968.

Van Praag B. M. S., Hagenaars A. J. M., Van Weeren H., « Poverty in Europe », *Review of Income and Wealth*, 28, 1981, pp. 345–359.

Verdès-Leroux J., « Les exclus », *Actes de la Recherche en Sciences Sociales*, 19, 1978, pp. 61–65.

Verdès-Leroux J., *Le travail social*, Paris, Editions de Minuit, 1978.

Villermé L.-R., *Tableau de l'état physique et moral des ouvriers employés dans les manufactures de coton, de laine et de soie*, Paris, Jules Renouard, 1840.

Wacquant L., « Banlieues françaises et ghetto noir américain : de l'amalgame à la comparaison », *French Politics &*

Society, 10, 4, 1992, pp. 81–103.

Weber E., *La fin des terroirs. La modernisation de la France rurale 1870–1914*, Paris, Fayard, 1983.

Weber M., *Economie et société*, Paris, Plon 1971, (rééd. Pocket 1995).〔『経済と社会』世良晃志郎・安藤英治・池宮英才・武藤一雄・薗田宗人訳、創文社、一九六〇―一九七六年（部分訳のみ）〕

Weber M., *Gesammelte politische Shriften*, Tübingen, Mohr, 1988.

Whelan C. T., Layte R., Layte B., « Persistent Deprivation in the European Union », Berlin, *Schmollers Jahrbuch, Journal of Applied Social Science Studies*, 122, 2002, pp. 31–54.

Wight Bakke E., *Citizens without Work. A Study of the Effects of Unemployment upon the Workers' Social Relations and Practices*, New Haven, Yale University Press, 1940.

Wight Bakke E., *The Unemployed Worker : A Study of the Task of Making a Living without a Job*, New Haven, Yale University Press, 1940.

Wilson W. J., *The Truly Disadvantaged*, Chicago, University of Chicago Press 1987, (traduction française : Les *oubliés de l'Amérique*, Paris, Desclée de Brouwer, 1994).〔『アメリカのアンダークラス――本当に不利な立場に置かれた人々』（明石ライブラリー　13）、青木秀男監訳、平川茂・牛草英晴訳、明石書店、一九九九年〕

Zoyem J.-P., *Accompagnement et sortie de l'aide sociale : évaluation de l'insertion professionnelle des bénéficiaires du revenu minimum d'insertion*, Thèse de Sciences économiques, Université de Paris I-Panthéon Sorbonne, 2004.

訳者解題

本書は、Serge Paugam, *Les formes élémentaires de la pauvreté*, Paris, PUF (Presses Universitaires de France), 3e édition mise à jour et complétée, 2013 (1re édition : 2005) の全訳である。著者のセルジュ・ポーガムは、一九六〇年にブルターニュ地方で生まれ、レンヌ第二大学で学んだあと、パリの社会科学高等研究院(EHESS)に進学した。EHESSでは、ドミニク・シュナペールの指導の下で一九八八年に博士号を取得した。同年、彼の博士論文「社会的降格」は国立科学研究センター(CNRS)の銅賞を受賞し、その三年後にフランス大学出版会(PUF)から同名の処女作を出版している(*1)。以後、ポーガムはコンスタントに調査をつづけると同時に著作を発表し、さらに国際的な舞台でも積極的に活躍する、現代フランスを代表する社会学者の一人となった。

本書の翻訳は、二〇一三年刊行の第三版を底本としている。初版は二〇〇五年だが、第三版では、二〇〇八年のリーマン・ショック以後の社会情勢の変化にあわせてデータの修正と加筆がおこなわれている。日本語版の出版にあわせて、序文の見出しを「日本語版に寄せて」に変更した。

ポーガムは現在、パリ社会科学高等研究院の教授で、同時にモーリス・アルブヴァクス・センターの社会的不平等研究チーム(ERIS)のディレクターとして、CNRS所属の研究者や博士課程の学生たちとともに、数多くの共同研究プロジェクトを進めている。これらのプロジェクトの研究成果や彼の指導する院生の博士論文、その他の若手研究者の研究成果は、フランス大学出版会の「社会的紐帯」叢書のモノグラフ・シリーズとして数多く刊行されている。また『社会学の実践』や『社会学的調査』などの社会学的研究全般や調査法についての教科書も出版しており、後者は二〇〇九年にCNRSの銀賞を受賞している。ほかにも、二〇一〇年には学術雑誌 *Sociologie* を創刊し、特定の学派にとらわれない調査研究主体の学術雑誌として定評がある。

ポーガムは教育者としても数多くの指導学生をかかえ、優秀な若手研究者を育成している。たとえば、若者や世代間不平等の国際比較研究をおこなっているセシル・ヴァン＝ド＝ヴェルド、社会・連帯経済や非営利団体の労働問題をテーマとするマチュー・エリ、RSA（積極的連帯所得）導入以降の貧困層の問題やアメリカとの比較研究をおこなうニコラ・ドゥヴー、住宅の貧困に関する調査をおこなっているパスカル・ディートリッヒ＝ラゴンなどが、フランスを代表する若手社会学者として活躍している。とくに、ポーガムやロベール・カステルとの共著もあるニコラ・ドゥヴューは、「思想生活（La vie des idées）」という電子書評サイトを英語とフランス語の両方で運営しており、それをつうじて英仏語圏の最新の研究事情を知ることができる(*2)。

このように、ポーガムは現在、研究、教育、学術出版など多方面にわたり活躍しており、ブルデューやカステルのように影響力の大きな大物社会学者がいなくなったフランス社会学界のなかで、名実ともに、現代フランスを代表する社会学者の一人となっている。

ポーガムの著作は以下のリストに挙げているように、二〇一六年一月現在で単著六冊、共編著一〇冊にのぼる。

La disqualification sociale. Essai sur la nouvelle pauvreté, Paris, PUF, coll. « sociologies », 1991, 最新版 2009.（新版序文「『社会的降格』二〇年後」追加）〔『社会的降格』〕

La société française et ses pauvres. L'expérience du revenu minimum d'insertion, Paris, PUF, coll. 最新版 2002.（Quadrige 版向け序文追加）〔『フランス社会と貧困層――参入最低所得の経験』〕

Précarité et risque d'exclusion en France (avec Jean-Paul Zoyem et Jean-Michel Charbonnel), Paris, La Documentation Française, coll. « Documents du CERC », n° 109, 4e trimestre 1993.〔『フランスにおける不安定と排除のリスク』〕

L'exclusion, l'état des savoirs (sous la dir. de), Paris, La Découverte, coll. « Textes à l'appui », 1996.〔『排除――現状』〕

L'Europe face à la pauvreté. Les expériences nationales de revenu minimum garanti (sous la dir. de), Paris, La Documentation Française, coll. « Travail et Emploi », 1999.〔『貧困に立ち向かうヨーロッパ――最低保障所得の国別の経験』〕

Welfare Regimes and the Experience of Unemployment in Europe (avec Duncan Gallie, sous la dir. de), Oxford, Oxford University Press, 2000.〔『福祉レジームとヨーロッパにおける失業経験』〕

Le salarié de la précarité. Les nouvelles formes de l'intégration professionnelle, Paris, PUF, coll. « Le lien Social », Série « Documents d'enquête », 2000, coll. « Quadrige » 2007.（Quadrige 版向け序文付き）〔『不安定の賃労働者――新たな形態の職業統合』〕

Les mégapoles face au défi des nouvelles inégalités (avec Isabelle Parizot, Pierre Chauvin et Jean-Marie Firdion, sous la dir. de), Paris, Flammarion, coll. « Médecine-Sciences », 2002.〔『新たな不平等の挑戦に直面した大都市圏』〕

La précarité professionnelle : effets individuels et sociaux, Entretiens avec Geneviève Fournier et Bruno Bourassa, Québec, Presses Universitaires de Laval, coll. « Trajectoires professionnelles et marché du travail contemporain », 2004.〔『職業の不安定――個人的・社会的結果』〕

Les formes élémentaires de la pauvreté, Paris, PUF, coll. « Le lien social », 2005, 3e édition mise à jour et complétée, 2013.〔『貧困の基本形態』〕

Repenser la solidarité. L'apport des sciences sociales (sous la dir. de), Paris, PUF, coll. « Le lien social », 2007, 2011. (Quadrige 版向け序文付き)〔『連帯を再考する——社会科学の貢献』〕

La régulation des pauvres (avec Nicolas Duvoux), PUF, coll. « Quadrige », 2008.〔『貧者の規制』〕

La pratique de la sociologie, PUF, coll. « L », 2008, traduit en arabe, 2013.〔『社会学の実践』〕

Le lien social, Paris, PUF, coll. « Que sais-je ? », 2008.〔『社会的紐帯』〕

L'enquête sociologique (sous la dir.), Paris, PUF, coll. « Quadrige », 2010.〔『社会学的調査』〕

Les 100 mots de la sociologie (sous la dir.), Paris, PUF, coll. « Que sais-je ? », 2010.〔『社会学の一〇〇ワード』〕

Des pauvres à la bibliothèque. Enquête au Centre Pompidou (avec Camila Giorgetti et avec la collaboration de Benoît Roullin, Ingrid Bejarano, Juliette Ferreyrolles et Léna Paugam), Paris, PUF, coll. « Le lien social », 2013.〔『図書館の貧者——ポンピドゥー・センターの調査』〕

L'intégration inégale. Force, fragilité et rupture des liens sociaux (sous la dir.), Paris, PUF, coll. « Le lien social », 2014.〔『不平等な統合——社会的紐帯の強さと弱さ、断絶』〕

Vivre ensemble dans un monde incertain, Éditions de l'Aube, coll. « L'urgence de comprendre », 2015.〔『不確かな世界で共に生きる』〕

ポーガムの研究経歴については、本書の序章で、筆者自ら研究関心の発展の経緯をくわしく述べているため、ここでは繰り返さない。ポーガムの研究スタイルは、インタビュー調査にもとづいた特定地域のモノグラフから、地方・国レベルでのサンプリング調査、さらには国際比較調査へと範囲を広げていき、しだいに計量分析を重視するようになっていったが、『プレカリテの賃労働者』(二〇〇〇年、未邦訳)(*3)では、調査票を使った量的調査にインタビュー調査も併用している。このように、調査のタイプとしては質的研究も量的研究も使うものの、ポーガムの方法においてつねに一貫しているのは「類型分析」である。

◉——類型分析

類型分析という方法それ自体は、とくに目新しいものではない。デュルケム（自殺の類型）やウェーバー（支配の諸類型）などの古典的な社会学者がむしろ好んで使った方法ですらある。フランスにおいてこの類型分析を体系的に使用した調査研究は、ポーガムの指導教授であるドミニク・シュナペールの『失業の試練』（一九八一年、未邦訳）(＊4)である。シュナペールは、失業者が増加した一九七〇年代の後半に、九九人の失業者を対象にインタビュー調査をおこない(＊5)、当時の失業者の体験（生きられた経験）を、「全面的な失業（le chômage total）」、「反転した失業（le chômage inversé）」、「先延ばしされた失業（le chômage différé）」の三タイプに類型化した(＊6)。第一の「全面的な失業」タイプは非熟練労働に従事していた人びとの特徴で、かれらは失業のあいだ恥辱感と退屈、社会から切り離された感覚を抱く。第二の「反転した失業」の多くは若い女性で、失業期間をバカンスの延長ととらえ、芸術家の生活のようなものと感じている。七〇年代に多くの人びとに衝撃を与えたのが、それまで安定して高所得であったはずの管理職《カードル》の失業者であった。かれらの失業経験は、「先延ばしされた失業」タイプに分類され、かれらは失業中であっても元は管理職であったことにこだわるものの、求職期間が長期化するにつれ、徐々に生活が崩れていく感覚にとらわれるようになる。後者の二タイプの失業体験も、長期化するにしたがい、しだいに「全面的な失業」タイプに移行するようになっていく。シュナペールの『失業の試練』も本書と同様に、失業の三類型ごとに章構成され、各章では各タイプに属する失業者による語りとその分析がそれぞれ配置されている。シュナペールが調査をおこなった七〇年代後半は、管理職の失業や長期失業者の増加がフランスで大きな社会問題となっていた。当時は「新しい貧困」と呼ばれ、その後「社会的排除」という言葉によって広まったこのような問題は、現在ポーガムのいう「降格する貧困」に対応するといえるだろう。

ポーガムのデビュー作『社会的降格』でもちいられた方法も、対象者は八〇年代当時フランスで導入されたばかりのＲＭＩ（参入最低所得）受給者という点では異なるものの、シュナペールの類型分析の方法に大きな影響を受けている。全体の構成も『失業者の試練』と同様に、ＲＭＩ受給者の体験を類型化し、タイプごとに章構成されている。当初はシュナペールの影響が非常に大きかったのであろう。しかしポーガムは、小規模な調査対象地域にとどまらず、新たに「社会的降格」の概念をより一般的に妥当可能な概念として洗練させるために、その対象領域をさらに拡大し、計量的な手法ももちいるようになっていった。

◉——社会的排除とアンダークラスをめぐって

ポーガムの名前が国際的に知られるようになったきっかけは、九〇年代に欧州で「社会的排除」の概念が政策の場で広まったことである。フランス社会党出身のジャック・ドロール欧州委員会委員長が、ＥＵレベルでの「社会的排除」対策を提案し、各国の社会政策のなかでこの概念が取り入れられた。とくにイギリスで政府内に社会的排除対策の部局が設けられて以降は、日本でもよく知られている。「社会的排除」という言葉は、もともとフランスの社会運動の現場から欧州規模へ広まったものだが、そのさいにポーガムは欧州世帯パネル調査やユーロバロメーター調査などに参加し、フランスを代表とする貧困・社会的排除研究者として広く国際的に知られるようになった。

一般に「社会的排除」といわれる社会的降格は、本書では貧困の基本形態のうちの「降格する貧困」に対応する。このタイプの貧困については、本書でくわしく述べられているように、プロセスという特徴が強調されている。このような社会的降格を「プロセス」として考える視点には、アメリカの象徴的相互作用論からの影響を指摘しておく必要があろう。アーヴィング・ゴッフマンの『アサイラム』やハワード・ベッカーの『アウトサイダーズ』は、日本においても社会学の古典としてよく知られている。これらの著作のなかで、ゴッフマンの「モラル・キャリア」、ベッカーによるマリファナ常習者の「逸脱経歴」など、逸脱のキャリアの継起的な分析は、ポーガムによる貧困者がしだいに周縁化されていくプロセスの分析に大きな影響を与えていることが、彼の初期の著作、とりわけ『社会的降格』にはっきりとあらわれている。いわゆる「社会的排除」の研究においても「プロセス」の分析が重視されるが、ポーガムのこうした発想には、相互作用論にもとづくシークエンス分析の研究が背景にある。

日本では、ちょうどリーマン・ショック前後の二〇〇〇年代半ばから広まった「社会的排除」に加えて、最近では「アンダークラス」(*7)という言葉を好む論者も増えているようである。本書の第5章でも触れられているように、「アンダークラス」という言葉は一九八〇年代におもに北米を中心に広まったもので――黒人のシングルマザーなどを念頭に置きつつ――、しばしば福祉に依存する労働意欲の低い下層階級として道徳的非難の対象となった。そのため、北米で著名な都市貧困研究の社会学者W・J・ウィルソンは、このアンダークラスという言葉を使用するのを放棄したほどである。「排除」は欧州福祉国家で、「アンダークラス」は北米リベラル国家で生まれたものであったが、日本の状況はいささか異なっている。まず、「排除」という言葉はリーマン・ショックの前後に盛んになったが、その後、生活保護受給者が増加し、根拠のあいまいな不正受給の糾弾と、政治家やメディアなどによるバッシングがおこなわれ、受給者に強いスティグマが与えられるようになってから、「アンダークラス」という言葉が広まるようになった。日本においてアンダークラスという言葉が使用される背景には、貧困にたいする道徳的非難や生活保護受給者へのスティグマ化の強化がみられるのである。

◉——ロベール・カステルとの関係

フランスでは、「社会的排除」と呼ばれる議論においてポーガムとならんで言及されるのがロベール・カステルである(＊8)。カステルについては、すでに主著『社会問題の変容』などの主要な著作が日本語で読めるようになったため、くわしくはそちらを参照していただきたい。ポーガムの問題意識やテーマから言えば、指導教授のシュナペール以上にカステルとの関係が密接である。じっさいにカステルは彼の博士論文の副査を担当しており、そしてちょうどこの時期にカステル自身が『社会問題の変容』を準備しているところでもあった。カステルは、アメリカのホームレス研究者ホワード・バールの disaffiliation の概念を拡張して、周辺から発して賃労働社会の中核部にまで危機が迫ることを示す主要な概念として展開していった。その点で、ポーガムの「社会的降格」とカステルの「社会的紐帯の喪失《デザフィリアシオン》」概念は非常に密接な関係にあることは指摘しておくべきであろう。また、これは非常に個人的な事柄ではあるが、ポーガムとカステルは、世代は違うものの同郷で、ポーガムの祖父とカステルの父は同じ職場に勤めていたことがあるとのことである。ポーガムとカステルの関係は制度的な関係以上に近いものであったようだ。

とはいえ、彼らの関心は微妙に重なりながらも、やや異なる。二点だけ指摘しておこう。第一に、両者の「排除」概念との関係である。カステルは当初から「排除」概念の使い方に否定的で、分析概念として使用されていないと言う。「排除」という言葉は、共同体の根絶や隔離、権利が剝奪された特殊な地位といったように、厳密に使うべきであり、長期失業者や郊外の若者のように同じ軌跡も将来も共有しない異質なものを一緒にしてこの言葉を使用することについては、警戒する必要があると主張する。「「不安定化《プレカリザシオン》」、「脆弱化」、「周縁化」を語ることはできるが、「排除」を語ることはできない」(*9)のである。

一方でポーガムは、「排除」を「概念地平(concept horizon)」と考える(*10)。この「概念地平」という言葉は、レヴィ＝ストロースが「アイデンティティ」概念について論じたさいに、物事を説明するうえで参照することが不可欠だが、けっして現実の存在ではないような、「一種のヴァーチャルな焦点」(*11)を「概念地平」と呼び、ポーガムの師であるシュナペールが移民の「統合」について使用した表現である(*12)。ポーガムによれば、「排除」という観念は、研究者にとっては見つけだすべき現実をあらわす指標――つまり概念地平――ではあるものの、もう一方で断ち切るべき「先入観《プレノシオン》」でもある。研究者はそれを新たに社会学的な対象として精緻化、つまり社会学的研究の伝統にもとづく理論的枠組のなかへとそれを位置づけなおさねばならない。そのためにポーガムは、貧困や排除という観念ではなく、「社会的降格」というオリジナルな概念を分析概念として洗練させようとしたのである。

カステルとポーガムの違いの第二の点は、社会的紐帯の次元性の問題である。カステルもポーガムもともに、社会的紐帯がしだいに喪失あるいは脆弱化していくプロセスに注目する。賃労働関係に注目するカステルの場合は、労働／非労働の軸と関係的統合／孤立の軸を交差させ、労働と関係的統合からなる「統合のゾーン」、労働と孤立からなる「脆弱性のゾーン」、非労働と関係的統合からなる「扶助のゾーン」、そして非労働と孤立からなる「社会的紐帯喪失のゾーン」へと、社会空間の連続体のなかで個人が移行し、しだいに周縁化されていくプロセスに注目する(＊13)。そして、社会の内と外のような明確な区別は存在しないこと、周辺部分の不安定化がやがて賃労働社会の中核部にまでいたり、その基盤を掘り崩していくプロセスを強調している。

それにたいしてポーガムは、「社会的紐帯の喪失」と「社会的降格」の二つの概念の類似性を認めながらも、大きく二つの点でその違いを論じている(＊14)。まず、ポーガムは社会的紐帯をより多元的に考えており、親族の紐帯、選択的参加の紐帯、有機的参加の紐帯、シチズンシップの紐帯など、労働との関係以外の紐帯の重要性も強調している。ポーガムにとって、カステルの賃労働関係は有機的参加の紐帯に限定されたものなのである。つぎに、カステルの概念は「社会保護」にもとづいた紐帯を重視しているが、ポーガム自身はそれに加えて、アイデンティティや社会的承認の次元により重きをおいていると主張する。本書でも何度も触れられているように、社会的紐帯の強さはその「保護」の次元だけではなく、「承認」の程度にも依存する。もちろん、保護は紐帯を形成する基本的な役割を果たすものの、個人が他者や集団、さらに社会全体と取り結ぶ関係においては、アタッチメントや承認などの情緒的な次元を考慮にいれることが必要なのである。このような「保護」と「承認」といった視点は、比較研究の理論的枠組においても重視されている。国際比較研究の分析枠組としては、エスピン＝アンデルセンの福祉レジームの三類型がよく知られているが、こうした福祉国家＝社会保護といった制度的次元だけではなく、ポーガムは、個人が社会に統合されるあり方として、より主観的な次元も強調する。そのため、「日本語版に寄せて」で触れているように、ポーガム自身は国際比較研究を経て、「結合《アタシュマン》レジーム」の三類型を提案している。これは福祉レジームの三類型に準拠しているものの、個人と社会とのアタッチメントのあり方にしたがって考えられた類型である。

◉――現在の研究プロジェクト

ポーガムの比較社会研究はヨーロッパにとどまらず、欧州比較ののちに、世界各国の大都市を対象にＳＩＲＳ（健康と不平等、社会的断絶）国際比較プロジェクトが企画された。二〇〇五年にはパリ大都市圏で第一波調査、その後はパネル調査として二〇〇九年まで計三回にわたって調査が実施されている。ポーランドのワルシャワ、マダガスカルのアンタナナリヴォ、ブラジルのサンパウロなどでも同種の調査が実施された。日本では、大阪市で約三〇〇〇人の市民を対象に、訳者を含む大阪市立大学の研究グループが二〇一一年に実施した「大阪市民の社会生活と健康に関する調査」の調査設計と、調査票の社会生活に関する項目などで、ＳＩＲＳ調査を採用している。このプロジェクトは、大都市におけるさまざまなタイプの社会的紐帯の脆弱性や断絶が健康に与える影響を地区レベルで分析し、さらにそれを世界の大都市間で比較しようという試みである。

このプロジェクト以後は、これら大都市での研究をもとに、「エリートと貧困層」研究がパリ、ミラノ、デリーをフィールドとして実施されている。この調査は、大都市のなかでとくに富裕層が集住する地区の住民を対象に、生活史や貧困観、衛生観念などについてインタビュー調査をおこなっている。そこでは、貧困層そのものではなく、エリート層が貧困についてどのような意識をもっているのか、そして格差をかれらがどのように認識しまた正当化するのかを分析している。

現在では、SIRS調査の継続プロジェクトとして、パリだけではなく、地方都市において「社会的紐帯」に関する調査を実施している。二〇一四年にはストラスブールで実施しており、現在はリールでも計画が進行中である。

◉——研究の特徴

ポーガムの研究の特徴はまず、その比較社会学的アプローチにあるだろう。本書でも、デュルケムの『社会学的方法の規準』の一節「比較社会学は社会学の一部門ではなく、純然たる記述的なものであることをやめて、諸事実の説明へと方向づけられるかぎり、社会学そのものである」を引用しているように、ポーガムはこのデュルケムのいう「比較社会学」をその方法論の基礎においている。デュルケムは、特定社会の状態を記述するモノグラフだけではなく、多数の個体からかぎられた数の類型を構成し分類することを強調している。たんに個々の社会的事実の記述だけではなく、比較をつうじて社会的諸事実を説明することが、デュルケムの考える社会学である。ポーガムはこうしたデュルケムの比較社会学の方法にしたがい、国際比較プロジェクトを積極的に進めている。その経緯は本書でも触れられているが、とくに福祉レジーム論で著名なエスピン゠アンデルセンや、イギリス労働社会学のダンカン・ゲイリーなどとともに国際比較調査も実施している。先のSIRSプロジェクトも、欧州レベルの国際比較プロジェクトの経験を踏まえたうえで、世界の大都市を対象に、貧困と社会的紐帯の断絶、健康状況に関する国際比較調査をおこなおうという大胆な企画である。

ボーガムの研究の第二の特色は、社会学の古典の再評価であろう。本書でもまず、トクヴィル、マルクス、ジンメルといった古典からアイデアを汲み取りつつ、自らが関わった調査などをもとに現代の問題を問いなおすというアプローチをとっている。したがって、彼の特徴は、初めから抽象的で難解な用語を新たにつくりだすことよりも、古典を紐解きながら調査をおこない現代の社会問題に取り組むという、社会学のオーソドックスな研究スタイルを貫いている点である。

フランス大学出版会で担当している「社会的紐帯」叢書の企画として、ボーガムは、ゲオルグ・ジンメルの『貧者』、エミール・デュルケムの『道徳教育論』、モーリス・アルブヴァクスの『自殺の原因』、レイモン・アロンの『現代社会』などを再版し、それぞれ彼本人による長文の解説を加えている。これら以外にも、アルブヴァクスの『労働者階級の運命』、ウォルフガング・テンニースの『ゲマインシャフトとゲゼルシャフト』、ジョージ・H・ミードの『精神・自我・社会』、フランソワ・シミアンの『経済の社会学的批判』、マイケル・ヤングとピーター・ウィルモットの『イースト・ロンドンの家族と親族』等の翻訳・再版をおこなうなど、フランス語で読むことのむずかしかった社会学の古典を積極的に復刻し、再評価している。

*

本書を訳すきっかけは、ボーガムが二〇〇五年に自らの研究チームERISを立ち上げたさいに、そのメンバーとして、訳者の一人である川野が参加したことにある。この年、時のド・ヴィルパン首相肝いりで社会科学の国際戦略センターが構想され、パリ市の南、大学学園都市のすぐ近くの元高等師範学校女子寮跡地にキャンパス・ジョルダンが建設された。そこでは、トマ・ピケティやダニエル・コーエン(＊15)らがパリ・スクール・オブ・エコノミクスを立ち上げ、同時に、社会科学のデータ・アーカイブ・センターである「二次分析・社会学応用法実験室（ＬＡＳＭＡＳ）」がモーリス・アルブヴァクス・センター（ＣＭＨ）へと再編され、キャンパス・ジョルダンに研究室がおかれた。すでに国際的な名声の高かったポーガムのＥＲＩＳもこのキャンパスでスタートを切った。本書の初版が刊行されたのもこの年だった。しかしすでにポーガムは欧州比較研究を終え、新たな国際比較プロジェクトＳＩＲＳに着手しており、川野もまたこのプロジェクトに参加していたため、本書の訳出作業にすぐに取り組むことはできなかった。結局のところ、二〇一一年にＳＩＲＳの日本版を実施したのちにようやく、本書の翻訳にとりかかることができた。

その後、ちょうど本書を訳し始めて間もなくの二〇一三年、著者のポーガムから、第三版を出版するのでそちらを底本としてほしいとの依頼があった。ちょうど大統領選が終わったばかりで、初版以降の変化についても考察したうえで加筆したいとのことであった。

当時のフランスも日本と同様、二〇〇八年に起こった経済危機の影響を受けており、二〇一二年の大統領選では当時の現職ニコラ・サルコジ大統領がフランソワ・オランドに敗れた。その前の二〇〇七年大統領選では、サルコジ候補は「もっと働き、もっと稼げ」をスローガンに掲げて当選した。当選後まもなく、サルコジ大統領はＲＳＡ（積極的連帯所得）という新たな貧困対策を導入した。これは、フランス人にとっての英雄ピエール神父の設立した貧困層支援団体エマウスの代表であるマルタン・イルシュが提案したもので、従来のＲＭＩに加えて、その支給額に収入が満たないワーキングプア層にたいする所得補塡という側面をもっていた。しかしこれにたいして、ロベール・カステルは「プレカリアート」を制度化するものだと批判し、また当初は検討委員会に参加していたポーガム自身もこの制度によって新たに「扶助された不安定労働者《プレケール》」が生まれたと批判的に評価していた。この制度の導入の背景には、ＲＭＩ受給者の増加に加えてワーキングプアが注目され、景気回復期にあったフランス社会のなかで貧困にたいする厳しい見方が広まっていたことがある。しかしその後、経済危機によって景気が悪化したことから、こうした見方も変化し、結局のところサルコジがオランドに大統領選で敗退するという結果になったのである。ポーガムが本書で主張しているのも、このような経済情勢によって貧困にたいする見方が変化する「貧困層にたいする連帯のサイクル」であった。

こうしたサイクルについては、日本においても同様のことが言えるかもしれない。リーマン・ショックの後、二〇〇八年暮れの派遣村、そして民主党政権の誕生が二〇〇九年であった。そのさいには、日本社会にはわずかながらでも貧困にたいする連帯があったようにも思われた。民主党政権下で厚生労働省ははじめて相対的貧困率を発表した。生活困窮者にたいする生活保護の敷居が低くなったのもこの時期だ。しかし、民主党政権も長くつづかないまま二〇一二年末には自民党が政権に復帰し、今度はかつてないほどの生活保護バッシングが始まった。貧困にたいする厳しい扱いはその後もつづき、生活扶助やさらに住宅扶助も減額されることになった。一見すると失業率が低下している二〇一六年現在では、貧困であることがますます肩身の狭い思いをさせられる世の中となっている。

本書のもとになっているのは、ポーガムが長年関わっていた欧州の国際比較調査である。欧州では数十年も前から欧州加盟国の参加する国際比較調査が盛んで、欧州連合自体が研究者にたいして助成をおこない、国際比較研究を推奨している。公式統計の標準化についても議論が活発におこなわれている。日本がすぐに欧州の水準で国際比較をおこなうのは困難であるが、それでも近年では日本を含めた国際比較データの分析もおこなわれている。本書もまたこうした研究にいくらかでも示唆を与えるものとなることを期待したい。

本書の日本語版出版にあたり、ポーガムは第三版序文（本訳書では「日本語版に寄せて」）の後半部分を大幅に加筆している。加筆されたのは、ポーガムが第三版で新たに提起した「結合レジーム」の四つの類型（家族主義型レジーム、主意主義型レジーム、有機体型レジーム、普遍主義型レジーム）の箇所である。これはちょうど、エスピン＝アンデルセンの類型（家族主義、自由主義、保守主義・コーポラティズム、社会民主主義）に対応しているが、その構成原理は異なる。この四類型を区別するさいにポーガムが依拠するのは、「統合」と「規制」の二つの軸である。とくにこれについては少し解説が必要であろう。

ポーガムの師であるドミニク・シュナペールは、統合問題を社会学的に扱うさいに、「社会への統合」と「社会の統合」を区別する。これはそもそもイギリスの社会学者デヴィッド・ロックウッドの「社会統合」と「システム統合」に対応した区別である。シュナペールは、個人や特定の歴史的集合体が社会全体に統合されることを「社会への統合」と呼び、社会全体を政治的なものによって統合すること、つまり市民の共同体である国民《ナシオン》という枠のなかで社会全体のまとまりを維持することを「社会の統合」と呼ぶ。ポーガムはこれをデュルケムの「統合」と「規制」の区別と対応させて理解している。これら統合と規制の軸を交差させ、経済発展と不平等・貧困への関係、社会保護制度、公民精神のそれぞれの特徴がより重視される程度によって、四つの結合レジームが分析的に区別されている。このようにポーガムは、分析枠組を絶えず練りなおすことによって、貧困・社会的排除の比較研究から、社会的紐帯あるいは社会的結合の一般理論の構築へと歩を進めようとしている。それは、ジンメルの貧困の社会学と同様に、貧困を貧困としてではなく、貧困を社会全体との関係でとらえなおし、経験的研究をつうじて一般社会学の理論を形成しようと試みていると言えるだろう。

本書の翻訳は、序章、第2章、第4章、第5章、終章、補論、「日本語版に寄せて」を川野英二が担当し、第1章と第3章を中條健志が担当した。第1章については、訳者たちにあまり馴染みのない一九世紀の文章がしばしば引用されるため、ロベール・カステル『社会問題の変容』(ナカニシヤ出版、二〇一二年)の訳者である前川真行氏(大阪府立大学)に訳文の丁寧なチェックをしていただき、大幅な改稿をおこなった。したがって第1章については、実質的には前川氏との共訳である。記して感謝したい。その後、川野と中條で担当箇所すべてを相互に検討し、最終的には川野がすべての原稿を再度見なおし、また文体や表現を調整した。訳文検討会では顔をつき合わせて一文一文丁寧に検討したつもりであるが、それでも誤訳や見落としなどのミスがあるかもしれない。ポーガムとは長年、共同研究をともにしており、訳者にとって自明でも一般の読者にはわかりにくい箇所がまだ残っているかもしれない。お気づきの点があればご指摘いただければ幸いである。

なお、「日本語版に寄せて」は、もともとは第三版が出版されたときに加えられた序文に、今回の日本語版出版にあわせて新たに加筆されたものである。原著では第三版序文は序章の前におかれていたのだが、新たにポーガムの現在のアイデアが加筆されたことにより、ポーガムのこれまでの議論に馴染みのない邦訳読者にとってはかえって理解がむずかしいと判断し、著者と話し合いのうえ、補論の後におくことにした。一般にフランスでは新版が発行されるさいには著者による文章の追加や訳者解題は本論の前におかれるのだが、日本語の書籍の場合は本論の後におかれることが多いため、このような構成の変更も読者にはご理解いただけるかと思う。

ここ数年、ドミニク・シュナペールやロベール・カステル(＊16)、ジャック・ドンズロ(＊17)、リュック・ボルタンスキー(＊18)など、現代フランスを代表する社会学者の著作が相次いで翻訳刊行されるようになり、フランス社会学の代表的著作も日本語で読める環境が整ってきた。訳者が本書の翻訳に着手し始めたころには、現代フランスの社会科学の動向は日本ではほとんど顧みられることはなかったが、今ではトマ・ピケティの著作をはじめ、先の翻訳書のおかげでフランスの社会科学の現状もある程度知られるようになってきた。本書もぜひ先の一連の著作とあわせてお読みいただきたい。貧困・社会的排除研究のみならず、社会科学の研究全般で英語圏への偏りがみられるなかで、こうした翻訳の試みをつうじてわずかながらでも欧州大陸の社会科学の現状理解に寄与することができればと願う。

最後に、予想よりも時間がかかった翻訳作業を辛抱強く支援していただいた新泉社編集部の安喜健人さんに深く感謝したい。

二〇一六年一月

訳者を代表して　川野英二

註

(1) *La disqualification sociale. essai sur la nouvelle pauvreté*, Paris, PUF, 1991.

(2) 英語版のURLは以下。http://www.booksandideas.net

(3) Serge Paugam, *Le salarié de la précarité*, Paris, PUF, 2000.

(4) Dominique Schnapper, *L'épreuve du chômage*, Paris, Editions Gallimard, 1981.

(5) 対象者はAPEC(中間管理職向け雇用局)の登録リスト、そしてANPE(職業紹介所)の出入口で協力を要請した。インタビュアーは調査会社の調査員のほか六名の研究者で分担している。

(6) シュナペールはその後、*La compréhension sociologique : démarche de l'analyse typologique*, Paris, PUF, 2005. において、自らの研究で使用してきた類型分析法についてまとめた著作を発表している。

(7) たとえば、橋本健二『貧困連鎖——拡大する格差とアンダークラスの出現』(大和書房、二〇〇九年)、山田昌弘『なぜ日本は若者に冷酷なのか——そして下降移動社会が到来する』(東洋経済新報社、二〇一三年)などがある。

(8) 日本では都留民子が『フランスの貧困と社会保護』(法律文化社、二〇〇〇年)で社会福祉学の立場からRMI導入の背景と制度の内容、カステルとポーガムそれぞれの研究とRMIにたいする立場を紹介している。

(9) ロベール・カステル『社会喪失の時代——プレカリテの社会学』(北垣徹訳、明石書店、二〇一五年、三三六頁)。

(10) S. Paugam, « Les formes contemporaines de la pauvreté et de l'exclusion en Europe », *Etudes ruales*, 159–160, 2001, pp. 73–96.

(11) C. Lévi-Strauss (dir.), *L'identité*, Paris, Graasset, 1977, p. 372.

(12) ドミニク・シュナペール『市民の共同体——国民という近代的概念について』(中嶋洋平訳、法政大学出版局、二〇一五年)。

(13) R. Castel, « De l'indigence à l'exclusion, la désaffiliation : Précarité du travail et vulnérabilité relationnelle », in

J. Donzelot (dir.), *Face à l'exclusion : Le modèle français*, Paris, Edition Esprit, 2000, pp.137–168.

（14） S. Paugam, « Compter sur et compter pour. Les deux faces complémentaires du lien social », in R. Castel et C. Martin (dir.), *Changements et pensées du changement : échanges avec Robert Castel*, Paris, La Découverte, 2012, pp. 217–230. 本書は一八名の研究者がカステルの研究にたいする報告をおこない、カステル自身がそれぞれにリプライしている。ポーガムの報告にたいしては、カステルはたしかに自分は労働にもとづいた「有機的参加の紐帯」を重視しているが、それは現代の社会関係において賃労働関係が支配的であると考えているからだと答えている（pp. 298–300）。

（15） ダニエル・コーエンはフランスを代表する経済学者のひとり。邦訳書に、『迷走する資本主義――ポスト産業社会についての三つのレッスン』（林昌宏訳、新泉社、二〇〇九年）、『経済と人類の一万年史から、二一世紀世界を考える』（林昌宏訳、作品社、二〇一三年）、『経済は、人類を幸せにできるのか？』（同、二〇一五年）。

（16） ロベール・カステル『社会問題の変容』（前川真行訳、ナカニシヤ出版、二〇一二年）、『社会の安全と不安全』（庭田茂吉・アンヌ・ゴノン・岩崎陽子訳、萌書房、二〇〇九年）、『社会喪失の時代』（北垣徹訳、明石書店、二〇一五年）。

（17） ジャック・ドンズロ『都市が壊れるとき』（宇城輝人訳、人文書院、二〇一二年）。

（18） リュック・ボルタンスキー、エヴ・シャペロ『資本主義の新たな精神』（三浦直希・海老塚明・川野英二・白鳥義彦・須田文明・立見淳哉訳、ナカニシヤ出版、二〇一三年）。

【訳者】

川野英二（Eiji Kawano）

1968年，北海道生まれ．
2000年，大阪大学大学院人間科学研究科博士後期課程修了．博士（人間科学）．
大阪大学助手，フランス国立社会科学高等研究院（EHESS）モーリス・アルブヴァクス・センター（CMH）研究員，京都大学特定助教をへて，
現在，大阪市立大学文学研究科准教授．専門は，都市・社会政策の社会学．

論文に，“Individualized and institutionalized residential place-based discrimination and self-rated health: a cross-sectional study of the working-age general population in Osaka city, Japan”（田淵貴大ほか共著，*BMC Public Health*, 14, 2014），「東京オリンピックの前に，都市社会政策と貧困を考える――フランス，アメリカ，大阪から」（『シノドス』2013.12.31），「大阪市民の貧困観と近隣効果――貧困層は対立しているのか？」（『貧困研究』9，2012），“Insécurité de l'emploi et insécurité de parcours des travailleurs japonais”（*Informations Sociales*, CAF. 2, 168, 2011），「フランス都市社会政策と社会的不利地区」（『部落解放研究』193，2011）ほか．

訳書に，『資本主義の新たな精神』（リュック・ボルタンスキー，エヴ・シャペロ著，三浦直希ほか共訳，ナカニシヤ出版，2013）ほか．

中條健志（Takeshi Chujo）

1983年，長野県生まれ．

2010年，大阪市立大学大学院文学研究科後期博士課程単位取得退学．博士（文学）．

現在，大阪市立大学都市文化研究センター研究員．専門は，仏語圏の移民研究．


論文に，「フランスにおける「移民」の歴史化――国立移民歴史館開館をめぐるメディア・ディスコースの分析」（『都市文化研究』17，2015），“La problématique de l'« intégration » – Analyse du discours sur la politique d'accueil de l'étranger au Luxembourg”（『ルクセンブルク学研究』5，2014），“L'« immigration » dans l'histoire de la France – Analyse critique du discours sur la fondation de la Cité nationale de l'histoire de l'immigration”（*Revue japonaise de didactique du français*, 9(2), 2014），「OIF（フランコフォニー国際機関）とベルギー」（岩本和子・石部尚登編『「ベルギー」とは何か？――アイデンティティの多層性』松籟社，2013）など．

【著者】

セルジュ・ポーガム（Serge Paugam）

1960年，フィニステール県レスネヴァン生まれ.
1988年，フランス国立社会科学高等研究院（EHESS）博士課程修了.
現在，フランス国立社会科学高等研究院（EHESS）教授，モーリス・アルブヴァクス・センター（CMH）社会的不平等研究チーム（ERIS）研究ディレクター.
専門は，不平等と社会的断絶の社会学.

ドミニク・シュナペールの指導のもと，出身のブルターニュ地方の貧困地域で調査を実施した博士論文「社会的降格」は，国立科学研究センター銅賞を受賞し，1991年に公刊. その後，『フランス社会と貧困層——参入最低所得の経験』（1993）で参入最低所得（RMI）受給者を対象とした全国調査，『福祉レジームとヨーロッパにおける失業経験』（2000）などで欧州国際比較調査を実施し，貧困・社会的排除研究の第一人者として国際的に知られる.
フランスでは国内を代表する社会科学者を集めた会議をもとに公刊した『連帯を再考する』（2007）や，『社会学の実践』（2008）および『社会学的調査』（2010）など社会調査方法論の著作もある.
フランス大学出版会（PUF）の「社会的紐帯」叢書で社会科学の古典を復刊，雑誌『社会学』を創刊するなど，多方面で活躍している現代フランス社会学を代表する一人である.

貧困の基本形態——社会的紐帯の社会学

2016 年 3 月 31 日　初版第 1 刷発行
2017 年 4 月 30 日　初版第 2 刷発行

著　者＝セルジュ・ポーガム
訳　者＝川野英二，中條健志
発行所＝株式会社 新 泉 社
東京都文京区本郷 2－5－12
振替・00170 - 4 - 160936番　TEL 03(3815)1662　FAX 03(3815)1422
印刷・製本　萩原印刷

ISBN 978-4-7877-1511-1　C1036